भारतीय मूक सिनेमा पर केन्द्रित यह एक ऐसी प्रामाणिक किताब है, जिसमें फ्रांस से सिनेमा के हिन्दुस्तान में प्रथम आगमन से लेकर, पहले दिन से सिनेमा के एक व्यवसाय के रूप में प्रतिष्ठित हो जाने की पूरी कहानी है।

जब सिनेमा ने हिन्दुस्तान में अपना क़दम रखा तो फ़िल्म निर्माण के लिए हिन्दुस्तानी संस्कृति और समाज तैयार नहीं था। फ़िल्म में स्त्री क़िरदार निभाने के लिए कोई भारतीय महिला राज़ी नहीं थी। कोई माँ अपने बच्चे को फ़िल्मी पर्दे पर मरते हुए नहीं देख सकती थी। सिनेमा सीखने का कोई स्कूल नहीं था। एक बेहद महँगे और चुनौतीपूर्ण व्यवसाय की शुरुआत में बागडोर अप्रशिक्षित लोगों को सँभालनी थी, नतीजतन फ़िल्म 'सती सावित्री' की शूटिंग पूरी होने के बाद, जब उसकी रील लन्दन धुलाई के लिए भेजी गयी तो रील पूरी की पूरी कोरी निकली, उसमें किसी भी छवि का अंकन नहीं हो सका था, फलस्वरूप, हज़ारों रुपया बर्बाद हो गया।

ऐसी तमाम विपरीत परिस्थितियों में भी कैसे स्वदेशी फ़िल्मकारों ने सिलसिलेवार जोखिम उठाये और हिन्दुस्तानी मिट्टी में भारतीय सिनेमा का बीज बोया।

वक़्त के साथ सिनेमा में अभिनय, तकनीक और संगीत के स्वर्ण-कलश चढ़ते रहे। लेकिन नींव का पत्थर किसी को याद नहीं। हिन्दुस्तानी सिनेमा के बुनियाद के पत्थर को हम भूल गये हैं जिसकी आधारशिला पर भारतीय सिनेमा की दीवारें और शिखर आज खड़े हैं। यह पुस्तक भारतीय सिनेमा के उस बुनियाद के पत्थर को तलाशने, पहचानने और जानने का एक प्रयास है।

AF631328

हिन्दुस्तानी

साइलेंट सिनेमा

धर्मेन्द्र नाथ ओझा

वाणी प्रकाशन

प्रकाशन के उत्कृष्टतम 62 वर्ष

पेपरबैक पहला संस्करण : 2025

vaniprakashan.com

वाणी प्रकाशन

4695, 21-ए, दरियागंज, नयी दिल्ली-110 002

फ़ोन : + 91 11 23273167, 23275710

शाखाएँ

अशोक राजपथ, पटना-800 004, बिहार

कॉफ़ी हाउस कैम्पस, महात्मा गांधी मार्ग, प्रयागराज-211 001, उत्तर प्रदेश

महात्मा गांधी अन्तरराष्ट्रीय हिन्दी विश्वविद्यालय, वर्धा-442 001, महाराष्ट्र

sales@vaniprakashan.in
vaniprakashan@gmail.com

Hindustani Silent Cinema
by Dharmendra Nath Ojha

ISBN : 978-93-6944-505-9

Cinema

मूल्य : ₹ 500

सिटी प्रेस, दिल्ली-110 095 में मुद्रित

वाणी प्रकाशन का लोगो मक़बूल फ़िदा हुसैन की कूची से

अपने स्वर्गीय पिता श्री विजय कुमार ओझा और
परमपिता अवतार मेहेर बाबा को समर्पित

"मेरा यह दृढ़ विश्वास है कि इस शताब्दी के अन्त तक तथाकथित बोलती फ़िल्म के बारे में किये जा रहे सोच विचार को लोग तिलांजलि दे देंगे। आवाज़ के साथ तस्वीरों का तालमेल बिठा पाना कभी सम्भव नहीं हो पायेगा क्योंकि फ़िल्म अपने स्वभाव से ही बोले गये शब्दों की उपयोगिता और ज़रूरत को नकारती है। मेरे विचार से पर्दे पर चलते फिरते बिम्बों को मूक ही रहना चाहिए।"

—फ़िल्म निर्देशक डी डब्ल्यू ग्रिफिथ

अनुक्रम

प्रस्तावना

चमत्कार है ये, विकराल है ये, मज़ेदार है ये,
विचारों और संस्कारों का आदान प्रदान है ये

फ़िलहाल बेज़ुबान है ये, पर आनेवाला तूफ़ान है ये भारतीय मूक सिनेमा की कहानी।

इस किताब में सिर्फ़ मील के पत्थर नहीं दर्शाये गये हैं बल्कि स्वदेशी फ़िल्मकारों की दृष्टि, संघर्ष और उनके प्रयोग, अभिनेता व अभिनेत्रियों की मुश्किलें और सफलता, फ़िल्म निर्माण की यात्राएँ, फ़िल्मों के प्रचार प्रसार के रूप और फ़िल्म कम्पनियों के बनने और डूबने की अनेक रोचक कहानियाँ हैं। 7 जुलाई 1896 को जब मुम्बई के वाटसन होटल में लुमियर बन्धुओं की फ़िल्में दिखाई गयीं तभी हिन्दुस्तान पहली बार सिनेमा से परिचित हुआ। एक नौजवान स्टिल फ़ोटोग्राफ़र ने फ़िल्म देखने के बाद लन्दन के रिले बन्धुओं का कैमरा काईनोपेटोस्कोप खरीदा और उस कैमरे से ढेर सारी लघु फ़िल्में बनायीं और उसे मुम्बई के थिएटर में रिलीज़ किया। वह शख़्स हिन्दुस्तान के पहले लघु और डॉक्यूमेंट्री फ़िल्मकार सावे दादा थे।

उसी दौरान मूक सिनेमा कलकत्ता पहुँचा। एक बंगाली फ़ोटोग्राफ़र हीरालाल सेन फ्रांस की पाथे फ़िल्म कम्पनी की टीम के साथ जुड़के काम करने लगे और ढेर सारे नाटकों के मंचन का फ़िल्मांकन करके टेण्ट थिएटर या नाट्यगृह में अपनी फ़िल्में प्रदर्शित करने लगे। 1913 में दादा साहेब फाल्के की रिलीज़ पहली स्वदेशी मूक फ़िल्म राजा हरिश्चन्द्र एक बहुत बड़ी क्रान्ति थी। कुछ सालों बाद, मद्रास के एक साइकिल व्यापारी को फ़िल्म व्यवसाय में रुचि जगी और उसने पुणे में जाकर एक अंग्रेज़ फ़ोटोग्राफ़र से ट्रेनिंग ली और दक्षिण भारत का पहला फ़िल्मकार बना। जिसका नाम था नटराज मुदलियार।

मुम्बई में नाट्य स्टेज के पर्दे पर चित्रकारी करने वाले बाबूराव पेंटर ने अपने भाई के साथ कुछ पूँजी इकट्ठा करके कोल्हापुर में महाराष्ट्र फ़िल्म कम्पनी बनायी और करीब तीस फ़िल्मों का निर्माण किया। इस कम्पनी ने कई नये फ़िल्मकारों को पैदा किया। जिसमें एक नाम था वी. शान्ताराम।

1907 में कलकता के एक पारसी व्यवसायी जमशेद फ़ारमजी मादन ने हिन्दुस्तान का पहला सिनेमा हॉल कलकत्ता में एलिफिंस्टन पैलेस नाम से खोला। कलकता में पहली फीचर फ़िल्म बनाने के साथ उन्होंने मादन थिएटर लिमिटेड नाम से एक फ़िल्म कम्पनी बनायी। जहाँ इटली से फ़िल्म तकनीशियन, अभिनेता, अभिनेत्री बुलाये गये। मादन थिएटर एक फ़िल्म फैक्ट्री बन गयी। 1929 तक मादन कम्पनी के पास हिन्दुस्तान, श्रीलंका और बर्मा में करीब 108 सिनेमाघर थे।

शुरुआती दौर में देशी महिलाएँ फ़िल्मों में काम करने को तैयार नहीं थी। मजबूरन फ़िल्मकारों ने पुरुषों या एंग्लो इंडियन महिलाओं को अभिनेत्री के रूप में पेश किया। मूक सिनेमा का दौर राष्ट्रीय आन्दोलन का दौर था स्वदेशी फ़िल्मों में राष्ट्रभक्ति और देशप्रेम का स्वर गूँज रहा था। इस वजह से कई फ़िल्मों को ब्रिटिश सेंसर बोर्ड का शिकार होना पड़ा। उसके बावजूद भी फ़िल्मकार अपनी फ़िल्मों में देशभक्ति के स्वर बुलन्द करने से पीछे नहीं हटे।

भारतीय मूक सिनेमा को मूलत: पौराणिक और ऐतिहासिक सिनेमा काल माना जाता है। लेकिन इस किताब में एक अलग अध्याय है जिसमें उन मूक फ़िल्मों का ज़िक्र है जो साहित्यिक कृतियों पर बनी थीं। भारतीय सिनेमा के इतिहास की पुस्तकों में मूक सिनेमा को अस्सी से नब्बे पृष्ठों से ज़्यादा जगह नहीं मिली। लेकिन धर्मेन्द्र नाथ ओझा द्वारा हिन्दी में लिखी यह पहली किताब है जो तीन सौ से ज़्यादा पृष्ठों में लिखी गयी है। इसमें कुल छत्तीस अध्याय हैं।

यह किताब पढ़कर पाठक मुम्बई, कलकत्ता और मद्रास की सड़कों और कुछ स्थानों का दोबारा मुआयना करना चाहेंगे। वहाँ वे मूक सिनेमा दौर की निशानी या चिह्न ढूँढ़ने का प्रयास करेंगे। भारतीय मूक सिनेमा इतिहास की यह पुस्तक पाठकों के लिए ज्ञानवर्धक के साथ मनोरंजक भी है।

—तिग्मांशु धूलिया

सुप्रसिद्ध पटकथा लेखक और निर्देशक

भूमिका

इस पुस्तक की तैयारी अनायास ही शुरू हुई। जुलाई 2006 में स्टूडियो युग की हिन्दी फ़िल्मों पर रिसर्च करने के लिए मैं राष्ट्रीय फ़िल्म अभिलेखागार पुणे पहुँचा। वहाँ की लाइब्रेरी में भारतीय मूक सिनेमा पर कई आलेख और कुछ अध्याय पढ़ने को मिले। सिनेमा के शुरुआती दौर की दुनिया मेरे लिए बिल्कुल नयी थी। मूक सिनेमा पर लिखे सारे आलेख अंग्रेज़ी में थे। फिर मैंने अंग्रेज़ी में लिखे भारतीय सिनेमा इतिहास की पुस्तकें पढ़नी शुरू की तो मैंने पाया कि भारतीय सिनेमा के इतिहास की लगभग सारी पुस्तकों में मूक सिनेमा का अध्याय अस्सी से सौ पृष्ठों तक सीमित है। उन पुस्तकों ने मेरी जिज्ञासा को जगाया।

फिर मैंने राष्ट्रीय फ़िल्म अभिलेखागार में उपलब्ध भारतीय मूक फ़िल्में देखने की इच्छा व्यक्त की। वीडियो पर एक फ़िल्म देखने की कीमत दो सौ रुपये थी। मैंने फॉर्म भरके पैसा जमा किया। दादा साहब फाल्के द्वारा निर्मित राजा हरिश्चन्द्र और कालिया दमन ये दो फ़िल्में मैंने देखीं। फ़िल्में देखने के बाद मुझे मूक सिनेमा के निर्माण और उसके इतिहास को विस्तृत रूप से जानने की तलब जगी। मैंने मूक सिनेमा पर लिखे आलेख और उसके कुछ अध्याय का आवश्यक शुल्क देकर फ़ोटोकॉपी कराई। अभिलेखागार में मुझे पता चला कि एफ.टी.आपरिसर ही प्रभात स्टूडियो हुआ करता था। वहाँ आज भी प्रभात स्टूडियो का एक म्यूजियम मौजूद है। मैं वक़्त निकालकर एफ.टी.आपरिसर में स्थित प्रभात स्टूडियो म्यूजियम गया। वहाँ प्रभात की फ़िल्मों के कॉस्ट्यूम, फ़िल्मों में उपयोग किये गये सामान, पोस्टर और तस्वीरों ने मुझे इतना प्रभावित किया कि मुझे मूक सिनेमा के दौर से इश्क़ हो गया। पुणे से मुम्बई लौटने के बाद मूक सिनेमा पर उपयोगी आलेख, किताबें और तस्वीरों को अनजाने ढंग से संग्रह करना शुरू किया। लेकिन मुझे मालूम ही नहीं था कि जो बीज मेरे अन्दर पड़ा है वह वक़्त के साथ अंकुरित हो रहा है और कुछ सालों में वह एक वृक्ष बनने वाला है।

14 साल बाद, कोरोना काल में जब मेरे पास व्यावसायिक रूप से कोई प्रोजेक्ट नहीं था और वक़्त बहुत था। तभी मैंने सोचा कि इस वक़्त का उपयोग किया जाए। मनमोहन चड्ढा की किताब हिन्दी सिनेमा का इतिहास में मूक सिनेमा पर कुछ अध्याय ज़रूर लिखे गये हैं लेकिन विशेष रूप से भारतीय मूक सिनेमा पर केन्द्रित हिन्दी में कोई पुस्तक उपलब्ध नहीं है। इसलिए मैंने हिन्दी में भारतीय मूक सिनेमा पर विस्तार से एक किताब लिखने का फ़ैसला किया। मूक सिनेमा पर जितनी भी मेरे पास सामग्री थी उसे खँगालना शुरू किया। गूगल पर उपलब्ध आलेख, इंटरव्यू और ईबुक के साथ कुछ फ़िल्म इतिहासकारों से बातचीत का सिलसिला शुरू हुआ। क्योंकि अपनी किताब में मूक फ़िल्मों पर जितनी सामग्री थी उसे मुझे विस्तार देना था। इतिहास में जब तक साहित्यिक रस का समावेश न हो, तब तक वह थोड़ा नीरस होता है। इसलिए मैंने इस पुस्तक में मूक फ़िल्में बनने में आयी बाधाएँ, उसके संघर्ष, फ़िल्मकारों की सोच, स्टूडियो की आपसी प्रतिस्पर्धा और दर्शकों की प्रतिक्रियाओं को लेखनबद्ध किया ताकि किताब पढ़ते हुए पाठकों की दिलचस्पी बनी रहे।

आज भारतीय सिनेमा का स्वर्णकलश एक ऊँची मीनार पर खड़ा जगमगा रहा है। वक़्त के साथ सिनेमा में अभिनय, तकनीक और संगीत के स्वर्णकलश चढ़ते रहे। लेकिन नींव का पत्थर किसी को याद नहीं। हिन्दुस्तानी सिनेमा की बुनियाद के पत्थर को हम भूल गये हैं जिसकी आधारशिला पर भारतीय सिनेमा की दीवारें और शिखर आज खड़े हैं। भले वो नींव के पत्थर हमें दिखाई नहीं देते लेकिन वो किसी भी स्वर्णकलश और शिखर से ज़्यादा मूल्यवान हैं। यह पुस्तक भारतीय सिनेमा के उस बुनियाद के पत्थर को तलाशने, पहचानने और जानने का एक प्रयास है। भारतीय मूक सिनेमा की शुरुआत करने वाले लोग अनगढ़े, आशंकित लेकिन साहसी थे। वे अनजान राह के राही थे। सिनेमा की बुनियाद रखने में उन्होंने कुछ भूलें कीं, नुकसान उठाये मगर स्वदेशी सिनेमा की नींव रखने में आख़िरकार कामयाब रहे।

आज हमें सिनेमा के मील के पत्थर दूर से नज़र आ जाते हैं। लेकिन पहली बार स्वदेशी सिनेमा की राह बनाने वाले फ़िल्मकारों के बारे में हम कितना जानते हैं। दादा साहेब फाल्के और वी शान्ताराम के नाम के बाद हमारी गिनती ख़त्म हो जाती है। जबकि मूक सिनेमा के दौर में हमारे फ़िल्मकारों ने अपने स्तर पर फ़िल्मों में नये नये प्रयोग किये और करीब 1340 मूक फ़िल्में बनायी गयीं। 1913 से 1934 तक मूक सिनेमा इंडस्ट्री में निर्माता या स्टूडियो पर ही सारा निर्णय लेने की ज़िम्मेदारी थी। निर्माता ही कहानियों का चुनाव करते थे। निर्देशक एक कुशल तकनीशियन माना जाता था। शुरुआती दौर में कैमरामैन और निर्देशक एक ही होते थे।

सिनेमा ने हिन्दुस्तान की ज़मीं पे उस वक़्त क़दम रखा जब आज़ादी का आन्दोलन और सामाजिक परिवर्तन की लड़ाई देश के हर समुदाय, बिरादरी और हर सम्प्रदाय के लोग मिलकर लड़ रहे थे। तब ज़्यादातर फ़िल्में हिन्दू मिथकों को ही उभार रही थीं और बिना किसी भेदभाव के सारे सम्प्रदायों के लोग प्रेम से हिन्दू पौराणिक कथाएँ देख रहे थे। अंग्रेज़ी इतिहास लेखन और भारतीय सभ्यता के प्रति उनकी हिकारत भरी दृष्टि ने भारतीय फ़िल्मकारों को आत्मगौरव की तलाश में पौराणिक कथाएँ कहने पर विवश किया। भारतीय मूक सिनेमा ने तीन प्रमुख विषयों का अपना आधार बनाया–पौराणिक, ऐतिहासिक और सामाजिक।

भारतीय सिनेमा और स्वाधीनता आन्दोलन सहयात्री रहे हैं। दादा साहेब 1913 में पहली फ़िल्म बनाते हैं और महात्मा गांधी 1915 में दक्षिण अफ्रीका से हिन्दुस्तान आते हैं। लेकिन सिनेमा एक आन्दोलन कम व्यवसाय अधिक था। फिर भी राष्ट्रीय भावना की प्रेरणा सिनेमा में हमेशा सक्रिय रही। पहली फ़िल्म राजा हरिश्चन्द्र ऊँचे मूल्यों की स्थापना से प्रेरित थी। दादा साहेब फाल्के की फ़िल्म लंका दहन में हनुमानजी द्वारा लंका जलाने के दृश्य के दौरान दर्शक बजरंगबली की जय के साथ भारत माता की जय बोला करते थे।

1918 में भारतीय सिनेमैटोग्राफ़ कानून पास हो गया। जिसमें सिनेमाघरों के लाइसेंस से लेकर भारतीय तथा विदेशी फ़िल्मों के सेंसर का प्रावधान था। बम्बई, कलकत्ता और मद्रास प्रेसिडेंसी के अलग-अलग सेंसर बोर्ड थे जिन्होंने 1920 में अपना कार्य शुरू किया। उसी समय बाबूराव पेंटर (महाराष्ट्र फ़िल्म कम्पनी) फ़िल्म निर्माण में सक्रिय हुए। पेंटर के ममेरे भाई आनन्दराव मिस्त्री ने भारतीय राष्ट्रीय कांग्रेस के 18वें अधिवेशन को शूट किया जिसमें तिलक, विपिनचन्द्र पाल और सरोजिनी नायडू जैसे नेता मौजूद थे। इस लघु फ़िल्म को पेंटर की पहली फ़ीचर फ़िल्म 'सैरंध्री' के साथ सिनेमा हॉल में दिखाया गया। फ़िल्मकार सुचेत सिंह ने 'लोकमान्य तिलक की शवयात्रा' पर डॉक्यूमेंट्री बनायी जिसमें राष्ट्रीय आन्दोलन में तिलक के योगदान को कथा फ़िल्म के साथ दिखाया गया। 1921 में बनी पौराणिक फ़िल्म विदुर (कोहिनूर फ़िल्म कम्पनी) में विदुर की वेश-भूषा महात्मा गांधी से मिलती-जुलती रखी गयी। जिसमें राष्ट्र और देश के लिए मर-मिटने की बातें पर्दे पर उपशीर्षक में लिखी गयी थीं। कौरवों की पराजय अंग्रेज़ी साम्राज्यवाद की पराजय के रूप में चित्रित हुई थीं। फलस्वरूप यह फ़िल्म सेंसर बोर्ड की पहली शिकार बनी और कई प्रान्तों में इस पर प्रतिबन्ध लगा दिया गया। उसके बाद एक फ़िल्म 'विदेशी कपड़ों की ज़बरदस्त होली' देखने को मिली। यह फ़िल्म गांधी जी के अभियान

को बहुत विस्तार से दिखाती है। बम्बई के ग्लोब और वेस्ट एंड थिएटर (अब नाज़ सिनेमा) में यह फ़िल्म दो हफ़्ते तक चली। इस तरह फ़िल्मों के माध्यम से स्वाधीनता आन्दोलन के प्रति लोगों में जनजागरण की कोशिश की जा रही थी।

दरअसल पौराणिक मूक फ़िल्में बनाने की प्रेरणा हमारे शुरुआती फ़िल्मकारों को राजा रवि वर्मा के चित्रों से मिली। उन्होंने अपने चित्रों के माध्यम से हिन्दुस्तान में एक सामाजिक और सांस्कृतिक चेतना पैदा की। गुलाम देश और सामन्ती व्यवस्था में जकड़ा समाज दोहरी मार झेल रहा था। सगुण समाज का एक बड़ा हिस्सा हाशिये पर जीने को मजबूर था। टूटे मन के सम्बल के लिए उनके पास मन्दिरों के दरवाज़े भी बन्द थे। अंग्रेज़ों की दासता के अलावा वे अपने समाज के ऊँचे वर्ग के शोषण से त्रस्त थे। उसी दौर में राजा रवि वर्मा की बनायी देवी-देवताओं की पेंटिंग्स के कैलेंडर बाज़ार में बिकने लगे। यह शोषित और वंचित समाज को देवताओं के कैलेंडर से घर में अपने-अपने मन्दिर स्थापित करने का मौका मिला। रवि वर्मा के देवताओं के कैलेंडर ने ना सिर्फ़ घर-घर में मन्दिर स्थापित किया बल्कि टूटे और हारे मन में प्रेरणा भी जगायी।

भारतीय मूक सिनेमा ने अपनी पौराणिक फ़िल्मों में बैकग्राउंड, वस्त्र, वेशभूषा और छवि सब कुछ राजा रवि वर्मा की पेंटिंग्स से लिया। बाबूराव पेंटर ने अपनी पहली फ़िल्म सैरन्ध्री में द्रौपदी को प्रतीकात्मक रूप में भारत माता के रूप में पेश किया। उन्होंने राजा रवि वर्मा की पेंटिंग सैरन्ध्री की हूबहू नकल अपने एक दृश्य में की। पेंटिंग में कीचक हाथ फैलाकर सैरन्ध्री का स्वागत करता है और सैरन्ध्री बनी द्रौपदी के चेहरे पर भय और उदासी है। एक तरफ दरवाज़ा खुला है जहाँ अँधेरा नज़र आ रहा है। लोगों ने इस पेंटिंग में बने अँधेरे की तुलना ब्रिटिश सरकार के अँधेरे युग से की।

हमारे फ़िल्मकारों ने राजा रवि वर्मा की पेंटिंग्स को सिर्फ़ विषयवस्तु नहीं बनाया बल्कि फ़िल्मों के नाम भी पेंटिग्स के नाम पर ही रखे। बड़ौदा महाराज के लिए उन्होंने जो पेंटिंग्स बनायी थी उनके नाम हैं शकुन्तला, विश्वामित्र और मेनका, सीता वनवास, नल-दमयन्ती, द्रौपदी-वस्त्रहरण, शान्तनु-गंगा, अर्जुन-सुभद्रा, सैरन्ध्री, हरिश्चन्द्र-तारामति, कृष्ण-जन्म। ये सभी मूक फ़िल्मों के भी नाम हैं।

राष्ट्रीय आन्दोलन में देशभक्ति का ज्वार चरम पर था। उस राष्ट्रप्रेम की भावना को भुनाने के लिए फ़िल्म निर्माताओं ने ऐतिहासिक फ़िल्मों के जरिये राष्ट्र नायकों को पुनर्जीवित किया। औरंगजेब या मोहम्मद गोरी के बहाने अंग्रेज़ों को निशाना बनाकर दर्शकों से तालियाँ बटोरी जाने लगीं। छत्रपति शिवाजी, महाराणा

प्रताप, पृथ्वीराज चौहान, तानाजी और पेशवा जैसी फ़िल्में बनने लगीं। फ़िल्मों के उपशीर्षक संवाद समकालीन होते थे।

बंगाल में धीरेन गांगुली की फ़िल्म 'बिलात फेरात' ने सामाजिक फ़िल्मों का द्वार खोला। कोहिनूर फ़िल्म कम्पनी गुणसुन्दरी, गृहलक्ष्मी और टाइपिस्ट गर्ल जैसी फ़िल्में बनाने लगी। मादन थिएटर फ़िल्म कम्पनी ने पौराणिक, ऐतिहासिक के अलावा पति भक्ति जैसी कामयाब सामाजिक फ़िल्मों का निर्माण किया। दक्षिण भारत का मूक सिनेमा ज़्यादातर पौराणिक फ़िल्मों का निर्माण कर रहा था। वहीं जे सी दानिय्येल जैसे फ़िल्मकार ने पहली मलयालम फ़िल्म के लिए सामाजिक विषय चुना और उन्होंने 'विगतकुमारन' जैसी फ़िल्म का निर्माण किया।

उस समय के कुछ फ़िल्मकारों ने समाज के ज्वलन्त मुद्दों पर भी मूक फ़िल्में बनायीं। जहाँ महाजनी व्यवस्था पर बाबूराव पेंटर ने 'सावकारी पाश' जैसी फ़िल्म बनायी वहीं एन डी सरपोतदार ने अछूत जाति जैसे विषय पर टू लिटिल अनटचेबल (ढेर नी छोकरी) जैसी फ़िल्म बनाने का साहस किया। पशुबलि प्रथा के विरोध में लिखे गयी रवीन्द्रनाथ टैगोर के नाटक पे आधारित युवा निर्देशक नवल गांधी ने फ़िल्म बलिदान बनायी।

लेकिन भारतीय सिनेमा पारसी थिएटर के प्रभाव से निकल नहीं पाया था। अभिनेता और अभिनेत्री के हाव-भाव और अभिनय नाट्य कलाकारों जैसे ही थे। लेकिन 1920 के दशक में निर्देशकों के रूप में नयी प्रतिभाएँ सामने आयीं जिसमें पहला नाम आता है मणिलाल जोशी और मोहन भावनानी का। उसके बाद नवल गांधी, कांजीभाई राठौर, चन्दूलाल शाह के नाम भी इनमें शुमार हैं। मणिलाल जोशी ने विदेशी फ़िल्में देखकर उसकी तकनीक और क्राफ्ट को सीखा। फ़िल्म में काम करने वाले कलाकारों को पहली बार बताया कि आप दर्शकों के सामने नहीं बल्कि कैमरा के सामने अभिनय कर रहे हैं। दृश्यात्मक प्रभाव पैदा करने के लिए कैमरा एंगल का बेहतरीन इस्तेमाल करना शुरू किया। नाट्य निर्देशन की शैली से अलग फ़िल्म निर्देशन को तकनीकी तौर पर परिभाषित किया। 20 के दशक में तकनीकी तौर पर गुणवत्ता वाली भारतीय फ़िल्मों का निर्माण शुरू हुआ।

मूक सिनेमा के प्रदर्शन के दौरान प्रोजेक्टर बार-बार गर्म होकर बन्द हो जाता था। कुछ कम गुणवत्ता वाले फ़िल्म रील में खरोंच या कट होने से फ़िल्म का प्रदर्शन बीच में रुक जाता था। लोग शोर मचाना और सीटियाँ बजाना शुरू कर देते थे। प्रोजेक्टर को ठण्डा होने में वक़्त लगता था। उस वक़्त को भरने के लिए सिनेमा प्रदर्शकों ने बाहरी मनोरंजन का सहारा लिया। मिसाल के तौर पर उस खाली वक़्त

में फ़िल्म स्क्रीन के स्टेज पर जादूगर शो, नृत्य, संगीत और मुक्केबाज़ी मुकाबले की शुरुआत की गयी। उस समय के प्रसिद्ध मुक्केबाज़ गनबोट जैक को अपनी मुक्केबाज़ी से लोगों का मनोरंजन करने के लिए मद्रास के अलग अलग सिनेमाघरों के चक्कर लगाने पड़ते थे। यह बाहरी मनोरंजन दर्शकों के लिए सिनेमा के ज़रूरी अंग बनते गये। यहीं से हिन्दुस्तानी फ़िल्मों में नृत्य,गाने और कॉमेडी की नींव पड़ी।

जब हिन्दुस्तान में सिनेमा का निर्माण शुरू हुआ तो प्रदर्शन के लिए दो तरह के थिएटर उपलब्ध थे। पहला इमारत वाले स्थायी थिएटर और दूसरा अस्थायी स्तर पर बने टेंट थिएटर। अमेरिका में बनी फ़िल्मों के प्रिंट भारतीय फ़िल्मों की तुलना में कम दाम पर उपलब्ध थे। अमेरिकी फ़िल्मों के हिन्दुस्तानी एजेंट आसानी से प्रिंट और पोस्टर थिएटर तक पहुँचा देते थे। टेंट थिएटर और इमारतों वाले थिएटर मालिकों के लिए अमेरिकी फ़िल्में दिखाने में मुनाफ़ा था। विदेशी फ़िल्में भारत में इसलिए लोकप्रिय थी क्योंकि फ़िल्मों के प्रिंट ऊँची गुणवत्ता के साथ कम किराये पर मिल जाते थे। दूसरी वजह थी अमेरिकी फ़िल्मों के स्टंट और एक्शन के प्रति हिन्दुस्तानियों की दीवानगी जिनका फ़िल्मांकन भारतीय फ़िल्मों से बेहतर होता था।

1918 में सिनेमैटोग्राफ़ एक्ट लागू होने के बाद ब्रिटिश सरकार ने स्थायी थिएटर के लिए कुछ सुरक्षा के मानक निर्धारित किये। जैसे थिएटर में अग्नि सुरक्षा के इन्तजाम होने चाहिए। महिला और पुरुष के अलग बाथरूम और स्वच्छता पर ज़ोर दिया गया। थिएटर में प्रवेश और निकास द्वार के साथ आपातकालीन निकास द्वार को ज़रूरी माना गया। जबकि टेंट थिएटर को इन सारे नियमों से बाहर रखा गया। सरकार ने टेंट थिएटर को एक जगह पर सिर्फ़ तीन महीने का ही लाइसेंस जारी करना शुरू किया। उसके साथ एक शर्त यह थी कि टेंट थिएटर आबादी के बीच नहीं होने चाहिए। शहर के बाहर या आबादी से दूर खुले मैदान में टेंट थिएटर लगाया जाना चाहिए। टूरिंग सिनेमा या टेंट थिएटर को इससे बहुत फ़ायदा हुआ। सरकार के अनावश्यक नियम से मुक्त होने की वजह से टेंट सिनेमा ने गाँव, कस्बे और मेले में जाकर ख़ूब मुनाफ़ा कमाया।

हालाँकि ब्रिटिश भारत में स्थायी सिनेमाघरों की तुलना में टेंट सिनेमा की संख्या बहुत ज़्यादा नहीं थी। सरकारी सूत्र के अनुसार 1927 में स्थायी सिनेमाघर करीब 350 थे और टेंट सिनेमा मात्र 116 थे। 1917 में मद्रास प्रेसिडेंसी में टेंट सिनेमा थिएटर की संख्या 16 थी। 1928 में यह संख्या बढ़कर सिर्फ़ 26 तक पहुँची थी।

उपलब्ध सामग्री के आधार पर ज़्यादातर फ़िल्मकारों और फ़िल्म कम्पनियों पर विस्तार से लिखने की कोशिश की है। इस पुस्तक में उन फ़िल्म कम्पनियों और फ़िल्मकारों का ज़िक्र नहीं है जिन्होंने चन्द फ़िल्मों का निर्माण किया। सारी फ़िल्म कम्पनियों और फ़िल्मकारों का उल्लेख एक पुस्तक में सम्भव भी नहीं है। मिसाल के तौर पर एन डी सरपोतदार एक ऐसे फ़िल्मकार थे जिन्होंने एक नाट्य कम्पनी में महिला की भूमिका निभाते हुए फ़िल्मी जीवन शुरू किया। महाराष्ट्र फ़िल्म कम्पनी में सरपोतदार अभिनेता-लेखक के रूप में जुड़े। बाद में, वह तालिगरी की यूनाइटेड पिक्चर्स में शामिल हो गये जिसके लिए उन्होंने टू लिटिल अनटचेबल्स (1925) सहित नौ फ़िल्मों का निर्देशन किया। 1927 में उन्होंने पुणे में आर्यन फ़िल्म कम्पनी बनायी। उन्होंने ऐतिहासिक और सामाजिक विषयों पर लगभग 24 फ़िल्मों का लेखन और निर्देशन किया।

ऐसा ही एक दूसरे फ़िल्मकार जे बी एच वाडिया का नाम टॉकी फ़िल्म के दौर में मशहूर हुआ। 1928 में जे बी एच वाडिया की पहली निर्देशित मूक फ़िल्म वसन्त लीला थी। उसके बाद उनका छोटा भाई होमी वाडिया कैमरामैन के रूप में जुड़ गया। 1931 में दोनों भाइयों ने थण्डरबोल्ट उर्फ़ दिलेर डाकू फ़िल्म का निर्देशन किया। उसके अलावा सात और मूक फ़िल्में बनाने के बाद वाडिया बन्धु टॉकी एक्शन फ़िल्मों की तरफ मुड़ गये।

इस पुस्तक की सामग्री जुटाने और प्रकाशक के दरवाज़े तक ले जाने में कई दोस्तों और शुभचिन्तकों का भरपूर सहयोग मिला। मास्टर विट्ठल के पौत्र शिरीष जगताप का आभारी हूँ जिन्होंने मास्टर विट्ठल के जीवन के बारे में ऐसी रोचक बातें बतायीं जो किसी लेख या किताब में नहीं मिलेंगी। उन्होंने मराठी सिनेमा इतिहासकार संजीत नार्वेकर से मेरी मुलाक़ात कराई। संजीत जी का कृतज्ञ हूँ जिन्होंने फोन पर बहुत सारी जानकारियाँ मुझसे शेयर कीं। प्रसिद्ध कार्टूनिस्ट और लेखक आबिद सुरती का आभार जिन्होंने मुझे इतिहासकार रफ़ीक बगदादी और वीरचन्द धर्मसी के बारे में बताया। रफ़ीक बगदादी ने मुम्बई के सिनेमा थिएटर के इतिहास और लोकेशन की चर्चा विस्तार से की। वीरचन्द धर्मसी तो भारतीय सिनेमा के विश्वकोश थे। टेलीफोन बातचीत द्वारा उन्होंने मूक सिनेमा के बहुत सारे तथ्यों को दुरुस्त किया। उनके लिखे मूक सिनेमा की फिल्मोग्राफ़ी से मुझे बहुत मदद मिली। फ़िल्म आर्काइव, पुणे की आरती कारखानीस का कृतज्ञ हूँ। यह किताब पूर्ण ही नहीं होती अगर वे बंगाल सिनेमा पर विश्वसनीय और महत्त्वपूर्ण सामग्री उपलब्ध नहीं करातीं।

मैं विशेष रूप से आभार व्यक्त करता हूँ प्रसिद्ध फ़िल्मकार तिग्मांशु धूलिया जी का, जो पुस्तक के कुछ अध्याय पढ़ने के बाद इस किताब की प्रस्तावना लिखने के लिए तुरन्त तैयार हो गये। उनका स्नेह हमेशा मुझे मिलता रहा है।

आदरणीय चाचाजी श्री एम.एन. ओझा का कृतज्ञ हूँ जिन्होंने एफ.टी.आके डायरेक्टर और अपने मित्र भूपेन्द्र कैन्थोला को बोलकर मेरे रिसर्च के लिए दो बार एफ.टी.आपुणे का गेस्ट हाउस बुक कराया और फ़िल्म आर्काइव पुणे के डायरेक्टर को बोलकर मेरे लिए ज़रूरी किताबें, दस्तावेज़ और फ़ोटोग्राफ़ आसानी से उपलब्ध कराने में मदद की।

हमारे अग्रज तुल्य मित्र वरिष्ठ फ़िल्म समीक्षक श्री अजित राय का हृदय से आभार जिन्होंने मुझे यह पुस्तक लिखने के लिए प्रेरित किया और किताब पूरी होने के बाद उन्होंने वाणी प्रकाशन के अरुण माहेश्वरी से मेरी बात कराई और उन्हें पुस्तक छापने के लिए राजी कर लिया।

मेरे भाई अरविन्द कुमार ओझा का उनके विशेष योगदान के लिए धन्यवाद। मूक सिनेमा से जुड़ी कुछ ज़रूरी किताबें अमेज़न से खरीदकर भेजते रहे। मेरे लिखे कुछ आलेखों का अनुवाद चेक कर उसे दुरुस्त करने में मदद की। किताब का उन्होंने ख़ूबसूरत आवरण चित्र भी बनाया। इसके अलावे प्रोफ़ेसर दयाशंकर तिवारी, अनुज डॉ. मनीष ओझा, कला इतिहासकार श्री रूप नारायण बाथम का आभार जो समय-समय पर मेरी किताब की प्रगति के बारे में पूछते रहे और मेरी हौसलाफ़जाई करते रहे।

कृतज्ञता शब्द छोटा पड़ रहा है मेरी वात्सल्यमयी माँ प्रभावती ओझा के लिए जो मेरे काम में बिना ख़लल डाले समय पर नाश्ता, खाना, लेमन टी और दूध परोसती रही। रिसर्च के लिए घर से निकलने के पहले मुझे दही और गुड़ खिलाकर आशीष की बारिश करती रही। आज यह किताब पूरी होने पर लग रहा है कि श्रम सार्थक हुआ।

— धर्मेन्द्र नाथ ओझा

सिनेमा का पहला गवाह : मुम्बई शहर और वाटसन होटल

सिनेमा के आगमन से पहले ही मुम्बई (तब बम्बई) ख़्वाबों का शहर बन चुका था। तत्कालीन गवर्नर विलियम हॉर्नबी के निर्देश पर 1782 में सात आइलैंड में बँटे इस टापू को जोड़ने का काम शुरू हुआ और 1838 तक यह कार्य चला। सातों आइलैंड जुड़ने के बाद मुम्बई शहर का निर्माण कार्य पूरा हुआ। फिर 1841 में माहिम से बांद्रा तटबन्ध बनाने का काम आरम्भ हुआ और 1845 तक इसे पूरा

बम्बई की सड़क

कर लिया गया। माहिम तटबन्ध बनने के बाद मुम्बई शहर बांद्रा से लेकर सहष्टी यानी 66 गाँवों (बांदरा से दहिसर) तक फैल गया। ईस्ट इंडिया कम्पनी की भूमिका व्यावसायिक कम्पनी से बदल कर हुकूमत करनेवाली कम्पनी के रूप में हो गयी। अंग्रेज़ों ने बाहरी आक्रमण से बचने के लिए 1715 में फोर्ट का निर्माण शुरू किया। उस फोर्ट के अन्दर बन्दरगाह, युद्धपोत, सैनिक छावनी, कोर्ट, चर्च, अंग्रेज़ी बाज़ार और रिहायशी इलाके थे।

सबसे पहले मुम्बई में व्यापार करने के लिए बाहरी लोगों में गुजराती बनिया सूरत और दीयू से आये। नवसारी और गुजरात के दूसरे हिस्सों से पारसी आये। बोरीवली और ठाणे और आसपास (सहष्टी) से कोली, भण्डारी, प्रभु, अगरी और ब्राम्हण आये।

1770 से मझगाँव में नया डॉकयार्ड बनाने का काम शुरू हो गया। अतिक्रमण हटाया जाने लगा। शहर का विस्तार होने लगा।

फोर्ट एरिया में पारसी, अंग्रेज़, गुजराती बनिया और बोहरा रहने लगे। भारतीय ईसाई अपने निवास के लिए माहिम, बांदरा, मझगाँव और कैवेल को चुने। हिन्दू बहुसंख्यक ने अपना घर गिरगाँव, खेतवाड़ी, कालबा देवी और भुलेश्वर में बनाया। मुस्लिम आबादी ने डोंगरी, उमरखेड़ी, मांडवी और माहिम को रहने के लिए चुना। आर्मेनियन लोग फोर्ट में बस गये। आज भी फोर्ट में उनका एक पुराना चर्च है। आन्ध्रप्रदेश और हैदराबाद के कमाटी मज़दूर बड़ी संख्या में कमाटीपुरा में आके रहने लगे। यहूदियों का बड़ा मोहल्ला मस्जिद बन्दर एरिया में आबाद हुआ। 1775 के आसपास मनोरंजन के लिए मुम्बई के फोर्ट इलाके में पहला थिएटर हॉल खुला– बॉम्बे थिएटर। यह थिएटर हॉरीमन सर्किल (तब एलिफिंस्टन सर्कल) के पास था। 1840 तक मुम्बई का यह इकलौता थिएटर था जहाँ ओपेरा, नाटक और जादूगर के शो हुआ करते थे।

1824 में टाउन हॉल के सामने एलिफिंस्टन सर्कल (अब हॉरीमन सर्कल) पर कॉटन एक्सचेंज की इमारत बनी। यहीं से कॉटन (सूती कपड़ा) का व्यवसाय शुरू हुआ। 1838 में कोलाबा तटबन्ध बनने के बाद बहुत बड़ी ज़मीन समन्दर किनारे मिल गयी। फिर यह कॉटन व्यवसाय का नया केन्द्र बन गया।

1853 में भारत की पहली ट्रेन चलने का गवाह मुम्बई बना। तेज़ी से रेलवे स्टेशन बनने लगे और शहर में पुल, सड़कें और नयी इमारतों के निर्माण कार्य होने लगे। व्यापार और रोजगार की बढ़ोतरी की वजह से मुम्बई का आकर्षण बढ़ने लगा।

1860 में कॉटन व्यवसाय में अचानक से तेज़ी आयी और कॉटन मिल खुलने लगे। उस वक़्त जो भी कॉटन व्यवसाय में हाथ लगाता था लखपति बन जाता था। 19वीं सदी में लखपति होना कोई मामूली बात नहीं थी। देखते देखते ताड़देव, लालबाग, परेल पश्चिम और दादर में ढेर सारी मिलें खुल गयीं। कामगार लोग ज़्यादातर हैदराबाद, दक्कन एरिया और कोंकण घाट से आने लगे। ताड़देव में मज़दूरों के लिए घर बनाये जाने लगे। 1864 तक मुम्बई के सातों आइलैंड की आबादी 8 लाख 17 हज़ार तक पहुँच गयी।

मुम्बई हिन्दुस्तान का एक बड़ा व्यावसायिक नगर बन गया। यूरोप, ईरान और चीन से व्यापारी मुम्बई आने लगे। मुम्बई में इनके ठहरने के लिए गेस्ट हाउस और धर्मशाला थे। बड़े व्यापारियों और सैलानियों को रुकने में असुविधा होती थी। इसी मद्देनज़र कारोबारियों ने परेल और मझगाँव में कुछ होटल खोले। लेकिन वे होटल आभिजात्य वर्ग के लोगों के लिए नाकाफ़ी थे। लन्दन का एक अंग्रेज़ कपड़ा व्यापारी जो मुम्बई से कॉटन का व्यापार कर रहा था। वह भारी मुनाफ़ा कमा रहा था। लन्दन में उसके अपने शोरूम थे। उसने मुम्बई में कपड़े का शोरूम और टेलरिंग हाउस खोलने के लिए ज़मीन खरीदी। बाद में उसका मन बदल गया और उसने शो रूम के बदले उस ज़मीन पर पाँच सितारा होटल खोलने का फ़ैसला किया। उस अंग्रेज़ व्यापारी का नाम था जॉन वाटसन।

वाटसन होटल

जॉन हडसन वाटसन का जन्म 1818 में इंग्लैंड के कैसल कैरॉक के एक किसान परिवार में हुआ था। जॉन वाटसन एक व्यवसायी बनके मुम्बई आये। तब तक मुम्बई में कॉटन सेण्टर खुल चुका था। कॉटन व्यवसाय में हाथ आजमाने वाले लखपति बन रहे थे। कुछ वर्षों में ही वाटसन बहुत सफल कॉटन व्यवसायी बन गये। उनका शोरूम फोर्ट के अन्दर चर्चगेट स्ट्रीट (फ़्लोरा फाउण्टेन से हॉरीमन सर्कल वाली रोड) पर था। उनका व्यवसाय इतना बढ़ गया था कि अब उनको बड़े शोरूम और बड़े ऑफिस की दरकार थी। शहर में व्यवसाय और आबादी तेज़ी से बढ़ने लगी थी। मुम्बई म्युनिसिपल को शहर के विस्तार के लिए जगह की ज़रूरत थी। इसलिए 1862 से फोर्ट की दीवार को तोड़ा जाने लगा और 1864 तक सारी दीवारें गिरा दी गयीं। काला घोड़ा के पास की ज़मीन की नीलामी हुई जिसे जॉन वाटसन ने ऊँची कीमत पर बोली लगा के ज़मीन खरीद ली। उन्होंने अब शोरूम के बदले होटल खड़ा करने का निश्चय किया।

वाटसन होटल

होटल का डिज़ाइन प्रसिद्ध आर्किटेक्ट और सिविल इंजीनियर रॉलैंड एम ऑर्डिश ने किया। डर्बी के फॉनिक्स फॉउंड्री कम्पनी में ढलुआ लोहे के टुकड़े से स्तम्भ बनाया गया। फिर उसे समुद्री जहाज़ से मुम्बई लाया गया। 1867 में उसी लोहे के स्तम्भ को खड़ा कर होटल बनाने का काम शुरू हुआ और 1869 में मुम्बई का सबसे शानदार होटल बनके तैयार हो गया। पाँच मंजिला इमारत में 130 कमरे और 20 सुईट कमरे थे। हर कमरे के बाहर एक आदमी की ड्यूटी रहती थी पंखे रस्सी से खींचने की। हर कमरे के आगे चौड़ी बालकनी थी। एक बहुत बड़ा आधुनिक बार था। बीच में एक बहुत लम्बा और चौड़ा गलियारा था। जिसके एक तरफ डायनिंग हॉल और दूसरी तरफ दुकानें थीं। होटल से लगा एक गलियारा सीधे एक गार्डन तक जाता था जहाँ ख़ूबसूरत पेड़-पौधे और बैठने के लिए बेंच लगे थे। उस ख़ूबसूरत गार्डन की दीवार डेविड ससून लाइब्रेरी की इमारत से लगी हुई थी जो जहाँगीर आर्ट गैलरी के ठीक सामने है। वाटसन होटल की सीढ़ियाँ और ज़मीनी सतह बर्मा टीक और महोगनी लकड़ी से बनी थी। इसमें एक बड़ी लिफ्ट थी जो

स्टीम से चलती थी। 1882 में मुम्बई में बिजली आ जाने के बाद फिर लिफ्ट और पंखे बिजली से चलने लगे। होटल में सिर्फ़ यूरोपियन नागरिकों का प्रवेश मान्य था। वाटसन होटल का नाम इतिहास में उस दिन दर्ज़ हो गया जिस दिन उसके मुख्य हॉल में फ्रांस के लुमियर बन्धुओं की फ़िल्में प्रदर्शित हुईं।

लुमियर बन्धु

ऑगस्ट निकलोस लुमियर का जन्म 19 अक्टूबर 1862 को और लुईस जीन लुमियर का जन्म 5 अक्टूबर 1864 को पूर्वी फ्रांस के बेसंकों में हुआ।

इनके पिता अंटोनी लुमियर और माता जीन लुमियर दोनों बेसंकों में एक छोटा सा फ़ोटो स्टूडियो चलाते थे। अंटोनी एक बहुत अच्छे चित्रकार और फ़ोटोग्राफ़र थे।

1870 में फ्रांस और प्रशा (जर्मनी) की लड़ाई छिड़ चुकी थी। युद्ध के डर से बेसंकों से बहुत से परिवार पलायन करने लगे। अंटोनी लुमियर भी अपने परिवार को लेकर फ्रांस का पूर्वी सरहद छोड़के लियोन शहर में आकर बस गये। एक चित्रकार और फ़ोटोग्राफ़ी में पुरस्कार लेनेवाले फ़ोटोग्राफ़र अंटोनी लुमियर ने लियोन शहर में फ़ोटोग्राफ़ी प्लेट्स बनाने की एक फैक्ट्री खोली।

अंटोनी के दोनों बेटे ऑगस्ट और लुईस इसी माहौल में बड़े होने लगे। ऑगस्ट और लुईस दोनों भाइयों ने लियोन के ला मार्टिनीअर टेक्निकल स्कूल में पढ़ाई की। विज्ञान में उनकी बहुत गहरी दिलचस्पी थी। जब उनकी समझ विकसित हुई तो अपने पिता के फ़ोटोग्राफ़ी प्लेट्स के व्यवसाय से बहुत आकर्षित हुए। लुईस 17 साल की उम्र में अपने पिता की प्लेट्स फैक्ट्री के उत्पादन में हाथ बँटाने लगे। 1894 में लुमियर की फैक्ट्री ने पन्द्रह मिलियन प्लेट्स का उत्पादन किया और भारी मुनाफ़ा कमाया।

टॉमस अल्वा एडिसन ने पेरिस में अपना काईनेटोस्कोप का प्रदर्शन रखा जिसमें अंटोनी लुमियर को आमन्त्रित किया गया था। एडिसन का काईनेटोस्कोप चार फुट ऊँचे बक्से में रखा गया एक उपकरण था। जो आकार में बहुत बड़ा था। बक्से के ऊपर एक छेद बना था जिससे एक आदमी आँख लगाके देखता था उसमें चलते फिरते चित्र नज़र आते थे।

अंटोनी पेरिस से लौट के लियोन आए और अपने दोनों बेटों को ऐसे उपकरण

लुमियर बन्धु

पर काम करने के लिए प्रेरित किया। उन्होंने अपने बेटे से कहा कि एडिसन का उपकरण पियानो आकार का है तुमलोग उसे छोटा और आकर्षक बनाना। ऑगस्ट और लुईस ने रात-दिन मेहनत करके 1895 में पहला सिनेमैटोग्राफ़ बनाने में कामयाबी पा ली। जिसे पर्दे पर प्रेक्षण करके सैकड़ों लोग एक साथ देख सकते थे।

ऑगस्ट और लुईस दोनों भाइयों ने एक ऐसा हल्का और पोर्टेबल सिनेमैटोग्राफ़ बना डाला जो तीनों काम कर सकता था–छायाचित्रों को रिकॉर्ड करना, उन्हें प्रदर्शन हेतु तैयार करना और प्रक्षेपित यानी पर्दे पर दिखाना। उन्होंने कुछ दिनों में ही ढेर सारी छोटी-छोटी फ़िल्में शूट कर डालीं। सबसे पहली फ़िल्म शूट हुई–'लियोन में लुमियर फ़ोटोग्राफ़ी फैक्ट्री से निकलते मज़दूर' उनके इसी सिनेमैटोग्राफ़ उपकरण से सिनेमा शब्द का जन्म हुआ।

यह भी संयोग की बात है कि लुमियर बन्धुओं ने अपनी फ़िल्मों का पहला पब्लिक प्रदर्शन 28 दिसम्बर, 1895 को पेरिस के जिस ग्राण्ड कैफे के हॉल में आयोजित किया उस हॉल का नाम इंडियन हॉल था। जिसमें टिकट एक फ्रैंक था। पहले दिन सिर्फ़ 35 लोग फ़िल्म देखने के लिए आए। लेकिन गतिशील चित्र देखकर लोग इतने अभिभूत हुए कि उसकी चर्चा हर जगह करने लगे। अगले दिन हॉल के 120 सीटें भर गयां। माँग इतनी बढ़ गयी कि रोज़ 20 शो दिखाये जाने लगे। एक दिन की कमाई दो हज़ार फ्रैंक होने लगी।

28 दिसम्बर, 1895 को पेरिस के ग्रांड कैफ़े में फ़िल्में दिखाने के बाद पेरिस के लोकल अख़बार में छपा–'अदभुत यन्त्र की खोज हुई है। हम ज़िन्दगी को रिकॉर्ड करके फिर से देख सकते हैं। हम उन लोगों को दुबारा चलते-फिरते और हँसते देख सकते हैं जो दुनिया से चले गये हैं।'

पेरिस के प्रसिद्ध जादूगर जॉर्ज मेलिये ने फ़िल्में देखने के बाद कहा–"हम चलते हुए चित्र को देखकर दंग रह गये। ये हमारी सोच और कल्पना से परे का अनुभव था। पर्दे पर जीवन्त तस्वीर देखना सबके लिए एक झटका था। जब फ़िल्म समाप्त हुई तो लोग खुशी के मारे चीखने और चिल्लाने लगे। फ़ोटोग्राफ़ी में हुई इस क्रान्ति के लिए हम कृतज्ञ हैं।"

28 दिसम्बर, 1895 को पेरिस में हुए सिनेमैटोग्राफ़ के सफल प्रदर्शन के बाद उनको एहसास था कि सिनेमैटोग्राफ़ बनाने का काम जर्मनी, इंग्लैंड, इटली और अमेरिका में भी तेजी से हो रहा। इसलिए उन्होंने जल्दी ही पच्चीस एक जैसे सिनेमैटोग्राफ़ उपकरण बना डाले।

लुमियर बन्धु अपने समकालीन टॉमस अल्वा एडिसन से या दुनिया के बाक़ी व्यवसायी आविष्कारकों से कहीं बेहतर कारोबारी और प्रबन्धक थे। दिसम्बर 1895 में अपनी फ़िल्मों के प्रदर्शन के पहले पचास लघु फ़िल्में बना चुके थे और किसी को भनक तक नहीं लगने दी थी।

उनके पिता अंटोनी लुमियर का कहना था–"सिनेमा एक ऐसा आविष्कार है जिसका कोई भविष्य नहीं है।"

जबकि उनकी यह भविष्यवाणी बिल्कुल ग़लत साबित हुई। पाँच साल में लुमियर बन्धुओं ने अपने सिनेमा से एक करोड़ डॉलर कमाये। दोनों भाइयों ने कला और मनोरंजन जगत के लिए एक ऐसी अभूतपूर्व चीज़ आविष्कृत कर दी जो दुनिया के लिए नयी और निर्णायक थी।

ज्ञात रहे कि 1839 में एक फ्रांसीसी ने ही स्टिल फ़ोटोग्राफ़ी कैमरे का आविष्कार किया था। जिसका नाम था लुई दुगारे।

लुमियर बन्धुओं ने सिर्फ़ सिनेमा का आविष्कार नहीं किया बल्कि फ़िल्म पोस्टर का ईजाद भी किया। 1895 में फ़िल्में प्रदर्शित करने के बाद इन्होंने लिथोग्राफर हेनरी ब्रिसपॉट से मुलाक़ात की। भविष्य में लुमियर सिनेमैटोग्राफ़ की फ़िल्मों के विज्ञापन के लिए लिथोग्राफ़ी से पोस्टर बनने लगे।

लुमियर बन्धुओं ने सिनेमा के प्रति लोगों के आकर्षण को पहचानते हुए

अपने प्रशिक्षित सहायकों की एक टोली बनायी और वे प्रशिक्षित सहायक सिनेमैटोग्राफ़ यन्त्र और फ़िल्में लेकर अलग-अलग देशों में प्रदर्शन करने के लिए निकल गये। उसी में प्रशिक्षित सहायक थे मौरिस सेस्टियर और वेयरे, जो जून 1896 में लुमियर बन्धुओं की फ़िल्में लेकर स्टीमर से मुम्बई पहुँचे और वाटसन होटल में आकर ठहरे।

वाटसन होटल में फ़िल्मों का प्रदर्शन

7 जुलाई मंगलवार का दिन था। मुम्बई में मॉनसून अपने चरम पे था। आसमान में काले घने बादल घिरे थे। सुबह से हल्की बारिश हो रही थी। गीली सड़कों पे घोड़ागाड़ी, बैलगाड़ी, साइकिल नज़र आ रहे थे। गिरगाँव इलाके के केनेडी ब्रिज के पास एक फोटो स्टूडियो में 28 वर्ष का एक मराठी युवक बैठा था। उसके हाथ में टाइम्स ऑफ़ इंडिया अख़बार था।

टाइम्स ऑफ़ इंडिया, मुम्बई के अख़बार में विज्ञापन छपा था कि 'सदी का चमत्कार। दुनिया का आश्चर्य। चलते फिरते चित्र की तस्वीर एक विशाल पर्दे पर। लुमियर बन्धुओं द्वारा'।

सिनेमैटोग्राफ़

6 फ़िल्मों का प्रदर्शन।

स्थान–वाटसन होटल, फोर्ट

शाम–6, 7, 9 और 10 बजे। चार शो।

दिनांक–7 जुलाई 1896

टिकट शुल्क 1 रुपया।

उस फ़ोटो-स्टूडियों पर कोई ग्राहक नहीं आया था अब तक। बारिश कभी तेज़ होती तो कभी बन्द हो जाती। अब वह युवक स्टूडियों बन्द करने जा ही रहा था तभी दो पारसी लोग आये। एक को अपनी तस्वीर निकलवानी थी। लेकिन युवक ने मना कर दिया। उसे अपनी दुकान बन्द करनी थी। पारसी सज्जन ने कहा कि ग्राहक को लौटाना नहीं चाहिए। युवक ने माफ़ी माँगते हुए कहा कि आप कल आ जाइए। अभी मैं चलते फिरते चित्रों के प्रदर्शन में जा रहा हूँ। उस युवक ने ताँगा लिया और सीधे वाटसन होटल पहुँच गया। टिकट लेकर वह हॉल में बैठ गया। करीब दो सौ लोगों की भीड़ थी।

वाटसन होटल

सामने पर्दा टँगा था। हॉल में ज़्यादातर अंग्रेज़ और यूरोपियन नज़र आ रहे थे। कुछ भारतीय भी मौजूद थे। हॉल को अँधेरा कर दिया गया। मौरिस ने जादुई लालटेन जलायी और सिलाई मशीन की हैंडल की तरह कैमरे के हैंडल को चलाना शुरू किया गया। पर्दे पर भीड़ भरी रेलगाड़ी स्टेशन पे आती दिखाई देने लगी। रेलगाड़ी का विहंगम दृश्य आँखों के सामने देखकर लोगों में आनन्द और भय दोनों के भाव जाग रहे थे।

दूसरी फ़िल्म में एक दीवार का गिरना और उसके धूल के कण-कण का पर्दे पर छा जाना, समन्दर में पानी की तेज़ लहरें और उसमें स्नान का दृश्य लोगों को रोमांचित कर रहा था। ऑगस्ट लुमियर और उनकी पत्नी का अपनी बेटी को नाश्ता कराना। लुमियर फैक्ट्री से निकलते मज़दूर...उनका चलना, उनके चेहरे के हाव-भाव देख लोगों को अद्‌भुत अनुभव हुए।

मज़दूरों के निकलने के बाद चौकीदार फैक्ट्री का दरवाज़ा बन्द कर देता है। यहाँ फ़िल्म खत्म हो जाती है। लोगों के लिए यह प्रदर्शन सचमुच एक चमत्कार से कम नहीं था।

टाइम्स ऑफ़ इंडिया ने लिखा–'एक शक्तिशाली लालटेन की मदद से वास्तविक जीवन से मिलते जुलते बहुत से दृश्य पर्दे पर दिखाये गये। जिस तरह हर चेहरे के हाव-भाव स्पष्ट नज़र आ रहे थे इससे पता चलता है कि छायांकन की

कला और जादुई लालटेन का गठजोड़ कितना तरक़्क़ी कर चुका है। एक मिनट में सात सौ तक छायाचित्र पर्दे पर प्रकाशमान हो उठते हैं ऐसे दृश्यों को लोगों ने बहुत पसन्द किया।'

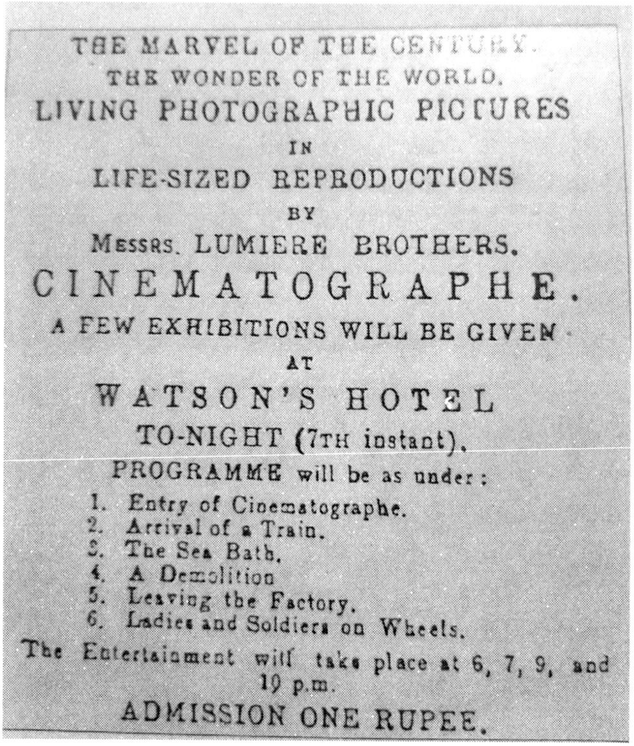
THE MARVEL OF THE CENTURY.
THE WONDER OF THE WORLD.
LIVING PHOTOGRAPHIC PICTURES
IN
LIFE-SIZED REPRODUCTIONS
BY
MESSRS. LUMIERE BROTHERS.
CINEMATOGRAPHE.
A FEW EXHIBITIONS WILL BE GIVEN
AT
WATSON'S HOTEL
TO-NIGHT (7TH instant).
PROGRAMME will be as under:
1. Entry of Cinematographe.
2. Arrival of a Train.
3. The Sea Bath.
4. A Demolition
5. Leaving the Factory.
6. Ladies and Soldiers on Wheels.
The Entertainment will take place at 6, 7, 9, and 10 p.m.
ADMISSION ONE RUPEE.

लुमियर फिल्मों का विज्ञापन

लुमियर के सहायक जिस देश में भी जाते थे वहाँ के लोकल दृश्यों को फिल्माते थे और बाकी फ़िल्मों के साथ उसे भी प्रदर्शित करते थे। लोकल दृश्यों को देखकर उस शहर के लोग बहुत प्रभावित होते थे और अपने शहर के दृश्यों को देखने के लिए बार बार आते थे। मौरिस सेस्टियर और वेयरे ने मुम्बई के स्टेशन, सड़क, चौपाटी को फिल्मांकित किया। लेकिन फ़िल्मांकन अच्छा नहीं हुआ। छायाचित्र धुँधले रह गये। इसलिए मुम्बई के लोकल दृश्यों को प्रदर्शन में शामिल नहीं किया गया। जबकि रूस में पहुँचे लुमियर के प्रतिनिधियों ने जार निकोलस

द्वितीय के राजसी जुलूस को फिल्मांकित किया। फिर रूस में फ़िल्मों का प्रथम प्रदर्शन 19 मई 1896 को सेंट पीटर्सबर्ग शहर में किया गया।

जनता की माँग पर वाटसन होटल में रोज़ शो दिखाये जाने लगे। प्रतिदिन कुछ नयी फ़िल्में दिखायी जाती थी इसलिए वह फ़ोटोग्राफ़र युवक शाम को अपना केनेडी ब्रिज वाला फ़ोटो स्टूडियो बन्द करके फ़िल्में देखने चला जाता था। 14 जुलाई से फ़िल्मों का प्रदर्शन वाटसन होटल से हटाकर नॉवेल्टी थिएटर में किया जाने लगा। नॉवेल्टी थिएटर (अब न्यू एक्सेलसियर हॉल, सीएस टी स्टेशन के सामने) की क्षमता वाटसन से बहुत ज़्यादा थी। रोज़ाना दो शो दिखाया जाता था। एक शो में 12 फ़िल्में दिखायी जा रही थी। नॉवेल्टी दरअसल एक नाटक थिएटर हॉल था अब उसी तर्ज़ पर फ़िल्मों के भी टिकट कटने लगे। मिसाल के तौर पे गैलरी में सबसे पीछे आठ आना (50 पैसे), बीच में कुर्सियों के लिए एक रुपया, सबसे आगे बैठने वालों के लिए दो रुपये। नॉवेल्टी अधिकारियों ने महिलाओं के लिए विशेष बॉक्स बनवाये और उसका नाम दिया 'महिलाएँ पर्दे में' टिकट दर 50 पैसा रखा।

फ़िल्मों के प्रदर्शन के समय सेंट जॉन चर्च, कोलाबा के एफ सिमोर डोव के निर्देशन में संगीत धुन बजायी जाती थी। हर शो दर्शकों की भीड़ से भरी होता था। नॉवेल्टी थिएटर में लुमियर बन्धुओं का आख़िरी शो 15 अगस्त 1896 को दिखाया गया।

फ़ोटोग्राफ़र युवक अपने फ़ोटो स्टूडियो से समय निकाल कर नॉवेल्टी जाकर नयी फ़िल्में देख आता। इन फ़िल्मों ने उसपे इतना असर डाला कि उसने ऐसी लघु फ़िल्में ख़ुद बनाने और सच्ची घटनाओं को फिल्मांकित करने का ख़ुद फ़ैसला किया। उस युवक का नाम था हरिश्चन्द्र सखाराम भाटवेडकर।

सावे दादा (1865-1956)

15 मार्च 1865 को हरिश्चन्द्र उर्फ़ सावे दादा का जन्म पालघर (महाराष्ट्र) के भटवाड़ी में हुआ था। पढ़ाई के दौरान उनकी दिलचस्पी तस्वीर बनाने में बढ़ने लगी। तस्वीर बनाने की इस विधा को लोग शक की नज़रों से देखते थे। लोगों का मानना था कि यह एक शौक हो सकता है मगर यह व्यवसाय नहीं बन सकता। लेकिन युवक हरिश्चन्द्र आँखों में सपने लिये 22 साल की उम्र में मुम्बई पहुँच गया। वह एक फोटो स्टूडियो में काम करने लगा। वहीं से उसने फ़ोटोग्राफ़ी सीखनी शुरू की। चित्रकार होने का फ़ायदा यह हुआ कि कैमरा से तस्वीर का सुन्दर कोण वह बना लेते थे। कुछ ही साल बाद वह एक फोटो स्टूडियो के मालिक और कैमरा उपकरण के व्यवसायी बन गये। कैनेडी ब्रिज, चर्नी रोड के पास उन्होंने अपना फ़ोटो स्टूडियो खोला।

लुमियर बन्धुओं की फ़िल्में देखने के बाद उन्होंने लुमियर के सिनेमैटोग्राफ़ उपकरण पेरिस से मँगाना चाहा लेकिन उसकी कीमत ज़्यादा थी। लन्दन के रिले बन्धुओं के कैमरा उपकरण उससे कम कीमत पर सिर्फ़ 21 गिनी (इंग्लैंड का पुराना मुद्रा सिक्का) में मिल गयी।

हरिश्चंद्र भातवेडकर उर्फ़ सावे दादा

सावे दादा हिन्दुस्तान के पहले व्यक्ति थे जिसने चलचित्र कैमरा विदेश से आयात किये। कैमरा आने के बाद वह सोच में पड़ गये कि क्या फ़िल्मांकन किया जाये। उन्होंने 1898 में मालाबार हिल के हैंगिंग गार्डन में एक कुश्ती का आयोजन कराया। जिसमें प्रसिद्ध पहलवान पुण्डलिक दादा और कृष्णा नाहवी के बीच मुकाबला हुआ। इस कुश्ती को सावे दादा ने हर कोण से फिल्मांकित किया।

दूसरी फ़िल्म उन्होंने शूट की जहाँ सर्कस के मास्टर अपने बन्दरों को सिखा रहे हैं। फ़ोटोग्राफ़ी में सावे दादा पहले से निपुण थे। इसलिए सिनेमैटोग्राफ़ के संचालन में उन्हें कोई मुश्किल नहीं आयी। इन दोनों फ़िल्मों को लन्दन धुलने के लिए भेजा गया। फ़िल्में जब प्रिंट होके आयीं तो इन दोनों लघु फ़िल्मों को 'द रेसलर' और 'द मैन एंड हिज मंकीज' के नाम से हिन्दुस्तान में प्रदर्शित विदेशी फ़िल्मों के साथ ही दिखाया गया। सावे दादा की दोनों फ़िल्में टेंट में, थिएटर में और समृद्ध लोगों के बँगले में भी दिखाई जाने लगीं। लोगों ने इनकी फ़िल्मों की सराहना की। इस तरह हिन्दुस्तान के पहले लघु या डॉक्यूमेंट्री फ़िल्मकार होने का श्रेय सावे दादा को जाता है।

दो साल तक उन्होंने कोई फ़िल्म नहीं बनायी।

इस बीच फ़िल्में प्रदर्शित करके उनके पास इतना पैसा आ गया था कि पेरिस से लुमियर बन्धुओं का सिनेमैटोग्राफ़ खरीद लिया। 1901 में ब्रिटिश पार्लियामेंट के भारतीय सदस्य सर एम एम भोवनुगरी का स्टीमर से अपोलो बन्दर (गेटवे ऑफ़ इंडिया) पर उतरने का दृश्य सावे दादा ने फिल्माया। भारतीय सिनेमा का यह पहला न्यूज़रील था। जिसे लोगों ने थिएटर में देखा। उस समय बहुत से विदेशी कैमरामैन देश के अलग अलग हिस्सों में समारोह, घटनाओं को शूट कर रहे थे।

उसी साल सावे दादा ने चीरा बाज़ार के पारसी अगियारी आतश बेहराम का पुनर्निर्माण के कार्य को अपने कैमरे में कैद किया। लोगों ने इस लोकल दृश्य को थिएटर में बहुत पसन्द किया।

22 जनवरी 1901 को महारानी विक्टोरिया की मृत्यु हो गयी। महारानी की आख़िरी यात्रा के जुलूस और उनकी अन्त्येष्टि को ब्रिटेन के कुछ फ़िल्मकारों ने फिल्मांकित किया और 'महारानी विक्टोरिया की अन्त्येष्टि' नाम की फ़िल्म अगस्त 1901 में मुम्बई के नॉवेल्टी और गेयटी थिएटर में रिलीज़ हुई जिसे देखने के लिए अपार भीड़ उमड़ पड़ी।

सावे दादा भी फ़िल्मांकन के लिए कोई ख़ास कार्यक्रम या समारोह का इन्तज़ार कर रहे थे। 7 दिसम्बर, 1901 को कैम्ब्रिज से गणित में सर्वोच्च अंक प्राप्त करके रघुनाथ पी परांजपे (फ़िल्मकार सई परांजपे के नाना) मुम्बई लौटकर आये। बन्दरगाह पर उनके स्वागत के लिए हिन्दुस्तानी और अंग्रेज़ दोनों मौजूद थे। इस आगमन को सावे दादा ने फ़िल्मांकन किया। जो नॉवेल्टी थिएटर में 'द रिटर्न ऑफ़ रैंगलर परांजपे' नाम से प्रदर्शित हुआ जिसे रघुनाथ परांजपे ने भी देखा।

सावे दादा एक चर्चित नाम बन चुके थे। उनको जज और बड़े ब्रिटिश अधिकारी अपने कार्यक्रम को फिल्मांकित करने के लिए बुलाने लगे। इसी क्रम में 1903 में दिल्ली दरबार के दृश्य को फ़िल्मांकन करने के लिए उनको आमन्त्रित किया गया।

यह दरबार एडवर्ड सप्तम एवं महारानी एलेक्जैंड्रा को भारत के सम्राट एवं सम्राज्ञी घोषित करने के उपलक्ष्य में लगा था। पहले दिन लॉर्ड कर्जन इस समारोह में हाथी पर सवार होकर निकले। सावे दादा ने दो हफ़्ते तक चले इस दिल्ली दरबार को फिल्माया। यह उनका शानदार काम था।

अपनी लघु फ़िल्में बनाते हुए सावे दादा ने भगवान कृष्ण पर एक फ़ीचर फ़िल्म बनाने की सोची। उनके छोटा भाई रामकृष्ण भातवेडकर उनके सहयोगी बने। रामकृष्ण ने कुछ निवेशक तैयार किये। अभी योजना को अमली जामा पहनाना था उसके पहले ही रामकृष्ण की मौत हो गयी। सावे दादा इस मौत से इतने दुखी हुए कि 1907 में लुमियर का कैमरा सस्ती दर पे बेच दिये और फिर अपने पुराने व्यवसाय स्टिल फोटो स्टूडियो की तरफ लौट गये। थोड़ा-सा सब्र और साहस उनको शायद भारतीय सिनेमा का पहला फ़िल्मकार बना देता लेकिन नियति को यह मंज़ूर नहीं था।

सावे दादा फिर सिनेमा की दुनिया से गुम हो गये। 1956 में जब भारतीय बोलती सिनेमा का सिल्वर जुबली क्रॉस मैदान मुम्बई में मनाया गया तो सावे दादा को भारतीय सिनेमा में योगदान के लिए सम्मानित किया गया। इसके दो साल बाद 20 फरवरी, 1958 को 93 साल की उम्र में मुम्बई में उनका निधन हो गया। अपने पीछे मौखिक इतिहास के अलावा वह कुछ भी छोड़कर नहीं गये। उनकी लघु फ़िल्में और न्यूज़रील रख-रखाव के अभाव में बहुत पहले नष्ट हो गयी थीं।

एफ. बी. थानावाला

सावे दादा के बाद मुम्बई के एक और फ़िल्मकार का नाम आता है एफ.बी. थानावाला। मिस्टर थानावाला एक मुस्लिम इलेक्ट्रिकल इंजीनियर थे जिसकी कालबा देवी में दुकान थी। वह सिनेमा उपकरण प्रोजेक्टर, फोनोग्राफ आदि के विक्रेता भी थे। उनके खरीददार मुख्य रूप से अमीर और आभिजात्य वर्ग से आते थे। कुछ ऐसे प्रतिष्ठित परिवार जो थिएटर में जाके फ़िल्में देखना पसन्द नहीं करते थे वे लोग अपने घर पे ही सिनेमा उपकरण का सेट लगाके फ़िल्में देखा करते थे। कुछ लोग अपने विशेष मेहमानों के लिए थानावाला की दुकान से प्रोजेक्टर मँगा के मनोरंजन की व्यवस्था करते थे। इसके अलावे थानावाला के सिनेमा उपकरण का उपयोग बॉम्बे प्रेसिडेंसी के राहत कोष अभियान के लिए भी किया जाता था। जैसे बाढ़, अकाल या भूकम्प पीड़ितों की सहायता के लिए प्रशासन द्वारा फ़िल्मों के शो आयोजित किये जाते थे। जिसमें सारे उपकरण थानावाला ही सप्लाई करते थे। बॉम्बे प्रशासन और अमीरज़ादों के बीच थानावाला एक जाना-पहचाना नाम था।

लेकिन थानावाला इतने भर से सन्तुष्ट नहीं थे उन्होंने ख़ुद अपनी फ़िल्में बनाने का फ़ैसला किया। 1901 में उन्होंने अपने बैनर का नाम दिया थानावाला ग्रैंड काइनेटोस्कोप। उन्होंने बॉम्बे की अलग अलग जगह और प्रमुख स्थलों की शूटिंग की। बॉम्बे के तिवोली थिएटर में उनकी फ़िल्म 'स्प्लेंडिड न्यू व्यूज ऑफ़ बॉम्बे' नाम से रिलीज़ हुई। बॉम्बे के लोगों को अपने शहर के लोकेशन को पर्दे पर देखना बहुत रोमांचकारी अनुभव था।

इसके अलावे थानावाला ने मुस्लिम वार्षिकोत्सव 'ताबूत शोभायात्रा' की शूटिंग बॉम्बे में की। कालबादेवी की तंग सड़कों से होकर यह शोभायात्रा निकाली गयी थी जिसमें काफ़ी लोग शामिल थे। इस ताबूत यात्रा फ़िल्म की प्रदर्शन करके तिवोली हॉल में प्रदर्शित किया गया था।

गुजराती दैनिक अख़बार जम जमशेद में थानावाला की फ़िल्मों पर एक समीक्षा छपी। थानावाला ने बॉम्बे के लोकल स्थानों को फिल्मांकित कर जो तस्वीर प्रदर्शित की उसे लोगों ने बहुत उत्साह से देखा। लेकिन उनकी फ़िल्मों में प्रकाश व्यवस्था सही नहीं थी। कई जगह रौशनी ज़्यादा हो जाती तो कहीं अँधेरा नज़र आता था। उन्होंने कुछ फ़िल्में बनाकर फ़िल्म निर्माण का काम अचानक से बन्द कर दिया। जबकि वे ढेर सारी फ़िल्में बना सकते थे। लेकिन थानावाला को सावे दादा के बाद दूसरे भारतीय फ़िल्मकार होने का गौरव प्राप्त है।

मुम्बई के प्रेक्षागृह का विलय सिनेमा थिएटर में

14 जुलाई, 1896 के बाद मुम्बई के नॉवेल्टी थिएटर में नाटक होने बन्द हो गये और शाम छह बजे से फ़िल्में ही दिखायी जाने लगीं। लुमियर फ़िल्मों के प्रदर्शन के बाद दूसरी विदेशी फ़िल्में मुम्बई आने लगीं। जनवरी 1897 से भारत में विदेशी फ़िल्में फ्रांस, जर्मनी, इंग्लैंड, इटली, डेनमार्क और अमेरिका से बड़ी मात्रा में पहुँचने लगी थीं।

नॉवेल्टी थिएटर सी एस टी मुम्बई

कैपिटल सिनेमा सी एस टी मुम्बई

गेयटी थिएटर (अब कैपिटल, सी एस टी के सामने) में भी फ़िल्मों का प्रदर्शन आरम्भ हो गया था। 17 दिसम्बर 1898 को विदेशी फ़िल्मकार एंडरसन ने मुम्बई स्टेशन पर रेलगाड़ी और पूना रेसकोर्स की घुड़दौड़ को फिल्मांकित करके 17 दिसम्बर, 1898 को तिवोली थिएटर (अब वहाँ टाइम्स ऑफ़ इंडिया की इमारत है) में प्रदर्शित किया। अपने शहर के लोकल दृश्यों को देखने के लिए भीड़ उमड़ पड़ी। तिवोली में पहले नाटक और जादूगर का जादू दिखाया जाता था उसे भी फ़िल्म थिएटर में बदल दिया गया।

धोबी तालाब इलाके में फारम जी कावसजी हॉल में भी विदेशी फ़िल्में दिखायी जाने लगीं। 2 अक्टूबर, 1901 को जीसस की ज़िन्दगी पर बनी फ़िल्म 'पैशन प्ले' फारम जी कावसजी हॉल में प्रदर्शित हुई। जो दो हज़ार फ़ीट लम्बी रील की फ़िल्म थी। क्रिसमस के समय यही फ़िल्म गेयटी थिएटर में लगायी गयी; सिर्फ़ ईसाई नहीं बल्कि मुम्बई के हिन्दू, मुस्लिम, पारसी सभी ने यह फ़िल्म देखी। जो बहुत कामयाब रही।

फ़िल्मों का प्रदर्शन थिएटर के अलावे टेंट या शामियाना में भी होने लगा। मुम्बई के मैदान (अब आज़ाद मैदान) में मौरिस बैण्डमैन (रॉयल ओपेरा हाउस

के आर्किटेक्ट) के विदेशी सिनेमैटोग्राफ़ के अलावे मुम्बई के एक्स्लेसिअर सिनेमाटोग्राफ और अमेरिकन इंडिया सिनेमैटोग्राफ़ टेंट में फ़िल्में दिखायी जाती थी। एक्सेल्सिअर के मालिक बिलिमोरिया और अमेरिकन इंडिया के मालिक पी. बी. मेहता दोनों पारसी थे। ज्ञात रहे कि पहले सिनेमा हॉल को सिनेमैटोग्राफ़ बोला जाता था जैसे कोरोनेशन सिनेमैटोग्राफ़। अमेरिकन इंडिया सिनेमाटोग्राफ बिजली और पंखे का इस्तेमाल करनेवाला मुम्बई का पहला सिनेमैटोग्राफ़ (सिनेमा हॉल) बना। टेंट सिनेमा मुम्बई के दूसरे कोने में भी शामियाना लगाके फ़िल्में दिखाया करते थे। माहिम के मेले में हमेशा सिनेमैटोग्राफ़ टेंट में फ़िल्मों के प्रदर्शन होते थे। 1909 में मुम्बई पुलिस कमिश्नर ने मौरिस बैण्डमैन को नोटिस भेजा कि टेंट सिनेमैटोग्राफ़ को मैदान से हटाया जाये। उसके बाद से मैदान में चलने वाले सारे टेंट सिनेमैटोग्राफ़ हटा दिये गये। 1910 में अमेरिकन इंडिया सिनेमैटोग्राफ़ ने मैदान से निकलके सैंड्हर्स्ट रोड (गिरगाँव चौपाटी से डोंगरी तक की सड़क) पर शामियाना खड़ा कर अमेरिकन इंडिया सिनेमैटोग्राफ़ खोला जहाँ रोज़ फ़िल्में प्रदर्शित की जाने लगीं। आज गिरगाँव में उसी जगह पे सेंट थेरेसा चर्च की इमारत खड़ी है। सैंड्हर्स्ट रोड उस ज़माने की सबसे आधुनिक और चौड़ी सड़क थी। इस सड़क पर लाइन से थिएटर थे। ओलंपिया थिएटर (अब दुबाश वाड़ी) जहाँ राजा हरिश्चन्द्र का प्रीमियर शो रखा गया था। कोरोनेशन सिनेमैटोग्राफ़ जहाँ आम लोगों के लिए राजा हरिश्चन्द्र प्रदर्शित हुई थी। आज उस जगह पे गिरगाँव कोर्ट की इमारत खड़ी है।

धीरे-धीरे मुम्बई में नाटकों का आयोजन करने वाले कई थिएटर फ़िल्मों के प्रदर्शन के लिए अपने हॉल किराये पर देने लगे। विदेशों से फ़िल्में मँगाने और उनके प्रदर्शन में यूरोपीयन लोग ही आगे थे। 1898 में 'हमारा भारतीय साम्राज्य', 'लखनऊ का इमामबाड़ा', और 'मुम्बई स्टेशन पर रेलगाड़ी का आगमन' जैसी फ़िल्में अंग्रेज़ लोग बनाके मुम्बई के थिएटर में दिखा रहे थे। मुम्बई से फ़िल्में पहली बार 1898 में कलकत्ता पहुँचीं।

स्टार थिएटर, कलकत्ता

25 मई 1888 को कलकत्ता में स्टार थिएटर का निर्माण हुआ। थिएटर में तमाम नाटकों का मंचन शुरू हुआ। प्रसिद्ध बंगाली लेखक और अभिनेता गिरीश चन्द्र घोष अपने नाटकों का मंचन अक्सर यहाँ करते थे। कहते हैं कि इस थिएटर में कविगुरु रवीन्द्रनाथ टैगोर भी नाटक देखने आया करते थे। यही स्टार थिएटर कलकत्ता में सिनेमा का पहला गवाह बना।

अमृत बाज़ार पत्रिका में 30 सितम्बर 1898 को विज्ञापन छपा–शहर में पहली बार चलचित्र का प्रदर्शन। तारीख़– 2 अक्टूबर 98, स्थान– स्टार थिएटर।

कलकत्ता में पहली बार फ़िल्में लेकर आये थे प्रोफ़ेसर स्टीवेन्सन। फ़िल्म थी 'लिविंग एंड मूविंग पिक्चर ऑफ़ लन्दन लाइफ', 'डेथ ऑफ़ नेल्सन' और 'रेलवे ट्रेन इन फुल मोशन'।

प्रोफेसर स्टीवेंसन फ़िल्मों के साथ एक नाटक भी लेकर आये थे। खचाखच भरे स्टार थिएटर में उनके नाटक 'फ्लावर ऑफ़ पर्सिया' का मंचन हुआ।

यहाँ यह भी बता दें कि उन दिनों नाटक के दौरान एक दो बेहद छोटी फ़िल्मों का भी प्रदर्शन हुआ करता था। एक साथ नाटक और फ़िल्मों का प्रदर्शन चल रहा था। दर्शक दीर्घा में एक बंगाली युवक बैठा था जो लघु फ़िल्में देखकर रोमांचित हो गया। उसके लिए सिनेमा का यह पहला अनुभव था।

फ़िल्म प्रदर्शन के दौरान स्टीवेंसन से उस बंगाली युवक ने मुलाकात की। वह युवक एक स्टिल फ़ोटोग्राफ़र था। स्टीवेंसन ने उससे प्रभावित होकर फ़िल्म शूट करने के लिए अपना कैमरा उस युवक को दे दिया। उस युवक ने उस कैमरे से 'फ्लावर ऑफ़ पर्सिया' नाटक के एक डांस सीक्वेंस को शूट किया। उस फ़ोटोग्राफ़र युवक का नाम था हीरालाल सेन।

हीरालाल सेन (1866-1917)

हीरालाल सेन ने जब बंगाल में अपना रॉयल बायोस्कोप शो शुरू किया तो उनका पहला मकसद था बंगाल के भद्रलोक यानी पढ़े-लिखे और उच्च वर्ग के दर्शकों तक पहुँचना। क्लासिक थिएटर जहाँ हीरालाल सेन अपनी डॉक्यूमेंटरीज़ और फ़िल्मों के प्रदर्शन करते थे वहाँ के ज़्यादातर दर्शक शिक्षित और उच्च वर्ग से आते थे। 1 अगस्त, 1901 को हीरालाल सेन ने क्लासिक थिएटर में मुख्य न्यायाधीश इलाहाबाद हाईकोर्ट मिस्टर स्टेनले को अपनी रॉयल बाईस्कोप की फ़िल्में दिखाने के लिए आमन्त्रित किया।

4 अगस्त, 1904 को रॉयल बाईस्कोप कम्पनी ने अख़बार में अपना विज्ञापन निकाला जिसमें चीफ जस्टिस मिस्टर स्टेनले का एक ख़त छपा था– 'मुझे यह बताते हुए खुशी हो रही है कि मैं क्लासिक थिएटर, कलकत्ता में एक फ़िल्म प्रदर्शन में उपस्थित था, जब रॉयल बायोस्कोप कम्पनी ने कई दिलचस्प और अलग अलग शो का प्रदर्शन किया। यह प्रदर्शन हर दृष्टि से प्रशंसनीय और सराहनीय था और जिसे हमने और दर्शकों ने काफ़ी पसन्द किया।'

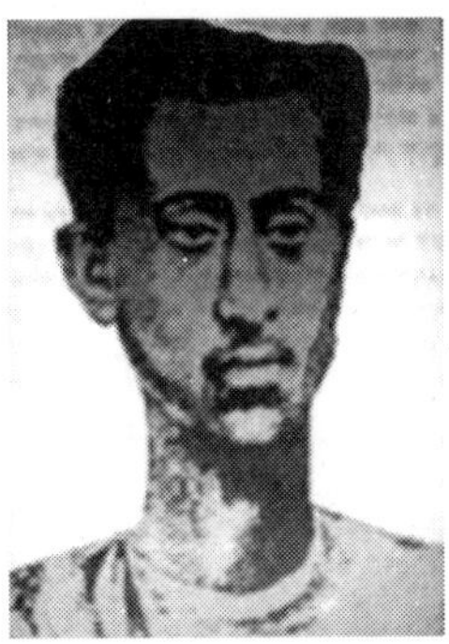

हीरालाल सेन

इससे हीरालाल सेन ना सिर्फ़ अंग्रेज़ी हुकूमत की नज़र में आये बल्कि यूरोपियन लोगों के भी करीबी हो गये।

1866 में हीरालाल सेन का जन्म ढाका के पास मानिकगंज के बागजुरी गाँव के एक ज़मींदार परिवार में हुआ था। उनके पिता चन्द्रमोहन सेन पेशे से वकील थे।

प्रारम्भिक शिक्षा अपने गाँव में लेने के बाद वह उच्च शिक्षा के लिए कलकत्ता आ गये। यहाँ उनका रुझान धीरे-धीरे फ़ोटोग्राफ़ी की तरफ बढ़ने लगा और उन्होंने फ़ोटोग्राफ़ी शुरू कर दी। 1887 में फ़ोटोग्राफ़ी से जुड़ी एक कम्पनी के फ़ोटोग्राफ़ी कम्पीटिशन में उन्होंने हिस्सा लिया और अवार्ड भी जीता। इसके अलावा भी उन्होंने कई अवार्ड जीते। 1890 तक उन्होंने कलकत्ता और मानिकगंज में अपना फ़ोटोग्राफ़ी स्टूडियो खोल लीं।

स्टार थिएटर में डांस सीक्वेंस फ़िल्मांकन करने के बाद हीरालाल के दिमाग़ में सिनेमा दौड़ने लगा। उन्होंने पहले फ़िल्म प्रदर्शक बनने का फ़ैसला किया।

हीरालाल और उनके भाई मोतीलाल ने किसी तरह कुछ हज़ार रुपये जुगाड़ कर 1899 में लन्दन से एक फ़िल्म प्रोजेक्टर और कुछ विदेशी फ़िल्में मँगायीं। रॉयल बाईस्कोप नाम से एक कम्पनी की स्थापना की। कम्पनी का दफ़्तर कलकता के चित्तपुर में खोला गया। उन्होंने अमर दत्ता के क्लासिक थिएटर में नाटक शो के मध्यान्तर में विदेशी फ़िल्में प्रदर्शित करनी शुरू कर दीं। फिर दोनों भाइयों ने थिएटर से अलग अपनी राह की खोज की। टेंट में पर्दा लगाके प्रोजेक्टर से विदेशी फ़िल्में दिखानी शुरू कर दीं। उन्होंने टिकट शुल्क चार आना (पच्चीस पैसा) और आठ आना (पचास पैसा) रखा। उनके टेंट में भीड़ जुटनी शुरू हो गयी। फिर हीरालाल सेन बिहार, उड़ीसा और बंगाल की दूरदराज की रियासतों में अपना प्रोजेक्टर और फ़िल्में लेकर घूमने लगे। वहाँ नवाबों, राजाओं और ज़मींदारों के परिवारों और दरबारियों के लिए फ़िल्मों के प्रदर्शन करने लगे। देश भर में फैली रियासतों तक पहुँचकर फ़िल्में दिखाने के इस व्यवसाय में पैसे कमाने की ज़बरदस्त सम्भावनाएँ दिखने लगीं। सेन से प्रेरणा लेकर बंगाल के कई युवक इसी काम में लग गये। अनिल चटर्जी ने इम्पीरियल बाईस्कोप, प्रमथनाथ गांगुली की ओरियंटल बाईस्कोप, सत्यचरण घोष की बंगाल बाईस्कोप कम्पनियाँ इस व्यवसाय में उतर गयीं और बाहर से मँगायी फ़िल्में कस्बे और गाँव तक पहुँचने लगीं। बाद में 1902 में जमशेदजी एफ मादन ने भी एलिफिंस्टन बाईस्कोप कम्पनी बनाके कलकत्ता के मैदान में टेंट लगाके फ़िल्में दिखानी शुरू कर दीं।

दिल्ली दरबार का दृश्य

चूँकि सेन एक काबिल स्टिल फ़ोटोग्राफ़र थे। वे सिर्फ़ प्रदर्शक बनके सन्तुष्ट रहने वाले नहीं थे। तभी किस्मत ने उनका साथ दिया। 1900 में फ्रांस की पाथे कम्पनी के कुछ कैमरामैन अपने उपकरणों के साथ कलकत्ता पहुँचे और उन्हें बंगाल के जनजीवन को फ़िल्मांकन करना था। उनको एक लोकल सहायक की ज़रूरत थी। हीरालाल सेन खुशी-खुशी उनकी टीम के साथ जुड़ गये और उनके फ़िल्म निर्माण के हिस्सा भी बन गये। कुछ दिन बाद सेन को कैमरा संचालन का मौका मिला और इसमें वह अपनी फ़ोटोग्राफ़ी के हुनर का इस्तेमाल किये। उन्होंने 'कलकत्ता की गली से गुजरती भीड़', 'हुगली नदी के घाट और उसमें नहा रहे स्त्री पुरूष' के दृश्य के साथ 'मुर्गे की लड़ाई' का भी फ़िल्मांकन किया। इससे उनका आत्मविश्वास जगा और उन्होंने फ्रांस के पाथे कम्पनी से अपने लिए का कैमरा उपकरण मँगाया।

पाथे बन्धु उस समय अन्तरर्राष्ट्रीय बाज़ार में फ़िल्म उपकरणों के मामले में लुमियर बन्धुओं से काफ़ी आगे निकल चुके थे। चार्ल्स पाथे ने अपने तीन भाइयों के साथ मिलकर १८९६ से ही चलचित्र उपकरण बनाने का काम शुरू कर दिया था। कुछ सालों में ही फ़िल्मों से जुड़े सारे उपकरण और सामग्री के उत्पादन में पाथे बन्धु दुनिया में श्रेष्ठ माने जाने लगे। पाथे भाइयों ने जॉर्ज ईस्टमैन से पेटेंट लेकर कैमरे में

उपयोग होने वाली कच्ची फ़िल्म भी बनाने लगे थे। पाथे कम्पनी ढेर सारी फ़िल्मों का निर्माण भी करती थी। दुनिया भर में उनके थिएटर थे जहाँ सिर्फ़ पाथे कम्पनी की बनी फ़िल्में ही प्रदर्शित होती थीं। 1907 में कलकत्ता में पाथे इंडिया का दफ़्तर खुला। एलेक्स हेग उसका कामकाज देखते थे। वह सिनेमा को लोकप्रिय बनाने के लिए पाथे बेबी कैमरा 250 रुपये भाड़े पर देने लगे ताकि लोग अपनी निजी ज़िन्दगी और घर की दावत या अपने किसी जलसे को फिल्मा सकें। उसमें कैमरा उपकरण, फ़िल्म रील और प्रोजेक्टर शामिल थे। ब्रिटिश अधिकारियों और समृद्ध लोगों ने इसका भरपूर फ़ायदा उठाया।

पाथे कम्पनी के कैमरे से हीरालाल सेन ने 1902 से लेकर 1905 तक कम से कम बीस नाटकों के दृश्यों का फ़िल्मांकन किया। जिसमें क्लोज अप, कैमरा पैनिंग और टिल्ट का बख़ूबी प्रयोग किये। उनके बुद्धदेव और हरिराज नाटकों के फ़िल्मांकन के साथ 1903 में सबसे लम्बे नाटक दृश्य 'अली बाबा चालीस चोर' के फ़िल्मांकन की बहुत चर्चा रही। जिसे दर्शकों का बहुत प्यार मिला। सेन ने दो विज्ञापन फ़िल्में भी बनायी एक जाबा कुसुम हेयर ऑयल और दूसरा एडवर्ड का टॉनिक।

शुरू से सेन ने अपने शो में उच्च और विशिष्ट लोगों को तरजीह दी। वह अपने शो का आयोजन राजा, महाराजा के दरबार में और अंग्रेज़ी अफसरों के क्लबों में आयोजित किया करते थे। 1905 में लॉर्ड कर्जन द्वारा बंगाल विभाजन पे बंगाल में आन्दोलन शुरू हो गये। इस पर सेन ने 'एंटी पार्टीशन' और स्वदेशी मूवमेंट नाम की डॉक्यूमेंट्री बनायी। बंग भंग आन्दोलन को लेकर लोग सड़कों पर धरना प्रदर्शन कर रहे थे उस ऐतिहासिक क्षण को कैमरामैन ज्योतिष सरकार ने भी अपने कैमरे में कैद किया था।

1911 के दिल्ली दरबार के फ़िल्मांकन के लिए सेन को बुलाया गया। उन्होंने 'हिज मैजेस्टी किंग जॉर्ज पंचम और क्वीन मेरी के आगमन' का फ़िल्मांकन सफलतापूर्वक किया था। उस समय से वह गले के कैंसर की वजह से बीमार रहने लगे थे। 1913 तक हीरालाल ने ढेर सारी फ़िल्में बनायीं। कहते हैं उन्होंने करीब 40 फ़िल्मों का निर्माण किया।

हीरालाल बीमार थे तभी यह ख़बर आयी कि चित्तपुर में स्थित उनकी रॉयल बाईस्कोप कम्पनी के दफ़्तर में आग लग गयी। आग में उनकी बनायी सारी फ़िल्में जल गयीं। यह उनके लिए बहुत बड़ा सदमा था। इसी सदमे के साथ वह 1917 में दुनिया से विदा हो गये।

पहला भारतीय फ़िल्मकार होने का दावा

कुछ इतिहासकार और समीक्षक कलकत्ता के हीरालाल सेन को पहला फीचर फ़िल्मकार होने का दावा करते हैं। 1903 में उनके द्वारा फिल्माया गया 'अली बाबा चालीस चोर' को कुछ लोग हिन्दुस्तान की पहली मूक फिल्म मानते हैं। जबकि अली बाबा डेढ़ घण्टे का एक नाटक था जिसे हीरालाल सेन ने फिल्मांकित किया था। अगर वह फ़िल्म होती तो उससे प्रेरित होकर बाकी दस सालों में सेन ने कोई दूसरी फीचर फ़िल्म क्यों नहीं बनायी?

आर.जी. तोरणे

वैसे ही दूसरा दावा मुम्बई के राम गोपाल तोरणे उर्फ़ दादासाहेब तोरणे के बारे में है। उनका जन्म 13 अप्रैल 1880 को महाराष्ट्र (तब बम्बई प्रेसिडेंसी) के सिंधुदुर्ग जिले के सुकुलवाडी में हुआ था। मालवण से हाई स्कूल करने के बाद मुम्बई के ग्रीव्स कॉटन इलेक्ट्रिकल कम्पनी में नौकरी करने लगे। उनकी दिलचस्पी नाटकों और थिएटर में थी। नौकरी करते हुए वह मुम्बई के ललित कलादर्श नाटक मण्डली के मैनेजर और निर्देशक हो गये। उनकी मूक फ़िल्म 'पुण्डलिक' 18 मई 1912 को कोरोनेशन सिनेमैटोग्राफ़ में प्रदर्शित हुई। कुछ लोगों का मानना है पुण्डलिक लम्बी अवधि की फ़ीचर फ़िल्म है। जबकि पुण्डलिक श्रीपद संगीत मण्डली की एक लोकप्रिय नाटक प्रस्तुति थी जो एक स्टेज पर फ़िल्मायी गयी थी जिसका जॉनसन नाम के एक अंग्रेज़ ने कैमरा संचालन किया था। उस फ़िल्म को धुलने के लिए लन्दन भेजा गया था।

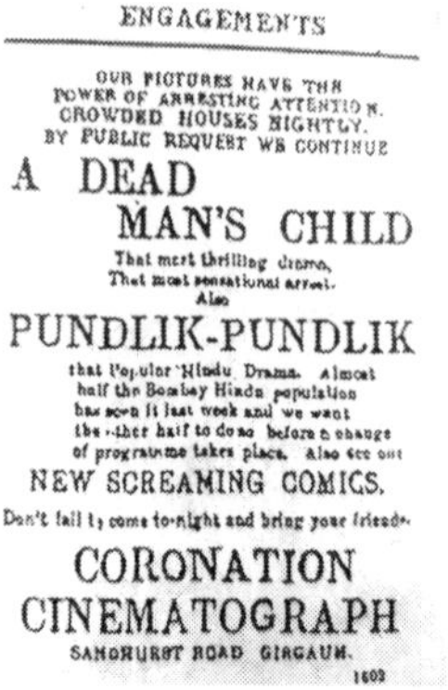

सुशीला और मज़हर खान फिल्म सिन्दाबाद खलासी 1930
निर्देशक आर जी तोरणे, इम्पीरियल फिल्म कम्पनी

पुंडलिक पोस्टर

दादा तोरणे एक इंटरव्यू में ख़ुद बताते हैं कि 'चित्रे और टिपणीस नामक दो सज्जन मुम्बई की बोर्न एंड शेपर्ड कम्पनी के पास पुंडलिक नाटक के फ़िल्मांकन का प्रस्ताव लेकर गये। उस कम्पनी ने एक विलियम्सन कैमरा और एक अंग्रेज़ कैमरामन जॉनसन को उन्हें सौंप दिया। उन दोनों ने मुझे निर्देशन करने को कहा। हमने उस नाटक का मंचन दिन में बाहर बम्बई के एक पार्क (वर्तमान में ग्रांट रोड पर नाज़ सिनेमा कैम्पस) में किया। वह सालों से चल रहा एक सफल नाटक था। नाटक को अलग से निर्देशित करने की जरूरत नहीं थी। मेरा काम बस इतना था कि प्रत्येक पात्र का नाम लेकर बुलाता था। पात्र एक चिह्नित स्थान पर आके अपना संवाद बोलके चले जाते थे। टुकड़े टुकड़े में हमने इसका फ़िल्मांकन किया।'

इससे सिद्ध होता है कि पुंडलिक महज़ एक नाटक का फ़िल्मांकन था। बाद में यकीनन दादा साहेब तोरणे ने स्वतन्त्र रूप से फ़िल्में बनायीं और कुशल प्रबन्धक होने की वजह से महाराष्ट्र फ़िल्म कम्पनी और प्रभात स्टूडियो के वितरण प्रदर्शन व्यवस्था भी बख़ूबी सम्हाले।

इतिहास बनते बनते रह गया

मुम्बई के गिरगाँव के सैंडहर्स्ट रोड पर स्थित कोरोनेशन सिनेमैटोग्राफ़ में फ़िल्में प्रदर्शित हो रही थीं। इस थिएटर के मैनेजर थे श्रीनाथ पाटणकर। उसी थिएटर में काम करनेवाले उनके दो सहयोगी थे ए. पी. कारान्दिकर और वी. पी. दिवेकर। तीनों को थिएटर में फ़िल्में देखते देखते फ़िल्म बनाने की धुन सवार हुई। फ़िल्म के लिए कैमरा उपकरण की ज़रूरत थी। तभी उनको पता चला कि अपने छोटे भाई की मौत से दुखी होकर सावे दादा चलचित्र व्यवसाय छोड़ रहे हैं। सावे दादा से इनकी पुरानी पहचान थी। इन तीनों लोगों ने सावे दादा से उनके कैमरा उपकरण सस्ते दाम सिर्फ़ सात सौ रुपये में खरीद लिये।

कैमरा आने के बाद ये लोग फुर्सत के क्षणों में लघु फ़िल्में बनाने लगे। श्रीनाथ पाटणकर की कला में अभिरुचि थी। 1911 के दिल्ली दरबार का फ़िल्मांकन करने भी ये लोग पहुँचे थे। वहाँ से अलग-अलग झाँकी शूट करके लाये और कोरोनेशन थिएटर में दिखाये।

1912 में इन तीनों ने एक घण्टे की नयी कहानी पर फीचर फ़िल्म बनाने की सोची। उसके लिए ये तीनों मित्रों ने दो निवेशक रानाडे और भातखण्डे को अपने साथ जोड़ा। कम्पनी का नाम रखा गया पाटणकर यूनियन कम्पनी। पाटणकर ने सती सावित्री की कहानी चुनी। वह ख़ुद फ़िल्म का निर्देशन कर रहे थे। सावित्री की भूमिका के लिए अहमदाबाद की एक लड़की नर्मदा माण्डे को चुना गया। वह फ़िल्म में काम करने के लिए तैयार हो गयी। बाक़ी चरित्रों की भूमिका के लिए थिएटर के अभिनेताओं को लिया गया। अप्रैल-मई 1912 में मुम्बई में शूटिंग शुरू हुई। करीब एक हज़ार फ़ीट फ़िल्म शूट होने के बाद कुछ तकनीकी ख़राबी आने लगी। पाटणकर ने शूटिंग रोक के फ़िल्म को धुलवाने के लिए भेजा। परिणाम देखकर सब हैरान थे क्योंकि पूरी फ़िल्म ख़ाली थी उसपे कुछ भी छपा नहीं था।

सबका दिल बैठ गया। निवेशकों ने अपना हाथ खींच लिया। इन तीनों ने हताशा में फ़िल्म बनाने का विचार त्याग दिया। अगर सती सावित्री फ़िल्म बन गयी होती तो श्रीनाथ पाटणकर भारतीय सिनेमा के जनक कहे जाते और नर्मदा माण्डे सिनेमा के पर्दे की पहली अभिनेत्री मानी जाती।

जब पाटणकर की फ़िल्म की शूटिंग और तोरणे की फ़िल्म पुण्डलिक का प्रदर्शन चल रहा था उसी समय मुम्बई में एक जादूगर हिन्दुस्तानी सिनेमा का इतिहास रचने की कहानी गढ़ रहा था। उस जादूगर का नाम था धुण्डीराज गोविन्द फाल्के।

दादा साहेब फाल्के

नाशिक के पास ज्योर्तिलिंग के लिए प्रसिद्ध त्रयम्बकेश्वर में 30 अप्रैल 1870 को धुण्डीराज गोविन्द फाल्के का जन्म चितपावन ब्राह्मण परिवार में हुआ। उनके पिता श्री गोविन्द सदाशिव फाल्के एक पुरोहित और संस्कृत के विद्वान थे। उनको लोग दाजी शास्त्री कहा करते थे। उनकी माता द्वारका बाई एक गृहिणी थीं। धुण्डीराज की प्रारम्भिक शिक्षा त्रयम्बकेश्वर में हुई। फिर उनके पिता दाजी शास्त्री मुम्बई के विल्सन कॉलेज में संस्कृत के आचार्य नियुक्त हो गये। फाल्के का पूरा परिवार मुम्बई आ गया। धुण्डीराज ने मुम्बई से मैट्रिक पास किया। उनके पिताजी उनको वेद संस्कृत पढ़ा के बड़े यज्ञ करने वाले पुरोहित बनाना चाहते थे। लेकिन बेटे को रंग और कला अपनी तरफ़ खींच रही थी। उन्होंने अपने पिता की सोच के विपरीत 1885 में जे जे स्कूल ऑफ़ आर्ट में दाख़िला ले लिया। वहाँ से उन्होंने एक साल का ललितकला में डिप्लोमा हासिल किया। तब तक मुम्बई में फ़ोटो स्टूडियो तेज़ी से खुलने लगे थे और फ़ोटोग्राफ़ी का चलन बढ़ चुका था।

धुण्डीराज फाल्के के बड़े भाई शिवरामपन्त बड़ौदा स्टेट में कार्यरत थे। धुण्डीराज को फ़ोटोग्राफ़ी के प्रति आकर्षण था। उनको पता था कि बड़ौदा कला भवन में फ़ोटोग्राफ़ी की पढ़ाई होती है। वह अपने भाई के पास बड़ौदा पहुँच गये। फिर बड़ौदा कला भवन में दाख़िला लेकर फ़ोटोग्राफ़ी सीखने लगे। फ़ोटोग्राफ़ी प्रोसेसिंग की तकनीक का भी बारीकी से अध्ययन किया। कला भवन के प्रिंसिपल श्री गज्जर ने फाल्के की असाधारण रुचि को देखते हुए, फ़ोटोग्राफ़ी डिपार्टमेंट को सँभालने की ज़िम्मेदारी उन्हें सौंप दी। कला भवन के उन्मुक्त माहौल में फाल्के ने फ़ोटोग्राफ़ी लैब से लेकर पुस्तकालय में उपलब्ध आधुनिक सामग्री का भरपूर फ़ायदा उठाया। तभी फाल्के की शादी एक मराठा परिवार में हो गयी। वह अपने बड़े भाई के घर पत्नी के साथ रहने लगे। 1890 में फाल्के ने अपनी छात्रवृत्ति से

मिलनेवाले पैसे को जोड़कर एक स्टिल कैमरा खरीद लिया और ख़ुद से फ़ोटोग्राफ़ी का अभ्यास करने लगे। फ़ोटोग्राफ़ी के बाद कला भवन में मॉडलिंग और आर्किटेक्चर का प्रशिक्षण भी प्राप्त कर लिया। उनके द्वारा की गयी फ़ोटोग्राफ़ी से कला भवन के प्रिंसिपल इतना प्रभावित हुए कि उन्हें रंगीन छपाई की तकनीक का ट्रेनिंग के लिए रतलाम भेज दिया। रतलाम में रहकर उन्होंने रंगों से छपाई की तकनीक और फोटोलिथो प्रेस का काम सीखा। जिसमें ब्लॉक बनाना फोटोलिथो को स्थानान्तरित करना और अँधेरे कमरे में प्रिंट करना शामिल था।

दादा साहेब फाल्के

फाल्के का रोजगार का कोई नियमित साधन नहीं था। इसलिए उन्होंने स्वतन्त्र रूप से अपना व्यवसाय शुरू करने के मकसद से परिवार को लेकर 1895 में गोधरा चले गये। वहाँ उन्होंने 'फाल्के नक्काशीदार चित्र और फोटो मुद्रण' नाम से दुकान खोली। वहाँ अपना व्यवसाय जमाने की कोशिश करते रहे। तभी 1900 में भयंकर प्लेग फैला। प्लेग से बॉम्बे प्रेसिडेंसी (अब महाराष्ट्र और गुजरात) बहुत प्रभावित हुआ। फाल्के की पत्नी और बच्ची प्लेग में चल बसी।

फाल्के फिर लौट के वापिस बड़ौदा आ गये। उन्होंने बड़ौदा में अपना फोटो स्टूडियो खोला। लेकिन बदकिस्मती उनका साथ नहीं छोड़ रही थी। बड़ौदा में अफ़वाह फैली थी कि कैमरा से फ़ोटो खींचने पर कैमरा दूर से ही आदमी का खून चूस लेता है और वह आदमी थोड़े दिनों में ही मर जाता है। इस अफ़वाह ने इनके स्टूडियो व्यवसाय को बहुत नुकसान पहुँचाया। फाल्के फिर मुम्बई लौट आये। मुम्बई में स्वतन्त्र फ़ोटोग्राफ़ी और रंगमंच के पर्दो पर लैंडस्केप बनाने लगे। उन दिनों रंगमंच के पर्दे बनाने वाले कलाकारों की बहुत प्रतिष्ठा थी। वे थिएटर को बहुत करीब से देखने लगे और उसमें हिस्सा भी लेने लगे।

1901 में बड़ौदा आये एक जर्मन जादूगर से फाल्के ने जादू और हाथ की सफाई सीख ली और सार्वजनिक मंचों पर जादू दिखाने लगे। कहते हैं प्रकृति इन्सान को अनजाने में ही उसके आने वाले भविष्य की तैयारी कराती रहती है। फाल्के उन सारे अनुभवों से गुज़र रहे थे जो उनके भविष्य में बेहतर काम आने वाली थी।

1902 में फाल्के ने दूसरी शादी सरस्वती कालन्दिकर से की। अब इनको रोजगार के स्थायी बन्दोबस्त करने थे। 1903 में इनको भारतीय पुरातत्व सर्वेक्षण में

प्रारूपकार (ड्राफ्ट्समैन) की नौकरी मिल गयी। वह तीन साल तक सरकारी उबाऊ नौकरी करते रहे उसके बाद फाल्के का कलाकार मन विद्रोह कर बैठा। उन्होंने नौकरी से इस्तीफा दे दिया। 1906 में एक मित्र भण्डारकर के साझेदारी में 'फाल्के नक्काशीदार चित्र और मुद्रण कार्य' के नाम से लोनावला में प्रिंटिंग प्रेस खोला। वह अपने प्रेस में ज़्यादातर फोटोलिथो का स्थानान्तरित काम चित्रकार राजा रवि वर्मा के लिथोग्राफिक प्रेस के लिए करते थे। ज्ञात रहे कि 1894 में राजा रवि वर्मा सत्तर हज़ार रुपया लगाके अपना लिथोग्राफिक प्रेस लोनावला में खोल चुके थे। उनकी पेंटिंग्स और रेखाचित्र के बहुरंगी चित्र यहाँ छपते थे और बाज़ार में बिकते थे। जिनका मूल्य चार से छह रुपये थी। 1881 में ही राजा रवि वर्मा ने नल दमयन्ती, द्रौपदी वस्त्र हरण, हरिश्चन्द्र तारामति, अर्जुन सुभद्रा, कृष्ण जन्म जैसे चित्र बना चुके थे। बाद में भारतीय फ़िल्मकारों ने ऐसे ही विषयों को अपनी मूक फ़िल्मों का विषय बनाया। फ़िल्मों में दृश्य विधान, परिवेश निर्माण और वेशभूषा के लिए राजा रवि वर्मा के चित्रों से प्रेरणा ली गयी। इनके प्रेस में छपे बहुरंगी चित्रों की माँग बहुत ज़्यादा थी। फाल्के को राजा रवि वर्मा के चित्रों के हाव भाव और उनके पोशाक बहुत आकर्षित करते थे। इसलिए फाल्के की पौराणिक फ़िल्मों के पोशाक और सज्जा पर राजा रवि वर्मा का प्रभाव देखा जा सकता है।

फिल्म द्रौपदी वस्त्रहरण, निर्देशक दादा साहेब फाल्के

1908 में फाल्के का अपने व्यवसायिक साझेदार से मतभेद हो गया। वह परिवार के साथ मुम्बई आ गये। चर्नी रोड के पास इस्माईल बिल्डिंग में किराए पर

रहने लगे। फिर दूसरे पार्टनर के साथ फाल्के ने मुम्बई के दादर में लक्ष्मी प्रिंटिंग प्रेस खोली। 1909 में फाल्के जर्मनी गये और वहाँ से तीन रंगों की छपाई वाली आधुनिक मशीन लेकर लौटे। उनके कुशल निर्देशन में छापाखाना चल निकला। लेकिन फाल्के के कलाकार मन को छापाखाना की कामयाबी भी सन्तुष्ट नहीं कर पायी। साझेदार से मनमुटाव हुआ और फाल्के ने लक्ष्मी प्रेस भी बन्द कर दी।

सरस्वती फाल्के अपने संस्मरण में लिखती हैं–'उन दिनों अपने बड़े बेटे भालचन्द्र के साथ चौपाटी पर जेब में चार आने रखकर रोज़ वह घूमने निकल जाते थे। देर शाम घर आते थे। उन्हें नाटक देखना बहुत पसन्द था। हम सभी रविवार को एलिफिंस्टन थिएटर में गुजराती और मराठी खेल देखने अक्सर जाते थे।'

क्रिसमस के समय 1910 में सैंडहर्स्ट रोड (गिरगाँव चौपाटी से डोंगरी तक जाने वाली सड़क) के टेंट में जिसका नाम 'दि अमेरिका इंडिया सिनेमैटोग्राफ़' था उसमें फाल्के ने 'लाइफ ऑफ़ क्राइस्ट' फ़िल्म देखी। 'लाइफ ऑफ़ क्राइस्ट' 1906 में फ्रांसीसी निर्देशक एलिस गाई बाल्के ने बनायी थी। फाल्के अपनी पत्नी सरस्वती के साथ दुबारा देखने गये। सरस्वती फाल्के के शब्दों में 'पर्दे पर फ़िल्म शुरू होने पर पहले पांथे फ़िल्म कम्पनी का प्रतीक चिह्न मुर्गा दिखाया गया। फिर एक छोटी फ़िल्म दिखाने के बाद जीसस वाली फ़िल्म शुरू हुई। फ़िल्म ख़त्म होने के बाद मैंने पूछा, ये तस्वीरें चल कैसे रही हैं? वह मुझे प्रक्षेपण कक्ष के पास ले गये और बताये कि इस मशीन द्वारा ही सबकुछ होता है।' 'क्राइस्ट' फ़िल्म दुबारा देखते समय वह सोचने लगे कि हमारे यहाँ भी ऐसी फ़िल्में बन सकती हैं। यहाँ तो विषय की कोई कमी ही नहीं है कृष्ण लीला, कंस वध, राधा कृष्ण और गोपियाँ, राम-रावण युद्ध जैसी अनेक कथाएँ हैं। उनका पुस्तकों का अध्ययन, नाटकों के अनुभव, कैमरा की तकनीक की ट्रेनिंग के आधार पर टिका फाल्के का फ़िल्म बनाने का सपना कोरी कल्पना मात्र नहीं था।

1918 के नवयुग पत्रिका के अपने लेख में फाल्के लिखते हैं, 'अगले दो महीने मैं तबतक चैन से नहीं बैठा जब तक मुम्बई के सिनेमाघरों में लगी सारी फ़िल्में देख नहीं लीं। हर फ़िल्म का विश्लेषण करते हुए मुझे लगा कि यहाँ भी हिन्दुस्तानी फ़िल्म कारखाना (स्टूडियो को 1925 तक कारखाना बोला जाता था) बन सकता है। मुझ पे ऐसा जुनून सवार हुआ कि मैं फ़िल्मों के उपकरण की मूल्य सूचियाँ, सिनेमा सम्बन्धी लेख, छोटी पुस्तकें, मूवी कैमरे में हो रहे नये प्रयोग सम्बन्धी सामग्री इकट्ठा करने में जुट गया। एक पुराना छोटा मूवी कैमरा भी खरीद लिया और भाड़े पे फ़िल्में लेकर रात को घर की दीवार पे देखने लगा। कमरे को अँधेरा करके रोज़

छह घण्टे फ़िल्में देखता था। फ़िल्में देखने की धुन ऐसी सवार थी कि सिर्फ़ तीन घण्टे सो पाता था। नतीजा यह हुआ कि मेरी आँखों की रोशनी जाने लगी। डॉक्टर प्रभाकर के इलाज से फिर मेरी आँखें ठीक हुईं।'

बीमारी के दौरान फाल्के ने गमले में एक मटर का पौधा लगाया। हर रोज़ उस बढ़ते हुए पौधे का फ़िल्मांकन करने लगे। एक दिन जब पौधा पूरा उग आया तो फाल्के की पहली लघु फ़िल्म 'मटर के पौधे का विकास' भी बनकर तैयार हो गयी। उन्होंने अपने कुछ मित्रों को यह फ़िल्म दिखायी। फ़िल्म से प्रभावित होकर उनके व्यापारी मित्र यशवन्त नाडकर्णी और अब्बा साहेब चिटनीस उन्हें कैमरा उपकरण खरीदने के लिए दस हज़ार रुपये उधार देने को तैयार हो गये। गारण्टी के रूप में फाल्के को अपना बारह हज़ार का जीवन बीमा रखना पड़ा।

लन्दन में सिनेमा उपकरण बेचने वाली दर्जनों कम्पनियों के पते और 'ए. बी. सी. ऑफ़ सिनेमैटोग्राफ़ी' पुस्तक के साथ दादा साहेब फाल्के 1 फरवरी, 1912 को मुम्बई बन्दरगाह से लन्दन के लिए रवाना हुए। वहाँ पहुँचने पर पता चला कि सारी कम्पनियाँ सिनेमा उपकरण की कीमत बढ़ा-चढ़ा के माँग रही हैं। उनको समझ में नहीं आ रहा था कि वो क्या करें। उधार के पैसे लेकर आये थे ठगे जाने का डर सता रहा था। अचानक फाल्के को लन्दन में पिकाडेली सर्कस के पास 'बायोस्कोप सिने वीकली' का बोर्ड दिखायी दिया। फाल्के बायोस्कोप पत्रिका के ग्राहक थे। इस वीकली पत्रिका को कई महीनों से मँगा रहे थे। वह सीधे बायोस्कोप के दफ़्तर में घुस गये और बोले कि हम हिन्दुस्तान से आये हैं और मुझे पत्रिका के सम्पादक से मिलना है। सम्पादक केपबर्न ने उनको अपनी केबिन में बिठाया और आने का मकसद पूछा। उन्होंने बताया कि हम फ़िल्म बनाना चाहते हैं और इसके लिए सिनेमा उपकरण खरीदने आए हैं। हिन्दुस्तान में केपबर्न ने उनको पहले हतोत्साहित किया कि सिनेमा के लिए इंडिया का मौसम अनुकूल नहीं है। लेकिन फाल्के का फ़िल्म को लेकर जुनून और फ़िल्म के बारे में जानकारी सुनने के बाद वह प्रभावित हुआ और उसने फाल्के को 'ए बी. सी. ऑफ़ सिनेमैटोग्राफ़ी' के लेखक और वाल्टन स्टूडियो के मालिक सिसिल हेपवर्थ से मुलाक़ात कराई। हेपवर्थ ने फाल्के को अपने स्टूडियो के सारे विभाग में घूमने और सीखने का मौका दिया। वाल्टन स्टूडियो में उन्होंने फ़िल्मों की एक छोटी ट्रेनिंग भी ले ली। हेपवर्थ की मदद से फाल्के ने एक विलियम्सन कैमरा, फ़िल्म धोने और मुद्रित करने के उपकरण, कच्ची फ़िल्में और एक परफॉरेटर खरीदे। एक अप्रैल 1912 को दादा साहेब फाल्के लन्दन से मुम्बई पहुँचे।

मुम्बई पहुँचते ही अपनी 'फाल्के फ़िल्म कम्पनी' रजिस्टर्ड कराई। शूटिंग के लिए उनको बड़े बँगले की ज़रूरत थी। चर्नी रोड की इस्माइल बिल्डिंग छोड़ के वह दादर के मथुरादास भवन में शिफ्ट हो गये। इस बँगले के परिसर में एक शीशे का कमरा बनावाया। जिसमें काले कपड़े का पर्दा टाँग के उसे अँधेरा कमरा बना देते थे। उसी कमरे में फ़िल्म की धुलाई और फ़िल्म पट्टी पर परफॉरेट यानी छेदने का काम होता था। परफॉरेटर का काम फाल्के की पत्नी सरस्वती फाल्के ने सँभाला। उस समय फ़िल्म की जो पट्टी मिलती थी उसमें एक ओर छेद स्वयं करने होते थे। आधे इंच की फ़िल्म पट्टी को घुप्प अँधेरे में रखकर छेद करने का काम आसान नहीं था। एक भी छेद ग़लत हो जाने से फ़िल्म कैमरे में या प्रोजेक्टर में फँस सकती थी।

फाल्के ने कैमरा और उपकरण की जाँच के लिए अपने बच्चों और पत्नी के साथ कुछ रील शूट किये। नतीजा बहुत अच्छा आया।

फाल्के को एहसास हो गया था कि कृष्ण पर पहली फ़िल्म बनाना आसान नहीं होगा। इसलिए उन्होंने एक छोटे बजट की फ़िल्म बनाने का निर्णय लिया। उन दिनों मुम्बई में सत्यवादी हरिश्चन्द्र नामक नाटक का मंचन बहुत कामयाब हुआ था। इसलिए दादा फाल्के ने राजा हरिश्चन्द्र पर पहली फ़िल्म बनाने का फैसला किया। उन्होंने जल्दी से उस कहानी के सारे दृश्य लिख डाले। उस समय के मराठी अख़बार इन्दुप्रकाश में दादा साहेब फाल्के ने विज्ञापन दिया– 'ख़ूबसूरत महिलाएँ और रूपवान पुरुष चाहिए चलचित्र नाटक के लिए'। थर्ड ग्रेड के पुरुष कलाकार कैमरा टेस्ट के लिए उनके बँगले पर आने लगे। एक भी महिला कलाकार नहीं आयी। फ़िल्म में काम करने को लेकर लोग सशंकित थे। उसे नीच दृष्टि से देखते थे। हरिश्चन्द्र की भूमिका के लिए स्टेज कलाकार दत्तात्रेय दामोदर दबके को चुना गया। लेकिन दादा साहेब चिन्तित थे कि बिना महिला के फ़िल्म बनेगी कैसे। वह महिला कलाकार के लिए शाम को मुम्बई के रेड लाइट एरिया में जाने लगे। वेश्याओं ने भी फ़िल्मों में काम करने से मना कर दिया। क्योंकि वेश्याएँ भी फ़िल्मों के काम को हेय दृष्टि से देखती थीं। एक वेश्या ने कहा कि अगर मैं तुम्हारी फ़िल्मों में काम करूँगी तो सभी मिलके मुझे समाज से बाहर कर देंगे।

एक दिन फाल्के फारस रोड के ईरानी रेस्टोरेंट में बैठे चाय पी रहे थे। उनके सामने एक धन्धा करने वाली औरत उदास बैठी थी। फाल्के उसके पास गये और हालचाल पूछा। उस औरत ने बताया कि धन्धा नहीं हो रहा है। मेरा रोज़ का एक कस्टमर था लेकिन कुछ दिनों से आना ही बन्द कर दिया। फाल्के ने उसको पैसे का लालच दिया और अपनी फ़िल्म राजा हरिश्चन्द्र में तारामती की भूमिका के लिए

राजी कर लिया। उसके नाप के कपड़े बन गये और रिहर्सल होने लगा। वह रिहर्सल करने फारस रोड से रोज दादर आने लगी। तभी उसका पुराना कस्टमर उसे ढूँढ़ते हुए वहाँ आ गया। धन्धेवाली वह औरत ही अपने कस्टमर को देखते ही रिहर्सल और फ़िल्म छोड़के उसके साथ निकल गयी।

फिल्म राजा हरिश्चंद्र का दृश्य

तारामती की भूमिका के लिए महिला कलाकार की खोज फिर शुरू हुई। ग्रांट रोड के एक रेस्टोरेंट में फाल्के बैठे हुए थे। उनकी नज़र कोमल अंगों वाले एक दुबले-पतले युवक पर गयी। वह बावर्ची का सहायक था। दादा साहेब ने फैसला किया कि यह युवक ही तारामती का चरित्र करेगा। उस युवक का नाम था अन्ना सालुंके। भारतीय सिनेमा पर्दे की पहली अभिनेत्री का नाम किसी महिला के नाम पर नहीं बल्कि एक पुरुष अन्ना सालुंके के नाम पे दर्ज़ है।

कलाकार चुनने का संघर्ष यहीं खत्म नहीं हुआ। हरिश्चन्द्र और तारामती के बेटे रोहिताश्व की भूमिका के लिए एक बालक की ज़रूरत थी। इस चरित्र के लिए लोगों ने अपने बच्चों को देने से इन्कार कर दिया। क्योंकि पर्दे पर कोई भी अपने बेटे को मरा हुआ नहीं देखना चाहता था। दादा साहेब और सरस्वती फाल्के ने ऐसे अन्धविश्वास को सिरे से नकार दिया।

दादा साहेब ने फिर अपने बड़े बेटे भालचन्द्र को इस भूमिका के लिए चुना।

मुम्बई की बरसात के बाद शूटिंग दादर के एक बँगले में शुरू हुई। दादा साहेब अकेले सेट लगवाते, कलाकारों को सिखाते, दृश्य लिखते, ख़ुद कैमरा संचालन के साथ निर्देशन कर रहे थे। दिन भर शूटिंग चलती और रात में फ़िल्म को प्रोसेस करने और सम्पादन का काम होता था।

छह महीने की मेहनत के बाद उनका सपना पूरा हुआ। 'राजा हरिश्चन्द्र' (3700 फीट लम्बी) फ़िल्म बनके तैयार हो गयी। मुम्बई के जाने-माने लोगों और प्रेस के लिए 21 अप्रैल, 1913 को ओलिम्पिया थिएटर (अब दुबाश वाड़ी, गिरगाँव) में फ़िल्म की प्रिव्यू रखी गयी। ख़ास लोगों के साथ प्रेस ने फ़िल्म को बहुत पसन्द किया और ख़ूब सराहा। भारतीय सिनेमा के इतिहास में यहीं से गणमान्य लोगों और प्रेस के लिए फ़िल्म प्रिव्यू या प्रीमियर का चलन शुरू हुआ।

शनिवार, 3 मई, 1913 को सैंडहर्स्ट रोड पर स्थित कोरोनेशन सिनेमैटोग्राफ़ में आम लोगों के लिए 'राजा हरिश्चन्द्र' फ़िल्म रिलीज़ हुई। उसके साथ दूसरे थिएटर वैरायटी हॉल में भी फ़िल्म प्रदर्शित की गयी। स्वदेशी आन्दोलन का दौर चल रहा था। एक हिन्दुस्तानी की बनायी हुई स्वदेशी फ़िल्म देखने के लिए लोग उमड़ पड़े। फ़िल्म में अपनी पौराणिक कथा देखकर लोग इतने प्रभावित हुए कि उस ज़माने में कोई भी विदेशी फ़िल्म चार या छह दिन से ज़्यादा नहीं चलती थी। लेकिन इस फ़िल्म ने लगातार 23 दिन हाउसफुल चलके एक रिकॉर्ड बना दिया।

मुम्बई के बाहर सूरत में दादा साहेब ने बोहरा मर्चेंट के साथ मिलकर 'राजा हरिश्चन्द्र' एक थिएटर में रिलीज़ किया लेकिन पूरे दिन की कमाई सिर्फ़ तीन रुपये हुई। इसकी पहली वजह थी सूरत में चल रहे प्रसिद्ध वाकेनर नाट्य मण्डली के शो। दूसरी वजह, इनकी फ़िल्म का टिकट मूल्य नाटक के टिकट से दोगुना था। आम दर्शक जितने पैसे में तीन से चार घण्टे तक नाच गान के साथ नाटक देखा करते थे अब चालीस मिनट की फ़िल्म के लिए दुगुना पैसा देना दर्शकों को घाटे का सौदा लग रहा था।

फिल्म राजा हरिश्चंद्र का दृश्य

दादा साहेब को एहसास हो गया कि फ़िल्म बनाना ही काफ़ी नहीं है। दर्शकों को लुभानेवाली मार्केटिंग भी ज़रूरी है। फ़िल्म राजा हरिश्चन्द्र शुरू होने से पहले 15 मिनट के लिए दो यूरोपीयन नर्तकियों के नृत्य स्टेज पे कराने की योजना बनी। फ़िल्म की अवधि विज्ञापन से हटा दी गयी। अख़बारों में नया विज्ञापन दिया गया 'दो सुन्दर युवतियों के नृत्य के साथ 50 हज़ार तस्वीरें (स्टिल फोटो) पर्दे पर देखें'। दर्शकों को लगा कि पचास हज़ार तस्वीर मतलब ज़रूर लम्बी अवधि की फ़िल्म होगी इसलिए टिकट खरीदके लोग फ़िल्म देखने आने लगे। पूरे दिन में जहाँ तीन रुपये कमाई हुई थी अब तीन सौ रुपये प्रत्येक शो की कमाई होने लगी।

बॉम्बे क्रोनिकल ने लिखा–'राजा हरिश्चन्द्र पहली महान हिन्दुस्तानी नाट्य फ़िल्म है जिसने एक उल्लेखनीय कामयाबी हासिल की है।'

इस फ़िल्म से हिन्दुस्तान में फ़िल्म इंडस्ट्री की नींव पड़ी और इसी फ़िल्म ने दादा साहेब फाल्के को भारतीय सिनेमा के जनक की उपाधि से नवाज़ा।

दादा फाल्के को पौराणिक फ़िल्मों की शूटिंग के लिए मुम्बई रास नहीं आयी। उन्होंने अपने पैतृक गाँव के पास नाशिक में अपना फ़िल्म कारखाना (स्टूडियो) स्थापित करने का फ़ैसला किया। बरसात के बाद 3 अक्टूबर, 1913 को दादा साहेब अपने पूरे दल बल के साथ नाशिक आ गये। नाशिक हर लिहाज़ से शूटिंग के लिए एक अच्छी जगह थी। शूटिंग स्थान के लिए गोदावरी नदी थी, जंगल था, पहाड़ था।

तब तक वह दो फ़िल्म कहानी पर काम कर रहे थे। नल दमयन्ती और मोहिनी भस्मासुर। दादा साहेब ने पहले मोहिनी भस्मासुर बनाने का निश्चय किया। उसी वक़्त नाशिक में चित्ताकर्षक नाट्य मण्डली अपने नाटकों के प्रदर्शन के लिए आयी। दादा साहेब भी नाटक देखने गये। उस नाट्य मण्डली में दो महिलाएँ काम कर रही थीं। दोनों माँ बेटी थीं। दादा साहेब की फ़िल्म मोहिनी भस्मासुर में दो स्त्री चरित्र थे एक शिवजी की पत्नी पार्वती और दूसरी मोहिनी। दादा साहेब ने नाटक मण्डली के मालिक से मुलाकात की और दोनों माँ बेटी को इस फ़िल्म के लिए राजी कर लिया। माँ दुर्गा बाई कामत ने फ़िल्म में पार्वती की भूमिका निभायी और बेटी कमला बाई कामत जो सिर्फ़ 15 साल की थी उन्होंने मोहिनी की भूमिका निभायी। दुर्गा बाई के पति आनन्द नानोस्कर जे जे स्कूल ऑफ़ आर्ट में इतिहास के अध्यापक थे। कमला बाई ने बाद में रघुनाथ राव गोखले से शादी की जिनके तीन बच्चे हुए जिनमें एक बेटा चन्द्रकान्त गोखले मराठी नाटकों और फ़िल्मों के सफल अभिनेता रहे। चन्द्रकान्त

गोखले के दो बेटे भारतीय सिनेमा और टी. वी. के बड़े नाम हैं विक्रम गोखले और मोहन गोखले। कमलाबाई इनकी दादी थीं।

मोहिनी भस्मासुर फ़िल्म के साथ एक लघु हास्य फ़िल्म भी बनायी 'पीठाचवे पंजे'। दोनों फ़िल्में जनवरी 1914 में एक साथ प्रदर्शित हुई और काफ़ी सफल रहीं। इसके बाद उन्होंने अगली फ़िल्म 'सावित्री सत्यवान' पर काम शुरू कर दिया। यह फ़िल्म भी जून 1914 में रिलीज़ हुई।

नाशिक पहुँचने के सिर्फ़ आठ महीने में दादा साहेब ने हाथ से चलने वाले कैमरा और मशीनों द्वारा तीन फ़िल्में तैयार कर दीं। हिन्दुस्तान फ़िल्म इंडस्ट्री का पहला फ़िल्म कारखाना (स्टूडियो) स्थापित हो चुका था। लोग कम्पनी के साथ जुड़कर पगार पे काम करने लगे थे।

फाल्के ने नवयुग में लिखा–'मैंने अपनी सारी कमाई फ़िल्म कारखाने को सुधारने में लगा दी। कर्ज़ की चिन्ता से मुक्त हो गया। मेरे अमीर मित्र लोग आश्वस्त होकर मुझे आर्थिक मदद करने लगे। अब तक हमारी फ़िल्मों का एक दो प्रिंट ही बनता था। लेकिन बाद में मेरी हर फ़िल्म की बीस बीस प्रतियों की माँग आने लगी। फिर मैंने सोचा कि पच्चीस तीस हज़ार रुपया लगाकर अब बिजली से चलने वाली मशीनें खरीद लेनी चाहिए। इसलिए मैं फिर लन्दन रवाना हुआ और अपने साथ अपनी तीन फ़िल्मों के प्रिंट भी लेकर गया।'

1 अगस्त, 1914 को दादा साहेब मुम्बई बन्दरगाह से लन्दन के लिए निकले। लन्दन में बायोस्कोप वीकली के सम्पादक केपबर्न से मिले। केपबर्न ने दादा साहेब की फ़िल्मों के कुछ प्रदर्शन रखवाये। लन्दन के ख़ास लोग, फ़िल्मकार और प्रेस के लोगों ने फ़िल्में देखीं। लन्दन में उनकी फ़िल्मों को बहुत सराहा गया। ब्रिटिश अख़बारों ने लिखा कि मिस्टर फाल्के की फ़िल्में तकनीकी दृष्टि से उच्च कोटि की फ़िल्में हैं। वाल्टन स्टूडियो के मालिक सिसिल हेपवर्थ ने दादा साहेब के सामने प्रस्ताव रखा कि आप हिन्दुस्तानी फ़िल्में मेरे स्टूडियो के लिए बनायें। हिन्दुस्तान से कलाकारों को लाने यहाँ रुकने, खाने और वापिस भेजने का खर्चा स्टूडियो उठायेगा। दादा साहेब को 300 पौंड महीना और बीस प्रतिशत मुनाफ़ा पेश किया गया। दादा साहेब हिन्दुस्तान में चल रहे स्वदेशी आन्दोलन के समर्थक थे। उनको किसी विदेशी के अधीन रहकर काम करना मंज़ूर नहीं था। उन्होंने हेपवर्थ का प्रस्ताव ठुकरा दिया। वार्नर ब्रदर्स ने दादा साहेब की फ़िल्मों के 200 प्रिंट की माँग रखी। दादा साहेब ने मंज़ूरी दे दी। अभी लिखित करार होना बाकी था तभी ब्रिटेन ने प्रथम विश्वयुद्ध में जर्मनी और ऑस्ट्रिया के ख़िलाफ़ जंग का ऐलान कर दिया।

लन्दन में आये सैलानी अपने अपने देश लौटने लगे। फाल्के भी हिन्दुस्तान लौट आये। देश में प्रथम विश्वयुद्ध का असर दिखने लगा था। दादा साहेब के निवेशको ने अगली फ़िल्म में पैसा लगाने से साफ इंकार कर दिया। दादा साहेब की पूँजी फ़िल्म कारखाने को दुरुस्त करने और तकनीशियन और कमर्चारियों के पगार देने में ख़र्च हो रही थी। बिजली से चलनेवाले सिनेमा उपकरण जहाज से आ गये थे लेकिन उसके भुगतान के लिए पैसे नहीं थे। उनके निवेशक फ़िल्म कारखाने में एक भी पैसा लगाने को तैयार नहीं थे। आख़िर में बाज़ार से सूद पर पैसे लेकर उन्होंने मशीनें छुड़ायी।

दादा साहेब को एहसास हो गया कि कोई व्यवसायी फिलहाल पूँजी नहीं लगाएगा। इसलिए उन्होंने रजवाड़े में जाकर अपनी फ़िल्मों के प्रदर्शन करने का फ़ैसला किया। इंदौर, ग्वालियर और औंध रजवाड़े से सिर्फ़ आठ दस हज़ार रुपये आये। दादा साहेब की पहली फ़िल्म राजा हरिश्चन्द्र की निगेटिव मुम्बई से नाशिक शिफ्ट करते हुए खो गयी थी। दादा साहेब ने दुबारा उस फ़िल्म को उन्हीं कलाकारों के साथ शूट किया। सारे कलाकार और तकनीशियन फाल्के फ़िल्म कम्पनी में पगार पे काम कर रहे थे। कम खर्चे में फ़िल्म बनके तैयार हो गयी। इस बार की फ़िल्म 'सत्यवादी राजा हरिश्चन्द्र' के नाम से 3 अप्रैल, 1917 को आर्यन थिएटर पूना में प्रदर्शित हुई और सफल रही।

फ़िल्म द्रौपदी वस्त्रहरण, गंगू मोहिते, निर्देशक दादा साहेब फाल्के

सरस्वती बाई फाल्के (दादासाहब फाल्के की धर्मपत्नी) जीवन की हर मुश्किल

घड़ी में दादासाहब के साथ डटी रहीं। चित्रपट में काम कर रहे कर्मचारियों के लिए खाना बनाना, देर रात जागकर मोमबत्ती की रोशनी में कैमरा फ़िल्मों की धुलाई करना सरस्वती बाई की बदौलत ही सम्भव था। ये बात उन दिनों की है जब वे अपनी फ़िल्म 'श्रीयाल चरित्र' फिल्मा रहे थे और उनकी अभिनेत्री चांगुणाबाई के पैर में मोच आ गयी थी। दादा साहेब शूटिंग रुक जाने से परेशान थे। सरस्वती बाई बोली– इतना क्यूँ परेशान होते हो? क्या मैं चांगुणा का किरदार निभाने के योग्य नहीं हूँ ? लेकिन सरस्वती बाई ने भूमिका निभाने से पूर्व दो शर्त रखी। पहली ये कि स्वयं दादा साहब उनके नायक की भूमिका निभाएँगे और दूसरी यह कि मेरा नाम फ़िल्म प्रचार में शामिल ना किया जाए। दादा साहेब को ये शर्तें माननी पड़ीं फिर इस फ़िल्म का निर्माण पूरा हुआ।

स्वदेशी आन्दोलन के समर्थक और पहले स्वदेशी फ़िल्मकार होने की वजह से बाल गंगाधर तिलक का दादा फाल्के पर बहुत स्नेह था। विश्वयुद्ध से आयी फ़िल्मों में आर्थिक मन्दी के बारे में दादा फाल्के ने तिलक को अवगत करा दिया था। मई 1917 में मुम्बई प्रान्तीय काँग्रेस परिषद की बैठक नाशिक में हुई जिसकी अध्यक्षता तिलक ने की। इस बैठक में दादा फाल्के को भी बुलाया गया था। तिलक ने उस मंच से दादा फाल्के के फ़िल्म निर्माण कम्पनी में पूँजी लगाने की अपील की। बाल गंगाधर तिलक ख़ुद दादा साहेब की फ़िल्म कारखाने भी देखने के लिए गये। परिणाम यह हुआ कि ढेर सारे व्यापारी और निवेशक पैसे लगाने को तैयार हो गये।

उस पूँजी से दादा साहेब ने 'लंका दहन' फ़िल्म का निर्माण शुरू कर दिया। जिसमें अन्ना सालुंके ने श्री राम और सीता दोनों का डबल रोल किया। भारतीय सिनेमा इतिहास में यह पहला डबल रोल था। 17 सितम्बर, 1917 को पूना के आर्यन थिएटर में 'लंका दहन' प्रदर्शित हुई। फ़िल्म में हनुमान का समुद्र पर उड़ान सबसे बड़ा आकर्षण था। हनुमानजी उड़ते हुए आसमान में बहुत ऊपर तक जाते हैं और फिर धीरे धीरे वह छोटे होते जाते हैं। यह फ़िल्म ज़बरदस्त सफल रही।

लोकमान्य तिलक ने अख़बार 'केसरी' में लेखों के ज़रिये उनका ख़ूब समर्थन किया, उनके हिमायती रहे और समय-समय पर अपने लेखों के जरिये लोगों को उनके चित्रपटों को देखने के लिए प्रोत्साहित करते रहे। तिलक की तरफ़ से दादा फाल्के को सुझाव आया कि अब तुम अपनी फिल्म कम्पनी को लिमिटेड कम्पनी में बदल दो ताकि आगे पूँजी की कमी ना हो। दादा फाल्के ने मुम्बई के टेक्सटाइल उद्योगपति वामन आप्टे, मायाशंकर भट्ट, गोकुलदास दामोदर, लक्ष्मण फाटक और जयसिंघ के साथ मिलकर एक जनवरी 1918 को अपनी कम्पनी को लिमिटेड

कम्पनी में तब्दील कर दिया। फाल्के फ़िल्म कम्पनी का नाम बदलकर 'हिन्दुस्तान सिनेमा फ़िल्म कम्पनी' कर दिया गया।

हिन्दुस्तान सिनेमा फ़िल्म कम्पनी ने पहली फ़िल्म 'श्रीकृष्ण जन्म' बनायी जो 24 अगस्त 1918 को गिरगाँव के मैजेस्टिक थिएटर में प्रदर्शित हुई। इस फ़िल्म के एक दृश्य में कंस को श्रीकृष्ण जल थल हर जगह दिखायी देते हैं। उस दृश्य को देखने के लिए लोग बार-बार जाते थे। यह फ़िल्म भी काफ़ी कामयाब रही।

फिल्म 'श्रीकृष्ण जन्म' 1918

अगली फ़िल्म 'कालिया मर्दन' बनी जो 3 मई, 1919 को मैजेस्टिक थिएटर में रिलीज़ हुई। जो दस महीने तक चलती रही। इस फ़िल्म ने बहुत पैसा कमाया।

कहते हैं सिनेमाघर से टिकट के पैसे बैलगाड़ी में सिक्के लाद के लाये जाते थे। श्रीकृष्ण जन्म और कालिया मर्दन में कृष्ण की भूमिका दादा फाल्के की सात साल की बेटी मन्दाकिनी ने निभायी थी।

दादा साहेब ने नाशिक में अपने फ़िल्म कारखाने को और आधुनिक बनाया। जिसमें आधुनिक सिनेमा उपकरण, सम्पादन कक्ष, शूटिंग की जगह से लेकर आधुनिक व्यायामशाला, खेलने की जगह, बगीचा, पुस्तकालय, छोटा चिड़ियाघर तक था। उनके फ़िल्म कारखाने में पेशेवर प्रशिक्षक और डॉक्टर भी थे।

दादा साहेब ने बड़ी फ़िल्मों के साथ 'लक्ष्मी का गलीचा' और 'प्रोफ़ेसर केलफा के जादुई चमत्कार' जैसी कुछ लघु फ़िल्में भी बनायीं। उन्होंने अपने कुलनाम फालके को उलट के केलफा नाम दिया। वह ख़ुद प्रोफ़ेसर केलफा के

चरित्र निभाये। वह एक डॉक्यूमेंट्री भी बनाये थे 'फ़िल्में कैसे बनती हैं'। उनके बिजनेस पार्टनर ऐसी फ़िल्मों पर एतराज़ करने लगे। उनकी दलील थी कि इंडस्ट्री में कैमरामैन अपने सहायक को कैमरा नहीं छूने देते वहाँ आप फ़िल्म बनाने की पूरी विधि बता रहे हैं। फ़िल्मों से काफ़ी पैसे आ जाने के बाद पार्टनर लोगों में मनमुटाव शुरू हो गया। दादा साहेब को अपने रचनात्मक कामों में हस्तक्षेप कभी पसन्द नहीं था। लेकिन बिजनेस पार्टनर हर विभाग में दख़ल देने लगे। दादा साहेब ने अपने शेयर का नुकसान उठा के कम्पनी छोड़ दी जिसमें उनका बनाया फ़िल्म कारखाना उनके हाथ से निकल गया और वह कुछ दिनों के लिए फ़िल्मों से दूर चले गये।

सिंहस्थ मेला नाशिक, वृतचित्र, निर्देशक दादा साहेब फाल्के

दादा साहेब कुछ महीनों के लिए काशी चले गये। वहाँ उन्होंने 'रंगभूमि' नाटक लिखा। बाद में उस नाटक का मंचन बालीवाला थिएटर मुम्बई में हुआ। कलकत्ता, मद्रास और मुम्बई से इनको फ़िल्म निर्देशन देने का बुलावा आने लगा। लेकिन दादा साहेब किसी का प्रस्ताव स्वीकार नहीं किये। उन्होंने एक इंटरव्यू में कहा– 'सिनेमा के लिए मैं मर चुका हूँ। अब वापिस लौटने का कोई विचार नही है'। लेकिन उनके चाहने वाले अपने पसन्दीदा फ़िल्मकार की फ़िल्में देखना चाहते थे। इसलिए बुद्धिजीवी, पत्रकार के साथ कई लोगों के ख़त आने लगे कि आप फ़िल्मों से अवकाश ना लें। जब वह वापिस लौटे तो इनके पुराने पार्टनर वामन आप्टे पूना में 'भारत फ़िल्म कम्पनी' खोल चुके थे। दादा साहेब को अपने साथ काम करने के लिए राजी कर लिये। एक हज़ार रुपये महीने की पगार पे दादा साहेब ने इनके

लिए कुछ और पौराणिक फ़िल्में बनाये जिसमें सन्त तुकाराम, नामदेव, बुद्ध देव जैसी फ़िल्में शामिल हैं।

बाद में हिन्दुस्तान फ़िल्म कम्पनी ने दादा फाल्के को फ़िल्में बनाने के लिए आमन्त्रित किया। दादा साहेब ने 1926 में फ़िल्म सन्त एकनाथ, 1927 में भक्त सुदामा, 1928 में परशुराम, भक्त दामाजी, 1929 में सन्त मीराबाई, चन्द्रहास, बसन्तसेना और एक सामाजिक फ़िल्म तपेली नाम की फ़िल्मों का निर्देशन किया। दादा फाल्के की लगभग इन सारी फ़िल्मों के कैमरामैन अन्ना सालुंके थे। वहीं अन्ना सालुंके जिन्होंने दादा फाल्के की पहली फ़िल्म राजा हरिश्चन्द्र में औरत बनके तारामती की भूमिका निभायी थी। बाद में सालुंके दादा फाल्के से प्रशिक्षण लेकर एक कुशल कैमरामैन बन गये थे।

लेकिन दादा साहेब की इन फ़िल्मों को पहले जैसी सफलता नहीं मिली। तब तक देश में बहुत सारी अच्छी मूक फ़िल्में बनने लगी थीं। फिर विदेशी साउण्ड फ़िल्में दस्तक देना शुरू कर दी थीं। दादा साहेब को इस साउण्ड तकनीक पर बहुत भरोसा नहीं था। लेकिन देखते देखते साउण्ड फ़िल्मों ने अच्छा व्यवसाय करना शुरू कर दिया।

दादा साहेब अपने पुराने पार्टनर मायाशंकर भट्ट के साथ मिलके एक मूक फ़िल्म सेतुबन्धन बनाना शुरू किये। बहुत खींचतान के बाद फ़िल्म तैयार हुई और 1931 में प्रदर्शित हुई। बाद में इसमें साउण्ड जोड़के रिलीज़ किया गया। लेकिन यह फ़िल्म बेअसर साबित हुई। दादा साहेब नाशिक में अपनी अवकाशपूर्ण ज़िन्दगी जीने लगे थे तभी कोल्हापुर के महाराजा ने दादा साहेब को एक बोलती फ़िल्म बनाने के लिए आमन्त्रित किया। उन्होंने कोल्हापुर सिनेटोन के लिए हिन्दी और मराठी में 'गंगावतरण' नाम की एकमात्र बोलती फ़िल्म बनायी जो 6 अगस्त, 1937 को मुम्बई के रॉयल ओपेरा हाउस में रिलीज़ हुई लेकिन बुरी तरह असफल रही।

दादा साहेब अब 67 साल के हो चुके थे। उनकी फ़िल्मों का कथा संसार भारतीय संस्कृति और पौराणिक कथाओं तक सीमित रहा। हास्य व्यंग्य, मनोरंजक लघु फ़िल्मों के साथ उन्होंने कुछ डॉक्यूमेंट्री फ़िल्में भी बनायीं। अपने 25 साल के फिल्मी सफ़र में उन्होंने 45 फीचर फ़िल्में और 16 लघु फ़िल्में बनायी। वह एक इंजीनियर, आर्किटेक्ट, फ़ोटोग्राफ़र और सफल चित्रकार हो सकते थे। लेकिन उन्होंने एक सपना देखा...उस सपने को सच करने के लिए अपनी पूरी कमाई, पत्नी के जेवर और अपना जीवन बीमा तक बेच डाले। कड़ी मेहनत और संघर्ष के बाद पहली फ़िल्म बनाकर हिन्दुस्तान में फ़िल्म उद्योग की नींव डाली। लेकिन संघर्ष खत्म नहीं हुआ। वह टूटे गिरे और फिर खड़े हुए लेकिन सपने को मरने नहीं

दिया। उनकी प्रतिभा से उनके पार्टनरों ने भी ख़ूब पैसे कमाये। लेकिन वक़्त बदला, तकनीक बदली। साउण्ड तकनीक ने दादा साहेब की शुरू की हुई सिनेमा परम्परा ख़त्म कर दी। सारे मूक फ़िल्में बनानेवाले लोग टॉकी फ़िल्में बनाने लगे। इस बदली हुई हवा के साथ दादा साहेब सामंजस्य नहीं बिठा पाये। वह सिने संसार छोड़ के घर बैठ गये। उनकी शुरू की हुई फ़िल्म इंडस्ट्री में लाखों लोग काम करने लगे। लोग अभिनेता, अभिनेत्री और दिग्दर्शक होके नाम और पैसा कमाने लगे लेकिन दादा साहेब किसी को याद नहीं रहे। 1917 में फाल्के द्वारा 'फ़िल्में कैसे बनायें' जैसी फ़िल्म बनाना कितना क्रान्तिकारी क़दम था। दादा साहेब हमारे पहले फ़िल्मकार ही नहीं, वे हमारे पहले आविष्कारक और अध्यापक भी थे। वे हमेशा सीखने और सिखाने में विश्वास करते थे। उन्होंने उसी समय फ़िल्मों की रचनात्मक प्रक्रिया पर पत्रिकाओं में लेख लिखने शुरू कर दिये थे। वे जानते थे कि हिन्दुस्तान में फ़िल्म विधा कुछ ही हाथों में सिमट कर रह जायेगी। वह नहीं चाहते थे कि हर युवक को उसी कठिन दौर से गुजरना पड़े जिससे गुजरकर उन्होंने फ़िल्में बनाना सीखा था। इन्हीं बातों से उनके पूँजीपति भागीदार उनसे नाराज़ हो गये थे और इनको हिन्दुस्तान फ़िल्म कम्पनी छोड़नी पड़ी थी। दादा साहब का एक बयान केसरी (1934) में छपा था– 'यदि किसी थोड़े से तरीके से भी विदेशी सामान लेना बन्द कर पाऊँ तो भी ये मेरे स्वदेशी व्रत के लिए प्रभावी होगा।'

वृतचित्र सिंहस्थ मेला 1919

फ़िल्म उद्योग की रजत जयन्ती 1938 में जब मनायी गयी तो दादा साहेब को

मुम्बई आने के लिए निमन्त्रण पत्र भेजा गया। गेटवे ऑफ़ इंडिया पर मंच बनाके जयन्ती मनायी जा रही थी और भारतीय सिनेमा का जनक दर्शकों के साथ पीछे की कुर्सी पर गुमसुम बैठा हुआ था। उनकी फ़िल्में देखने वाले लोग वहाँ मौजूद थे लेकिन कोई उन्हें पहचान नहीं रहा था। अचानक पृथ्वीराज कपूर की नज़र उनपे पड़ी और वह मंच से नीचे उतरके आये उनके पैर छुए और सम्मान के साथ स्टेज पर ले गये। दादा साहेब को सम्मानित किया गया और उनको बोलने के लिए कहा गया। दादा साहेब भावुक होकर बस इतना बोले– 'मेरी शकुन्तला (फ़िल्म इंडस्ट्री) का ध्यान रखना आपलोग...इसे सिर्फ़ पैसे कमाने का साधन मत बना लेना।' वी शान्ताराम की अपील पर फ़िल्मों के निर्माताओं ने कुछ चन्दे इकट्ठे करके पाँच हज़ार रुपये दादा साहेब को दिये जिससे उन्होंने नाशिक की गोले कॉलोनी में रहने के लिए एक छोटा सा बँगला बनाया। नाशिक के अपने घर में दादा साहेब पाँच साल तक बीमारी, आर्थिक तंगी और गुमनामी में जीवन जीते रहे। उनके द्वारा प्रशिक्षित लोग इंडस्ट्री में फल-फूल रहे थे लेकिन किसी ने उनकी सुधि नहीं ली। 16 फरवरी 1944 को लगभग 74 साल की उम्र में दादा साहेब फाल्के ने नाशिक में अन्तिम साँस ली। हिन्दुस्तानी सिनेमा के पितामह की अन्तिम यात्रा में उनके परिवार के लोग और कुछ मित्रों के अलावे फ़िल्म इंडस्ट्री से कोई भी नहीं था। उस दिन हिन्दुस्तान के हर सिनेमाघर में फ़िल्मों के शो चलते रहे और सिनेमा के पितामह पंचतत्त्व में विलीन हो गये।

दुनिया की पहली फीचर फ़िल्म और फ़िल्मकार

जॉर्ज मेलिये, एडविन एस पोर्टर, डी डब्ल्यू ग्रिफिथ

1906 में आयी 'द स्टोरी ऑफ़ केली गैंग' फ़िल्म विश्व की पहली पूर्ण फीचर फ़िल्म मानी गयी। 'द स्टोरी ऑफ़ केली गैंग' एक आस्ट्रेलियन फ़िल्म थी जो एक सच्ची घटना पर आधारित थी। नेड केली आस्ट्रेलिया का एक जंगली डाकू था। वह ग़ैरकानूनी काम करता था लेकिन लोगों की मदद भी करता था। कुछ लोग उसे आस्ट्रेलिया का रॉबिनहुड भी कहते थे। नेड केली और पुलिस के बीच आँखमिचौली का खेल चलता रहता था। एक मुठभेड़ में इसके गैंग के हाथों दो-तीन पुलिसवाले की हत्या हो जाती है। विक्टोरिया पुलिस उसे खत्म करना चाहती है। जिसे पकड़ने के लिए पुलिस ने एक ऑपरेशन चलाती है और 1880 में नेड केली को गिरफ्तार करके 26 साल की उम्र में उसे फाँसी दे दी जाती है। नेड केली की मौत का इतना गहरा असर हुआ कि उसकी ज़िन्दगी पर आस्ट्रेलिया के कला और थिएटर में काम होने लगे। बाद में उसकी ज़िन्दगी पर आधारित नाटक से प्रभावित होकर यह पूर्ण फीचर फ़िल्म बनायी गयी।

इस फ़िल्म को चार्ल्स टैट ने निर्देशित किया था। चार्ल्स टैट नाट्य थिएटर से आये थे उनको नाटक मंचन का गहरा अनुभव था। इस फ़िल्म में टैट परिवार का भी पैसा लगा था। यह फ़िल्म चार हज़ार फ़ीट लम्बी थी जिसकी अवधि एक घण्टा दस मिनट थी।

यह व्यावसायिक और आलोचक की दृष्टि से कामयाब फ़िल्म थी। फ़िल्म को मेलबर्न और उसके आसपास शूट किया गया था। इसका प्रीमियर 26 दिसम्बर, 1906 को मेलबर्न के एथेनियम हॉल में आयोजित हुआ था। 1908 तक यह फ़िल्म दुनिया के दूसरे देशों में प्रदर्शित हो गयी थी। जब यह फ़िल्म रिलीज़ हुई तो नेड केली

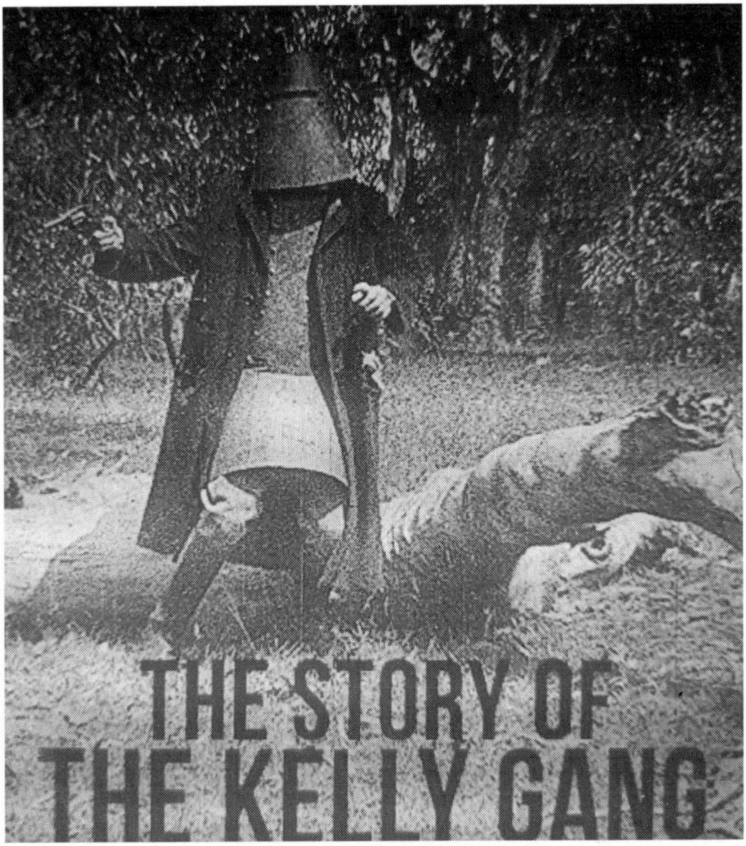

दुनिया की पहली फिल्म द स्टोरी ऑफ़ द केली गैंग

की माँ एलेन और उसका छोटा भाई जिम ज़िन्दा थे उन्होंने भी यह फ़िल्म देखी।

इसके बाद यूरोप की पहली पूर्ण फीचर फ़िल्म फ्रांस की 'लेस मिज़रेबल्स' बनी जो 1909 में रिलीज़ हुई थी। 1911 में रूस की पहली फीचर फ़िल्म 'सेवस्तोपोल की रक्षा' आयी।

1911 में ही इटली ने पूर्ण फीचर फ़िल्म 'इन्फर्नो' बनायी। पहली एशियाई फीचर फ़िल्म जापान की 'द लाइफ स्टोरी ऑफ़ तस्सु शोबारा' थी जो 1912 में आयी थी। 1913 में चीन की पहली फीचर फ़िल्म जांग शिचुआन की 'नान फू नान क्यूई' भी देखी गयी।

जॉर्ज मेलिये

1895 में लुमियर बन्धुओं की फ़िल्में देखने के बाद पेरिस के प्रसिद्ध जादूगर और कार्टूनिस्ट जॉर्ज मेलिये ने लुमियर के सिनेमैटोग्राफ़ को दस हज़ार फ्रैंक में खरीदने का प्रस्ताव दिया। लुमियर बन्धुओं ने अपने सिनेमैटोग्राफ़ को बेचने से इंकार कर दिया। एक साल बाद जॉर्ज मेलिये ने बहुत ऊँची कीमत पे उनका सिनेमैटोग्राफ़ खरीदा। फिर 1896 से ही जॉर्ज ने अपनी पसन्द की फ़िल्में बनानी शुरू कर दीं। उसकी पहली फ़िल्म थी 'बाज़ीगरी'। इसमें स्टेज पर बाज़ीगर दस सेकेंड में दस हैट बना देने का चमत्कार दिखाता है। फिर वे 'जादुई बक्सा', 'कई सिर वाला आदमी' जैसे जादुई फ़िल्में बनाके प्रदर्शित करना शुरू किये और कामयाबी पायी। 1897 में जॉर्ज ने पहला फ़िल्म स्टूडियो खोला। वह लगातार फ़िल्में बनाते रहे 'गुलिवर की यात्रा, फॉस्ट का पतन, परीलोक की कथाएँ। 1902 में विज्ञान कथा पे आधारित 'चन्द्र लोक की यात्रा' बनायी जो उनकी बेहतरीन फ़िल्म मानी गयी।

जॉर्ज मेलिये लुमियर बन्धुओं से सिर्फ़ एक क़दम आगे था। लुमियर बन्धु सच्ची घटनाओं का ज्यों का त्यों फ़िल्मांकन करते थे। जबकि जॉर्ज अपनी नयी चीजें प्रस्तुत कर फ़िल्मांकन करते थे। लेकिन लुमियर की तरह जॉर्ज मेलिये का कैमरा भी एक जगह खड़ा रहता था। सबकुछ मंच पर घटता था। 1914 में अपनी आख़िरी फ़िल्म बनाकर जॉर्ज मेलिये गायब हो गया। 1928 में उसे मोंपारनेस के एक ढाबे पर खिलौने और आइसक्रीम बेचते हुए पाया गया। उसकी मानसिक हालत ठीक नहीं थी। उसके लिए एक पेंशन की व्यवस्था की गयी और 1938 में सिनेमा के इस पहले जादूगर ने एक मनोरोग अस्पताल में अन्तिम साँस ली।

एडविन एस पोर्टर

21 अप्रैल 1870 को अमेरिका के पैनसिल्वेनिया के एक व्यापारी के घर में एडविन का जन्म हुआ। वह पढ़ाई बीच में छोड़कर आजीविका के लिए टेलीग्राफ ऑपरेटर, साइनबोर्ड पेंटर, बिजली विभाग से जुड़े अलग अलग काम करने लगा। 1896 में वह एक एजेंसी से जुड़ा। वह फ़िल्म प्रदर्शन एजेंसी थी जो फिल्मी उपकरण के

साथ अपनी टीम को फ़िल्म प्रदर्शित करने के लिए दुनिया के अन्य देशों में भेजती थी। दो साल तक अलग अलग देशों में भ्रमण करते फ़िल्में प्रदर्शित करता रहा। 1898 में वह न्यूयॉर्क लौटा। अगले साल 1899 में थॉमस अल्वा एडिसन के न्यूयॉर्क कारखाने का मुलाजिम बना। थॉमस अल्वा के कारखाने में बैटरी बनने से लेकर मेडिकल उपकरण के साथ फ़िल्म निर्माण का काम भी होता था। एडविन पोर्टर ने वहाँ प्रोडक्शन मैनेजर के रूप में काम सम्हाला। चूँकि पोर्टर एक अच्छा मैकेनिक था बहुत जल्द कैमरा सीख लिया और उसने कैमरे के इस्तेमाल से लॉजिकल कहानी कहने की कोशिश की।

1902 में उसने पहली लघु फ़िल्म बनायी जो ज़्यादा ध्यान आकर्षित नहीं कर सकी। 1903 में पोर्टर ने 'लाइफ़ ऑफ़ एन अमेरिकन फायरमैन' फ़िल्म बनायी। इसमें अग्निशामक दल द्वारा आग लगने की ख़बर पाकर फायर ब्रिगेड के रवाना होने से लेकर आग में फँसे लोगों को बचाने की कहानी है। इसमें कुछ शॉट्स वास्तविक घटना के हैं और कुछ बाद में अलग से अभिनय कराके शॉट्स को बारीकी से जोड़ दिया गया जिसे बाद में फ़िल्म 'सम्पादन तकनीक' का नाम दिया गया।

1 दिसम्बर, 1903 को पोर्टर की 12 मिनट की अगली फ़िल्म आयी 'द ग्रेट ट्रेन रॉबरी'। यह कैमरे के एंगल से रची गयी फ़िल्म है। बारह दृश्यों को जोड़कर पूरी कहानी कही गयी है। इस फ़िल्म ने विश्व सिनेमा को पहली बार 'कम्पोजिट सम्पादन' से परिचय कराया। पहली बार क्रॉस कटिंग से भी लोग रूबरू हुए। दो दृश्य को एक साथ दिखाया गया। एक तरफ डकैत ट्रेन में लूटपाट कर रहे हैं। दूसरे दृश्य में अलग लोकेशन पर टेलीग्राफ ऑपरेटर स्क्रीन पे नज़र आता है।

पोर्टर ने 1915 तक काफ़ी फ़िल्में बनायी। नाइट बिफोर क्रिसमस, द राइवल्स, एटर्नल सिटी, व्हाइट पर्ल जैसे ढेर सारी फ़िल्में बनायी।

पोर्टर से पहले के फ़िल्मकार लुमियर, जॉर्ज मेलिये और विलियमसन फ़िल्मों के शॉट्स झटके के साथ बदलते थे। पोर्टर ने पहली बार अपनी फ़िल्म अमेरिकन फायरमैन में दो शॉट्स के बीच डिजॉल्व का प्रयोग किया। पोर्टर की 'द ग्रेट ट्रेन रॉबरी' में 12 शॉट जोड़े गये थे। एक शॉट के दौरान ढलान पर रखे होने के कारण कैमरा अचानक घूम गया। संयोग से ट्रेन से उतरते एक डाकू का शॉट लिया जा रहा था। कैमरे के घूमने से लग रहा था जैसे कैमरा उसका पीछा कर रहा है। इस तरह पैनोरमा शॉट का अविष्कार हो गया। 1916 में पोर्टर ने फ़िल्मों से संन्यास ले लिया। दस साल तक वे एक मशीन कम्पनी के प्रमुख बने रहे। 1941 में न्यूयॉर्क के एक होटल में पोर्टर का देहान्त हो गया।

डेविड वार्क ग्रिफिथ (1875 - 1948)

ग्रिफिथ के नाम के बग़ैर सिनेमा इतिहास की कोई भी किताब पूरी नहीं हो सकती। लेखक और नाटककार होने की आकांक्षा रखने वाले ग्रिफिथ साहित्य की विभिन्न विधाओं में हो रहे विकास से परिचित थे।

1907 में ग्रिफिथ न्यूयॉर्क में थॉमस अल्वा एडिसन के कारखाने में अपनी लिखी कहानी बेचने आये। वहाँ उनकी मुलाकात निर्देशक एडविन एस पोर्टर से हुई। एडविन ने ग्रिफिथ की कहानी सुनी और उसे पसन्द नहीं आयी। ग्रिफिथ की कहानी तो नहीं बिकी लेकिन एडविन ने उसे कम्पनी में अभिनेता का काम दे दिया।

1908 में ग्रिफ़िथ ने अमेरिकन फ़िल्म निर्माण कम्पनी बायोग्राफ की एक फ़िल्म में छोटी सी भूमिका निभायी और यहीं पर उनकी मुलाकात भविष्य के अपने पसन्दीदा कैमरामैन जी. डब्ल्यू 'बिली' बिट्जर से हुई। बाद में ग्रिफिथ इसी कम्पनी की फ़िल्में निर्देशित करने लगे। 'द एडवेंचर्स ऑफ़ डूली' के रूप में अपनी पहली लघु फ़िल्म बनायी। ग्रिफ़िथ ने उस कम्पनी के लिए 48 छोटी फ़िल्मों का निर्माण और निर्देशन किया।

1910 में बनी ग्रिफ़िथ की लघु फ़िल्म 'रामोना' हॉलीवुड (कैलिफोर्निया) में शूट की गयी पहली फ़िल्म थी। इसमें एक्सट्रीम लांग शॉट द्वारा फ़िल्म में परिवेश को दर्शाया गया था। 1914 में उन्होंने अपनी पहली फीचर फ़िल्म 'जुडीथ ऑफ़ बेथुलिया' का निर्माण किया। ये फ़िल्म अमेरिका में बनी शुरुआती पूर्ण फीचर फ़िल्मों में से एक है। लम्बी अवधि की फ़िल्म बनाने के लिए निर्माता ग्रिफिथ से नाराज़ हो गये। कम्पनी के विरोध के चलते ग्रिफ़िथ ने बायोग्राफ कम्पनी छोड़ दी।

वो अपने साथी कलाकारों को लेकर म्यूचुअल फ़िल्म कार्पोरेशन में शामिल हो गये। उन्होंने मैजेस्टिक स्टूडियो के मैनेजर हैरी एटकिन के साथ मिलकर रिलायंस-मैजेस्टिक स्टूडियो की नींव रखी। रिलायंस-मैजेस्टिक स्टूडियो के ज़रिये ग्रिफ़िथ ने एक लाख डॉलर में थॉमस डिक्सन जूनियर के उपन्यास नाटक 'द क्लैंसमैन' पर आधारित फ़िल्म का निर्माण किया जो एक कालजयी फ़िल्म 'द बर्थ ऑफ़ नेशन' के नाम से जानी गयी। 1915 में बनी इस फ़िल्म को अमेरिकी सिनेमा

के इतिहास में पहली पूर्ण फ़ीचर फ़िल्म माना जाता है। क्योंकि इससे पहले की अमेरिकी फ़िल्में एक घण्टे से कम समय सीमा की होती थीं। इसे व्हाइट हाउस में प्रदर्शित किया गया था। तत्कालीन राष्ट्रपति वुडरो विल्सन ने कहा था कि 'ये फ़िल्म विदयुत से लिखित इतिहास है'। इसमें अभिनेत्री लिलियन गिश ने अभिनय किया था।

यह फ़िल्म व्यावसायिक रूप से बहुत कामयाब रही, लेकिन इसने एक बड़े विवाद को भी जन्म दे दिया। न्यूयॉर्क में दंगा भड़क गया। इस फ़िल्म में अमेरिकी गृहयुद्ध के दौरान दास-प्रथा, कु क्लुक्स क्लान और रंगभेद सम्बन्धी विषयों को दर्शाया गया है।

अश्वेत अमेरिकी लोगों के संगठन ने इस फ़िल्म के प्रदर्शन का जमकर विरोध किया और कई शहरों में इस फ़िल्म पर प्रतिबन्ध लगवाने में भी सफल रहे। कहते हैं इस फ़िल्म के बाद ही अमेरिकी सरकार को फ़िल्मों के लिए सेंसर बोर्ड के गठन का विचार आया।

इस फ़िल्म के बारे में यहाँ तक कहा जाता है कि इस फ़िल्म ने बॉक्स आफिस पर इतनी कमाई की कि इसके निर्माता इस कमाई का रिकॉर्ड तक नहीं रख पाये। इस फ़िल्म से सबसे ज्यादा लाभ कमाने वाले लुई बी. मेयर थे जिन्होंने इस फ़िल्म के न्यू इंग्लैंड में वितरण का अधिकार हासिल कर रखा था। इसी फ़िल्म की कमाई से मेयर ने हॉलीवुड में अपने मशहूर स्टूडियो मेट्रो-गोल्डविन-मेयर (MGM) की स्थापना की। 1916 में आयी ग्रिफिथ की अगली फ़िल्म 'इंटालरेंस' ने रंगभेद के आरोप का जवाब देने की पुरजोर कोशिश की। लेकिन ये फ़िल्म व्यावसायिक रूप से सफल नहीं हो पायी। यह कम्पनी छोड़कर उन्होंने चार्ली चैप्लिन के साथ मिलकर 'यूनाइटेड आर्टिस्ट' नाम की नयी कम्पनी शुरू की। इस कम्पनी के बैनर तले ग्रिफ़िथ ने फ़िल्म निर्माण का काम जारी रखा। 1919 में 'ब्रोकेन ब्लॉसम्स' और 1920 में 'वे डाउन ईस्ट' आयी। 1930 में ग्रिफिथ की फ़िल्म 'अब्राहम लिंकन' आयी और 1931 में आयी फ़िल्म 'स्ट्रगल' उनकी आख़िरी फ़िल्म थी।

फ़िल्म अभिनेता और निर्माता निर्देशक चार्ली चैप्लिन ने ग्रिफ़िथ को अपनी पीढ़ी का शिक्षक बताया था। ग्रिफिथ की फ़िल्म 'इंटालरेंस' के कथ्य और शिल्प को लेकर जॉन फोर्ड, एल्फ्रेड हिचकॉक, सेर्गे आइन्सटाइन जैसे फ़िल्म निर्देशकों ने न सिर्फ़ उनकी सराहना की बल्कि पूरे फ़िल्म जगत पर उनके ऋण को स्वीकार किया।

दृश्य के छायांकन और सम्पादन के ज़रिये उन्होंने सिनेमा की एक प्रभावपूर्ण भाषा और शिल्पकारी का सर्वथा अनूठा प्रयोग किया। इसके अलावे ग्रिफिथ ने क्रमबद्ध सम्पादन (continuity editing) का कंसेप्ट दिया। उनको एक नयी खोज का श्रेय ज़रूर देना चाहिए उसने 'शॉट' का ईजाद किया। पहले स्थिर कैमरा में सब कुछ छप जाता था। लेकिन ग्रिफिथ ने अलग अलग शॉट को जोड़के दृश्य बनाये। उसने बताया कि अच्छे शॉट को क्रमबद्ध जोड़ना ही बेहतर सम्पादन होता है। पार्श्व-संगीत को लेकर भी ग्रिफ़िथ ने सिनेमा को उस ऊँचाई तक पहुँचाया। 23 जुलाई, 1948 को हॉलीवुड के एक होटल में दिल का दौरा पड़ने से ग्रिफिथ की मृत्यु हो गयी।

फ़िल्मकार श्रीनाथ पाटणकर

दादा साहेब फाल्के की फ़िल्म राजा हरिश्चन्द्र आने के बाद बहुत सारे निर्माताओं और फ़िल्मकारों का आत्मविश्वास बढ़ा। दादा साहेब ने सम्भावनाओं का एक नया दरवाज़ा खोल दिया। जो अभी तक लघु फ़िल्में, वृत्तचित्र और नाटकों के फ़िल्मांकन में व्यस्त थे उनमें फीचर फ़िल्म बनाने की सुगबुगाहट शुरू हो गयी। फ़िल्मकार अब निवेशकों से लम्बी अवधि की फ़ीचर फ़िल्म पे पैसा लगाने की अपील करने लगे। देश के कई हिस्सों में फ़िल्म कम्पनियाँ और फ़िल्मकार पूर्ण फीचर फ़िल्में बनाने की तैयारी में लग गये।

एस. एन. पाटणकर के बारे में हम पिछले अध्याय में पढ़ चुके हैं कि कैसे उनका और उनकी फ़िल्म का नाम इतिहास में दर्ज़ होते होते रह गया। दादा साहेब की पहली फ़िल्म आने के बाद 1913 में पाटणकर यूनियन प्रोडक्शन ने दो लघु फ़िल्में बनायी जैमिनी और व्यास। दोनों लघु फ़िल्मों में कैमरा और निर्देशन पाटणकर का था। उनके सहयोगी दिवेकर और कारान्दिकर उनके साथ मज़बूती से खड़े थे। दादा साहेब की पहली फ़िल्म आने के बाद पाटणकर यूनियन अब पूर्ण फीचर फ़िल्म बनाने की तैयारी करने लगा। उनका पहला काम 'सावित्री' बनते बनते रह गया था तो विचार हुआ कि इसी कहानी को लेकर फिर से शुरू किया जाये। लेकिन पाटणकर दादा साहेब से हटके कुछ करना चाहते थे। दादा साहेब ने पहली फ़िल्म पौराणिक कथा पे बनायी और फिर 1914 में उनकी दूसरी फ़िल्म मोहिनी भस्मासुर भी आ गयी जो पौराणिक कहानी पर आधारित थी। पाटणकर ने फ़ैसला किया कि हम पौराणिक नहीं बल्कि ऐतिहासिक कहानी पे फ़िल्म बनायेंगे। पाटणकर यूनियन में ऐतिहासिक कहानियों पर विचार मंथन होने लगा। आख़िर में फ़िल्म के लिए मराठा इतिहास से पेशवा की कहानी चुनी गयी। पुणे के शनिवाड़ा किले में फ़िल्म की शूटिंग शुरू हुई। गोपाल राव रानाडे ने पेशवा की मुख्य भूमिका निभायी।

1915 में पाटणकर की 'नारायण राव पेशवा की हत्या' फ़िल्म पुणे के आर्यन थिएटर में रिलीज़ हुई। पहली ऐतिहासिक फ़िल्म को अख़बारों और पत्रिकाओं में काफ़ी तारीफ़ें मिली लेकिन यह व्यवासायिक रूप से ज़्यादा कामयाब नहीं रही।

फिल्म सीता स्वयंवर 1920 निर्देशक एस एन पाटणकर

पाटणकर के साझेदार ने दबाव डाला कि जोखिम वाला विषय लेने की ज़रूरत नहीं। हमें भी पौराणिक कहानियों पे फ़िल्म बनानी चाहिए। पाटणकर ने फिर पौराणिक कहानी पर 'भक्त प्रहलाद' फ़िल्म बनायी जो 1917 में रिलीज़ हुई। यह फ़िल्म कामयाब रही।

तभी एक व्यवसायी द्वारका नारायण सम्पत ने पाटणकर के साथ साझेदारी की। कम्पनी का नाम पाटणकर यूनियन से बदलकर 'पाटणकर फ्रेंड्स एंड कम्पनी' रखा गया। इस कम्पनी के तहत 1918 में पहली फ़िल्म बनी 'राम वनवास' जो लगभग चार घण्टे की थी। इसे हम पहला फ़िल्म धारावाहिक भी कह सकते हैं। 20 हज़ार फ़ीट रील में बनी यह फ़िल्म चार हिस्से में थिएटर में प्रदर्शित हुई। पहला हिस्सा पहले हफ़्ते में दिखाया जाता था। दूसरा हिस्सा दूसरे हफ़्ते में, तीसरा हिस्सा तीसरे हफ़्ते में फिर चौथा हिस्सा आख़िरी हफ़्ते में। दर्शकों को एक साथ चार टिकट खरीदना पड़ता था। चार हफ़्ते में दर्शक पूरी फ़िल्म देख पाता था। लेकिन यह

फ़िल्म ज़्यादा व्यवसाय नहीं कर पायी। उसी साल पौराणिक फ़िल्म 'राजा श्रीयल' भी रिलीज़ हुई। इस तरह से पाटणकर ने नरसिंह अवतार, कबीर कमाल, शकुन्तला, सीता स्वयंवर जैसी कई पौराणिक फ़िल्में बनायी। बाद में पाटणकर 1922 में ठाकुर भाई वकील की नेशनल फ़िल्म कम्पनी से जुड़े जहाँ उन्होंने तीन साल में 18 फ़िल्में बनायीं और कुछ फ़िल्मों में अभिनय भी किया। 1926 में पायनियर फ़िल्म कम्पनी के बैनर तले 'दोरंगी दुनिया' जैसी सामाजिक फ़िल्म बनाया जो लोगों ने बहुत पसन्द की। कुछ दिन इम्पीरियल फ़िल्म कम्पनी में भी काम किये। बाद में मोहन भवनानी की अजन्ता सिनेटोन में अभिनय प्रशिक्षक के रूप में काम किया। फिर रिटायर होके घर पे बैठ गये और 1941 में इनकी मृत्यु हो गयी।

बाबूराव पेंटर-महाराष्ट्र फ़िल्म कम्पनी

3 जून, 1890 को कोल्हापुर में चित्रकार के घर में एक लड़का पैदा हुआ। वह जन्मजात कलाकार था। उसका रेखांकन, उसके रंग और चित्र देखकर कोई भी मोहित हो सकता था। बचपन में उसने पेन्सिल, रंग और ब्रश से जो तस्वीरें बनानी शुरू कीं तो उसे ज़रा भी एहसास नहीं था कि आनेवाली तारीख़ में वह कैनवास से शुरू होकर स्टेज पर्दे पे चित्रांकन करते हुए एक दिन फिल्मी पर्दे पर चलचित्र का इतिहास लिखेगा। उस लड़के का नाम था बाबूराव कृष्णराव मिस्त्री जिसे लोग बाबूराव पेंटर के नाम से जानते हैं।

चित्रकारों के घर में जन्म लेने और स्टेज पेंटर के रूप में शोहरत पाने से मिस्त्री की जगह पेंटर उनका सरनेम हो गया। बाबूराव चित्रों की दुनिया में मशगूल थे तभी स्टिल कैमरा और फ़ोटोग्राफ़ी ने उनका ध्यान अपनी तरफ खींचा। उनको फ़ोटोग्राफ़ी की नयी तकनीक सीखने का शौक जागा। बाबू राव ने स्टिल फ़ोटोग्राफ़ी की तकनीक सीखने के बाद मुम्बई के माधव बाग में अपना एक छोटा फोटो स्टूडियो खोला। चर्नी रोड पूर्व में भुलेश्वर एरिया है जहाँ व्यवसायी नरोत्तम दास ने 1874 में माधवबाग बनाया जिसमें गार्डेन, लक्ष्मी नारायण मन्दिर और एक बड़ा धर्मशाला शामिल है। माधवबाग के धर्मशाले में भारतीय आज़ादी आन्दोलन के नेताओं की मीटिंग हमेशा हुआ करती थी। इसी माधव बाग में बाबूराव पेंटर का फ़ोटो स्टूडियो की दुकान चलने लगी। चूँकि बाबूराव एक कलाकार थे इसलिए सिर्फ़ दुकान खोलके सन्तुष्ट रहने वाले नहीं थे। उस समय मुम्बई में नाटकों का मंचन ज़ोरों पे था। सिनेमा आ जाने से थिएटर और टेंट में देशी-विदेशी फ़िल्मों का प्रदर्शन हो रहा था।

बाबूराव के चचेरा भाई आनन्द राव उन दिनों मुम्बई के ललित कलादर्श नाटक मण्डली में स्टेज पर्दे के चित्रकार के रूप में काम करते थे। इस मण्डली के नाटकों

की बहुत धूम मची हुई थी। उन दिनों नाटक मण्डली के मुख्य पद पर आर जी तोरणे थे। ये वही तोरणे हैं जिन्होंने पुंडलिक नाटक का फ़िल्मांकन किया था। इस मण्डली में स्टेज पर्दे के चित्रकार के रूप में बाबूराव पेंटर भी शामिल हो गये। इसी नाटक मण्डली में विष्णुपन्त गोविन्द दामले और सैयद यास्मीन फतेलाल काम करते थे। अब ललित कलादर्श नाटक मण्डली में बाबूराव, आनन्दराव, दामले और फतेलाल की चौकड़ी जम गयी। ये लोग साथ में नाटक देखते और सैण्डहर्स्ट रोड पर स्थित अमेरिका इंडिया टेंट थिएटर में जाके फ़िल्में देखते।

उन दिनों दादा साहेब फाल्के के लन्दन से फ़िल्म तकनीक सीखकर आने की ख़ूब चर्चा हो रही थी। पहली फ़िल्म राजा हरिश्चन्द्र दादर के एक बँगले में शूट हो रही थी। बाबूराव चर्नी रोड से दादा साहेब की शूटिंग पे पहुँच गये। उन दिनों दादा साहेब अकेले ही फ़िल्म के सारे विभाग के काम देख रहे थे। बाबूराव ने दादा साहेब के काम को करीब से देखा। राजा हरिश्चन्द्र की सफलता ने बाबूराव को फ़िल्म की तरफ जाने को प्रेरित किया।

1914 में जब प्रथम विश्वयुद्ध शुरू हुआ तो विदेशों से माल की सप्लाई लगभग बन्द हो गयी। फ़िल्म स्टॉक और सिनेमा उपकरण बाहर से मँगाना मुश्किल हो

बाबूराव पेंटर

गया। बाबू राव के भाई आनन्द राव ने मुम्बई के कबाड़ी बाज़ार से एक सेकेण्ड हैंड फ़िल्म प्रोजेक्टर खरीदा। बाबूराव ने सोचा कि अगर यह प्रोजेक्टर फ़िल्म दिखा सकता है तो इसमें थोड़ा बदलाव और सुधार करके इसे फ़िल्म कैमरा के रूप में भी इस्तेमाल किया जा सकता है। काफ़ी मशक्कत के बाद भी बाबूराव कैमरा बनाने में सफल नहीं हो पाये। ज्ञात रहे लूमियर बन्धुओं के सिनेमाटोग्राफ में कैमरा और प्रोजेक्टर दोनों की सहूलियत थी।

पेंटर बन्धुओं ने उस प्रोजेक्टर से कोल्हापुर में फ़िल्मों का प्रदर्शन करने का निश्चय किया। मुम्बई के एक कपड़ा व्यापारी शंकर राव वशीकर ने उनकी सहायता की। वे दोनों कोल्हापुर में जाके टेंट में फ़िल्में दिखाने लगे। उनका यह व्यवसाय निकल पड़ा। मुम्बई में आनेवाली फ़िल्में उन्हें कोल्हापुर में मिल जाया करती थीं। दोनों भाइयों ने वहाँ एक सिनेमा हॉल भी किराये पर ले लिया। यहीं से शुरू हुई बाबू राव पेंटर का एक चित्रकार से फ़िल्मकार बनने की यात्रा। वह हर फ़िल्म को ध्यान से देखते उसका अध्ययन करते। कैमरा की तकनीक और उसके एंगल की बारीकी से मुआयना करते।

दोनों भाइयों ने अब फ़िल्म बनाने का फ़ैसला किया तभी आनन्दराव को टायफाइड हो गया और कुछ ही दिनों में वह चल बसे। बाबूराव के लिए यह गहरा आघात था।

बाबूराव अकेले हो गये थे लेकिन उनका आत्मविश्वास कह रहा था कि अब वह फ़िल्म बनाके ही अपने भाई को सच्ची श्रद्धांजलि देंगे।

महाराष्ट्र फ़िल्म कम्पनी

बाबूराव को फ़िल्म निर्माण के लिए उनके पेंटिंग्स की एक प्रशंसक से शुरुआती पूँजी प्राप्त हुई। तनीबाई कोगालकर लम्बे वक़्त से उनके चित्रों को पसन्द करती थीं। इसी पूँजी से बाबूराव ने 1919 में महाराष्ट्र फ़िल्म कम्पनी की नींव कोल्हापुर में डाली। उसके बाद उन्होंने मुम्बई के कलादर्श नाटक मण्डली में काम करने वाले दोनों सहयोगी दामले और फत्तेलाल को कोल्हापुर बुला लिये। फ़िल्मों में काम करने के उत्साह में दोनों नाटक मण्डली छोड़ कोल्हापुर आ गये। बाबूराव फिर उस प्रोजेक्टर को कैमरा में तब्दील करने की कोशिश में लग गये। दामले की सलाह पे नया लेंस खरीदा गया और आखिरकार प्रोजेक्टर में लगा कैमरा काम करने लगा।

फिल्म महारथी कर्ण

महाराष्ट्र फ़िल्म कम्पनी की शुरुआत में बाबूराव पेंटर, विष्णु दामले, शेख फतेलाल, नारहर दामोदर सरपोतदार और बाबूराव पेंढारकर मुख्य स्तम्भ थे। दामले कैमरा और लाइटिंग में बाबूराव पेंटर के सहायक बने। फतेलाल सेट निर्माण और कला निर्देशन में उनके सहयोगी बने। सरपोतदार का काम अभिनेता और अभिनेत्रियों को प्रशिक्षित करना और मराठी उपशीर्षक लिखना था। मूक फ़िल्मों में अंग्रेज़ी, हिन्दी, मराठी, बंगाली, तमिल में उपशीर्षक लिखने के लिए लेखक नियुक्त होते थे या उन्हें पारिश्रमिक देकर लिखवाया जाता था। बाबूराव पेंढारकर प्रोडक्शन का काम देखते थे।

बाबूराव ने किसी तरह दो महिला कलाकारों को अपनी फ़िल्म कम्पनी में काम करने के लिए तैयार किया। एक का नाम था गुलाब बाई और दूसरे का अनुसुइया बाई। जैसे ही इनके बिरादरी वालों को मालूम चला कि ये दोनों फ़िल्म कम्पनी में काम करने जा रही हैं उन दोनों महिलाओं को बिरादरी से निकाल दिया गया। दोनों महिला कलाकार बाकी पुरुष कलाकारों और तकनीशियन के साथ महाराष्ट्र फ़िल्म कम्पनी के परिसर में रहने लगीं। वे फ़िल्म में काम करने के साथ कम्पनी के परिसर में झाड़ू लगाने और सबके लिए रोटियाँ बनाने का काम भी करती थीं।

एक पारिवारिक माहौल जैसा वातावरण महाराष्ट्र फ़िल्म कम्पनी में बन गया था। फ़िल्म पर्दे के लिए बाबूराव पेंटर ने इन दोनों महिला कलाकारों का अलग नामकरण किया। गुलाब बाई का स्क्रीन नाम कमला देवी और अनुसुइया बाई का स्क्रीन नाम सुशीला देवी दिया गया।

उसके बाद फ़िल्म के लिए कहानी की खोज शुरू हुई। पेंटर ने पहली फ़िल्म सीता स्वयंवर बनाने की सोची। लेकिन उनके पार्टनर ने सलाह दी कि हमारी कम्पनी की पहली फ़िल्म से ही हिन्दुस्तान को पता लग जाना चाहिए कि महाराष्ट्र फ़िल्म कम्पनी की फ़िल्में उत्कृष्ट और अलग होती हैं।

उसके बाद कृष्णा जी प्रभाकर खांडिलकर के लोकप्रिय नाटक कीचक वध की कहानी को फ़िल्म के लिए चुना गया। यह नाटक राजा रवि वर्मा की पेंटिंग्स सीरीज कीचक सैरन्ध्री से प्रभावित होकर लिखा गया था।

राजा रवि वर्मा सन् 1900 में कीचक सैरन्ध्री पर चार पेंटिंग्स की सीरीज बनाये। जिसमें एक पेंटिंग में कीचक हाथ फैलाके सैरन्ध्री का स्वागत करता है और सैरन्ध्री बनी द्रौपदी के चेहरे पर भय और उदासी है। चित्र में एक तरफ दरवाज़ा खुला है जहाँ अँधेरा नज़र आ रहा है। लोगों ने इस पेंटिंग में बने अँधेरे की तुलना ब्रिटिश सरकार के अँधेरे युग से किया।

1905 के बंगाल विभाजन के बाद स्वदेशी आन्दोलन में बहुत तेज़ी आ गयी थी। लोग सड़कों और चौराहों पर उतरकर लॉर्ड कर्ज़न की मुख़ालिफ़त कर रहे थे।

1907 में राजा रवि वर्मा के कीचक वध पेंटिंग्स पर आधारित कृष्णा जी प्रभाकर खांडिलकर ने कीचक वध नाटक किया। कीचक वध नाटक को बम्बई प्रेसिडेंसी से लेकर दक्कन तक लोगों ने ख़ूब पसन्द किया। कीचक वध नाटक में कहीं अंग्रेज़ी हुकूमत या लॉर्ड कर्ज़न का नाम नहीं आया। लेकिन लोगों ने इस नाटक को वर्तमान राजनीतिक उथल पुथल से जोड़ दिया। आम लोगों के लिए कीचक लॉर्ड कर्ज़न था जो बंगाल का विभाजन कर हिन्दुस्तानियों की नज़रों में खलनायक बन चुका था। सैरन्ध्री भारत माता का प्रतीक बन गयी। उस समय तक आज़ादी आन्दोलन में दो धड़े बन चुके थे एक नरम दल और दूसरा गरम दल। इस नाटक में नरम दल के प्रतीक युधिष्ठिर थे और गरम दल जिसका नेतृत्व बालगंगाधर तिलक कर रहे थे उसके प्रतीक भीम थे। जब रंगमंच पर भीम कीचक का वध करता था तो अचानक हॉल में भारत माता की जय और तिलक ज़िन्दाबाद के नारे लगने लगते थे। जब

अंग्रेज़ों तक इसकी ख़बर गयी तो जनवरी 1910 में इस नाटक को प्रतिबन्धित कर दिया गया।

इसी प्रतिबन्धित नाटक पर बाबूराव पेंटर ने अपनी पहली फ़िल्म बनाने का फ़ैसला किया। फ़िल्म का नाम कीचक वध से बदलकर सैरन्ध्री रखा।

बाबूराव ने ख़ुद सैरन्ध्री का स्क्रीनप्ले लिखा। अपनी नोटबुक पर सेट डिज़ाइन का स्केच बनाया। वेशभूषा और एक एक चरित्र के वस्त्रों का भी रेखांकन किया। फ़िल्मों के चरित्र, उनकी गति या चाल, उनकी वेशभूषा और परिवेश को एक साथ बाबूराव रेखांकन करते थे। इस प्रक्रिया को रूस के प्रसिद्ध फ़िल्मकार सर्गेई आइंजेन्स्टाइन 'स्टेनोग्राफिक पद्धति' कहते थे जिसमें दिमाग़ में चल रहे सामूहिक विचार को एक साथ कागज़ पर रेखांकित करना होता है।

बाबूराव पेंटर की फ़िल्म की साज-सज्जा, वेशभूषा और सेट की पृष्ठभूमि राजा रवि वर्मा की पेंटिंग्स से प्रेरित थी। चूँकि पेंटर साब ख़ुद एक कलाकार थे इसलिए उन्होंने फ़िल्म के सेट और डिज़ाइन में भी कई अनोखे प्रयोग किये। भीम और कीचक की भूमिका के लिए दो पेशेवर पहलवानों बाला साहब यादव और झुँझार राव पवार को लिया गया। सैरन्ध्री की भूमिका कमला देवी ने निभायी।

कोल्हापुर में बिजली नहीं होने के कारण दिन में शूटिंग हुआ करती थी। जिस कमरे में धूप की रोशनी सीधे आती थी वहाँ रिफ्लेक्टर लगाके शूटिंग की जाती थी। जब बरसात होने लगती तो पूरी यूनिट को धूप के इन्तज़ार में बैठना पड़ता था।

सैरन्ध्री में कीचक वध का एक प्रसंग एक भण्डारगृह में घटता है। भीम एक बहुत बड़े मदिरा पात्र में छुपके बैठा है। भीम के छुपने के लिए इतना बड़ा मदिरा पात्र बनाया गया था कि उसके मुँह तक पहुँचने के लिए सीढ़ी की ज़रूरत पड़ती थी। जब भीम कीचक का वध करता है तब वह अपने हाथों में कीचक का लहूलुहान सिर लिये खड़ा रहता है। इस प्रभाव को पर्दे पर दिखाने के लिए झुँझार राव के सिर जैसी लकड़ी की प्रतिकृति तैयार की गयी थी। दामले और फतेलाल दिन भर फ़िल्म की शूटिंग में सहायक बने रहते और रात के अँधेरे में फ़िल्म को धोने और उसकी रसायन प्रक्रिया में लग जाते। स्टूडियो में रहना और दो वक़्त का भोजन ही उनका पारिश्रमिक था। 7 फरवरी, 1920 को पुणे में सैरन्ध्री रिलीज़ हुई। भीम द्वारा कीचक वध ग्राफिक्स की मदद से इतना वास्तविक रूप से फिल्माया गया कि दर्शक थिएटर में यह दृश्य देखकर चीख उठे। औरतें अपनी सीटें छोड़कर रोती हुई बाहर भागने लगीं। अभी नया नया सिनेमाटोग्राफ एक्ट लागू हुआ था जिसके अन्तर्गत फ़िल्म

के इस दृश्य पर सेंसर लगाया गया। बाबूराव को फ़िल्म से यह दृश्य हटाना पड़ा।

लेकिन यह फ़िल्म बहुत चर्चित और काफ़ी सफल रही। इस फ़िल्म को बुद्धिजीवी और आम दर्शक दोनों ने पसन्द किया। लोकमान्य बाल गंगाधर तिलक ने फ़िल्म देखने के बाद सार्वजनिक मंच पर बाबूराव पेंटर का अभिनन्दन किया और उनको 'सिनेमा केसरी' की उपाधि से नवाजा।

फिल्म लंका 1930

महाराष्ट्र फ़िल्म कम्पनी की फ़िल्म सैरन्ध्री के प्रिंट लेकर उसके मैनेजर बाबूराव

पेंढारकर कोल्हापुर से दो सौ किलोमीटर दूर हुबली पहुँचे। बाबूराव पेंढारकर महाराष्ट्र फिल्म कम्पनी में बतौर मैनेजर और अभिनेता 25 रुपये महीने पर काम कर रहे थे। वह बाबूराव पेंटर के बहुत करीबी थे। फ़िल्म सैरन्ध्री हुबली के दक्कन सिनेमा थिएटर में प्रदर्शित हुई। उस थिएटर में शाम के शो में एक 19 साल का लड़का गेटकीपर का काम करता था। वह बाबूराव पेंढारकर का मौसेरा भाई था। पेंढारकर अपने मौसेरे भाई के साथ उसके घर गये। वह लड़का ज़िद करने लगा कि मुझे भी फ़िल्म कम्पनी में काम करना है। मौसी ने पेंढारकर से कहा कि इसका रेलवे वर्कशाप का काम छूट गया है। कोई नौकरी हो तो लगा दो। पेंढारकर ने अपने मौसेरे भाई को एक निश्चित तारीख़ को कोल्हापुर आने को कहा। वे बोले कि तुम कोल्हापुर पहुँचकर सीधे शिवाजी थिएटर पर आ जाना वहीं पर हमारी कम्पनी का ऑफिस है।

वह लड़का रात की ट्रेन लेकर सुबह सुबह कोल्हापुर के शिवाजी थिएटर पहुँच गया। पेंढारकर उसे लेकर पेंटर साब के दफ़्तर में पहुँचे। 20 जून, 1920 को पेंटर साब ने उस लड़के को काम पे रख लिया। इस तारीख़ को उस लड़के ने ज़िन्दगी भर याद रखा।

वह लड़का काम में बहुत उत्साही था। कभी वह स्टूडियो में सेट रँगने का काम करता। कभी वह गारा घोलने का काम करता। कभी कुली का काम कभी लकड़ी चीरने जैसे अलग अलग काम में लगा रहता था।

पेंटर साब अपनी अगली फ़िल्म सुरेखा हरण की तैयारी में जुट गये। वह लड़का कहानी चर्चा और रिहर्सल में भी भाग लेने लगा।

पेंटर साब चरित्रों के लिए अलग अलग चेहरे तलाश करते रहते थे। उनको इससे फर्क़ नहीं पड़ता था कि वह स्टूडियो का बढ़ई है या रसोइया है या द्वारपाल है। वह किसी से भी अभिनय करा लेने का दावा करते थे। फ़िल्म सुरेखा हरण में कृष्ण की भूमिका के लिए पेंढारकर जिस लड़के को लेकर आये थे उसपे इनकी नज़र पड़ी। वह उत्साही नौजवान दामले और फतेलाल के साथ सेट पर कील ठोक रहा था। तभी सेठजी की आवाज़ आयी। महाराष्ट्र फ़िल्म कम्पनी में सारे कर्मचारी पेंटर साब को सेठजी कहा करते थे। सेठ जी ने कहा कि तुमको इस फ़िल्म में अभिनय करना है। उस लड़के को कागज़ पे बनाया भगवान विष्णु का स्केच दिये और बोले जाओ, कॉस्ट्यूम पहन लो और ऐसा ही मेकअप करा के आओ।

वह लड़का कॉस्ट्यूम और मेकअप के साथ आया तो सेठजी को उसमें विष्णु

का चरित्र नज़र आने लगा था। उन्होंने कहा कि तुम सेट रँगने और गारा घोलने के अलावे रिहर्सल में भी रहोगे। उस लड़के के मौसेरे भाई बाबू राव पेंढारकर ने सलाह दी कि तुम्हारा नाम बहुत लम्बा है यह फ़िल्म के पर्दे पर नहीं चलेगा.... अब से तुम्हारा नाम शान्ताराम राजाराम वनकुद्रे के बदले सिर्फ़ वी शान्ताराम होगा।

महाराष्ट्र फ़िल्म कम्पनी की फ़िल्म सुरेखा हरण से वी शान्ताराम ने अपने फिल्मी जीवन की शुरुआत की। इस फ़िल्म में उन्होंने भगवान विष्णु और श्रीकृष्ण दो भूमिकाएँ निभायीं। अभिमन्यु की भूमिका अभिनेता गनपत बाकरे ने निभायी। गनपत और शान्ताराम एक ही स्कूल के सहपाठी थे। शान्ताराम के महाराष्ट्र फ़िल्म कम्पनी में आने के कुछ दिनों बाद ही केशव धायबर नामक युवक को भी यहाँ कैमरा डिपार्टमेंट में नौकरी मिल गयी। केशव धायबर ने बाद में एक सफल कैमरामैन के रूप में ख्याति अर्जित की।

फ़िल्म सुलेखा हरण का दूसरा नाम वत्सलाहरण भी था। उस वक़्त प्रत्येक फ़िल्म के दो या तीन नाम रखने का चलन था। एक अंग्रेज़ी नाम, दूसरा हिन्दी नाम, तीसरा मराठी या गुजराती नाम। लेकिन बाबूराव अपनी ज़्यादातर फ़िल्मों के केवल हिन्दी नाम ही रखते थे।

सुरेखा हरण के पूरे होने के बाद अगली फ़िल्म 'भक्त दामा जी' फ़िल्म की शूटिंग शुरू हो गयी। भक्त दामाजी में मुख्य भूमिका निभाने के लिए कम्पनी के उपशीर्षक लेखक और अभिनेताओं के प्रशिक्षक एन डी सरपोतदार को चुना गया। इन तीन फ़िल्मों के बन जाने से महाराष्ट्र फ़िल्म कम्पनी का आधार आर्थिक रूप से मज़बूत होने लगा था।

पेंटर साब ने अगली फ़िल्म सिंहगढ़ की तैयारी शुरू की। सिंहगढ़ की कहानी हरि नारायण आप्टे के उपन्यास 'गड आला पान सिंघा गेला' पर आधारित थी। जिसमें शिवाजी के योद्धा वीर ताना जी की वीरता की कहानी है कि कैसे वह कोंडाना किले पर कब्ज़ा जमाने के लिए अपनी जान की बाज़ी लगा देते हैं।

6 नवम्बर, 1922 को फ़िल्म का रिहर्सल चल रहा था। प्रशिक्षक कलाकारों को तलवारबाजी सिखा रहे थे तभी स्टूडियो के स्टोर रूम की तरफ आग की लपटें उठने लगीं। स्टूडियो में आग तेज़ी से फैलने लगी। चारों तरफ अफरा-तफरी मच गयी। लोग अपनी जान बचा के भागने लगे। तभी मराठी भाषा में किसी ने आवाज़ लगाई आरे देवा, आपला कैमरा? कम्पनी के एक हट्टा कट्टा कर्मचारी फाँसलकर सीधे एडिटिंग रूम की तरफ दौड़े जहाँ कैमरा रखा हुआ था। वह जलते कमरे में

दाखिल हुए और कैमरा को भी आग पकड़ चुकी थी। फाँसलकर कैमरा का बॉक्स उठाके खिड़की के रास्ते किसी तरह बाहर निकले और कैमरा को पानी के टब में डाल दिया।

स्टूडियो में सबकुछ जलके राख हो गया। पेंटर साब की बनायी फ़िल्म सैरन्ध्री, सुरेखा हरण, भक्त दामाजी और तिलक पर बनायी एक डॉक्यूमेंट्री के सारे निगेटिव अग्नि की भेंट चढ़ गये। कोल्हापुर के राजा साहू महाराज ख़ुद स्टूडियो आये और बाबूराव पेंटर को दिलासा दिये। किसी तरह बैल एंड हॉवेल कैमरा को बचा लिया गया। अग्निकाण्ड के बाद महाराष्ट्र फ़िल्म कम्पनी को पैसे की ज़रूरत थी। कैमरा भी अच्छे से काम नहीं कर रहा था।

कोल्हापुर के एक अमीर आदमी श्रीमन्त सरदार नेसरेकर आर्थिक मदद के लिए आगे आये। तत्काल 15 हज़ार रुपये का ऋण देकर वह महाराष्ट्र कम्पनी के बिजनेस पार्टनर बन गये। बाबूराव पेंटर ने नया कैमरा खरीदने का फ़ैसला किया। सात हज़ार रुपये का अमेरिकी बैल एंड हॉवेल कैमरा विदेश से मँगाया गया। इस कैमरे में चार लेंस थे। उसके साथ लेंस ढँकने की सुविधा थी जिससे ट्रिक शॉट्स लेना आसान था।

फ़िल्म सिंहगढ़ का निर्माण कार्य शुरू हो गया। इसमें बाला साहब यादव ने तानाजी की भूमिका निभायी और ख़ुद बाबूराव पेंटर ने महाराजा शिवाजी की। शान्ताराम ने इस फ़िल्म में तानाजी के 80 साल के काका सरदार कोंडाजी सेलार की भूमिका निभायी। इसकी शूटिंग कोल्हापुर से दूर पनहाला किले में की गयी थी। मराठा कोर्ट लगाने के लिए कारपेट, झूमर फानूस, शील्ड और तलवारें सारी चीजें कोल्हापुर के साहू महाराज के दरबार से लायी गयी थी। फ़िल्म के मुख्य नाटकीय दृश्यों को कृत्रिम प्रकाश व्यवस्था में किले के अन्दर ही फ़िल्मांकन किया गया। हिन्दुस्तानी मूक फ़िल्मों में पहली बार कृत्रिम प्रकाश व्यवस्था में शूटिंग फ़िल्म सिंहगढ़ से ही शुरू हुई। बाबूराव पेंटर ने सेट के मामले में एक और नया प्रयोग किया। अभी तक फ़िल्मों में स्टेज पर्दे की तरह पृष्ठभूमि के अलग अलग चित्र बनाये जाते थे। इन्होंने पहली बार बैकग्राउण्ड के लिए गतिशील त्रि-आयामी सेट डिज़ाइन किया जिसे एक जगह से हटाके दूसरी जगह किया जा सकता था और जिससे पृष्ठभूमि सहज दीखती थी कृत्रिम नहीं। ब्लैक एंड व्हाइट युग में भी बाबूराव पेंटर अपने सेट को लाल और पीले रंग से रँगते थे ताकि वास्तविक प्रभाव आ सके।

फ़िल्म सिंहगढ़ के निर्माण के दौरान बाबूराव पेंटर जो शिवाजी की भूमिका में थे वह घोड़े से गिर गये। उनकी जीभ में दाँत धँस गया था। उसके बाद से बाबूराव पेंटर की ज़बान स्पष्ट नहीं बोल पाती थी। फ़िल्म मुम्बई के नॉवेल्टी थिएटर में रिलीज़ हुई और 16 हफ़्ते तक शानदार प्रदर्शन किया।

महाराष्ट्र फ़िल्म कम्पनी ने मुम्बई में अपना डिस्ट्रीब्यूशन ऑफिस खोला क्योंकि मुम्बई बहुत बड़ा बाज़ार था। इस कम्पनी की ज़्यादातर फ़िल्में मुम्बई में प्रदर्शित होती थीं। मुम्बई में डिस्ट्रीब्यूशन ऑफिस का कार्यभार आर जी तोरणे और बाबूराव पई सम्हालते थे।

बाबूराव पेंटर ने 1923 की बरसात में फ़िल्म सुरेखा हरण के विषय पर माया बाज़ार नाम की फ़िल्म के निर्माण की शुरुआत की। चूँकि अग्निकाण्ड में सुरेखा हरण की निगेटिव जल जाने की वजह से बहुत सारे लोग सुरेखा हरण फ़िल्म देख नहीं पाये थे इसलिए जल्दी से शूटिंग पूरी की गयी। शान्ताराम ने इस माया बाज़ार फ़िल्म की एडिटिंग में अपना हाथ आजमाया। पेंटर साब को उनका काम पसन्द आया। 1923 में महाराष्ट्र फ़िल्म कम्पनी की फ़िल्म सिंहगढ़ और माया बाज़ार दोनों ही कामयाब रहीं।

1924 में महाराष्ट्र फ़िल्म कम्पनी ने दो फ़िल्में कल्याण खजिना और सती पद्मिनी का निर्माण शुरू किया। कल्याण खजिना में ख़ूबसूरत सुल्ताना और उसकी छोटी बहन ज़ुबैदा ने काम किया है। एक मराठी नौजवान जो स्टेज थिएटर करता था उसे बाबूराव ने इस फ़िल्म में काम करने का मौका दिया। कल्याण खजिना में वह नौजवान एक महिला नृत्यांगना की भूमिका में नज़र आया। उस नौजवान का नाम था मास्टर विट्ठल। यह एक संयोग की बात थी कि इतिहास में दर्ज़ पहली बोलती फ़िल्म 'आलम आरा' में नायक और नायिका की भूमिका निभाने वाले मास्टर विट्ठल और ज़ुबैदा ने पहली बार एक साथ 1924 में आयी फ़िल्म 'कल्याण खजिना' में नज़र आये थे।

बाबूराव की दोनों फ़िल्में सिंहगढ़ और कल्याण खजिना लन्दन के वेम्बले फ़िल्म फेस्टिवल में दिखाई गयीं जहाँ बाबूराव पेंटर को बेहतर फ़िल्म निर्देशक के लिए मेडल दिया गया।

1925 में महाराष्ट्र फ़िल्म कम्पनी की तीन फ़िल्में प्रदर्शित हुईं 'राणा हमीर', 'शाह को शह' और 'साहूकारी पाश'। तीनों फ़िल्मों का निर्देशन बाबूराव ने किया।

फ़िल्म शह को शाह में बीजापुर का सुल्तान आदिल शाह महाराजा शिवाजी के एक सामन्त को बन्दी बना लेता है। वह शिवाजी को एक धमकी भरा ख़त भेजता है।

शिवाजी को पता है कि वह अपने सामन्त को उसके चंगुल से छुड़ा लेंगे।

शिवाजी अपनी सूझबूझ और अनोखे उपाय से अपने सामन्त को सकुशल छुड़ा के लाते हैं। इसमें आदिल शाह की भूमिका वी शान्ताराम ने निभायी थी। लोगों ने इस फ़िल्म को बहुत पसन्द किया था।

इसी दौरान बाबूराव पेंटर को पता चला कि कोल्हापुर मण्डी में बिजली पैदा करनेवाला जेनरेटर आया है जिसे खम्भे पे लाइट लगाके पूरी मण्डी को रौशनी से उजाला किया जा रहा है। बाबूराव को अपने स्टूडियो के लिए जेनरेटर की ज़रूरत थी। वह थोड़ा ज़्यादा दाम देकर जेनरेटर, डायनेमो और लाइट लगाने वाले खम्भे खरीद लिये। सारा सामान, भारी खम्भे दामले, फतेलाल और शान्ताराम अपने कन्धे पर उठाकर स्टूडियो में ले आये थे।

बाबूराव ने पौराणिक और ऐतिहासिक फ़िल्मों से हटके पहली बार सामाजिक विसंगतियों पर आधारित नारायण हरि आप्टे के उपन्यास सावकारी पाश की कहानी पर फ़िल्म बनाने का फ़ैसला किया। उनके साथी उनको ऐसे समसामयिक यथार्थ फ़िल्म बनाने से मना किये। लेकिन बाबूराव ने किसी की नहीं सुनी। महाजनी व्यवस्था में जकड़े हिन्दुस्तान के गाँव की सच्चाई पर आधारित उन्होंने अपने जीवन की सबसे सर्वश्रेष्ठ फ़िल्म 'साहूकारी पाश' बनायी। इस फ़िल्म में बूढ़े किसान की भूमिका झुँझार राव पवार, पत्नी का चरित्र कमला बाई, पुत्र की भूमिका वी शान्ताराम और साहूकार के चरित्र में के बाकरे नज़र आये।

फ़िल्म के पहले दृश्य में एक युवक कपड़ा मिल में काम कर रहा है। उसके बूढ़े पिता भी साथ में मज़दूरी कर रहे हैं। वह रुई के गट्ठे उठा नहीं पा रहे। मिल का चौकीदार उसका हाथ पकड़के गेट से बाहर निकाल देता है।

फ़्लैश बैक में देखते हैं वह बूढ़ा आदमी गाँव के साहूकार से रुपया उधार लेता है। जितना पैसा चुकाता है सब ब्याज में कट जाता है। साहूकार उसके पूरे परिवार को उसकी ज़मीन और घर से बेदखल करके गाँव से निकाल देता है।

फ़िल्म के आख़िरी दृश्य में वह बीमार बूढ़ा शहर से अपने गाँव लौट आता है। वह देखता है कि साहूकार से एक और किसान अँगूठा लगाके कर्ज़ ले रहा है। वह बूढ़ा उस किसान को रोकता है और उपशीर्षक में कहता है कि–'अनपढ़ मत रहो.. भूखे मर जाओ लेकिन साहूकार से कर्ज़ मत लो। '

जे बी एच वाडिया ने इस फ़िल्म के बारे में कहा है 'फ़िल्म का वो दृश्य मुझे भुलाये नहीं भूलता जब झोपड़ी में मौत हो जाने के बाद कुत्ता मुँह उठाकर रोता है।'

वी शान्ताराम ने कहा– 'फ़िल्म साहूकारी पाश का मुझपे ऐसा प्रभाव पड़ा कि इसी से प्रेरणा लेकर मैं सामाजिक असमानता को अपनी फ़िल्मों का विषय बनाता रहा।'

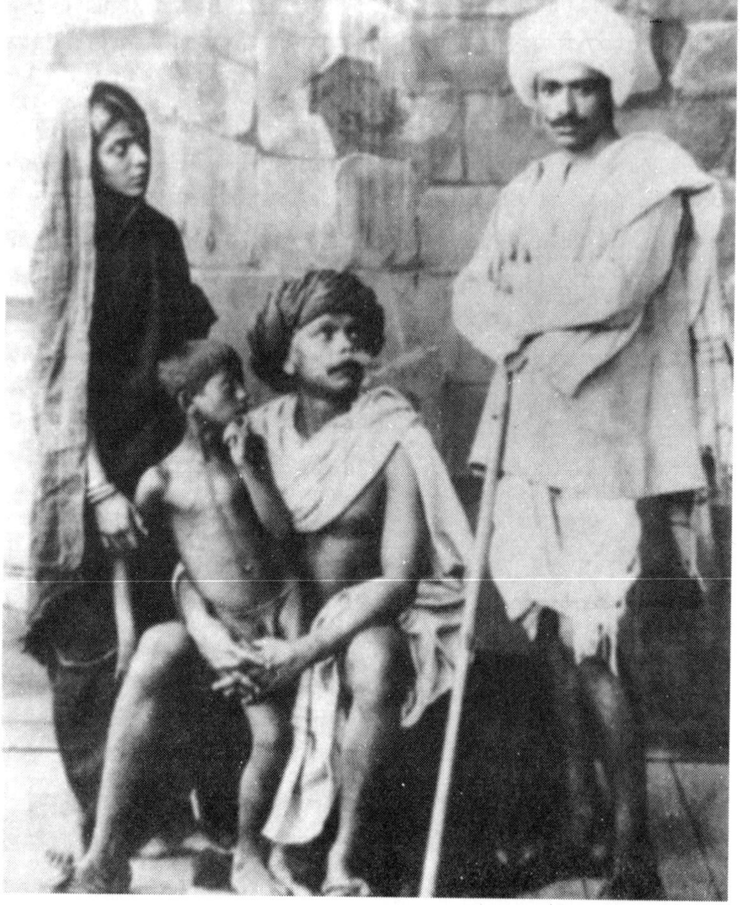

कमलादेवी, झुंझारराव पवार, वी शांताराम (फिल्म सावकारी पाश)

इस फ़िल्म में इतनी क्रूर सच्चाई दिखायी गयी थी दर्शकों ने इसे नकार दिया। पौराणिक और ऐतिहासिक फ़िल्में देखने के आदी दर्शकों को सामाजिक व्यवस्था का नंगा सच देखने की हिम्मत नहीं हुई। बाद में जब बोलती फ़िल्मों का दौर आया तो बाबूराव ने 1936 में साहूकारी पाश को दुबारा ध्वनि के साथ बनाया। यह ध्वनि फ़िल्म बहुत सफल रही। दुर्भाग्य से साहूकारी पाश की दोनों फ़िल्मों में से एक भी फ़िल्म का प्रिंट आज मौजूद नहीं है।

साहूकारी पाश की असफलता के बाद बाबूराव पेंटर को मजबूरन ऐतिहासिक

और पौराणिक कहानियों की तरफ लौटना पड़ा। 1926 में भक्त प्रह्लाद और गज गौरी तथा 1927 में मुरलीवाला और सती सावित्री का निर्देशन बाबूराव ने किया। कम्पनी ने दो साल में चार पौराणिक फ़िल्मों का निर्माण किया।

एक दिन कम्पनी के एडिटिंग रूम में वी शान्ताराम किसी फ़िल्म का सम्पादन कर रहे थे। तभी सेठजी की केबिन में उन्हें बुलाया गया। शान्ताराम जब केबिन में दाख़िल हुए तो उन्होंने देखा कि सेठजी के साथ कम्पनी के बिजनेस पार्टनर श्रीमन्त सरदार नेसरेकर बैठे हुए हैं। सरदार ने सीधे शान्ताराम से पूछा कि छह साल से तुम इस फ़िल्म कम्पनी के हर विभाग में काम करते आ रहे हो। क्या तुम केशव धायबर के साथ मिलकर फ़िल्म का निर्देशन करना चाहोगे। शान्ताराम को यकीन ही नहीं हो रहा था कि उनका सपना सच होने जा रहा है। उन्होंने कहा कि अगर सेठजी का आशीर्वाद रहा तो यह ज़िम्मेदारी निभाने के लिए मैं तैयार हूँ। बाबूराव पेंटर ने सिर हिलाकर सिर्फ़ हूँ कहा। शान्ताराम ने अपने गुरु पेंटर साब के पैर छुए और कमरे से बाहर निकल गये।

महाराष्ट्र फ़िल्म कम्पनी में पेंटर साब के अलावा पहली बार किसी दूसरे को निर्देशन का काम मिला था। केशव धायबर और शान्ताराम ने फ़ैसला किया कि वो पौराणिक नहीं बल्कि ऐतिहासिक फ़िल्म बनायेंगे। उन दोनों ने नेता जी पालेकर पर फ़िल्म बनाने का निर्णय लिया। यह फ़िल्म महाराजा शिवाजी के सेनापति नेताजी पालकर के संघर्ष की कहानी है। कैसे वह जान जोखिम में डालकर मराठा साम्राज्य को बचाने के लिए बहादुरी से युद्ध लड़े।

शान्ताराम ने फ़िल्म के लिए कलाकारों का चुनाव कर रिहर्सल आरम्भ कर दिया। स्टूडियो की इनडोर शूटिंग जल्दी से ख़त्म कर पूरी टीम आउटडोर के लिए शिगनापुर पहुँच गयी। युद्ध के कुछ दृश्य रात को फ़िल्माये जाने थे। बाबूराव पेंटर आउटडोर में अपनी फ़िल्मों में रात के दृश्य को फ़िल्मांकन करने के लिए पेट्रोमेक्स और टॉर्च लाइट का सहारा लेते थे। शान्ताराम और धायबर ने रात की शूटिंग के लिए प्रकाश की व्यवस्था अलग तरह से की। उन्होंने साहू महाराज के कुछ तोप मँगाये। तोपों को बारूद और पटाखों से भर दिया गया। हाथ से हाथ का मुकाबला करने वाले दृश्यों के दौरान, उन्होंने तोपों को जलाया और रुक-रुक कर आने वाली चमक ने छाया और प्रकाश का एक नाटकीय प्रभाव पैदा किया।

1927 में फ़िल्म नेताजी पालेकर मुम्बई में प्रदर्शित हुई। फ़िल्म को सराहना और कामयाबी दोनों मिली।

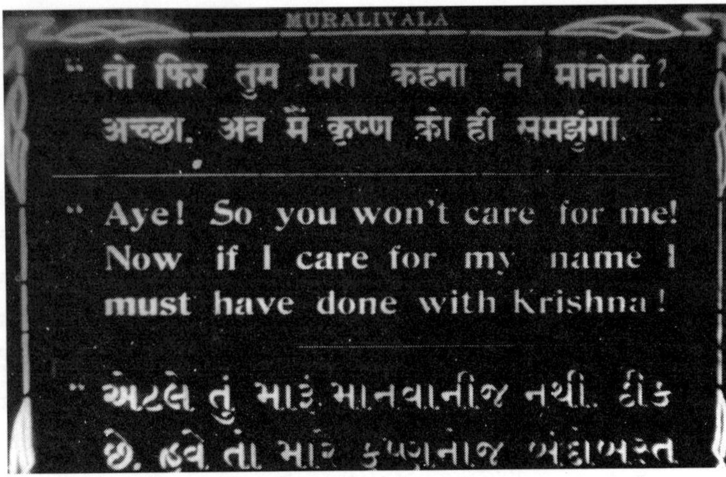

उपशीर्षक, फिल्म मुरलीवाला 1927

1928 में बाबूराव ने निर्देशन की अगली ज़िम्मेदारी दामले और फतेलाल को दी। इस जोड़ी की यह पहली फ़िल्म थी। इन्होंने फ़िल्म महारथी कर्ण बनाने की शुरुआत की। ये दोनों 1926 में आयी अमेरिकन स्टूडियो एम जी एम की फ़िल्म बेनहर देख चुके थे। महारथी कर्ण के लिए कोल्हापुर के पास एक विशाल मैदान में कुरुक्षेत्र बनाया गया। कोल्हापुर के साहू महाराज के यहाँ से ढेर सारे हाथी, घोड़े, पैदल सैनिक और हथियार मँगाये गये। यह फ़िल्म एक बड़े स्तर पे बनायी गयी। दुर्गा खोटे ने अपनी आत्मकथा में लिखा है– मुझे इस फ़िल्म के दो दृश्य आज भी याद हैं। एक दृश्य जिसमें युद्ध का एक बड़ा मैदान सजा हुआ है। दूसरे दृश्य में एक हाथी धीरे धीरे आगे आता हुआ पूरे पर्दे पर छा जाता है। फ़िल्म महारथी कर्ण बहुत ही कामयाब रही।

1928 में महाराष्ट्र फ़िल्म कम्पनी की एक और फ़िल्म रिलीज़ हुई कीचक वध। यह फ़िल्म बाबूराव की पहली फ़िल्म सैरन्ध्री की कहानी पर आधारित थी। इस कहानी को दूसरे तरीके से प्रस्तुत किया गया।

फ़िल्म नेताजी पालेकर और महारथी कर्ण की कामयाबी के बाद निर्देशक जोड़ी शान्ताराम धायबर और दामले फतेलाल को लोगों ने बहुत सराहा लेकिन उनके सेठजी बाबूराव पेंटर की तरफ से कोई शाबासी नहीं मिली। उसके विपरीत लन्दन से फ़िल्म की पढ़ाई करके लौटे एक बाहरी शख़्स मोती गिडवानी को कम्पनी ने अगली फ़िल्म बनाने की ज़िम्मेवारी सौंप दी। अगर ये मामला सिर्फ़ बाहरी शख़्स

को फ़िल्म देने तक सीमित होता तो भी कुछ ज़्यादा नुकसान नहीं था। मगर जब दामले और फतेलाल को यह मालूम चला कि कम्पनी ने मोती गिडवानी को चार सौ पचास रुपये महीने पर अनुबन्धित किया है। जबकि महाराष्ट्र फ़िल्म कम्पनी को खड़ा करने वाले दामले फत्तेलाल और शान्ताराम की पगार सौ रुपये से भी कम थी। उन लोगों की नाराज़गी दूर करने के लिए कम्पनी की तरफ से पचास रुपये बढ़ाये गये।

दामले फतेलाल ने गिडवानी की नयी फ़िल्म नाइट गर्ल के लिए काम करना जारी रखा। मगर वे दोनों अपनी अलग कम्पनी खोलने की योजना बनाने लगे। इधर केशव धायबर जो एक अमीर परिवार से थे वह भी शान्ताराम के साथ मिलके नयी फ़िल्म कम्पनी निर्माण पर विचार करने लगे। शान्ताराम धर्म संकट में फँस गये थे कि जिस गुरु के चरणों में रहकर फ़िल्म निर्माण की बारीकियाँ सीखीं उनको कैसे छोड़कर जा सकते हैं। दूसरी दुविधा यह थी कि शान्ताराम एक साधारण परिवार से थे वह फ़िल्म के लिए पूँजी नहीं जुटा सकते थे।

आई टी निम्बालकर और गुलाब बाई फिल्म निशा सुन्दरी 1929

नाइट गर्ल फ़िल्म निर्माण के दौरान शान्ताराम सेट पर काम कर रहे थे उन्होंने बाबूराव पेंटर और मोती गिडवानी की बातचीत सुनी जिसमें सेठजी कह रहे थे कि

इस कम्पनी में कोई मेरा सहयोग नहीं कर रहा। स्केच से लेकर फ़िल्म की प्रिंट निकालने तक सब कुछ मुझे अकेले करना पड़ता है। यह बात सुनके शान्ताराम के दिल को गहरी चोट लगी। उस दिन उन्होंने निर्णय कर लिया कि अब इस कम्पनी में नहीं रहना। यहाँ हमारे काम की कोई इज़्जत नहीं है।

गिडवानी ने फ़िल्म 'मिडनाइट गर्ल' का निर्देशन किया। इस फ़िल्म का दूसरा नाम निशा सुन्दरी रखा गया। इस फ़िल्म में शान्ताराम, दामले, फतेलाल, केशव सबने फ़िल्म निर्माण में भरपूर सहयोग दिया। लेकिन यह फ़िल्म बुरी तरह असफल रही। इसकी एक वजह यह मानी गयी कि महाराष्ट्र फ़िल्म कम्पनी में पहली बार किसी फ़िल्म का शीर्षक अंग्रेज़ी में रखा गया था।

इधर जब दामले और फतेलाल को पता चला कि शान्ताराम और धायबर भी अलग कम्पनी खोलना चाह रहे हैं फिर ये दोनों शान्ताराम और धायबर से मिले। फतेलाल ने प्रस्ताव रखा कि दो अलग अलग कम्पनी खोलने से अच्छा होगा हम चारों दोस्त मिलके एक ही कम्पनी खोलें। सबको यह प्रस्ताव पसन्द आया।

विष्णुपन्त दामले ने लिखा है कि– '1 अप्रैल, 1929 को हम चारों बाबूराव पेंटर के कमरे में गये। अन्दर दाखिल होते ही मैंने कहा– हम चारों ने मिलकर एक स्वतन्त्र फ़िल्म कम्पनी बनाने का निर्णय लिया है। 1 मई तक बचा हुआ काम निपटाकर हम यह कम्पनी छोड़ देंगे। बाबूराव ने कोई उत्तर नहीं दिया। थोड़ी देर इन्तज़ार करने के बाद हम चारों बाहर निकल आये।'

आख़िर में दामले, फतेलाल, शान्ताराम और धायबर ने महाराष्ट्र फ़िल्म कम्पनी छोड़ दी।

बाबूराव पेंटर ने अपने बचे हुए सहयोगियों के साथ फ़िल्म निर्माण जारी रखा। 1929 में फिर एक ऐतिहासिक फ़िल्म बाजी प्रभु देशपाण्डे बनायी गयी। जिसका निर्देशक ख़ुद बाबूराव पेंटर थे। बाजी प्रभु महाराजा शिवाजी के एक वीर योद्धा थे। उन्होंने कैसे अपनी जान देकर पनहाला किले से शिवाजी को भागने में मदद की। यह फ़िल्म सफल रही। उसके बाद 1930 में बाबूराव पेंटर ने फ़िल्म लंका का निर्देशन किया। इस फ़िल्म को दर्शकों ने नकार दिया। फ़िल्म पे लिखने वाले पत्रकारों ने बाबूराव की बहुत खिंचाई की। उनके ज़िद्दी और अव्यावहारिक व्यक्तित्व पर भी उँगली उठायी जाने लगी। बाबूराव के कलाकार मन को फ़िल्म से चिढ़ हो गयी। वह महाराष्ट्र फ़िल्म कम्पनी छोड़कर अपनी चित्रकला और मूर्तिकला की तरफ लौट गये। बाद में महाराष्ट्र फ़िल्म कम्पनी के दोनों पार्टनर तनीबाई कागलकर और सरदार नेसरेकर ने स्टूडियो को बचाने के लिए कुछ नये निर्देशकों को आमन्त्रित किया।

1930 में महाराष्ट्र फ़िल्म कम्पनी के मुख्य अभिनेता बालासाहब यादव ने पहली बार निर्देशन का भार सम्हाला। 1930 में उन्होंने 'दुश्मन की रात' नाम की फ़िल्म बनायी जिसमें उन्होंने ख़ुद मुख्य भूमिका भी निभायी। लेकिन फ़िल्म बेअसर साबित हुई।

फिर कम्पनी ने 1931 में दो फ़िल्मों का निर्माण शुरू किया। फ़िल्म 'बाज़ बहादुर' जिसका निर्देशन भालजी पेंढारकर ने किया। दूसरी फ़िल्म 'किस्मत' जिस के निर्देशन की ज़िम्मेवारी एक नये नौजवान बाबूराव पटेल को दी गयी। दोनों फ़िल्में असफल रहीं। बाबूराव पटेल की यह पहली फ़िल्म थी। यहीं बाबूराव पटेल ने 1934 में मशहूर अंग्रेज़ी फ़िल्म मैगज़ीन 'फ़िल्म इंडिया' की शुरुआत की। फ़िल्म इंडिया पत्रिका तीन दशक की हिन्दी फ़िल्मों का आज एक ऐतिहासिक दस्तावेज़ है।

महाराष्ट्र फ़िल्म कम्पनी फिर गुटबाजी का शिकार होने लगी। बिजनेस पार्टनर गायिका तनीबाई कागलक ने महसूस किया कि कम्पनी को अब ध्वनि फ़िल्में बनाने की ज़रूरत है। स्टूडियो में साउंड मशीन लगाने के लिए पूँजी की ज़रूरत थी। तनीबाई कुछ व्यवसायी लोगों से पैसे निवेश कराने के इरादे से मुम्बई गयीं। लेकिन कुछ ही दिनों में उनकी वहाँ मौत हो गयी। महाराष्ट्र फ़िल्म कम्पनी को बचाने की आख़िरी उम्मीद भी खत्म हो गयी। 1932 में महाराष्ट्र फ़िल्म कम्पनी हमेशा के लिए बन्द हो गयी।

बाबूराव पेंटर को पहला मौलिक स्वदेशी फ़िल्मकार कहा जा सकता है। उन्होंने फ़ोटोग्राफ़ी के माध्यम से अच्छी फ़िल्में बनायीं लेकिन वो यहीं पर नहीं रुके। एक पूर्ण चित्रकार होने की वजह से उन्हें बहुत सारे रंगों का अध्ययन था। वह ब्लैक एण्ड व्हाइट फ़िल्म में भी रंगों का प्रयोग करके देखना चाहते थे कि फलाँ रंग कैसा नज़र आता है। वह पहले फ़िल्मकार थे जो रंगीन सेट और रंगीन पर्दे का उपयोग जानबूझकर किया करते थे। अक्सर अपने सेट को लाल और पीले रंग से रँगवाते थे ताकि मटमैला रंग का प्रभाव आये। वह पहले फ़िल्मकार थे जो रात का वास्तविक प्रभाव लाने के लिए रंग चढ़ा हुआ ग्लास का उपयोग कैमरा में फ़िल्टर के रूप में करते थे। मूक फ़िल्मों के वे पहले फ़िल्मकार थे जिन्होंने अपनी फ़िल्म सिंहगढ़ की शूटिंग स्टूडियो के अन्दर बिजली से जलने वाली लाइट में की। कहने का अर्थ कृत्रिम प्रकाश के उजाले में फ़िल्मांकन का प्रयोग उन्होंने पहली बार किया। फ़िल्म लंका के सम्पादन में उन्होंने फेड इन और फेड आउट तकनीक का प्रयोग भी पहली बार किया।

नाटक के एक कामयाब स्टेज पेंटर होकर भी वह अपनी फ़िल्मों के सेट के लिए गतिशील त्रिआयामी सेट का निर्माण करते थे ताकि देखने में बिल्कुल असली लगे। मशहूर फ़िल्म डायरेक्टर देवकी बोस ने जब बाबूराव पेंटर की फ़िल्में देखीं तो उनको सेट इतना वास्तविक लगा कि उनको यकीन ही नहीं हुआ कि यह स्टूडियो में बनाया हुआ सेट है। यह कमाल बाबूराव ही कर सकते थे।

मध्य में वी शांताराम , फिल्म सुरेखा हरण 1921

बाबूराव पेंटर को इस बात की समझ थी कि फ़िल्म को सफल बनाने के लिए प्रचार की बेहद ज़रूरत है। इसलिए वह पहले फ़िल्मकार थे जिन्होंने अपने हाथ

से बनाये फ़िल्मों के पोस्टर और बुकलेट की शुरुआत की। बुकलेट में फ़िल्म की विस्तृत जानकारी और फ़िल्म की तस्वीरें होती थीं। उनके बनाये फ़िल्मों के पोस्टर आँखों को लुभाने वाले और शानदार होते थे।

लोगों में बाबूराव की फ़िल्मों के पोस्टर और चित्र सहित बुकलेट देखने का एक अलग आकर्षण था। उनके एक मित्र ने पोस्टर देखकर कहा कि इतने ख़ूबसूरत आर्ट वर्क को गन्दे दीवाल पे चिपका के बर्बाद मत करो। इसे किसी आर्ट गैलरी में देकर इसकी इज़्ज़त बढ़ाओ। बाबूराव के फ़िल्मों के पोस्टर जे. जे. स्कूल ऑफ़ आर्ट पहुँच गये। प्रिंसिपल ग्लैडस्टोन सोलोमन ने उनकी फ़िल्मों के पोस्टरों की तारीफ़ की और उन पोस्टरों की प्रदर्शनी विद्यार्थियों के अध्ययन के लिए जे. जे. आर्ट गैलरी में लगायी गयी। आज भी जे. जे. स्कूल ऑफ़ आर्ट में बाबूराव के पोस्टर शोभा बढ़ा रहे हैं।

फ़िल्म वत्सलाहरण के समय बाबूराव ने घटोत्कच का एक विशाल कटआउट बनाया और मुम्बई के सिनेमा थिएटर पर लगाया गया। 1921 में उन्होंने कटआउट पोस्टर की शुरुआत की थी जो आज भी प्रचलित है।

बाबूराव सही मायने में अनूठे फ़िल्मकार थे। वह अपनी पहली फ़िल्म से जो पैसा कमाते, दूसरी फ़िल्म में उससे भी ज़्यादा ख़र्च करने के लिए तैयार रहते। उनका मानना था कि फ़िल्म को एक नाटक की तरह नहीं दिखना चाहिए। उनकी फ़िल्मों के सेट इतने भव्य, विशालकाय और वास्तविक होते थे कि लोग उन सेटों को देखने के लिए दूर-दूर से आते थे। अपनी फ़िल्मों के पात्रों के वस्त्र परिधान वह ख़ुद तैयार करते थे। अपनी ज़्यादातर फ़िल्मों में कैमरे का संचालन भी वह ख़ुद करते थे या एस फतेलाल किया करते थे।

बहुमुखी प्रतिभा के धनी बाबूराव सिर्फ़ तकनीशियन नहीं बल्कि प्रखर सोच के व्यक्ति थे। वह मूलतः स्वदेशी आन्दोलन के समर्थक और राष्ट्रवादी थे। इसका सबसे बड़ा प्रमाण है कि उन्होंने अपनी पहली फ़िल्म के लिए अंग्रेज़ों द्वारा प्रतिबन्धित नाटक कीचक वध को चुना। भारत माता के प्रतीक सैरन्ध्री को मुख्य नायिका बना के पेश किया। फ़िल्म के उपशीर्षक में राष्ट्रीय चेतना जगाने वाली पंक्तियाँ लिखी गयीं जिसे पढ़कर दर्शक जोश से भर जाते थे। पौराणिक फ़िल्मों के साथ उन्होंने स्वदेशी आन्दोलन को मज़बूत करने के लिए ऐतिहासिक विषयों पर फ़िल्में बनायीं। उनकी ज़्यादातर फ़िल्में शिवाजी महाराज पर या उनसे जुड़ी ऐतिहासिक घटनाओं पर आधारित थीं। शिवाजी की जयकार अक्सर राष्ट्रीय आन्दोलन में सुनाई देती थी।

शिवाजी की बहादुरी और उनके देशप्रेम को बाबूराव बड़े ख़ूबसूरत ढंग से फिल्माते थे। बाबूराव ने अपनी फ़िल्मों के ज़रिये लोगों में एक राष्ट्रीय आन्दोलन में अक्सर शिवाजी की जयकार सुनाई देती थी।

पौराणिक और फन्तासी फ़िल्मों के दौर में सामाजिक अन्याय पर साहूकारी पाश जैसी यथार्थवादी फ़िल्म बनाने का साहस भी बाबूराव पेंटर जैसा पुरुषार्थी फ़िल्मकार ही कर सकता था। उनको पता था कि इस फ़िल्म में हमें नुकसान उठाना पड़ेगा उसके बावजूद उन्होंने एक सच्चे फ़िल्मकार का धर्म निभाया।

फ़िल्मों में ध्वनि के आगमन का उन्होंने स्वागत नहीं किया। उनका मानना था कि फ़िल्म एक विजुअल आर्ट है इसमें ध्वनि की कोई ज़रूरत नहीं। हालाँकि उन्होंने अपने अवकाश के बाद 1935 ई में कोल्हापुर की फ़िल्म कम्पनी शालिनी सिनेटोन की फ़िल्म 'उषा' का निर्देशन किया जो हिन्दी और मराठी दोनों भाषाओं में रिलीज़ हुई।

उसके बाद 1936 में अपनी बनायी मूक फ़िल्म साहूकारी पाश को ध्वनि के साथ बनायी। इसमें कुछ नये ड्रामा जोड़े और वास्तविक ध्वनि को बैकग्राउंड म्यूजिक में प्रयोग किया। यह फ़िल्म बहुत कामयाब रही।

उसके बाद 1937 में प्रतिभा नाम की फ़िल्म बनायी जो बुरी तरह असफल रही। फिर 1947 में अपने शिष्य वी शान्ताराम के कहने पर लावणी गायक पर आधारित फ़िल्म रामजोशी का निर्देशन किया। जो टिकट खिड़की पर कामयाब रही। उसके बाद बाबूराव कोल्हापुर में अपने दिन बिताने लगे। दादा साहब फाल्के की तरह इन्होंने अपने अनुभव और फ़िल्मांकन के नये प्रयोगों के बारे में कोई लेख नहीं लिखे। वरना वो फ़िल्मकारों के लिए एक गाइडबुक साबित होती। बाबूराव की फ़िल्मों ने ख़ूब पैसा कमाया लेकिन कभी उन्होंने पैसे का संचय नहीं किया। 16 जनवरी, 1954 को कोल्हापुर में 64 साल की उम्र में उन्होंने आख़िरी साँस ली। देश का यह मौलिक फ़िल्मकार जब मरा तो उनपे 36 हज़ार रुपये का कर्ज़ था। लेकिन सिनेमा को उन्होंने नया व्याकरण, नयी भाषा और पोस्टर तकनीक से जो समृद्ध किया उसका कर्ज़दार हिन्दुस्तानी सिनेमा हमेशा रहेगा।

प्रभात फ़िल्म कम्पनी

प्रभात फिल्म कंपनी का प्रतीक चिन्ह

कोल्हापुर के शिवाजी थिएटर के पास एक व्यायामशाला थी। जिसमें तीन चार कमरे खाली पड़े थे। उसके आगे एक खुली जगह थी। नयी फ़िल्म कम्पनी के चारों पार्टनर शान्ताराम, के धायबर, दामले और फत्तेलाल को यह जगह पसन्द आयी। उन्होंने इस जगह को कुछ सालों के लिए किराये पर ले लिया। जगह की साफ सफ़ाई करके और टेबल कुर्सियाँ लगाके एक ऑफिस की शक्ल दे दी गयी। केशव धायबर के निवेशक ने पैसे लगाने के लिए कड़ी शर्तें रख दीं जिसे चारों पार्टनर ने ख़ारिज कर दिया। दामले का निवेशक एक ज्वेलर था उसकी बस एक ही शर्त थी कि वह भी इस कम्पनी का हिस्सेदार होगा। इस तरह नयी फ़िल्म कम्पनी में एक और नया पार्टनर जुड़ गया सीताराम कुलकर्णी।

फ़िल्म कम्पनी का काम आरम्भ करने के लिए कुलकर्णी ने तीन हज़ार रुपये दिये। कम्पनी शुरू करने के लिए सबसे पहले कैमरा की ज़रूरत थी। सारे पार्टनरों ने तय किया कि मुम्बई से एक सेकेण्ड हैण्ड कैमरा ब्लैक एण्ड हॉवेल खरीदा जाए। फत्तेलाल ने एक और समस्या की तरफ़ इशारा किया कि फ़िल्म के रॉ स्टॉक खरीदने के बाद पैसे नहीं बचेंगे। शान्ताराम ने कहा कि हम रॉ स्टॉक क्रेडिट पर लेके आयेंगे।

मुम्बई में उस समय फ़िल्म रॉ स्टॉक के लिए सिर्फ़ दो ही एजेंसियाँ थीं कोडेक और एगफ़ा। शान्ताराम अपना प्रस्ताव लेकर पहले कोडेक कम्पनी के पास गये। कोडेक ने उनका प्रस्ताव ठुकरा दिया। शान्ताराम को लगा कि वेशभूषा से शायद देहाती दीख रहा हूँ इसलिए कोडेक ने प्रस्ताव मंज़ूर नहीं किया। उसी दिन उन्होंने मुम्बई के फोर्ट एरिया की लोकप्रिय दुकान आर्मी एण्ड नेवी शॉप से कपड़ों की खरीददारी की। अगले दिन शान्ताराम कोर्ट, पैंट और टाई पहनके एगफ़ा एजेंसी में पहुँचे। उन्होंने अपनी नयी फ़िल्म कम्पनी की बातें रखते हुए कहा कि हमारी कोई फ़िल्म असफल होने वाली नहीं है। अगर हर कामयाब फ़िल्म के साथ एगफ़ा रॉ स्टॉक का नाम जुड़ता है तो यह आपकी एजेंसी की कामयाबी होगी। एगफ़ा ने उसी वक़्त क्रेडिट पर रॉ स्टॉक देने का प्रस्ताव मंज़ूर कर लिया।

वी. शांताराम अभिनेता और निर्देशक

बाबूराव पेंढारकर ने इस नयी कम्पनी का नाम सुझाया प्रभात फ़िल्म कम्पनी। सबको एकबार में यह नाम पसन्द आ गया। व्यायामशाला की खाली जगह में स्टील के खम्भे और पतरा लगाके स्टूडियो निर्माण का काम शुरू कर दिया गया। कुछ ही दिनों में शूटिंग के लिए स्टेज के साथ-साथ मेकअप रूम, लैबोरेटरी रूम और एडिटिंग रूम तैयार कर दिया गया। प्रभात के चारों पार्टनर मज़दूरों के साथ मिलके दिन-रात मेहनत कर रहे थे। शान्ताराम ने कहा कि हमारी प्रभात कम्पनी का प्रतीक चिह्न एमजीएम के दहाड़ते शेर की तरह होना चाहिए। केशव धायबर ने कहा कि महाराष्ट्र फ़िल्म कम्पनी में हमारी कम्पनी प्रभात को दहीभात बोलके मज़ाक उड़ाया जा रहा है। शान्ताराम ने कहा कि इसका जवाब हम अपने काम से देंगे।

अगले दिन शान्ताराम ऑफिस में प्रभात फ़िल्म कम्पनी का प्रतीक चिह्न का आइडिया लेकर आए। पूरब दिशा से सूर्य की किरणें निकल रही हैं। एक ऊँचे स्थान पे दुबली-पतली महिला पौराणिक वेशभूषा में खड़ी है। वह अपनी छाती ऊँची करके और एक पैर को पीछे उठाके मुँह से बिगुल फूँकती है। फत्तेलाल ने उसी वक़्त अपनी डायरी में प्रतीक चिह्न का स्केच बना लिया।

1 जून 1929 को कोल्हापुर के मंगलवार पेठ में प्रभात फ़िल्म कम्पनी की शुरुआत हो गयी।

पहली फ़िल्म के लिए पौराणिक कहानी चुनी गयी। फ़िल्म का नाम रखा गया गोपाल कृष्ण। कलाकारों के चयन की समस्या खड़ी हो गयी। उस वक़्त महिला कलाकार आसानी से मिल नहीं पाती थीं। इसी बीच अभिनेत्री कमलाबाई अपने पुराने आशिक़ फत्तेलाल के कहने पर महाराष्ट्र फ़िल्म कम्पनी छोड़कर प्रभात फ़िल्म कम्पनी में शामिल हो गयीं। फ़िल्म में कमला बाई को यशोदा की भूमिका के लिए चुन लिया गया। कृष्ण और राधा के लिए कोल्हापुर के ही एक लड़के मास्टर सुरेश और एक लड़की विजया का चयन किया गया। कंस की भूमिका एक पहलवान को दी गयी।

शूटिंग का पहला दिन। प्रभात फ़िल्म के प्रतीक चिह्न को फिल्माया जा रहा था। काले कपड़े पर तेज़ रौशनी डाली गयी। उसके सामने लकड़ी के तख़्त पे कमलाबाई को पौराणिक वेशभूषा में खड़ा किया गया। उनके हाथ में बिगुल (तुरही) थमा दिया गया। फत्तेलाल कैमरा संचालन कर रहे थे। शान्ताराम ने लाइट...कैमरा और स्टार्ट बोला। कमला बाई अपनी छाती ऊँची करके और एक पैर को पीछे उठाके मुँह से बिगुल फूँकने का अभिनय करने लगीं। शान्ताराम ने कट बोला। वहाँ मौजूद लोगों ने तालियाँ बजायीं। प्रभात फ़िल्म कम्पनी के प्रतीक चिह्न में कमलाबाई हमेशा के लिए छप गयीं।

गोपाल कृष्ण फ़िल्म की इनडोर शूटिंग स्टूडियो में सेट लगाकर पूरी की गयी। गोवर्धन पर्वत की शूटिंग कोल्हापुर से 65 किलोमीटर दूर गढ़िंगलाज में सम्पन्न हुई।

1929 में मुम्बई के मैजेस्टिक थिएटर में फ़िल्म गोपाल कृष्ण प्रदर्शित हुई और काफ़ी सफल रही। पहली फ़िल्म की सफलता से प्रभात फ़िल्म कम्पनी की नींव मज़बूत हो गयी।

प्रभात फ़िल्म कम्पनी को सुव्यवस्थित चलाने के लिए एक अनुभवी मैनेजर की ज़रूरत थी। महाराष्ट्र फ़िल्म कम्पनी के मैनेजर बाबूराव पेंढारकर कम्पनी छोड़कर अपनी एक देशभक्ति फ़िल्म बनाने में लगे थे। लेकिन वह फ़िल्म सेंसर बोर्ड ने पास नहीं की। लिहाज़ा वह काम की तलाश में ही थे तभी प्रभात फ़िल्म कम्पनी से उनको मैनेजर का ऑफर मिला। बाबूराव पेंढारकर अपने पुराने सहयोगियों के साथ काम करने के लिए खुशी-खुशी तैयार हो गये।

प्रभात ने अगली स्टंट फ़िल्म खूनी खंज़र बनाने का निर्णय लिया। मुम्बई में फ़िल्म गोपाल कृष्ण के प्रदर्शन के दौरान शान्ताराम ने दूसरे थिएटरों में जाके कुछ विदेशी स्टंट फ़िल्में देखी थीं। शिवराम वाशिकर ने खूनी खंज़र की कहानी और

पटकथा लिखी। फ़िल्म में काम करने के लिए मिस विजया, गनपत शिंदे और माने पहलवान को चुना गया। इस फ़िल्म में शान्ताराम/धायबर ने निर्देशन और दामले/फत्तेलाल ने कैमरा संचालन किया। 1930 में यह फ़िल्म रिलीज़ हुई और ज़बरदस्त सफल रही। इस फ़िल्म की सफलता के बाद पार्टनर लोगों ने फ़ैसला किया कि फ़िल्म निर्माण के लिए अब बाहर से पैसे लेने की ज़रूरत नहीं है।

शान्ताराम ने अपने दूसरे मौसेरे भाई भालजी पेंढारकर को एक बच्चे की फ़िल्म लिखने के लिए अनुबन्धित किया। भालजी ने रानी साहिबा नाम की फ़िल्म लिखी। जो बजरबट्टू नाम के लड़के की कहानी है। उसकी भूमिका मास्टर अनन्त आप्टे ने निभायी। 1930 में यह फ़िल्म प्रदर्शित हुई और बहुत सफल रही। बाद में लोग मास्टर अनन्त को बजरबट्टू नाम से ही पुकारने लगे। यह हिन्दुस्तान की पहली मूक बालचित्र फ़िल्म थी।

गांधी जी के नमक सत्याग्रह के बाद हिन्दुस्तान में राष्ट्रीय आन्दोलन तेज़ हो गया था। सविनय अवज्ञा आन्दोलन चरम पे था। आज़ादी के स्वर हिन्दुस्तान के हर कोने में गूँज रहे थे।

प्रभात ने इसी आज़ादी के स्वर पर आधारित ऐतिहासिक फ़िल्म स्वराज तोरण बनाने का फ़ैसला किया। यह 16 साल की उम्र में शिवाजी का तोरणा किले पर आक्रमण की कहानी है। इस किले को फ़तह करने के बाद ही शिवाजी ने मराठा साम्राज्य की नींव डाली थी।

इसकी कहानी और पटकथा लिखने की ज़िम्मेदारी प्रभात फ़िल्म के मैनेजर बाबूराव पेंढारकर को दी गयी। तय हुआ कि शान्ताराम फ़िल्म निर्देशन के साथ-साथ शिवाजी की मुख्य भूमिका भी निभाएँगे। प्रभात फ़िल्म कम्पनी ने ब्लैक एण्ड हॉवेल का नया कैमरा खरीदा। इस फ़िल्म को दो कैमरे से फ़िल्मांकन करने का फ़ैसला किया गया। पुराने कैमरे का संचालन फत्तेलाल और नये कैमरे का संचालन की ज़िम्मेवारी दामले को दी गयी। कहानी में एक कुते का महत्त्वपूर्ण काम था। शिवाजी महाराज का एक पालतू कुत्ता था वाघया। उसके लिए पास के गाँव से एक कुत्ता लाया गया। शिवाजी महाराज के आक्रमण दृश्य को दो कैमरे से फिल्माया गया। सबसे बेहतरीन काम वाघया कुत्ते ने किया। शान्ताराम के एक निर्देश पर वह पालतू की तरह भौंकता था। भागने को कहे तो भागता था। रुकने को बोले तो रुकता था। फ़िल्म की शूटिंग और एडिटिंग के बाद उसे सेंसर के लिए भेजी गयी। सेंसर बोर्ड ने 14 अगस्त 1930 को फ़िल्म के कुछ हिस्से पर कैंची चलाने की सलाह दी

और फ़िल्म का नाम स्वराजचे तोरण (स्वराज्य के झण्डे) को बदलने का निर्देश दिया। क्योंकि उनको स्वराज्य नाम पर एतराज़ था। दिल पे पत्थर रखकर शान्ताराम और टीम ने कुछ दृश्यों पर कैंची चलायी और फ़िल्म का नाम स्वराजचे तोरण से बदलकर 'उदयकाल' रखा। प्रभात कम्पनी के सारे पार्टनर निराश थे कि यह फ़िल्म अब चार दिन भी नहीं चलने वाली है। लेकिन इनके अंदेशे के विपरीत फ़िल्म उदयकाल को भारी सफलता मिली। तोरणा किले पर शिवाजी के हमले के दृश्य और वाघया कुत्ते के काम को लोगों ने ख़ूब पसन्द किया। फ़िल्म के उपशीर्षक में राष्ट्रीय चेतना जगाने वाली पंक्तियों ने ख़ूब तालियाँ बटोरीं।

1931 में प्रभात की एक स्टंट फ़िल्म जुलूम प्रदर्शित हुई जिसकी कहानी भालजी पेंढारकर ने लिखी थी। इस फ़िल्म का निर्देशन केशव धायबर ने किया था। लेकिन यह फ़िल्म बुरी तरह असफल रही।

शान्ताराम और टीम ने इस बार शिवराम वाशिकर की कहानी और पटकथा पर आधारित पौराणिक फ़िल्म चन्द्रसेना बनाने का निर्णय लिया। चन्द्रसेना रामायण की कहानी है। चन्द्रसेना अहिरावण की पत्नी है जो श्रीराम और लक्ष्मण को पाताल लोक से छुड़ाने में हनुमानजी की मदद करती है। अभिनेत्री लीला चन्द्रागिरि की यह पहली फ़िल्म थी। इसका निर्देशन शान्ताराम ने और कैमरे का संचालन केशव धायबर ने किया। इस फ़िल्म के आधे हिस्से का फ़िल्मांकन स्टूडियो के अन्दर सेट लगाकर किया गया। आउटडोर के लिए पूरी टीम मैसूर के पास हम्पी गयी। हम्पी के खण्डहरों के बीच फ़िल्म चन्द्रसेना के बाकी हिस्से को फिल्माया गया। शान्ताराम ने मुम्बई के मिनर्वा थिएटर में वैरायटी नाम की एक जर्मन फ़िल्म देखी थी। उसमें वह कैमरा की मूवमेंट देखकर हैरान

एस. फतेलाल कैमरामैन

रह गये थे। उनको जब पता चला कि उस दृश्य को ट्रॉली पर कैमरा रखके फिल्माया गया है। शान्ताराम ने फत्तेलाल को ट्रॉली बनाने के लिए कहा।

फत्तेलाल की 'ट्रॉली' रस्सियों से बँधी चार साइकिलों से बनी थी। इन साइकिलों पर लकड़ी के तख्त लगाये गये थे। डबल रेल की दो पटरियों को एक दूसरे के बराबर बिछाया गया और साइकिल के पहियों को पटरी पर रखा गया। चार लड़के इस ट्रॉली को आड़े या सीधे रूप से खींचते थे। अन्त में, कैमरा ट्रॉली पर लादा गया और थोड़ा अभ्यास करने के बाद, ट्रॉली शॉट को अंजाम दिया गया। हिन्दुस्तानी सिनेमा में पहला ट्रॉली शॉट लेने का रिकॉर्ड प्रभात फ़िल्म कम्पनी के नाम जाता है।

मुम्बई में फ़िल्म रिलीज़ होने की तारीख़ घोषित हो चुकी थी। लेकिन फ़िल्म का प्रिंट अभी तैयार नहीं था। कोल्हापुर से मुम्बई जानेवाली ट्रेन में तीसरे दर्ज़े का एक पूरा कोच विष्णु गोविन्द दामले ने आरक्षित किया।

फ़िल्म प्रदर्शन के एक दिन पहले दामले ने कुछ गीले फ़िल्म प्रिंट को ट्रेन के पूरे आरक्षित कोच में सुखाने के लिए फैला दिया। पुणे आते आते फ़िल्म प्रिंट की पूरी नमी जा चुकी थी फिर उसे रील बॉक्स में पैक कर दिया गया। मुम्बई के थिएटर में जब फ़िल्म चन्द्रसेना रिलीज़ हुई तो उसने कई मूक फ़िल्मों की कमाई के सारे रिकॉर्ड तोड़ दिये। आम दर्शकों और फ़िल्म समीक्षकों को फ़िल्म में ट्रॉली का प्रयोग बहुत पसन्द आया। चन्द्रसेना प्रभात फ़िल्म कम्पनी की आख़िरी मूक फ़िल्म थी।

प्रभात फ़िल्म कम्पनी के संस्थापक एक निम्न मध्यवर्गीय मराठी परिवार के लोग थे। इनके पास कम्पनी शुरू करने के लिए साधन और पूँजी की कमी थी लेकिन इनमें प्रतिभा और रचनात्मकता कूट-कूट कर भरी हुई थी। जहाँ पैसे और सुविधाओं की कमी होती है वहाँ सृजनशीलता की धार तेज़ होती है। ये लोग ख़ुद अपना ट्रॉली बनाते थे। बैलगाड़ी में बैल को हटाके गाड़ी पे कैमरा रखकर क्रेन का प्रभाव पैदा करते थे। दामले, फत्तेलाल, धायबर या शान्ताराम फ़िल्म निर्माण की समूची प्रक्रिया से वाकिफ़ थे। उन्होंने स्टूडियो में खम्भा गाड़ने, सेट पेन्ट करने से लेकर कैमरा, सम्पादन और लैबोरेटरी के हर काम बारीकी से सीखे थे। इसलिए प्रभात फ़िल्म कम्पनी की फ़िल्में तकनीकी रूप से ऊँचे स्तर की होती थीं। प्रभात के फ़िल्मकार फ़िल्म तकनीक में नये प्रयोग के लिए हमेशा तैयार रहते थे। प्रभात कम्पनी कम साधनों में ऐसे रचनात्मक तरीके से फ़िल्में बनाती थी कि देखने में वो ऊंची क्वालिटी की नज़र आती थी।

लेकिन इन्होंने अपनी मूक फ़िल्मों की विषयवस्तु हमेशा पौराणिक या

ऐतिहासिक ही चुने। नये विषय और मौलिक कहानियों पर फ़िल्म बनाने का जोखिम कभी नहीं उठाये। शायद अपने गुरु पेंटर साब की यथार्थवादी फ़िल्म साहुकारी पाश का हश्र देखकर हिम्मत नहीं जुटा पाये। प्रभात की फ़िल्मों का अभिनय पक्ष कमज़ोर रहा है। फिर भी प्रभात फ़िल्म कम्पनी की फ़िल्में बेहतरीन सेट डिजाइन, शानदार फ़ोटोग्राफ़ी, ख़ूबसूरत लोकेशन और ऊँची तकनीक के लिए आज भी याद की जाती हैं।

प्रभात फ़िल्म कम्पनी की मूक फ़िल्में :

फ़िल्म गोपाल कृष्ण 1929

निर्देशक– वी शान्ताराम और केशव धायबर
कैमरा– एस फत्तेलाल, कहानी और पटकथा–शिवम वाशिकर
कलाकार– कमला बाई, मास्टर सुरेश, मिस विजया

फ़िल्म खूनी खंज़र 1930

निर्देशक– वी शान्ताराम और केशव धायबर,
कैमरा– एस फत्तेलाल, कहानी और पटकथा–शिवम वाशिकर
कलाकार– मिस विजया, गनपत शिंदे और माने पहलवान

फ़िल्म रानी साहिबा 1930

निर्देशक– वी शान्ताराम और केशव धायबर
कैमरा– एस फत्तेलाल / विष्णु दामले, कहानी और पटकथा–भालजी पेंढारकर
कलाकार– मास्टर अनन्त आप्टे, कमला देवी, बाबूराव पेंढारकर, केशव धायबर

फिल्म उदयकाल 1930

फ़िल्म उदयकाल 1930

निर्देशक– वी शान्ताराम और केशव धायबर, कैमरा– एस फत्तेलाल/विष्णु दामले, कहानी और पटकथा– भालजी पेंढारकर।
कलाकार– वी शान्ताराम, कमला देवी, बाबूराव पेंढारकर, केशव धायबर

14 अगस्त 1930 को सेंसर बोर्ड ने प्रतिबन्ध लगा दिया कि इस फ़िल्म को वर्तमान राजनीतिक परिस्थिति से जोड़कर बनाया गया है। इस फ़िल्म का असली नाम था स्वराज तोरण।

फ़िल्म ज़ूलूम (Stolen bride) 1931

निर्देशक और कैमरा– केशव धायबर,

कहानी और पटकथा– भालजी पेंढारकर। कलाकार– कमला देवी, बाबूराव पेंढारकर, जय।

फ़िल्म चन्द्रसेना 1931

फिल्म चंद्रसेना का दृश्य

निर्देशक– वी शान्ताराम और केशव धायबर, कैमरा– केशव धायबर, कहानी और पटकथा– शिवराम वाशिकर। कलाकार– लीला चन्द्रागिरी, कमला देवी, जी आर माने, इब्राहिम।

मुम्बई के फ़िल्मकार और फ़िल्म कम्पनियाँ

आर्देशिर एम ईरानी

5 दिसम्बर 1886 ई.को पुणे के एक पारसी परिवार में आर्देशिर ईरानी का जन्म हुआ। मैट्रिक करने के बाद मुम्बई के जे. जे. स्कूल ऑफ़ आर्ट में दाख़िला लेकर आर्ट में डिप्लोमा लिया। इसके बाद वह बतौर अध्यापक काम करने लगे। बाद में उन्होंने केरोसीन इंस्पेक्टर के रूप में भी कुछ दिन काम किया।

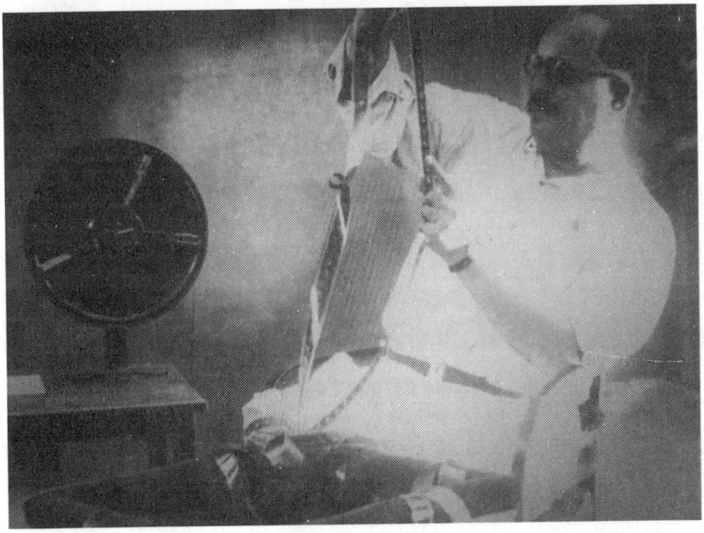

आर्देशिर एम ईरानी

फिर वह नौकरी छोड़कर अपने पिताजी के व्यवसाय ध्वनि रिकॉर्ड और वाद्य यन्त्र बेचने के कारोबार से जुड़ गये। तभी उनकी मुलाक़ात व्यवसायी और फ़िल्म

प्रदर्शक अब्दुल अली यूसुफ अली से हुई। अब्दुल अली 1901 में फ़िल्म वितरण और प्रदर्शन व्यवसाय से जुड़े और हिन्दुस्तान के दूसरे हिस्से से लेकर बाहर बर्मा, सीलोन (अब श्रीलंका) तक फ़िल्मों का प्रदर्शन करते थे। आर्देशिर ईरानी और अब्दुल अली व्यावसायिक पार्टनर बन गये। दोनों मिलकर फ़िल्मों का प्रदर्शन टेंट में करने लगे। उस वक़्त फ़िल्मों के थिएटर बहुत कम थे। टेंट थिएटर का फ़ायदा यह था कि शहर के किसी हिस्से में या दूसरे शहरों में टेंट थिएटर लगा के फ़िल्में दिखायी जा सकती थी। वह विदेशी फ़िल्मों का आयात करके फ़िल्में अपने टेंट थिएटर में प्रदर्शित करते थे। इन दोनों ने फ़िल्मों का प्रदर्शन हिन्दुस्तान के अलावे जापान, जावा, सुमात्रा (इंडोनेशिया) और सिलोन तक करने लगे।

अलादीन एण्ड हिज वंडरफुल लैम्प , निर्देशक बी पी मिश्रा

टेंट में फ़िल्में दिखाने के इस सिलसिले में उनका सम्पर्क कई विदेशी कम्पनियों से हुआ।

उस वक़्त विदेशी फ़िल्म कम्पनियाँ ढेर सारी फ़िल्में बाहर से लेकर आती थीं और हिन्दुस्तान में फ़िल्मों को प्रदर्शित कर पैसा कमा रही थी। हर विदेशी फ़िल्म कम्पनी को हिन्दुस्तान में अपना एजेण्ट चाहिए था। इसी दौरान युवा उत्साही आर्देशिर ईरानी के काम से खुश होकर अमरीकी यूनिवर्सल फ़िल्म कम्पनी ने उन्हें

पश्चिम भारत का अपना एजेण्ट नियुक्त कर दिया। वह अपने साझेदार अब्दुल अली यूसुफ अली के साथ मिलकर इस व्यवसाय में काफ़ी पैसा कमाये। इनको एहसास हुआ कि अब अपना थिएटर होना चाहिए। 1914 में इन्होंने मुम्बई में अलेक्जेंडर थिएटर का मालिकाना हक प्राप्त किया और इस थिएटर में अपनी आयात की हुई फ़िल्में प्रदर्शित करने लगे। अलेक्जेंडर थिएटर (अब इस्लामिक सेंटर और मस्जिद) मुम्बई सेंट्रल स्टेशन से नागपाड़ा की तरफ जाने वाली बैलेसिस रोड पर पड़ता है उसके ठीक सामने महाराष्ट्र कॉलेज है।

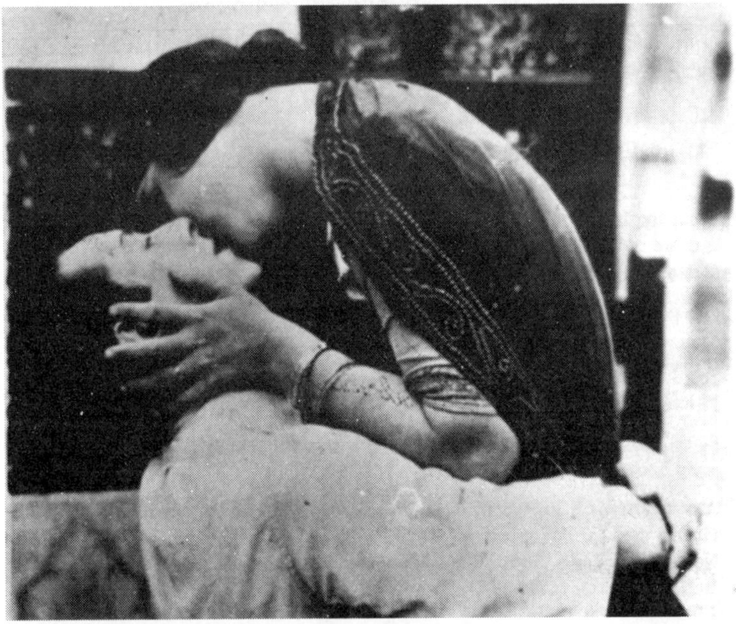

फिल्म अमारुन हिन्दुस्तानी 1930 सुलोचना और जाल मर्चेंट , इम्पीरियल फिल्म कम्पनी

मुम्बई में मूक फ़िल्में बननी शुरू हो गयी थीं। आर्देशिर ईरानी फ़िल्मों के एजेण्ट और एक कलाप्रेमी होने की वजह से फ़िल्मों को देखकर उसकी बारीकियाँ सीखने लगे। 1917 में ईरानी और यूसुफ अली ने गिरगाँव के सैंडहर्स्ट रोड पर स्थित मैजेस्टिक थिएटर भी खरीद लिया। इस थिएटर में दादा साहेब फाल्के की फ़िल्म 'कालिया मर्दन और श्री कृष्ण जन्म' रिलीज़ हुई जो बहुत कामयाब रही और प्रदर्शक के रूप में ईरानी ने भी ख़ूब पैसे कमाये।

इसी से प्रेरित होकर उन्होंने ख़ुद फ़िल्म निर्माण का फ़ैसला किया। तभी उनकी मुलाक़ात न्यूयॉर्क स्कूल ऑफ़ फ़ोटोग्राफ़ी से ग्रेजुएट भोगीलाल दवे से हुई। भोगीलाल हिन्दुस्तान लौटकर नाशिक में दादा साहेब फाल्के की हिन्दुस्तान फ़िल्म कम्पनी के मैनेजर के तौर पे जुड़ गये थे। जब दादा साहेब ने हिन्दुस्तान फ़िल्म कम्पनी छोड़ी तो भोगीलाल दवे भी कम्पनी से अलग हो गये।

आर्देशिर ईरानी और भोगीलाल दवे ने मिलकर एक फ़िल्म कम्पनी खोली 'स्टार फिल्म्स'। इस बैनर के तहत 1922 में पहली फ़िल्म आयी 'वीर अभिमन्यु'। जिसे आर्देशिर ईरानी ने निर्देशित किया और भोगीलाल ने कैमरा किया। इस फ़िल्म में फ़ातिमा बेग़म ने सुभद्रा की भूमिका निभायी। स्टार फिल्म्स ने रत्नावली, कृष्ण अर्जुन युद्ध, चन्द्रगुप्त, जैसी सत्रह फ़िल्में बनायी। फिर दवे के साथ इनकी साझेदारी टूट गयी।

फिल्म कमर अल ज़मा

1924 में ईरानी ने मैजेस्टिक फ़िल्म कम्पनी खोली। बाहर से कई प्रतिभावान युवक मैजेस्टिक कम्पनी से जुड़े। जिनमें दो प्रमुख नाम थे बनारस के बी. पी. (भगवती प्रसाद) मिश्रा और अहमदाबाद के नवल गाँधी। दोनों उस वक़्त के ग्रेजुएट और होनहार युवक थे। बी. पी. मिश्रा ने 1924 में मैजेस्टिक के लिए पहली ऐतिहासिक फ़िल्म बनायी 'वीर दुर्गादास' जिसमें एक राजपूत योद्धा मुगल बादशाह औरंगजेब को चुनौती देता है। ईरानी के साथ बी पी मिश्रा आख़िर तक जुड़े रहे। उन्होंने सौ से ऊपर मूक फ़िल्में बनायीं। 1932 में सिर्फ़ 36 साल की उम्र में मिश्रा गुज़र गये।

नवल गाँधी ने भी ढेर सारी फ़िल्में निर्देशित कीं जिसमें रज़िया बेगम और बम्बई की सेठानी चर्चित फ़िल्में रहीं। बम्बई की सेठानी सच्ची घटना पर आधारित फ़िल्म थी जो मोहनलाल दवे ने लिखी थी। हुआ यूँ था कि एक ट्रेन यात्रा के दौरान एक अमीर गुजराती महिला ने अपने बच्चे को दूसरे सहयात्री के बच्चे के साथ बदल दिया था। इसके लिए मुम्बई में कोर्ट केस चला था।

सुलोचना और आर एस चौधरी फिल्म रानी रूपमती

उसके बाद रॉयल आर्ट स्टूडियो के नाम से फ़िल्म कम्पनी खोली। जिसमें नरसिंह डाकू जैसी मूक फ़िल्में बनी। फिर 1926 में आर्देशिर ईरानी और यूसुफ

इम्पीरियल फिल्म कम्पनी का सेट

अली ने मिलकर इम्पीरियल फ़िल्म कम्पनी की नींव डाली और साथ में गिरगाँव में ज्योति स्टूडियो भी खोला। ढेर सारे निर्देशक, कलाकार, लेखक, पेंटर, तकनीक कर्मी मासिक पगार पर काम करने लगे। 1926 से 1931 तक के पाँच सालों में अब्दुल अली की कुशल प्रबन्ध व्यवस्था और ईरानी की तकनीकी क्षमता, कला का उपयोग करके इम्पीरियल फ़िल्म कम्पनी ने एक सौ तीस मूक फ़िल्में बनायी। इम्पीरियल की 1927 में लोकप्रिय फ़िल्म वाइल्ड कैट ऑफ़ बॉम्बे आयी जिसे एम भवनानी ने निर्देशित किया जिसमें प्रसिद्ध अभिनेत्री सुलोचना (रूबी मेयर्स) ने काम किया। 'वाइल्ड कैट ऑफ बॉम्बे' एक बहादुर और उदार हृदय वाली एक रॉबिनहुड लड़की की कहानी है जो अमीर के धन को लूटकर गरीबों में बांट देती है। सुलोचना इस फिल्म में पुलिस को चकमा देने के लिए नौ अलग-अलग वेशभूषा में प्रकट होती है। इस फिल्म को दर्शकों ने बहुत पसन्द किया और यह फिल्म टिकट खिड़की पर कामयाब रही। उसी साल बी.पी. मिश्रा निर्देशित 'अल्लादीन एंड हिज वन्डरफुल लैंप' फ़िल्म आयी जो 40 हज़ार के एक महँगे बजट की फ़िल्म थी जो बहुत सफल रही। उसके बाद 1928 में इम्पीरियल कम्पनी की चर्चित फ़िल्म 'अनारकली' रिलीज़ हुई जो बहुत सफल रही।

अनारकली बनने का किस्सा बहुत दिलचस्प है। 1922 में इम्तियाज़ अली ताज ने अनारकली नाम का एक नाटक लिखा। इसके सफल मंचन ने कई फ़िल्म कम्पनियों को इसे फ़िल्म बनाने के लिए प्रेरित किया। 1928 में फ़िल्म निर्देशक प्रफ़ुल राय और चारू राय ने इस नाटक पर एक मूक फ़िल्म बनाई अनारकली उर्फ़ 'द लव्ज़ ऑफ़ अ मुग़ल प्रिंस'। इस फ़िल्म में अनारकली की भूमिका सीता देवी (रेनी स्मिथ), शहज़ादा सलीम के रोल में सावन सिंह और अकबर की भूमिका में थे ख़ुद इम्तियाज़ अली 'ताज'। जिस वक़्त प्रफ़ुल राय-चारू राय फ़िल्म 'अनारकली' लाहौर के शेख़ूपुरा क़िले में शूट कर रहे थे और वहाँ के सुल्तान की मदद से हासिल शाही लिबास अपने किरदारों को पहना कर शूटिंग में मसरूफ़ थे, उसी समय इम्पीरियल फ़िल्म कंपनी के मालिक आर्देशिर ईरानी ने भी इसी कहानी पर फ़िल्म का निर्माण शुरू कर दिया। इनकी फ़िल्म में अनारकली की भूमिका अभिनेत्री सुलोचना उर्फ़ रूबी मेयर्स ने निभायी जबकि सलीम के रोल में थे डी. बिलिमोरिया ने। इस फ़िल्म को आर.एस.डी. चौधरी ने निर्देशित किया। इस फ़िल्म में जूनियर आर्टिस्ट के तौर पर महबूब खान ने भी अभिनय किया था। जिसने बाद में मदर इंडिया जैसी शानदार फ़िल्म बनायी। इम्पीरियल फ़िल्म कम्पनी ने तूफ़ानी रफ़्तार से काम करते हुए फ़िल्म अनारकली को सात दिन में मुकम्मल करके प्रफ़ुल राय की फ़िल्म से पहले ही रिलीज़ कर दी। यह फ़िल्म बहुत कामयाब रही। बाद में इसी नाटक पर आधारित मशहूर फ़िल्म मुग़ले आज़म बनी। उसके बाद अलीबाबा,

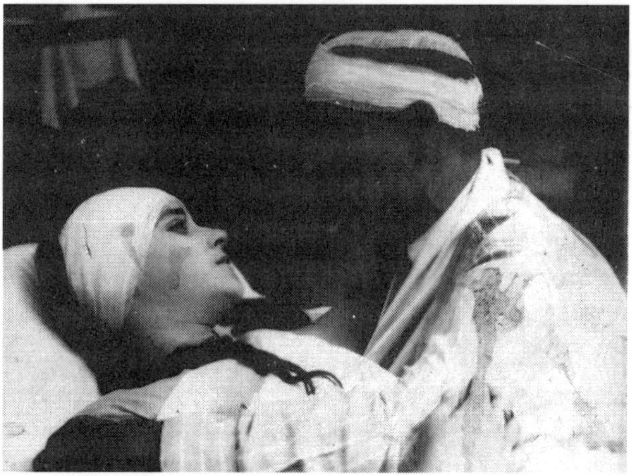

जमशेतजी और सुलोचना

माधुरी, हीर राँझा और मैजिक फ्ल्यूट जैसी ढेर सारी मूक फ़िल्में आयीं। 1931 में इम्पीरियल ने पहली बोलती फ़िल्म आलम आरा और 1937 में पहली रंगीन फ़िल्म किसान कन्या बना के इतिहास रचा था।

इम्पीरियल कम्पनी की वैवाहिक सम्बन्धों पर बनी हॉलीवुड की कॉमेडी फ़िल्मों के हिन्दुस्तानी नकल बहुत पसन्द किये जाते थे। ईरानी और अब्दुल अली की व्यावसायिक साझेदारी की दाद देनी होगी। इन दोनों की बिजनेस पार्टनरशिप 40 साल से ऊपर तक बनी रही। आर्देशिर ईरानी ने 1945 में आख़िरी फ़िल्म 'पुजारी' बनाके फ़िल्म निर्माण से संन्यास ले लिया। 14 अक्टूबर, 1969 को मुम्बई में उन्होंने अन्तिम साँस ली।

भोगीलाल के एम दवे

भोगीलाल दवे का जन्म 1897 में बॉम्बे प्रेसिडेंसी में हुआ था। सोलह साल की उम्र में इन्होंने दादा साहेब फाल्के की पहली हिन्दुस्तानी फ़िल्म राजा हरिशचन्द्र देखी। बाकी युवाओं की तरह भोगीलाल भी फ़िल्म के प्रति आकर्षित होने लगे। वह मुम्बई के एक समृद्ध व्यापारी परिवार से आते थे। उन्होंने फ़िल्म की ट्रेनिंग के लिए न्यूयॉर्क जाने का फ़ैसला किया। भोगीलाल न्यूयॉर्क से फ़ोटोग्राफ़ी और लैब की ट्रेनिंग लेकर वापिस हिन्दुस्तान आये। तब तक दादा साहेब फाल्के अपनी फाल्के कम्पनी बन्द करके नये पार्टनर वामन आप्टे और मायाशंकर भट्ट के साथ हिन्दुस्तान सिनेमा फ़िल्म कम्पनी खोल चुके थे। भोगीलाल मैनेजर के तौर पर इस कम्पनी से जुड़े और बाद में वह इस कम्पनी के बम्बई टेरिटरी के वितरण विभाग सँभालने लगे। हिन्दुस्तान फ़िल्म कम्पनी की ज़्यादातर फ़िल्में आर्देशिर ईरानी के मैजेस्टिक सिनेमा हॉल में रिलीज़ होती थीं। इस लिहाज़ से मिस्टर दवे की ईरानी से अच्छी जान-पहचान हो गयी। आर्देशिर ईरानी अपने सिनेमा हॉल में हिन्दुस्तानी फ़िल्में प्रदर्शित करते हुए ख़ुद फ़िल्म निर्माण के बारे में भोगीलाल दवे से चर्चा करने लगे। भोगीलाल ख़ुद कम्पनी खोलने पर विचार कर रहे थे। ईरानी से प्रस्ताव पाते ही वह हिन्दुस्तान सिनेमा फ़िल्म कम्पनी छोड़ दिये।

आर्देशिर ईरानी और भोगीलाल दवे ने मिलकर एक फ़िल्म कम्पनी खोली 'स्टार फिल्म्स'। हिन्दुस्तान फ़िल्म कम्पनी के निवेशक और पार्टनर मायाशंकर भट्ट को मिस्टर दवे ने स्टार फिल्म्स कम्पनी में पूँजी लगाने के लिए राजी कर लिया। इस बैनर के तहत 1922 में पहली फ़िल्म आयी 'वीर अभिमन्यु'। जिसे मणिलाल जोशी ने निर्देशित किया और विष्णु बी. जोशी ने फ़ोटोग्राफ़ी की। इस फ़िल्म की कहानी लिखी थी उस वक़्त के लोकप्रिय पटकथाकार मोहनलाल जी दवे ने। इस फ़िल्म में सुभद्रा की भूमिका फ़ातिमा बेगम ने निभाई थी।

स्टार फिल्म्स में भोगीलाल दवे ने नानूभाई देसाई को शामिल किया। नानूभाई ने फ़िल्म निर्माण की बारीकियाँ भोगीलाल दवे से सीखी।

स्टार फिल्म्स ने रत्नावली, कृष्ण अर्जुन युद्ध, चन्द्रगुप्त, जैसे सत्रह फ़िल्में बनायीं। फिर दवे के साथ ईरानी की साझेदारी टूट गयी।

भोगीलाल दवे एक उत्साही सिनेव्यवसायी थे। उन्होंने नानूभाई देसाई, दोराब शाह कोल्हा, नौरोजी पावरी के साथ पार्टनरशिप करके 1924 में सरस्वती फ़िल्म कम्पनी बनायी।

1924 में सरस्वती फ़िल्म कम्पनी की पहली फ़िल्म प्रदर्शित हुई सती सरदारबा। जिसमें फ़ातिमा बेगम, सुल्ताना, ज़ुबैदा ने अभिनय किया था। इसके निर्देशक थे नानूभाई देसाई और कैमरामैन भोगीलाल दवे। यह फ़िल्म व्यावसायिक रूप से बहुत सफल रही। दोनों फ़िल्मों ने व्यवसाय किया। उसी साल इस कम्पनी की दूसरी पौराणिक फ़िल्म बनी विक्रम चरित्र उर्फ बुद्धि बाला। इस फ़िल्म के निर्देशक थे नानूभाई देसाई और दाराब शाह कोहला। भोगीलाल दवे इसके कैमरामैन थे।

भोगीलाल दवे हमेशा बड़ा सोचते थे। 1925 में डगलस फेयरबैंक्स की फ़िल्म थीफ ऑफ़ बग़दाद मुम्बई में रिलीज़ हुई। इस फ़िल्म ने सफलता के सारे रिकॉर्ड तोड़ दिये। बाकी फ़िल्म कम्पनियाँ इसकी सस्ती नकल कर फ़िल्में बनाने में जुट गयीं। लेकिन भोगीलाल दवे ने डगलस फेयरबैंक्स के प्रति हिन्दुस्तानी दर्शकों के जुनून का अध्ययन किया। वे ऐसी देशी एक्शन फ़िल्म बनाने के मंसूबे पालने लगे। सरस्वती फ़िल्म कम्पनी के पार्टनर से सलाह-मशविरा करके इसी कम्पनी के गर्भ से एक नयी कम्पनी बनाने का निर्णय लिया। जो कम्पनी देशी एक्शन फ़िल्म निर्मित करेगी। जबकि सरस्वती फ़िल्म कम्पनी के बैनर तले 1930 तक एक दो फ़िल्में बनती रहीं। 1925 में सरस्वती फ़िल्म कम्पनी ने मुम्बई नी मोहिनी उर्फ नाईट साइड ऑफ़ बॉम्बे नाम की फ़िल्म बनायी। इस फ़िल्म के कलाकार थे फ़ातिमा बेगम, मोहनलाला। निर्देशन और कैमरा था नानूभाई देसाई और भोगीलाल दवे का। 1926 में दो फ़िल्में रिलीज़ हुईं सामाजिक फ़िल्म दुलारी और भक्ति फ़िल्म सती सरोज। दुलारी के निर्देशक मणिलाल जोशी थे। फिर 1928 में फ़िल्म हूर ए बग़दाद प्रदर्शित हुई जिसमें एरमेलिन, डब्लू एम खान और मज़हर खान जैसे कलाकार थे। इसके निर्देशक बी पी मिश्रा और कैमरामैन रुस्तम ईरानी थे। 1930 में सरस्वती फ़िल्म कम्पनी की आख़िरी फ़िल्म थी चितौड़ नी वीरांगना।

शारदा फ़िल्म कम्पनी

1925 में भोगीलाल दवे ने सरस्वती फ़िल्म कम्पनी की सिस्टर कम्पनी शारदा फ़िल्म कम्पनी की स्थापना की। लेकिन भोगीलाल दवे शारदा फ़िल्म कम्पनी को एक ऐसी प्रतिष्ठित और नामी कम्पनी बनाना चाह रहे थे जिसके बैनर तले बने कॉस्ट्यूम एक्शन ड्रामा या दूसरी फ़िल्में कामयाबी की ऊँचाइयों को छुए। इसके लिए मोटी पूँजी के निवेश की ज़रूरत थी। भोगीलाल को फिर याद आये उनके पुराने निवेशक मायाशंकर भट्ट। मायाशंकर द्वारा पूँजी निवेश के बाद 1925 में शारदा कम्पनी ने पहली फ़िल्म बनायी–बाजीराव मस्तानी जिसमें नाना साहेब फाटक ने बाजीराव और मिस जोन्स ने मस्तानी की भूमिका निभायी थी। मास्टर विट्ठल भी एक छोटी भूमिका में थे। इस फ़िल्म का निर्देशन नानूभाई देसाई और फ़ोटोग्राफ़ी भोगीलाल दवे ने की थी। इस फ़िल्म को लिखने के लिए दवे ने भालजी पेंढारकर को आमन्त्रित किया था। भालजी इस फ़िल्म के लेखक और सहयोगी निर्देशक भी थे। इस फ़िल्म को लोगों ने पसन्द किया।

इसी साल शारदा फ़िल्म कम्पनी की दूसरी फ़िल्म प्रदर्शित हुई सौराष्ट्र वीर। भोगीलाल का कैमरा और नानूभाई का निर्देशन था। इस फ़िल्म में भी मास्टर विट्ठल छोटी भूमिका में थे।

लेकिन भोगीलाल दवे अमेरिकी डगलस फेयरबैंक्स की तरह हिन्दुस्तानी एक्शन हीरो ढूँढ़ रहे थे। हिन्दुस्तानी लोग डगलस फेयरबैंक्स की फ़िल्म रॉबिनहुड और थीफ ऑफ़ बग़दाद के दीवाने थे।

भोगीलाल की नज़र उनकी कम्पनी में छोटी भूमिका कर रहे मास्टर विट्ठल पर गयी। उनकी दूरदृष्टि में विट्ठल में एक देशी रॉबिनहुड की सारी सम्भावनाएँ मौज़ूद थीं।

1926 में भोगीलाल दवे ने रत्न मंजरी का निर्माण शुरू किया जिसमें मास्टर विट्ठल मुख्य भूमिका में थे।

इस फ़िल्म के निर्देशक थे मणिलाल जोशी, कैमरामैन नवल भट्ट और पटकथा नानूभाई देसाई की थी।

यह फ़िल्म बहुत सफल रही। उसी साल मास्टर विट्ठल की एक और सफल फ़िल्म प्रदर्शित हुई सुवर्ण कमल। इन दोनों फ़िल्मों की कामयाबी ने शारदा फ़िल्म कम्पनी की नींव मज़बूत कर दी और मास्टर विट्ठल एक एक्शन हीरो के रूप में स्थापित हो गये।

अभिनेत्री ज़ेबू , फिल्म सोहनी महिवाल 1928 निर्देशक ए पी कपूर

1927 में शारदा फ़िल्म कम्पनी ने जो फ़िल्में निर्मित कीं उनमें बाँसुरी बाला कॉस्ट्यूम ड्रामा, भेदी त्रिशूल और काला पहाड़ स्टंट फ़िल्म थी। इन तीनों में मास्टर विट्ठल मुख्य भूमिका में थे। नानूभाई ने इन फ़िल्मों का निर्देशन किया था। उसी साल शारदा फ़िल्म कम्पनी की गुलज़ार, मास्टर विट्ठल अभिनीत स्वदेश सेवा और वीर गर्जना भी रिलीज़ हुई जो काफ़ी सफल रही।

पर्दे पर विट्ठल की घुड़सवारी और स्टंटबाजी ने सारी फ़िल्मों को अपार सफलता दिलायी। अख़बारों में मास्टर विट्ठल को हिन्दुस्तानी डगलस फेयरबैंक्स कहा जाने लगा।

1928 और 1929 में शारदा फ़िल्म कम्पनी ने करीब 21 फ़िल्में निर्मित और रिलीज़ कीं। जिसमें ज़्यादातर कॉस्ट्यूम ड्रामा एक्शन फ़िल्में थीं जिसमें मुख्य भूमिका मास्टर विट्ठल ने निभायी थी। नानूभाई देसाई लगभग सारी फ़िल्मों में निर्देशक या पटकथा लेखक के रूप में जुड़े थे।

प्रमुख फ़िल्में थीं– गुल बदन, कनक कान्ता, अमृत के ज़ेर उर्फ मदिरा मोहिनी, रन गर्जना, करुणा कुमारी, राज तरंग (मास्टर विट्ठल का डबल रोल), राणा घेलो राजपूत, सोनी महिवाल, निशान डंका, पटेल पद्मिनी, चिराग कोहिस्तान, अनार बाला और चलता पुर्जा।

1929 की फ़िल्म चलता पुर्जा प्रतिबन्धित हो गयी थी। क्योंकि इस फ़िल्म पर हिन्दुस्तान के रजवाड़े को अपमानित करने का आरोप लगा था।

शारदा फ़िल्म कम्पनी और मास्टर विट्ठल की जोड़ी ने सिनेमा खिड़की पर ख़ूब कमाई की।

1929 के आख़िर में मास्टर विट्ठल ने शारदा फ़िल्म कम्पनी छोड़ दी। आर्देशिर ईरानी ने 1929 में अपनी इम्पीरियल फ़िल्म कम्पनी की एक सहायक फ़िल्म कम्पनी खोली सागर मूवीटोन। मास्टर विट्ठल ने आर्देशिर ईरानी की कम्पनी के साथ अनुबन्ध साइन कर लिया। शारदा फ़िल्म कम्पनी के साथ मास्टर विट्ठल को कोर्ट केस लड़ना पड़ा।

शारदा फ़िल्म कम्पनी से मास्टर विट्ठल के जाने के बाद कम्पनी की फ़िल्मों पर असर पड़ा। क्योंकि मास्टर विट्ठल का नाम ही एक्शन फ़िल्मों की कामयाबी के लिए काफ़ी था। उसी वक़्त शारदा फ़िल्म कम्पनी ने अपनी एक सहायक फ़िल्म कम्पनी स्थापित की जिसे सरोज फ़िल्म कम्पनी का नाम दिया गया। दोनों बैनर तले फ़िल्मों का निर्माण ज़ारी रहा।

शारदा फ़िल्म कम्पनी ने 1930 में आठ फ़िल्मों का निर्माण किया जिसमें अदल ए जहाँगीर, चितचोर, गरीब नी हाय, हृदय ज्वाला, मीठा ज़हर और सफेद सवार प्रमुख थी। जिसमें मुख्य कलाकार खलील और हीरा थे।

वैसे ही 1931 में शारदा ने करीब 17 फ़िल्में बनायीं। बहादुर बेटी, चन्द्रमणि, जंग ए दौलत, कट्टो दुश्मन, पहाड़ी नूर, परदेशी नी प्रीत, प्रेम मस्त, पृथ्वीराज, शालिवाहन, शूरो सैनिक, वीरणी विभूति प्रमुख फ़िल्में थीं। एक्शन हीरो के रूप में नन्दराम को पेश किया गया और अभिनेत्री के रूप में मेहताब को। 1932 में शारदा फ़िल्म कम्पनी ने पाँच फ़िल्में निर्मित कीं बहुरूपी बाज़ार, दगाबाज भाई, मृगजल, रंगीलो राजपूत, स्नेह वीणा।

लेकिन तब तक बोलती फ़िल्मों का दौर शुरू हो चुका था। इन फ़िल्मों ने कोई ख़ास सफलता नहीं पायी। शारदा फ़िल्म कम्पनी हमेशा के लिए बन्द हो गयी।

भोगीलाल दवे और नानूभाई देसाई की जोड़ी ने बहुत ही कम समय में इंडस्ट्री में अपनी कम्पनी को प्रतिष्ठित कर दिया। 1925 से लेकर 1930 तक शारदा फ़िल्म कम्पनी का नाम हिन्दुस्तान की अग्रणी फ़िल्म कम्पनियों में स्थापित हो गया। दवे और देसाई ने पहले से फ़ैसला कर लिया था कि हमें हॉलीवुड की कमर्शियल फ़िल्मों के रास्ते जाना है। रॉबिनहुड छवि वाले कैरेक्टर में मास्टर विट्ठल को पेश कर कम्पनी ने ख़ूब नाम और पैसा कमाया।

विक्टोरियन युग की आदर्शवादी और नैतिक कहानियों के बीच शारदा फ़िल्म कम्पनी की फ़िल्में ताज़ी और अलग थीं। जब नवल गाँधी ने शारदा फ़िल्म के लिए 1926 में मिस इकबाल अभिनीत वैम्प फ़िल्म बनायी तो उस फ़िल्म ने जबरदस्त कामयाबी हासिल की। टाइम्स ऑफ़ इंडिया ने लिखा– 'समाज का स्वाद बदल रहा है। प्राचीन नायकों की छवि और मूल्य टूटने लगे हैं। दुष्ट बाला की हरकतें लोगों में रोमांच पैदा कर रही है। दर्शक सांसारिक और नकारात्मक विषयों के प्रति आकर्षित होने लगे हैं।'

हिन्दुस्तानी मूक सिनेमा के इतिहास में भोगीलाल और नानूभाई देसाई की शारदा फ़िल्म कम्पनी का एक अलग स्थान है। नानूभाई देसाई सवाक युग में भी काफ़ी सक्रिय रहे और फ़िल्में बनाते रहे। नानूभाई की बेटी हिन्दी सिनेमा की एक बहुत बड़ी वैम्प और चरित्र अभिनेत्री रही हैं जिनका नाम है बिन्दु।

द्वारकादास एन सम्पत : पहला शो मैन

द्वारकादास सम्पत का जन्म 24 अक्टूबर 1884 को गुजरात के जामनगर जिले का छोटा कस्बा जाम खम्भालिया के एक व्यवसायी परिवार में हुआ था। उन्होंने अपनी स्कूली शिक्षा राजकोट में पूरी की। वह व्यापार करने के लिए 1902 में अठारह वर्ष की उम्र में जाम खम्भालिया से मुम्बई आ गये। मुम्बई में उन्होंने ज्वेलर्स का बिजनेस शुरू किया।

उस समय मुम्बई में विदेशी मूक फ़िल्में थिएटर और टेंट में जगह-जगह प्रदर्शित हो रही थीं। यह फ्रेंच एवं अमरीकी मूक फ़िल्मों का शुरुआती दौर था।

द्वारका दास ने फ़िल्में देखनी शुरू कीं। उनकी फ़िल्मों में दिलचस्पी बढ़ने लगी। 1904 में उन्होंने विदेश से एडिसन कैलीडोस्कोप कम्पनी का चार हज़ार रुपये का 'किनेटोस्कोप' कैमरा उपकरण प्रोजेक्टर के साथ मँगाया। जैसा कि ज्ञात है कि उस जमाने में इन साधनों में इलेक्ट्रिक का उपयोग शुरू नहीं हुआ था, मशीन को हाथ से चलाया जाता था। 'प्रोजेक्शन' लैम्प के रूप में उस समय गैस का लैम्प उपयोग में लाया जाता था।

सम्पत ने अपने शहर राजकोट में फ़िल्मों को प्रदर्शित करना शुरू किया। वह 50 फ़ीट लम्बी फ़िल्मों का शो रखते थे। राजकोट से फ़िल्मों का प्रदर्शन शुरू हुआ और धीरे धीरे बॉम्बे प्रेसिडेंसी के दूसरे शहरों और इलाकों में फ़िल्में प्रदर्शित करते हुए मुम्बई में भी प्रदर्शन करने लगे।

1910 में अहमदाबाद में द्वारकादास ने अपने मित्र मानेकलाल मेहता के साथ मिलकर टेंट सिनेमा हॉल में फ़िल्में प्रदर्शित करना शुरू किया। उस टेंट सिनेमा हॉल का नाम था सिनेमा द फ्रांस जो गाँधी रोड पर स्थित था। चूँकि द्वारकादास मुम्बई में व्यापार करते थे इसलिए सिनेमा द फ्रांस को चलाने की पूरी ज़िम्मेवारी मानेकलाल

मेहता पर थी। विदेशी आयातित फ़िल्में नियमित रूप से मुम्बई से अहमदाबाद पहुँच जाती थीं।

द्वारकादास सम्पत

द्वारकादास फ़िल्मों से इतना मुत्तासिर थे कि उन्होंने मुम्बई के गिरगाँव में भी अपना सिनेमा थिएटर खोला। यहाँ भी ज़्यादातर विदेशी फ़िल्में प्रदर्शित की जाने लगीं।

इसी बीच एक बड़ी घटना घटी। सन् 1916 में दादा साहेब फाल्के की 'लंकादहन' नामक फ़िल्म को मुम्बई और हिन्दुस्तान के अन्य बड़े शहरों में काफ़ी सफलता प्राप्त हुई। इस फ़िल्म के प्रदर्शन के समय हुई भीड़ का अन्दाज़ा इसी से लगाया जा सकता है कि दर्शकों की भीड़ ने आर्यन सिनेमा के दरवाज़े तोड़ डाली थी। मद्रास में फ़िल्म की टिकट बिक्री की धनराशि को पुलिस पहरे में बैलगाड़ियों में लादकर ले जाना पड़ा था। लंकादहन की इस अभूतपूर्व सफलता ने अनेक साहसी गुजरातियों को इस क्षेत्र में आगे बढ़ने के लिए प्रेरित किया। श्री द्वारकादास सम्पत इनमें से एक थे।

तभी द्वारका दास की मुलाकात गिरगाँव के कोरोनेशन सिनेमा हॉल के मैनेजर श्रीनाथ पाटणकर से हुई। श्रीनाथ पाटणकर अपनी कम्पनी पाटणकर यूनियन के तहत फ़िल्म सावित्री बनाने की नाकाम कोशिश कर चुके थे। 1915 में पहली ऐतिहासिक फ़िल्म 'नारायण राव पेशवा की हत्या' और 1916 में प्रहलाद चरित्र का निर्माण कर चुके थे। यह फ़िल्म कोई ख़ास व्यवसाय नहीं कर पायी थी। पाटणकर को अपनी कम्पनी बन्द करने की नौबत आ चुकी थी। ऐसी स्थिति में द्वारकादास ने पाटणकर से हाथ मिलाया। द्वारकादास अब फ़िल्म निर्माण व्यवसाय में उतरने का फ़ैसला ले चुके थे। उन्होंने पाटणकर को 25 हज़ार रुपया देकर फ़िल्म निर्माण व्यवसाय की शुरुआत की। पाटणकर यूनियन कम्पनी बन्द कर दी गयी। उसकी जगह पाटणकर एण्ड फ्रेंड्स कम्पनी बनायी गयी और इस कम्पनी के बैनर से 1918 में चार एपिसोड के राम वनवास नाम के धारावाहिक का निर्माण किया गया। पाटणकर के निर्देशन में बनी चार एपिसोड को लोगों ने देखा और पसन्द भी

किया। इसमें पहली बार द्वारकादास ने रामायण की चौपाई और गीत तैयार कराया। स्क्रीन के पास स्टेज के पिट (गड्ढे) में संगीत कलाकारों से फ़िल्म में सिचुएशन के अनुसार गीत गवाया गया और वाद्य यन्त्र बजवाया गया।

1918 में ही द्वारकादास ने पाटणकर के साथ अगली फ़िल्म राजा श्रीयल का निर्माण किया। यह फ़िल्म कोई खास व्यवसाय नहीं कर पायी।

द्वारकादास सम्पत एक महत्त्वाकांक्षी व्यक्ति थे। फ़िल्म के प्रिंट के लिए उस समय हिन्दुस्तान में कहीं भी इलेक्ट्रिक लैब नहीं थी। द्वारकादास को यह कमी खल रही थी। उन्होंने विदेश से फ़िल्म लैब की इलेक्ट्रिक प्रिंटिंग मशीन आयात की और मुम्बई और पुणे के बीच लोनावाला में फ़िल्म प्रिंट के लिए इलेक्ट्रिक लैब स्थापित किया। यह पहली हिन्दुस्तानी फ़िल्म लैब थी जो बिजली से संचालित होती था।

1919 में द्वारकादास ने अगली फ़िल्म गुजराती 'कच देवयानी' का निर्माण शुरू किया। इस फ़िल्म में पहली बार गुजरात का गरबा डांस प्रस्तुत किया गया। इस फ़िल्म में अभिनय के लिए उन्होंने कलकत्ता से दो औरतें उषा और जुई को बुलाया। उस वक़्त औरत की भूमिका मर्द ही किया करते थे। फ़िल्म में औरत से अभिनय कराने का विरोध पाटणकर एण्ड फ्रेंड्स कम्पनी के पार्टनर और फ़िल्म के निर्देशक श्रीनाथ पाटणकर ने भी किया। लेकिन द्वारकादास ने किसी की नहीं सुनी। इस फ़िल्म में द्वारकादास ने अभिनेता और अभिनेत्री से संवाद बोलने का अभिनय कराया। संवाद उपशीर्षक के रूप में लिखे हुए पर्दे पर आते थे उसके अनुसार अभिनेता और अभिनेत्री को होंठ चलाना होता था। पिट में बैठे साज़िन्दों ने वाद्य भी सिचुएशन के अनुसार बजाया। यह फ़िल्म कामयाब रही।

इस फ़िल्म से द्वारकादास और एस एन पाटणकर में रचनात्मक टकराव शुरू हो गये। उसके बाद 1919 में कबीर कमाल, नरसिम्हा अवतार फ़िल्म प्रदर्शित हुई। मानेकलाल पटेल जो अहमदाबाद में फ़िल्म प्रक्षेपण यानि फ़िल्मों के प्रदर्शन व्यवसाय में थे उन्हें द्वारकादास ने अपनी कम्पनी में काम करने के लिए मुम्बई बुला लिया। 1920 में मानेकलाल और द्वारकादास ने पौराणिक फ़िल्म शकुन्तला का निर्माण किया। जिसके निर्देशक एस एन पाटणकर ही थे। लेकिन फ़िल्म असफल रही। उसी साल बंगाली उपन्यास पर आधारित सामाजिक फ़िल्म कटोराभर खून का भी निर्माण हुआ। लेकिन द्वारकादास और पाटणकर में रचनात्मक और व्यावसायिक मतभेद इतने बढ़ चुके थे कि दोनों को एक दूसरे से अलग होने में ही भलाई थी। परिणाम यह हुआ कि पाटणकर एण्ड फ्रेंड्स कम्पनी से अलग हटकर द्वारकादास ने 1920 में ही कोहिनूर फ़िल्म कम्पनी की स्थापना की।

कोहिनूर फ़िल्म कम्पनी

द्वारकादास सम्पत ने दादर पूर्व के नैगम क्रॉस रोड पर एक बड़ी जगह लेकर अपना कोहिनूर फ़िल्म कम्पनी स्टूडियो खोला। 1920 में ही कोहिनूर फ़िल्म कम्पनी के तहत दो पौराणिक फ़िल्मों का निर्माण किया– सती पार्वती और श्रीकृष्ण सुदामा। इन दोनों फ़िल्मों ने सफलता हासिल की। उसके बाद द्वारकादास ने अलग अलग प्रतिभाओं को अपनी कम्पनी में आमन्त्रित करना शुरू किया। जिसमें निर्देशक काँजी भाई राठौर, अभिनत्री ज़ुबैदा, सुल्ताना, अभिनेता होमी मास्टर, खलील, लोकप्रिय पटकथा लेखक मोहनलाल दवे।

जमुना और होमी मास्टर फिल्म अजामिल 1922

1921 में कोहिनूर फ़िल्म कम्पनी ने 9 फ़िल्मों का निर्माण किया जिसमें चन्द्रहास, मीरा बाई, कृष्ण माया, पुंडलिक, रुक्मिणी हरण, सुभद्रा हरण, भक्त विदुर, सती अनुसूइया और विक्रम उर्वशी जैसी फ़िल्में शामिल हैं। द्वारकादास की महत्त्वाकांक्षा थी अमेरिकी यूनिवर्सल स्टूडियो के मालिक कार्ल लैम्मले की तरह साल में एक दर्जन फ़िल्में बनाने की।

यहाँ 1921 में बनी कोहिनूर स्टूडियो की विशेषतौर पे तीन फ़िल्मों का ज़िक्र करना ज़रूरी है। ये तीनों फ़िल्में कांजीभाई राठौर ने निर्देशित की थीं।

पहली फ़िल्म सती अनुसूइया, जिसमें सकीनाबाई ने मुख्य भूमिका निभायी थी। हिन्दुस्तानी सिनेमा के इतिहास में सकीना पर पहला नग्न दृश्य फिल्माया गया। हैरानी की बात यह थी कि सेंसर बोर्ड ने बिना काँट छाँट के फ़िल्म सती अनुसूइया को पास कर दिया। इस फ़िल्म ने अच्छी व्यावसायिक सफलता प्राप्त की। उस ज़माने में ऐसा नग्न दृश्य फिल्माना एक बहुत बड़ा साहसिक कदम था।

दूसरी फ़िल्म भक्त विदुर, जिसमें द्वारकादास सम्पत ने ख़ुद विदुर की भूमिका निभायी थी, मानेकलाल पटेल ने कृष्ण की भूमिका और होमी मास्टर दुर्योधन की भूमिका में थे। द्वारकादास दुबले-पतले और लम्बे आदमी थे। भक्त विदुर की भूमिका में शरीर पर एक धोती और हाथ में छड़ी लेकर वे महात्मा गाँधी की प्रतिमूर्ति लगते थे। यह फ़िल्म हिन्दुस्तानी आज़ादी को श्रीकृष्ण और महात्मा गाँधी को विदुर का प्रतीक मानकर बनायी गयी थी।

मुम्बई के सिनेमा थिएटर में भक्त विदुर ने चार हफ़्ते ज़बर्दस्त व्यवसाय किया। जब फ़िल्म सिन्ध के हैदराबाद में प्रदर्शित हुई तो ब्रिटिश सरकार ने सिनेमैटोग्राफ़ एक्ट 1918 के तहत उसपर प्रतिबन्ध लगा दिया। ब्रिटिश सरकार ने हिन्दुस्तान में सिनेमा के राजनीतिक इस्तेमाल की सम्भावना से डरकर ही सिनेमैटोग्राफ़ एक्ट लागू किया था। अंग्रेज़ नौकरशाही के तहत सारे काम को अंजाम देते थे। कराची कलेक्टर ने तुरन्त फ़िल्म को थिएटर से उतारने का आदेश दिया। हिन्दुस्तान में सिनेमैटोग्राफ़ एक्ट लागू करने के छह साल पहले ब्रिटेन में 1912 में ही ब्रिटिश सरकार ने सेंसरशिप लागू कर दी थी। उनका मानना था कि अमरीका और फ्रांस में बनने वाली फ़िल्में इंग्लैंड की युवा पीढ़ी पर बुरे संस्कार डाल रही हैं।

1922 में फ़िल्म भक्त विदुर को थोड़ा सम्पादित करके धर्म विजय के नाम से दुबारा रिलीज़ की गई।

तीसरी फ़िल्म विक्रम उर्वशी, जो कालिदास के एक नाटक पर आधारित फ़िल्म थी। जिसकी पटकथा मोहनलाल जी दवे ने लिखी थी। द्वारकादास ने इस फ़िल्म

की मार्केटिंग योजना ऐसी बनायी कि दर्शक इस शो को देखने बार-बार जाते थे। इस फ़िल्म में उर्वशी की भूमिका नीली आँखों वाली एंग्लो इंडियन नृत्यांगना लीना वैलेंटाइन ने निभायी थी। फ़िल्म में जब इंटरवल होता था उस समय स्टेज पर लीना वैलेंटाइन दर्शकों के सामने प्रकट हो जाती थी। फिल्मी पर्दे की अभिनत्री को अपने सामने देखकर दर्शक मन्त्रमुग्ध हो जाते थे। यह इस फ़िल्म का एक अलग आकर्षण था। द्वारकादास की इस युक्ति से फ़िल्म ने ज़बर्दस्त सफलता पायी।

सुकन्या सावित्री 1922 निर्देशक कांजीभाई राठौर

1922 में कोहिनूर फ़िल्म कम्पनी ने आठ फ़िल्मों का निर्माण किया जिसमें अजामिल, देवी तोडी, मालती माधव, परशुराम, श्री सत्यनारायण, सूर्या कुमारी और सुकन्या सावित्री प्रमुख हैं। सारी फ़िल्मों की पटकथा मोहनलाल दवे ने लिखी और निर्देशन कांजीभाई राठौर ने किया। अभिनेता राजा सैंडो ने सूर्या कुमारी के साथ कोहिनूर फ़िल्म कम्पनी में अपने करियर की शुरुआत की। कोहिनूर फ़िल्म कम्पनी की सिर्फ़ एक फ़िल्म सुकन्या सावित्री का प्रिंट फ़िल्म आर्काइव ऑफ़ इंडिया, पुणे में उपलब्ध है।

1923 में कोहिनूर फ़िल्म कम्पनी की आठ फ़िल्में निर्मित और प्रदर्शित हुईं जिसमें गोस्वामी तुलसीदास, वीर भीमसेन, वटासुर वध, कीरत अर्जुन प्रमुख हैं।

1923 में अगली फ़िल्मों का निर्माण चल रहा था तभी कोहिनूर फ़िल्म कम्पनी में आग लग गई। द्वारकादास के शब्दों में– 'मैंने आग की चटकारें सुनीं। मैंने देखा काले धुएँ का गुब्बार आसमान की तरफ उठता जा रहा है। मैं ख़ामोशी से असहाय बनके देखता रहा। मेरा अतिप्रिय स्टूडियो आग की लपटों में राख हो रहा था।'

द्वारकादास के पास पालतू छोटा बाघ रहता था। वह उस बाघ के बच्चे को कन्धे पर लेकर घूमा करते थे। जब आग से स्टूडियो जलकर राख हो गया तो उस जले हुए एरिया को उन्होंने एक छोटे चिड़ियाघर में तब्दील कर दिया।

उसी समय उनके मित्र मानेकलाल पटेल ने कोहिनूर फ़िल्म कम्पनी छोड़ अपनी नयी कम्पनी कृष्णा फ़िल्म कम्पनी खोल ली।

द्वारकादास ने दुबारा कोहिनूर फ़िल्म कम्पनी शुरू करने का फ़ैसला लिया। उनके आर्टिस्ट और तकनीशियन ने मदद करने का भरोसा देकर उनका हौसला बढ़ाया। ईस्टमैन कोडक ऑफिस ने क्रेडिट पर फ़िल्म का रॉ स्टॉक देने का वचन दिया। द्वारकादास सम्पत ने फ़िल्म निर्माण की अगली पारी शुरू की।

1924 में कोहिनूर फ़िल्म कम्पनी ने पिछले रिकॉर्ड तोड़ते हुए 13 फ़िल्मों का निर्माण किया। जिसमें होमी मास्टर जैसे अभिनेता को निर्देशन का मौका भी दिया।

इन 13 फ़िल्मों में फन्तासी फ़िल्म गुल ए बकावली थी जिसमें ज़ुबैदा और सुल्ताना दोनों बहनों ने अभिनय किया था। यह पहली फ़िल्म थी जिसमें देशी या पूर्वी बैकग्राउंड म्यूजिक इस्तेमाल किया गया। तैयार किया हुआ देशी संगीत की धुन साज़िन्दे पिट में बजाया करते थे।

यह फ़िल्म सबका रिकॉर्ड तोड़ते हुए पहली नेशनल कमर्शियल हिट फ़िल्म साबित हुई थी। यह फ़िल्म चौदह हफ़्ते तक चली थी।

इसी साल कोहिनूर फ़िल्म कम्पनी की एक फ़िल्म रिलीज़ हुई थी काला नाग। जिसमें होमी मास्टर इस फ़िल्म के मुख्य अभिनेता और कांजीभाई के साथ सहनिर्देशक थे।

काला नाग उर्फ़ न्याय की जीत उर्फ़ कलयुग की सीता एक ही फ़िल्म के तीन नाम थे। इस फ़िल्म में फ़ातिमा बेगम, उनकी बेटी सुल्ताना, खलील, मोती और होमी मास्टर ने अभिनय किया था।

काला नाग मुम्बई की एक सच्ची घटना पर आधारित फ़िल्म थी। उस दौर में चाम्प्सी हरिदास मर्डर केस बहुत चर्चित हुआ था। उसी को आधार बनाके मोहनलाल दवे ने इसकी पटकथा तैयार की थी। यह एक ऐसे आदमी की कहानी है

जो कमसिन लड़कियों के साथ बलात्कार करने के बाद उनकी हत्या कर देता है। तब से होमी मास्टर 'पर्दे का काला नाग' के नाम से मशहूर हो गये थे। इस फ़िल्म ने काफ़ी अच्छा व्यवसाय किया था।

कोहिनूर फ़िल्म कम्पनी ने मनोरमा फ़िल्म के स्वतन्त्र निर्देशन का भार होमी मास्टर को सौंपा। जिसमें खलील, ज़ुबैदा और सुल्ताना मुख्य कलाकार थे। मनोरमा फ़िल्म गुजराती कवि कालपी की कविता हृदय तृप्ति पर आधारित थी। इस सामाजिक ड्रामा को लोगों ने ख़ूब पसन्द किया।

इसके अलावे नरसिंह मेहता, राजा हरिश्चन्द्र, सद्गुणी सुशीला और सती सीता जैसी फ़िल्में निर्मित और प्रदर्शित हुईं।

मोहन भवनानी निर्देशक

इसके बाद द्वारकादास सम्पत ने अपनी कोहिनूर फ़िल्म कम्पनी में कई निर्देशकों और कलाकारों को आमन्त्रित किया। निर्देशक में नन्दलाल जसवन्त लाल, मणिलाल जोशी, मोहन भवनानी और चन्दूलाल शाह थे। नारायण देवारे जैसे कैमरामैन और निर्देशक भी कम्पनी से जुड़े। जो यूरोप से फ़ोटोग्राफ़ी और फ़िल्म तकनीक की ट्रेनिंग लेकर आये थे।

कलाकारों में सुलोचना (रूबी मेयर्स), गौहर, जेबुनिस्सा, रामप्यारी मुख्य थीं।

1925 में कोहिनूर फ़िल्म कम्पनी ने सारे रिकॉर्ड तोड़ते हुए 20 फ़िल्में प्रदर्शित कीं। कम्पनी के प्रमुख निर्देशक कांजीभाई राठौर कोहिनूर छोड़ के कृष्णा फ़िल्म कम्पनी में चले गये। कोहिनूर ने निर्देशन का भार मुख्यत: तीन निर्देशकों को सौंपा– होमी मास्टर, मोहन भवनानी और मणिलाल जोशी।

मोहन भवनानी ने जो फ़िल्में निर्देशित कीं उसमें सिनेमा क्वीन और वीर बाला मशहूर थी। इन दोनों फ़िल्मों में सुलोचना (रूबी मेयर्स) ने मुख्य भूमिका निभायी थी।

होमी मास्टर ने घर जमाई, मारी धनियानी उर्फ मेरी पत्नी, राजनगर की रम्भा, कुंज बिहारी और हैण्डसम ब्लैकगार्ड जैसी फ़िल्में निर्देशित कीं।

मणिलाल जोशी की निर्देशित फ़िल्में थीं वीर कुणाल, राजयोगी, इन्द्रसभा और विमला। फ़िल्म विमला से एक नये निर्देशक जुड़े चन्दूलाल शाह। मणिलाल और चन्दूलाल शाह ने मिलकर यह फ़िल्म निर्देशित किया था।

1926 में कोहिनूर ने करीब 13 फ़िल्मों का निर्माण किया। इस साल कम्पनी ने स्थायी तौर पर नये निर्देशक चन्दूलाल शाह को आमन्त्रित किया। एक एक्सीडेंट की वजह से होमी मास्टर को फ़िल्म शीरी फरहाद छोड़ना पड़ा। चन्दूलाल शाह ने इसे पूरा किया।

खलील और गौहर, फिल्म लंका नी लाडी 1925

अभिनेत्री गौहर ने गिरीश कर्नाड को दिये एक इंटरव्यू में बताया था कि 'कोहिनूर फ़िल्म कम्पनी की फ़िल्म शीरी फरहाद की शूटिंग चल रही थी। होमी

मास्टर उस फ़िल्म का निर्देशन कर रहे थे। गौहर शीरी की भूमिका में थी और खलील फरहाद की भूमिका निभा रहे थे। एक ऊँचे टीलेनुमा जगह पर खड़े होकर होमी मास्टर मुझे दृश्य समझा रहे थे जहाँ दो भारी-भरकम पुरुष मुझे (शीरी को) उठा के पहाड़ के नीचे फेंकते हैं। तभी होमी फिसल गये और उनका टखना टूट गया। दर्द से कराहते हुए होमी ने निर्देशन के लिए चन्दूलाल शाह का नाम सुझाया। चन्दूलाल शाह ने आके शीरी फरहाद का बचा हुआ काम पूरा किया।

चन्दूलाल शाह को द्वारकादास ने अपनी अगली फ़िल्म टाइपिस्ट गर्ल के निर्देशन के लिए साइन कर लिया। यह फ़िल्म चन्दूलाल शाह ने गजानन देवारे के साथ मिलकर निर्देशित की जिसके कैमरामैन नारायण देवारे थे। इस फ़िल्म में मुख्य भूमिका में सुलोचना और राजा सैंडो थे और एक छोटी भूमिका के लिए शाह ने गौहर को तैयार कर लिया। टाइपिस्ट गर्ल में एक शराबी पति नशे में धुत होकर अपनी पत्नी के हाथ से बच्चे को छीन लेता है और खिड़की से बाहर फेंक देता है। यह फ़िल्म बहुत कामयाब रही थी। इस फ़िल्म के बाद गौहर को शाह इतना पसन्द आ गये थे कि उन्होंने सिर्फ़ चन्दूलाल शाह के निर्देशन में काम करने का फ़ैसला लिया।

1927 में कोहिनूर ने आठ फ़िल्मों का निर्माण किया जिसमें चन्दूलाल शाह निर्देशित गुण सुन्दरी बहुत सफल फ़िल्म रही जिसमें मुख्य भूमिका गौहर ने निभायी थी।

इसमें एक आदर्श पत्नी है जो दिन भर घर के काम में लगी रहती है। सास ससुर की सेवा करती है। रात को बिस्तर पर पत्नी घर की समस्याएँ पति को सुनाती है। पति देर रात घर लौटने लगता है। पत्नी के पूछने पर पति कहता है आजकल की पत्नियाँ पति से ऐसे सवाल नहीं पूछतीं। कुछ दिन बाद पत्नी ख़ुद को बदलती है। सजना सँवरना सीखने लगती है। जब शाम को पति घर लौटता है तो पत्नी सज सँवरकर कहीं बाहर निकलती है। पति के पूछने पर कि कहाँ जा रही हो। पत्नी झट से जवाब देती है आजकल के पति अपनी पत्नियों से ऐसे सवाल नहीं पूछते। शाह का ये फिल्मी फॉर्मूला कि पत्नियों को अपने पतियों की सेविका नहीं बल्कि सहभागी होना चाहिए। उस दौर में ये बहुत पसन्द किया गया था।

हिन्दुस्तानी फ़िल्म इंडस्ट्री में भी यूरोपियन और हॉलीवुड के तर्ज़ पर फ़िल्मों के विज्ञापन छपते थे। कोहिनूर ने 1925 में फ़िल्म हैण्डसम ब्लैकगार्ड उर्फ फँकादो फितूरी रिलीज़ की। जिसके निर्देशक होमी मास्टर थे। इस फ़िल्म में मिस इकबाल के साथ दो एंग्लो इंडियन बहनें थेल्मा और यवोन्ने वैलेस ने काम किया था।

इस फ़िल्म का विज्ञापन छपा था– आकर्षक उत्तराधिकारिणी, एक सुन्दर दिखनेवाला लेकिन दुष्ट डॉक्टर, एक कायर प्रेमी, एक कपटी जासूस और एक गानेवाली लड़की।

1926 में टेलीफोन गर्ल फ़िल्म प्रदर्शित हुई जिसके निर्देशक थे होमी मास्टर। जिसमें सुलोचना (रूबी मेयर्स) और राजा सैंडो मुख्य भूमिका में थे। इस फ़िल्म का विज्ञापन छपा– नाईट क्लब्स, तुर्किश स्नानागार, लड़कियों की कॉलेज लाइफ।

1928 में द्वारकादास सम्पत की कोहिनूर फ़िल्म कम्पनी की सात फ़िल्में निर्मित और प्रदर्शित हुईं और 1929 में सिर्फ़ एक फ़िल्म बिल्वमंगल उर्फ भक्त सूरदास का निर्माण हुआ जिसका निर्देशन होमी मास्टर ने किया था। इस फ़िल्म के बाद कोहिनूर फ़िल्म कम्पनी बन्द हो गयी। बाद में कोहिनूर कम्पनी के आर्टिस्ट और तकनीशियन ने मिलकर कोहिनूर यूनाइटेड आर्टिस्ट कम्पनी बनायी। 1929 से 1932 तक कोहिनूर यूनाइटेड आर्टिस्ट ने कई फ़िल्मों का निर्माण किया। जिसमें नन्दलाल जसवन्तलाल, नारायण देवारे और होमी मास्टर ने ढेर सारी फ़िल्मों का निर्देशन किया। उसके बाद यह स्टूडियो हमेशा के लिए बन्द हो गया।

द्वारकादास सम्पत सही अर्थों में हिन्दुस्तानी फ़िल्मों का पहला शो मैन थे। वह सिर्फ़ एक निर्माता नहीं बल्कि प्रयोगधर्मी फ़िल्मकार, दूरदर्शी और साहसी स्टूडियो मालिक थे। वे फ़िल्मों में नये-नये प्रयोग के हिमायती थे।

1919 से 1929 के दस सालों में द्वारकादास सम्पत ने करीब 98 फ़िल्मों का निर्माण किया। हिन्दुस्तानी फ़िल्म इंडस्ट्री को सही मायने में स्थापित करने वाले निर्माताओं में इनका नाम प्रतिष्ठित है।

वह अपनी पौराणिक फ़िल्मों को वास्तविक रूप देने के लिए असली ज्वेलरी, महँगे कपड़े और ख़ूबसूरत फर्नीचर का इस्तेमाल करते थे। उस ज़माने में बैकग्राउंड सेट के लिए चित्रित किये हुए पर्दे इस्तेमाल होते थे। द्वारकादास को फ्रेम में बहुत भद्दा और सस्ता जान पड़ता था। उन्होंने इसकी जगह पे लकड़ी के बनाये सेटिंग बैकग्राउंड का प्रयोग करना शुरू किया जिससे फ़िल्म समृद्ध नज़र आने लगी। हर कम्पनी रिफ्लेक्टर की मदद से सूर्य की लाइट में शूटिंग किया करती थी। लेकिन द्वारकादास ने दृश्य में ड्रामा पैदा करने के वास्ते कृत्रिम लाइट का उपयोग करने का निर्णय लिया। उन्होंने इलेक्ट्रिक किट्सन लाइट्स मंगाए। उस लाइट के रचनात्मक प्रयोग द्वारा सेट और कलाकार के चेहरे को रौशन कर दृश्य में नाटकीयता पैदा करते थे।

वह पहले हिन्दुस्तानी फ़िल्म प्रोड्यूसर थे जिन्होंने सिनेमा हॉल के स्टेज पिट पर संगीतकार के साथ साज़िन्दे को बिठाना शुरू किया जो फ़िल्म के सिचुएशन पर गाते और बजाते थे। अभिनेता और अभिनेत्री उपशीर्षक में लिखे संवाद पर होंठ हिलाते नज़र आते थे।

कोहिनूर कम्पनी की फ़िल्में मुम्बई के 'इम्पीरियल' एवं 'मेजेस्टिक' सिनेमागृहों में जब प्रदर्शित होतीं तो पार्श्व में बैठी संगीत मण्डली वाद्ययन्त्रों के साथ गीत या समूहगीतों का गान किया करती थी। इन चलचित्रों के साथ गाये जाने वाले गीत गुजराती में होते थे। इस कम्पनी की एक प्रसिद्ध फ़िल्म 'भक्त विदुर' में विदुर की पत्नी द्वारा चरखा चलाये जाने का एक दृश्य है। इस दृश्य में वह जो गीत गाती है, उसके बोल थे–रूड़ो मारो रेंटियो जोजी रेंटिया माँ तिकले झीणा-झीणा तार। दर्शक वर्ग इन गीतों को सुनकर तालियों की गड़गड़ाहट के साथ 'वन्स-मोर', 'वन्स मोर' की आवाज़ें लगाया करता था।

इन्होंने पहली बार फ़िल्म में चार भाषाओं में संवाद का उपशीर्षक लागू किया। ये चार भाषाएँ थीं– अंग्रेज़ी, गुजराती, मराठी और उर्दू। इसके पीछे द्वारकादास का मकसद था कि उनकी फ़िल्में हिन्दुस्तान के सभी दर्शकों तक पहुँच सकें।

बाकी फ़िल्मकारों की तरह द्वारकादास भी राष्ट्रवादी आन्दोलन से जुड़े हुए थे। तभी तो भक्त विदुर जैसी फ़िल्म बनाकर अंग्रेज़ी सत्ता को सीधे चुनौती दी। राजनीतिक वजह से फ़िल्म पे प्रतिबन्ध लगने के बाद, द्वारकादास ने राज्य सरकार से केन्द्र सरकार तक लड़ाई लड़ी। अगले साल नाम बदलकर फिर से धर्म विजय के नाम से फ़िल्म को रिलीज़ किया गया।

इन्होंने अपने स्टूडियो में ऊँची प्रतिभाओं को जगह दी। उनकी कम्पनी की फ़िल्मों के पटकथाकार थे उस ज़माने के स्टार लेखक मोहनलाल जी दवे। जिनकी लिखी लगभग सारी फ़िल्में कामयाब होती थीं। वैसे ही बेहतर निर्देशक, कलाकार और तकनीशियन लोगों को उन्होंने अपनी स्टूडियो में जगह दी थी।

कोहिनूर फ़िल्म कम्पनी हॉलीवुड स्टूडियो की तर्ज पे पेशेवर फैक्ट्री की तरह काम करती थी। एक साथ में इनकी तीन फ़िल्में फ्लोर पे होती थीं। हर साल 10 से 12 फ़िल्में प्रदर्शित हुआ करती थीं। एक दक्ष पेशेवर स्टूडियो की तरह कोहिनूर फ़िल्म कम्पनी में बाकायदा स्टोरी सेशन, प्रोडक्शन की तैयारी और कलाकारों के रिहर्सल या वर्कशॉप के साथ कलाकारों के करियर बिल्डिंग पर भी काम होता था।

जब दादा साहब फाल्के और बाबूराव पेंटर पौराणिक फ़िल्मों में व्यस्त थे उस वक़्त द्वारकादास सम्पत सामाजिक विषयों पर फ़िल्में बनाकर दो कदम आगे चल रहे थे। उन्होंने हर तरह से हिन्दुस्तानी सिनेमा को समृद्ध किया।

4 नवम्बर 1958 को जब द्वारकादास जैसे शो मैन ने दुनिया को अलविदा कहा तो उनकी शोक सभा में उनके द्वारा निर्मित राष्ट्रवादी फ़िल्म भक्त विदुर का प्रदर्शन किया गया।

मणिलाल जोशी (1893-1927)

मणिलाल जोशी का जन्म 1893 में ब्रिटिश भारत के बम्बई प्रेसिडेंसी में हुआ था। उनका परिवार बहुत शिक्षित और प्रगतिशील सोच का था। उनका परिवार मॉन्टेसरी शिक्षा आन्दोलन का समर्थक था। कॉलेज की पढ़ाई करने के बाद मणिलाल मुम्बई के एक स्कूल में बतौर शिक्षक पढ़ाने लगे। यह प्रथम विश्वयुद्ध का समय था। विश्वयुद्ध होने से भारत में फ़िल्म निर्माण का काम लगभग बन्द था। लेकिन एजेंटों द्वारा अमेरिकन फ़िल्में भारी मात्रा में मँगायी जा रही थीं और मुम्बई में इनका प्रदर्शन ज़ोरों पे था। मणिलाल जोशी स्कूल के बाद हफ़्ते में एक दो फ़िल्में देख लिया करते थे। धीरे धीरे उन्हें फ़िल्मों से लगाव होने लगा। वह विदेशी फ़िल्मों के लेखन शिल्प, अभिनय और फ़ोटोग्राफ़ी से काफ़ी प्रभावित थे। ज़ाहिर है मूक विदेशी फ़िल्में तकनीकी रूप से ज़्यादा समृद्ध होती थीं। मणिलाल ने फ़िल्ममेकर बनने का फ़ैसला किया। 1921 में वे अपनी शिक्षक की नौकरी छोड़कर कोहिनूर फ़िल्म कम्पनी में शामिल हो गये। मणिलाल कैमरा सीखने के लिए कोहिनूर के कैमरामैन वी बी देसाई के सहायक बन गये। उन्होंने कैमरा संचालन, फ़ोटोग्राफ़ी की बारीकियों से लेकर फ़िल्म निर्माण के हर विभाग में रुचि लेनी शुरू की। मणिलाल कोहिनूर की कई फ़िल्मों में एक साथ असिस्टेंट कैमरामैन के साथ सहायक निर्देशक का भी काम कर रहे थे। एकदिन फ़िल्म प्रदर्शक और सिनेमा हॉल के मालिक आर्देशिर ईरानी कोहिनूर फ़िल्म कम्पनी आये। ईरानी कोहिनूर कम्पनी की फ़िल्मों के वितरक और प्रदर्शक थे। वहाँ उनकी मुलाकात युवा उत्साही मणिलाल जोशी से हुई। भोगीलाल दवे जो न्यूयॉर्क से फ़ोटोग्राफ़ी की पढ़ाई करके लौटे थे वह भी कोहिनूर फ़िल्म कम्पनी में सहायक कैमरामैन के रूप में काम कर रहे थे। मणिलाल जोशी की मेहनत और फ़िल्म के क्राफ्ट पर उनकी बातचीत सुनकर आर्देशिर ईरानी प्रभावित हुए। उन्होंने अपनी एक नयी फ़िल्म कम्पनी खोलने की मंशा ज़ाहिर की लेकिन

शर्त यह थी कि मणिलाल जोशी जैसी युवा प्रतिभा हमारी कम्पनी का हिस्सा बने। कोहिनूर के कैमरामैन विष्णु बी जोशी के साथ मणिलाल और भोगीलाल ने आर्देशिर ईरानी की कम्पनी का हिस्सा बनने का निर्णय लिया। ईरानी ने अपनी नयी फ़िल्म कम्पनी 'स्टार फिल्म्स' खोली और इस कम्पनी ने 1922 में पहली फ़िल्म 'वीर अभिमन्यु' बनायी। जिसे मणिलाल जोशी ने निर्देशित किया और विष्णु बी जोशी ने कैमरा किया। इस फ़िल्म पर रंगमंच का कोई प्रभाव नहीं था क्योंकि इस फ़िल्म के निर्देशक विशुद्ध फ़िल्म के थे रंगमंच का इनका कोई इतिहास नहीं था। उसके बाद मणिलाल ने स्टार फ़िल्म कम्पनी के लिए फ़िल्म रत्नावली और पितरोद्धार जैसी फ़िल्मों का निर्देशन किया।

फिल्म मोजिली मुम्बई 1925 निर्देशक मणिलाल जोशी

उसके बाद मणिलाल ने स्टार फिल्म्स छोड़कर 1923 में अपनी एक नयी कम्पनी बनायी 'स्वास्तिक पिक्चर्स'। इस बैनर के तहत उन्होंने राजस्थान पर आधारित एक उपन्यास को आधार बनाकर एक फ़िल्म का निर्माण और निर्देशन किया जिसका नाम था सती का शाप उर्फ़ साइलेंट कर्स। इस फ़िल्म में सुल्ताना और बेगम फ़ातिमा मुख्य कलाकार थीं। लेकिन यह फ़िल्म असफल रही। फाइनेन्सर इन्हें छोड़कर चले गये। इसके बाद मणिलाल ने दूसरे निवेशक के साथ दुबारा एक नयी फ़िल्म कम्पनी बनायी 'अशोका पिक्चर्स'। इस बैनर के तहत उन्होंने 1924 में एक ऐतिहासिक फ़िल्म 'पृथ्वी बल्लभ' का निर्माण और निर्देशन किया। इस फ़िल्म में कैमरा उनके गुरु विष्णु बी जोशी ने किया। इस फ़िल्म ने ठीकठाक व्यवसाय किया। लेकिन स्वतन्त्र फ़िल्मकार के लिए फ़िल्म कम्पनी चलाना शायद मुश्किल काम रहा होगा इसलिए यह कम्पनी भी एक फ़िल्म बनाके बन्द हो गयी।

द्वारकादास सम्पत ने अपनी कोहिनूर फ़िल्म कम्पनी की एक सिस्टर कम्पनी खोली लक्ष्मी पिक्चर्स। उन्होंने इस कम्पनी का कार्यकारी निर्माता और निर्देशक मणिलाल जोशी को बनाया। 1925 में लक्ष्मी पिक्चर्स ने पहली फ़िल्म देवदासी बनायी जिसका निर्देशन मणिलाल जोशी ने किया। राजा सैंडो और ज़ुबैदा इस फ़िल्म के मुख्य कलाकार थे। जोशी ने लक्ष्मी पिक्चर्स के मैनेजर के रूप में हरिभाई देसाई को नियुक्त किया।

मणिलाल जोशी ने लक्ष्मी पिक्चर्स के लिए 1925 में कई फ़िल्मों का निर्देशन किया जिसमें काला चोर, खानदानी खाविस, सती सिमान्तनी और सुवर्णा जैसी फ़िल्में थीं। सुवर्णा की कहानी प्रेमशंकर ओझा ने लिखी थी।

खानदानी खाविस में आर एस डी चौधरी को अभिनय करने का चांस मिला और एक साल बाद ही चौधरी ने लक्ष्मी पिक्चर्स की आशा और नीरा जैसी फ़िल्मों को निर्देशित किया। 1925 में ही मणिलाल ने कोहिनूर फ़िल्म कम्पनी के लिए इन्द्रसभा और वीर कुणाल और समकालीन कथ्य पर आधारित मोजिली मुम्बई जैसी फ़िल्मों का भी निर्देशन किया।

मणिलाल ने फिर कोहिनूर छोड़कर 1926 में भोगीलाल दवे के आग्रह पर शारदा फ़िल्म कम्पनी के लिए कॉस्टयूम ड्रामा फ़िल्म 'रत्न मंजरी' का निर्देशन किया। इसी फ़िल्म से लोकप्रिय अभिनेता मास्टर विट्ठल को मुख्य अभिनेता के रूप में पेश किया गया।

मणिलाल ने 1927 में वज़ीर हाजी की कम्पनी एक्सेलसियर फ़िल्म कम्पनी के

लिए ननद भौजाई, श्रीमती नलिनी, प्रेम नी प्रतिमा, पवित्र शैतान को निर्देशित किया। पवित्र शैतान की कुछ दिन की शूटिंग बाकी थी तभी मणिलाल जोशी ने 7 सितम्बर 1927 को 34 साल की उम्र में दुनिया को अलविदा कह दिया।

मणिलाल जोशी को मूक सिनेमा के इतिहास में एक अलग दर्ज़ा हासिल है। जोशी वह पहले फ़िल्मकार थे जिन्होंने मूक सिनेमा को रंगमंच से अलग करके देखा। थिएटर में अभिनेता मुख्य केन्द्र बिन्दु होते हैं लेकिन जोशी ने सिनेमा में कैमरा को सबसे ज़्यादा महत्त्व दिया। दृश्य पे बल दिया। अपनी पहली फ़िल्म वीर अभिमन्यु में जोशी ने पहली बार फ्लैश बैक का इस्तेमाल किया। यह भारतीय सिनेमा में एक नया प्रयोग था। उसके अलावे फ़िल्म के कलाकारों को कैमरा के सामने सहज अभिनय करने की प्रेरणा दी। मणिलाल जोशी विदेशी फ़िल्मों के क्राफ्ट से बहुत मुतास्सिर थे इसलिए उन्होंने अपनी फ़िल्मों में दृश्यात्मक तत्त्वों पर ज़्यादा ज़ोर दिया। मणिलाल जोशी वह पहले फ़िल्मकार थे जिन्होंने फ़िल्म में काम करनेवाले सारे लोगों के नाम क्रेडिट में देने की वकालत की। उसके पहले क्रेडिट में सिर्फ़ मुख्य लोगों का ही नाम जाता था। युवा प्रतिभाशाली फ़िल्मकार मणिलाल जोशी जिस तरह से फ़िल्मों में प्रयोग कर रहे थे आने वाले समय में वह बहुत बड़े फ़िल्मकार के रूप में गिने जाते लेकिन ज़िन्दगी ने उन्हें फ़िल्मों में काम करने का सिर्फ़ पाँच साल का वक़्त दिया।

भालजी पेंढारकर (1899-1994)

1 मई 1899 को कोल्हापुर में भालचन्द्र गोपाल का जन्म होता है। जिसे लोग फ़िल्मकार भालजी पेंढारकर के नाम से जानते हैं। उनका पालन-पोषण और पढ़ाई कोल्हापुर में पूरी हुई। उसके बाद वह नौकरी की तलाश में पुणे आ गये। वे सिनेमा हॉल में मैनेजर की नौकरी किये। लेकिन कुछ ही महीनों बाद उनकी मुलाकात राष्ट्रीय आन्दोलन के नेता लोकमान्य बाल गंगाधर तिलक से हुई।

भालजी पेंढारकर

फिर उन्होंने लोकमान्य तिलक के अख़बार 'केसरी' में बतौर उप सम्पादक के रूप में काम करना शुरू कर दिया। तिलक के सान्निध्य में आकर वह राष्ट्रीय आन्दोलन से जुड़ गये। वह आज़ादी की सभाओं और जुलूसों में शरीक होने लगे। इसी बीच तिलक की मृत्यु हो गयी। भालजी ने हिन्दू महासभा की सदस्यता ले ली। वह डॉ हेडगेवार और मदन मोहन मालवीय के नेतृत्व में सक्रिय राजनीति में शरीक हो गये। वह हिन्दू महासभा पश्चिमी महाराष्ट्र के प्रभारी बनाये गये।

लेकिन केसरी अख़बार में कुछ साल काम करते हुए उन्हें एहसास हुआ कि आज की तारीख़ में सिनेमा बहुत प्रभावशाली माध्यम है। इस माध्यम का उपयोग जनजागरण के लिए किया जा सकता है। भालजी ने सिनेमा पर मराठी में अपना एक साप्ताहिक अख़बार शुरू किया सिनेमा समाचार। इस अख़बार में विशेष रूप से देशी और विदेशी सिनेमा पर गहन विश्लेषण वाले लेखों को तवज्जो दिया जाता था। फ़िल्मों के साथ फ़िल्म उद्योग की भी ख़बरें छापी जाती थीं।

शिवाजी पर पूर्वाग्रह के साथ जो लेखन हुआ था उसके विरोध में भालजी ने एक अलग दृष्टिकोण से छत्रपति शिवाजी पर शोध किया। अपनी आजीविका चलाने के लिए नाटक लिखना शुरू किया। उनके लिखे आसुरी लालसा, राष्ट्र संसार और कयादे भंग जैसे नाटक मशहूर हुए। वे अपने नाटकों में देशभक्ति संवादों के लिए पहचाने जाने लगे।

इसी बीच उनकी मुलाक़ात फ़िल्मकार मणिलाल जोशी से हुई। मणिलाल अपनी एक नयी फ़िल्म कम्पनी अशोका पिक्चर्स खोलने जा रहे थे। उन्हें एक अच्छी स्क्रिप्ट की ज़रूरत थी। भालजी ने उनके लिए पहली बार 'पृथ्वी बल्लभ' नाम की एक फ़िल्म स्क्रिप्ट लिखी। मणिलाल ने अपनी कम्पनी के बैनर तले 1924 में पृथ्वी बल्लभ को निर्देशित किया।

इसके बाद शारदा फ़िल्म कम्पनी ने भालजी को स्क्रिप्ट लिखने के लिए आमन्त्रित किया। उन्होंने दूसरी स्क्रिप्ट बाजीराव मस्तानी लिखी। चूँकि वह अपनी लिखी स्क्रिप्ट पर बनी फ़िल्मों से सन्तुष्ट नहीं थे इसलिए उन्होंने पहली बार बाजीराव मस्तानी से फ़िल्म निर्देशन में पदार्पण किया। 1925 में रिलीज़ बाजीराव मस्तानी हिन्दू मुस्लिम एकता का सन्देश देती थी। मिस जोन्स ने मस्तानी की भूमिका निभायी थी। यह फ़िल्म सफल रही थी।

भालजी के बड़े भाई बाबूराव पेंढारकर महाराष्ट्र फ़िल्म कम्पनी में प्रोडक्शन मैनेजर थे। उनको फ़िल्म प्रोडक्शन का बहुत अनुभव था। इसलिए भालजी ने अपने बड़े भाई बाबूराव पेंढारकर के साथ मिलकर वन्देमातरम नाम की एक फ़िल्म कम्पनी खोली। 1926 में वन्देमातरम फ़िल्म कम्पनी ने पहली फ़िल्म 'वन्देमातरम आश्रम' का निर्माण किया। जिसका लेखन और निर्देशन भालजी पेंढारकर ने किया था। इस फ़िल्म में मास्टर विट्ठल, यमुनादेवी और बाबूराव पेंढारकर ने मुख्य भूमिका निभायी थी। यह फ़िल्म इन शब्दों के उपशीर्षकों के साथ आरम्भ होती थी 'जब तक इस देश के विश्वविद्यालय, स्कूल और कॉलेज अपनी शिक्षण पद्धति में परिवर्तन करके इस देश की ज़रूरतों के अनुसार नहीं ढलेंगे तब तक ये संस्थाएँ ज़िन्दा लाश की तरह काम करती रहेंगी।' फ़िल्म में यह सन्देश था कि हर छात्र और छात्राओं को अपनी रुचि का विषय चुनने की आज़ादी होनी चाहिए और शिक्षा का मकसद सिर्फ़ क्लर्क पैदा करना नहीं बल्कि उन्हें श्रेष्ठ भारतीय नागरिक बनाना होना चाहिए।

सुलोचना और हीरा चौधरी फिल्म रानी रूपमती

लेकिन यह फ़िल्म सेंसर बोर्ड के कोपभाजन का शिकार बन गयी। चूँकि फ़िल्म शिक्षा के मुद्दे पर थी इसलिए सेंसर बोर्ड ने शिक्षा विभाग के दो विशेषज्ञों को आमन्त्रित किया उनमें मुम्बई के एक कॉलेज के प्रधानाचार्य थे। उनकी आपत्ति वाले दृश्यों को चार बार संशोधित करके भालजी ने फ़िल्म सेंसर बोर्ड के सामने प्रदर्शित की। लेकिन वह प्रधानाचार्य अपनी मनमानी पर अड़ा रहा और उसने फ़िल्म पर प्रतिबन्ध लगाने के साथ-साथ फ़िल्म निर्माता को भी अंग्रेज़ी सरकार विरोधी गतिविधियों का अपराधी मानकर दण्डित करने की अनुशंसा की। परिणाम यह हुआ कि फ़िल्म वन्देमातरम आश्रम प्रतिबन्धित हो गयी और उनकी कम्पनी भी बन्द हो गयी।

उसी समय महाराष्ट्र फ़िल्म कम्पनी से अलग होकर वी शान्ताराम, धायबर, दामले और फतेलाल कोल्हापुर में प्रभात फ़िल्म कम्पनी शुरू कर रहे थे। शान्ताराम ने अपने मौसेरे भाई भालजी से प्रभात फ़िल्म कम्पनी के लिए कुछ अच्छी स्क्रिप्ट लिखने का आग्रह किया।

भालजी ने प्रभात फ़िल्म कम्पनी के लिए फ़िल्म 'रानी साहिबा' लिखी। उसके

बाद उन्होंने पहली भारतीय बाल फ़िल्म 'बजर बट्टू' लिखी जो बहुत कामयाब रही। फिर उन्होंने कॉस्ट्यूम ड्रामा की एक स्क्रिप्ट लिखी जो फ़िल्म जुलुम के नाम से रिलीज़ हुई।

महाराष्ट्र फ़िल्म कम्पनी ने भालजी को एक ऐतिहासिक फ़िल्म बनाने के लिए आमन्त्रित किया। भालजी ने बाज़ बहादुर और रूपमती की प्रेम कहानी पर स्क्रिप्ट तैयार की। इस फ़िल्म में रूपमती की भूमिका के लिए उस ज़माने की सुपर अभिनेत्री सुलोचना (रूबी मेयर्स) को मुम्बई से कोल्हापुर बुलाया गया और बाज़ बहादुर के रोल के लिए अहमदनगर के एक थिएटर मालिक हीरा सिंह चौधरी को आमन्त्रित किया गया था।

1931 में भालजी द्वारा लिखित और निर्देशित फ़िल्म 'रानी रूपमती' रिलीज़ हुई जो कामयाब रही। भालजी पेंढारकर की यह आख़िरी मूक फ़िल्म थी।

भालजी का मानना था कि भारत में सिनेमा शिक्षा प्रचार का सशक्त माध्यम बन सकता है। इसलिए उन्होंने ऐसे कई स्क्रिप्ट लिखे जिनमें ऐतिहासिक घटनाओं का प्रामाणिक विवेचन प्रस्तुत किया गया था।

भालजी ने फिर कई बोलती फ़िल्मों का निर्माण और निर्देशन किया। भारतीय सिनेमा में गुणात्मक योगदान के लिए 1991 में भारत सरकार ने भालजी पेंढारकर को दादा साहेब फाल्के पुरस्कार से सम्मानित किया। एक लम्बी उम्र जीते हुए उन्होंने 26 नवम्बर 1994 को आख़िरी साँस ली।

कृष्णा फ़िल्म कम्पनी

1925 में मानेकलाल पटेल ने मुम्बई में कृष्णा फ़िल्म कम्पनी की स्थापना की। जिनका दूसरा नाम कृष्ण कुमार था। मानेकलाल 1910 से अहमदाबाद में एक फ़िल्म प्रदर्शक के रूप में सिनेमा डी फ्रांस चलाते थे। कोहिनूर फ़िल्म कम्पनी के द्वारकादास सम्पत उनके बिजनेस पार्टनर थे। तब द्वारका दास न्यूज़रील, डॉक्यूमेंट्री और विदेशी फ़िल्मों का प्रदर्शन अहमदाबाद के सिनेमा डी फ्रांस में और मुम्बई के सिनेमाघरों में किया करते थे। द्वारका दास ने अपनी कम्पनी पाटणकर एण्ड फ्रेंड्स की फ़िल्म शकुन्तला को निर्देशित करने के लिए मानेकलाल को मुम्बई बुलाया।

1919 में मानेकलाल ने फ़िल्म शकुन्तला का निर्देशन किया लेकिन यह फ़िल्म सफल नहीं रही। द्वारका दास ने पाटणकर फ्रेंड्स कम्पनी छोड़कर कोहिनूर फ़िल्म कम्पनी बनायी जिसमें मानेकलाल पटेल शामिल हो गये। 1921 में आयी कोहिनूर की विवादास्पद फ़िल्म भक्त विदुर में मानेकलाल ने श्रीकृष्ण की भूमिका निभायी थी। कोहिनूर फ़िल्म कम्पनी में आग लगने के बाद मानेकलाल ने कोहिनूर कम्पनी छोड़ दी और कृष्णा फ़िल्म लैबोरेटरी की स्थापना की। 1925 में मानेकलाल पटेल ने फ़िल्म निर्माण में उतरने के वास्ते कृष्णा फ़िल्म कम्पनी की स्थापना की। उसके साथ उन्होंने दुबाश थिएटर का अधिग्रहण किया और इसका नाम बदलकर कृष्णा सिनेमा कर दिया। कृष्णा फ़िल्म कम्पनी कोहिनूर की सबसे सफल शाखाओं में से एक थी। कोहिनूर के प्रसिद्ध निर्देशक कांजीभाई राठौर कृष्णा फ़िल्म कम्पनी में शामिल हो गये।

1925 में कृष्णा फ़िल्म कम्पनी ने करीब दस फ़िल्मों का निर्माण किया। फ़िल्म बाप कमाई, चन्द्रकान्त और भद्र भामिनी प्रमुख थी।

1925 और 1931 के बीच कृष्णा फ़िल्म कम्पनी ने करीब 44 फ़िल्मों का निर्माण किया। जिसमें रजवाड़ा रंग, पैसा ना गुलाम, स्वर्ग विहार, कृष्णावतार, रुक्मिणी हरण, घर की लक्ष्मी प्रमुख फ़िल्में है।

कृष्णा फ़िल्म कम्पनी पहली टॉकी बनाने की रेस में थी। मानेकलाल पटेल ने एक बड़ी पूँजी निवेश करके कृष्णाटोन नाम से ध्वनि फ़िल्म कम्पनी बनायी। मानेकलाल ने इंपीरियल से पहले ही साउंड रिकॉर्डिंग के लिए टॉकी तनार उपकरण मँगवाये थे। लेकिन इम्पीरियल पहली बोलती फ़िल्म बनाने में कामयाब रही। 1931 में कृष्णाटोन फ़िल्म कम्पनी ने कांजीभाई राठौर के निर्देशन में करीब पाँच बोलती फ़िल्में बनायीं।

इतिहासकार वीरचन्द धर्मसी के अनुसार, 'मानेकलाल पटेल ने अपना फ़िल्म स्टूडियो बनाने के लिए अँधेरी में 90 एकड़ जमीन खरीदी। वह एक आधुनिक स्टूडियो बनाना चाह रहे थे जिसमें मुगल गार्डन से लेकर कई तरह के लोकेशन बनाने की योजना थी।'

1935 में उनकी आख़िरी फ़िल्म 'फैशनेबल इंडिया' मुकदमेबाजी में फँस गयी। फ़िल्म निर्माण में करीब दो साल लग गये। कृष्णा टोन कम्पनी भारी कर्ज़ में डूब गयी। एक बड़े नुकसान के बाद मानेकलाल पटेल ने अपनी फ़िल्म कम्पनी बन्द कर दी।

जगताप ब्रदर्स पिक्चर

महादेव जगताप जो फ़िल्म इंडस्ट्री में माधवराव नाम से लोकप्रिय थे। उनका जन्म 1904 में कोंकण एरिया के सावन्तवाड़ी में हुआ था। उनके पिता भीकाजी नारायण जगताप एक समृद्ध और प्रतिष्ठित व्यक्ति थे। वे कई सामाजिक कल्याण संगठनों के सक्रिय सदस्य थे।

भीकाजी के तीन बेटे माधवराव, वसन्त और रघुनाथ थे जिनमें वसन्त का जन्म 1906 में और रघुनाथ का जन्म 1908 में हुआ था। भीकाजी अपने बच्चों के उज्ज्वल भविष्य के लिए कोंकण से मुम्बई शिफ्ट हो गये। मुम्बई में भीकाजी की दो और सन्तानें जन्म लीं। जगन्नाथ का जन्म 1920 में और सबसे छोटे बेटे दत्तात्रेय का जन्म 1924 में हुआ।

जगताप बन्धुओं में माधवराव फ़िल्म इंडस्ट्री में शामिल हुए। उन्होंने 1924 में इंडियन पिक्चर्स कॉरपोरेशन से अपने करियर की शुरुआत की। लेकिन अप्रैल 1925 में उन्होंने यह कम्पनी छोड़ दी। उन्होंने अपने पिता से आग्रह किया कि हम विदेश जाकर सिनेमा की ट्रेनिंग लेना चाहते हैं। उनके पिता ने अपने तीनों बच्चों माधवराव, वसन्त और रघुनाथ को फ़िल्म की ट्रेनिंग के लिए यूरोप भेजा। जगताप बन्धुओं ने इंग्लैंड, फ्रांस और इटली जाकर फ़िल्म कैमरा का प्रशिक्षण लिया। 1926 में जगताप बन्धु मुम्बई लौटते हुए अपने साथ नया बेल एंड हावेल कैमरा भी खरीदकर लाये। वहाँ से लौटने के बाद माधवराव ने अपनी फ़िल्म कम्पनी खोली जिसका नाम रखा 'जगताप ब्रदर्स पिक्चर।' इन्होंने अपना स्टूडियो 23, कान्हेरी रोड, बोरीवली, मुम्बई में खोला। जबकि इनका ऑफिस 10 खेतवाड़ी लेन, गिरगाँव में था।

इन्होंने अपने बैनर तले पहली फ़िल्म 'जय भवानी' बनायी। जिसमें कहानी, पटकथा और निर्देशन के पी भावे का था जबकि कैमरामैन ख़ुद माधवराव थे। उनका भाई वसन्त सहायक कैमरामैन था। जबकि तीसरा जगताप बन्धु रघुनाथ ने फ़िल्म में

मुख्य भूमिका निभायी थी। 1927 में यह फ़िल्म रिलीज़ हुई थी।

माधवराव ने जगताप ब्रदर्स की अगली फ़िल्म 'चमकती चन्दा' में सिर्फ़ प्रोड्यूसर की ज़िम्मेवारी निभायी। इस फ़िल्म का लेखन मणिलाल जोशी और निर्देशन एम बी उदवाडिया ने किया था और कैमरामैन थे वसन्त जगताप। प्रमुख भूमिका ज़ुबैदा के साथ रघुनाथ जगताप ने निभायी थी। तीन साल में जगताप ब्रदर्स पिक्चर ने पाँच फ़िल्मों का निर्माण किया। जिसमें बाकी तीन फ़िल्में थीं नर केसरी, गोल्डन गैंग और गर्व खानदान। सारी फ़िल्मों में कैमरा संचालन वसन्त जगताप ने किया था।

1929 में माधवराव ने जगताप ब्रदर्स पिक्चर बन्द कर दिया। कैमरामैन वसन्त जगताप और निर्देशक एम बी उदवाडिया ने मिलकर 1929 में विवेकानन्द पिक्चर्स कम्पनी की स्थापना की। इस बैनर के तले तीन फ़िल्मों का निर्माण किया गया। जिसमें तावांगर नी तलवार, मास्कड राइडर प्रमुख फ़िल्में थीं। 1930 में यह कम्पनी भी बन्द हो गयी।

तीसरे भाई रघुनाथ जगताप ने 1930 में एशियाटिक फ़िल्म कम्पनी खोली। इस कम्पनी ने दो सालों में सिर्फ़ चार फ़िल्मों का निर्माण किया। जिसमें बेहराम द बैंडिट और शमशीर बाज़ प्रमुख थीं।

इनके चौथे भाई जगन्नाथ जगताप जो बॉम्बे टॉकीज और फिल्मिस्तान में साउंड रिकार्डिस्ट के तौर पे कार्यरत थे। जगन्नाथ ने उस समय की सहायक अभिनेत्री दुलारी से शादी की थी।

जगताप बन्धुओं में सबसे छोटे भाई दत्तात्रेय जगताप ने अपने भाई वसन्त देसाई के सहायक कैमरामैन के तौर पर अपने करियर की शुरुआत की।

मुम्बई फ़िल्म उद्योग के इतिहास में यह एक दुर्लभ मामला है कि पाँचों जगताप बन्धुओं ने अपने करियर की शुरुआत कैमरे से की थी। बाद में कोई एक्टर, कोई साउण्ड रिकॉर्डिस्ट बन गया। वसन्त जगताप बहुत मशहूर कैमरामैन हुए। उन्होंने कई फ़िल्म कम्पनियों के साथ वाडिया मूवीटोन के चीफ कैमरामैन के रूप में भी काम किया। तकनीकी रूप से वे इतने निपुण थे कि कैसा भी मूवीकैमरा को खोलके बना सकते थे।

चन्दूलाल जयसिंह शाह (1898-1975)

चन्दूलाल शाह का जन्म 13 अप्रैल 1898 को बॉम्बे प्रेसिडेंसी के गुजरात के जामनगर में हुआ था। उन्होंने मुम्बई के सिंडहम कॉलेज से अर्थशास्त्र में पढ़ाई की। 1924 में बॉम्बे स्टॉक एक्सचेंज में इनकी नौकरी लग गयी। मुम्बई में उन दिनों देशी और विदेशी मूक फ़िल्में ख़ूब प्रदर्शित हो रही थीं। शाह को फ़िल्म देखने का बहुत शौक था। इनके बड़े भाई दयाराम शाह शेयरों की खरीद-बिक्री के अलावा पौराणिक फ़िल्मों की कहानियाँ भी लिखा करते थे और चन्दूलाल इस काम में भी उनका हाथ बँटाया दिया करते थे। बाद में दयाराम शाह मैजेस्टिक सिनेमा के पब्लिसिटी मैनेजर भी हो गये थे। चन्दूलाल अपने भाई द्वारा लिखी कहानियों के फ़िल्मांकन के समय स्टूडियो पहुँच जाया करते थे। कुछ फ़िल्मों में उन्होंने बतौर सहायक निर्देशक काम भी किया।

कोहिनूर फ़िल्म कम्पनी की सिस्टर कम्पनी लक्ष्मी पिक्चर कम्पनी खोली गयी थी जिसको चलाने की ज़िम्मेदारी नौजवान डायरेक्टर मणिलाल जोशी को दी गयी थी। मणिलाल और चन्दूलाल शाह के बीच फ़िल्मों की कहानियाँ और तकनीक पर हमेशा चर्चाएँ होती थीं। मणिलाल को शाह काम करते देखा करते थे। चन्दूलाल की साहित्यिक अभिरुचि और विदेशी फिल्मों को बारीकी से देखने की चर्चा थी।

चन्दूलाल शाह

एक बार लक्ष्मी पिक्चर कम्पनी की फ़िल्म 'विमला' की शूटिंग के समय निर्देशक मणिलाल जोशी बीमार हो गये। जोशी के कहने पर चन्दूलाल शाह को निर्देशन के लिए बुलाया गया। शाह ने निर्धारित समय पर शूटिंग पूरी करके फ़िल्म तैयार कर दी। उसी वर्ष उन्होंने लक्ष्मी पिक्चर कम्पनी के लिए दो और फ़िल्मों का निर्देशन किया जिसमें एक फ़िल्म पाँचडंडा थी जिसमें राजा सैंडो और मिस इकबाल ने काम किया था। फिर वे स्टॉक एक्सचेंज की दुनिया में वापस लौट गये। अगले वर्ष भी एक दुर्घटना ने चन्दूलाल शाह को स्थायी तौर पर फ़िल्मों में आने के लिए विवश कर दिया।

मिस गौहर

सिनेमा विजन इंडिया के अंक में अभिनेत्री मिस गौहर ने गिरीश कर्नाड को दिये एक इंटरव्यू में बताया था कि "कोहिनूर फ़िल्म कम्पनी की फ़िल्म शीरी फरहाद की शूटिंग चल रही थी। होमी मास्टर उस फ़िल्म का निर्देशन कर रहे थे। गौहर शीरी की भूमिका में थीं और खलील फरहाद की भूमिका निभा रहे थे। एक ऊँचे टीलेनुमा जगह पर खड़े होकर होमी मास्टर मुझे दृश्य समझा रहे थे जहाँ दो भारी-भरकम पुरुष मुझे (शीरी को) उठा के पहाड़ के नीचे फेंकते हैं। तभी होमी फिसल गये और उनका टखना टूट गया। दर्द से कराहते हुए होमी ने निर्देशन के लिए चन्दूलाल शाह का नाम सुझाया।" शाह को ढूँढना कठिन नहीं था। वे मुम्बई के एम्पायर, एक्सेलसियर, कैपिटल, यूनिवर्सल या रॉयल सिनेमाघरों में विदेशी आयातित फ़िल्में देखते रहते थे।

उन्हें खोज निकाला गया। पता चला कि शाह रॉयल ओपेरा हाऊस में कोई फ़िल्म देख रहे हैं। चन्दूलाल शाह को यह पता लग चुका था कि फ़िल्म में गौहर मुख्य भूमिका में हैं। गौहर को उन्होंने इससे पहले कोहिनूर फ़िल्म कम्पनी के सेट पर 'सम्राट शिलादित्य' फ़िल्म में काम करते देखा था। शाह कोहिनूर में आये और उन्होंने होमी मास्टर की पटकथा को बदलकर नई पटकथा लिखी और उस फ़िल्म

को निर्देशित किया। इसी फ़िल्म के दौरान शाह और गौहर एक दूसरे के क़रीब आये।

1926 में कोहिनूर कम्पनी ने टाइपिस्ट गर्ल फिल्म का निर्माण किया जिसके निर्देशक चन्दूलाल शाह थे। इस फिल्म की नायिका सुलोचना (रूबी मेयर्स) थीं और इसमें मिस गौहर ने भी एक छोटी सी भूमिका निभाई थी। गौहर का कथन — 'मैंने नायिका के अलावे कभी दूसरी भूमिका नहीं की थी, लेकिन शाह ने मुझे छोटी भूमिका के लिए मना लिया। उसके बाद शाह ने बहुत सी फ़िल्मों का निर्देशन किया और उस दिन के बाद से मैंने केवल चन्दूलाल शाह की फ़िल्मों में ही काम किया।'

टाइपिस्ट गर्ल की कामयाबी के बाद, 1927 में कोहिनूर के लिए शाह ने फ़िल्म गुण सुन्दरी का निर्देशन किया। जिसमें मुख्य भूमिका मिस गौहर ने निभायी थी। यह फ़िल्म भी बहुत कामयाब रही।

सन् 1928 में चन्दूलाल शाह और गौहर ने कोहिनूर फ़िल्म कम्पनी छोड़ दी और दूसरी कम्पनी जगदीश फ़िल्म कम्पनी के लिए फ़िल्में बनाने लगे। शाह ने जगदीश फ़िल्म कम्पनी के लिए चार फ़िल्में बनायीं– 1928 में शाह ने विश्व मोहिनी और गृह लक्ष्मी बनाई और 1929 में चन्द्रमुखी और राज लक्ष्मी। चारों फ़िल्में आदर्श अबला के फार्मूले पर आधारित थीं। इन चारों फ़िल्मों में मुख्य भूमिका गौहर और राजा सैंडो ने निभायी थी।

राजा सैंड़ो

जमशेदजी वाडिया लिखते हैं 'उस ज़माने की फ़िल्मों में गुण सुन्दरी और गृह लक्ष्मी जैसी स्त्रियों की फ़िल्में प्रस्तुत की जाती थीं। ये स्त्रियाँ घरेलू गाय की तरह अपने पतियों की आज्ञा का पालन करती थीं और ऐसा करके वे ख़ुद को गौरवान्वित अनुभव करती थीं। इन स्त्रियों की वीरता तभी दिखाई देती थी जब कोई खलनायक उनका शीलभंग करने का यत्न करता था। इतालवी अभिनेत्री सिग्नोरा मिनैली और एंग्लो इंडियन पेशेन्स कूपर अक्सर आदर्श हिन्दू अबलाओं की भूमिकाएँ निभाती थीं।'

रणजीत फ़िल्म कम्पनी

जून 1929 में चन्दूलाल शाह और मिस गौहर ने मिलकर अपने मित्र विठ्ठल दास ठाकुर के साथ दादर में रणजीत फ़िल्म कम्पनी की स्थापना की।

गौहर और शाह की रणजीत फ़िल्म कम्पनी में हॉलीवुड के किसी भी स्टूडियो की सभी अच्छाइयाँ थीं। सन् 1929 से 1932 के साढ़े तीन सालों में रणजीत फ़िल्म कम्पनी ने करीब 34 फ़िल्में बनायी।

इसका कारण यह था कि हॉलीवुड की स्टूडियो पद्धति के अनुसार ही रणजीत के पास मिस गौहर के साथ-साथ सुलोचना, माधुरी, शान्ताकुमारी, सुल्ताना और ज़ुबैदा जैसी स्टार अभिनेत्रियाँ थीं और नन्दलाल जसवन्तलाल, नानू भाई वकील, जयन्त देसाई और नगेन्द्र मजूमदार जैसे निर्देशक थे। ये सभी लोग दिन-रात फ़िल्म निर्माण के काम में जुटे रहते थे। इतने नियमबद्ध तरीके से हर माह एक सफल फ़िल्म बनाना आसान काम नहीं था। चन्दूलाल शाह और रणजीत फ़िल्म कम्पनी ने एक सुव्यवस्थित और कुशल स्टूडियो सिस्टम की नींव डाल दी थी। गिरीश कर्नाड को दिये गये साक्षात्कार में मिस गौहर ने बताया था, 'सन् 1929 में हमारे स्टूडियो में केवल एक मंच था। जहाँ नियमित शूटिंग हो सकती थी। दो वर्ष बाद ही हमारे पास चार मंच हो गये थे। दो मंच आज के रूपतारा स्टूडियो के हिस्से बन गये हैं। किसी भी कार्य दिवस में तीन मंचों पर हमेशा काम होता रहता था स्टूडियो का प्रबन्ध चन्दूलाल के भाई दयाराम शाह देखते थे। उस समय छह सौ लोग हमारे स्टाफ के सदस्य थे जिनमें एक्स्ट्रा से लेकर स्टार्स तक सभी शामिल थे। रणजीत में हम दो तरह की फ़िल्में बनाते थे–सामाजिक फ़िल्में और मारधाड़ मार्का फ़िल्में। स्टंट फ़िल्मों का बजट सामाजिक फ़िल्मों से ज्यादा बड़ा होता था। क्योंकि उनमें घोड़ों, राजकुमारों और राजकुमारियों की पोशाकों और स्टंट कलाकारों की ज़रूरत पड़ती थी।'

1929 में रणजीत फ़िल्म कम्पनी ने चार फ़िल्में बनायीं। जिसमें भिखारन, देहना दान, पति पत्नी और राजपूतानी शामिल हैं। चन्दूलाल शाह ने भिखारन और पति पत्नी का निर्देशन किया था और मुख्य भूमिका में मिस गौहर थीं।

1930 में करीब 14 फ़िल्मों का निर्माण किया। जिसमें रनक देवी, पहाड़ी कन्या, देश दीपक, शेख चिल्ली, दीवानी दिलबर, नूर ए वतन और जवान मर्दा प्रमुख है। अभिनेत्री पुतली ने उस साल की बनी रणजीत की कई फ़िल्मों में काम किया।

फ़िल्म देश दीपक को सेंसर ने 6 अक्टूबर 1930 को उस वक़्त की मौजूदा राजनीतिक परिस्थिति से प्रेरित फ़िल्म बताकर प्रतिबन्धित कर दिया था। दुबारा 21 जनवरी 1931 को दुबारा उस फिल्म को चालाक चोर नाम से रिलीज़ की गई।

गौहर के शब्दों में– 'हमारा रणजीत स्टूडियो खुला था उसके ऊपर छत नहीं थी। क्योंकि हम प्रकाश के लिए सूर्य की रौशनी पे निर्भर थे। पर्दा और रिफ्लेक्टर का प्रयोग होता था। हमारा बम्बई में प्रमुख बाहरी लोकेशन चेम्बूर और सायन होता था। उस समय ये जगहें बहुत दूर लगती थी। आज सायन और चेम्बूर बम्बई का हिस्सा बन चुका है।'

1931 में भी रणजीत फ़िल्म कम्पनी ने 14 फ़िल्में निर्मित कर प्रदर्शित कीं। जिसमें आज़ादी ना जंग, हूर ए रोशन, कातिल कटारी, बाँके साँवरिया, मोजिली माशूक, घूँघट वाली, ग्वालन, प्रेमी जोगन, विजय लक्ष्मी जैसी फ़िल्में बनीं और सफल रहीं।

1932 में रणजीत ने सिर्फ़ चार फ़िल्मों का निर्माण किया। वे चार फ़िल्में हैं बग़दाद का बदमाश, लाल सवार, नखरली नार और सिपाहसलार।

रणजीत फ़िल्म कम्पनी की ज़्यादातर फ़िल्में मुम्बई के ओपेरा हाउस और वेस्ट एंड में प्रदर्शित होती थी। वेस्ट एंड थिएटर को बाद में नाज़ सिनेमा हॉल के नाम से जाना गया। जो ग्रांट रोड के लैमिंगटन रोड पर स्थित है।

रणजीत मूवीटोन का यह व्यवस्थित रूप ध्वनि के आगमन के बाद भी बना रहा। शाह और गौहर की यह भागीदारी अगले पैतीस सालों तक चलती रही।

कहा जाता है कि सन् 1931 से 1946 के पन्द्रह वर्षों में रणजीत स्टूडियो ने सौ फ़िल्मों का निर्माण किया। भारत में किसी एक स्टूडियो द्वारा स्वयं इतनी फ़िल्में कभी नहीं बनायी गयीं। रणजीत स्टूडियो ने ही नवल गाँधी के निर्देशन में रवीन्द्रनाथ टैगोर के नाटक पर आधारित 'बलिदान' फ़िल्म बनायी थी। चन्दूलाल शाह ने अपनी अन्तिम फ़िल्म 'पापी' सन् 1953 में बनायी थी। चन्दूलाल शाह का पौराणिक आख्यानों के स्थान पर तात्कालिक सामाजिक समस्याओं पर फ़िल्में बनाने का निर्णय ने उन्हें बतौर एक सफल फ़िल्मकार के रूप में स्थापित किया। हॉलीवुड में बनी फ़िल्मों की कथाओं को भारतीय परिस्थितियों का जामा पहनाकर एक नयी फ़िल्म तैयार कर लेने का फार्मूला यहीं से जन्मा था। बम्बई में व्यावसायिक सिनेमा के सरदार बन चुके थे चन्दूलाल शाह।

1929 की रणजीत फ़िल्म कम्पनी की फ़िल्में

भिखारन– निर्देशक शाह, कैमरा– पांडुरंग एस नाइक। कलाकार– गौहर, के नारायण काले।

देहना दान उर्फ मृगनयनी– निर्देशक नानूभाई वकील, कैमरा– जमनादास सूबेदार, पति पत्नी– निर्देशक शाह, कैमरा– पांडुरंग नाइक, कलाकार– गौहर, राजा सैंडो, मुबारक

राजपूतानी– निर्देशक : शाह, कैमरा– पांडुरंग नाइक, कलाकार– गौहर, डी बिलीमोरिया

1930 में कम्पनी ने करीब 14 फ़िल्मों का निर्माण किया।

अलबेलो सवार, निर्देशक : नगेन्द्र मजूमदार, कलाकार– पुतली, बिलिमोरिया

देश दीपक, निर्देशक : नानूभाई वकील। कलाकार– पुतली, इनामदार, मणिलाल। (नोट : सेंसर ने 6 अक्टूबर 1930 को उस वक़्त की मौजूदा राजनीतिक परिस्थिति से प्रेरित फ़िल्म बताकर प्रतिबन्धित कर दिया था। दुबारा 21 जनवरी 1931 को नाम बदलकर चालाक चोर नाम से फिल्म रिलीज़ की गयी।)

दीवानी दिलबर, निर्देशक : शाह, कैमरा– पांडुरंग नाइक। कलाकार– गौहर, डी बिलिमोरिया

जवान मर्दा, निर्देशक, पटकथा कार : जयन्त देसाई। कलाकार– पुतली, बाबूराव संसारे, मणिलाल

जोबन्ना जादू उर्फ लव एंगल, निर्देशक : पेशी करानी, कैमरा– नवल भट्ट। कलाकार– ज़ुबैदा

मदभर मोहिनी, निर्देशक : नानूभाई वकील, कैमरा– पांडुरंग नाइक। कलाकार– पुतली, बाबूराव संसारे।

नूर ए वतन, निर्देशक : जयन्त देसाई, कैमरा : जमनादास सूबेदार। कलाकार– सुल्ताना, इनामदार।

पहाड़ी कन्या, निर्देशक– नन्दलाल जसवन्तलाल, कैमरा : पांडुरंग नाइक, कहानी पटकथा : मोहनलाल दवे, कलाकार– गौहर, डी बिलिमोरिया।

रनक देवी (ऐतिहासिक), निर्देशक : नानूभाई वकील, कैमरा : जमनादास सूबेदार। कलाकार : पुतली, बाबूराव संसारे।

रसीली राधा (पौराणिक), निर्देशक : नानूभाई वकील, कैमरा : जी जी गोगेट। कलाकार : शान्ता कुमारी, डी बिलिमोरिया।

शेख चिल्ली, निर्देशक : नानूभाई वकील, कैमरा : जी जी गोगेट। कलाकार- शान्ताकुमारी, ईनामदार वनराज, निर्देशक : नानूभाई वकील, कैमरा : जी जी गोगेट। कलाकार– पुतली, ईनामदार।

1931 में 14 फ़िल्में निर्मित कर प्रदर्शित की गयीं। बाँके साँवरिया, मोजिली माशूक, घूँघट वाली, ग्वालन, प्रेमी जोगन, प्रेमी पणखीडे, विजय लक्ष्मी, विलासी आत्मा जैसी फ़िल्में बनीं और सफल रहीं। 1932 में रणजीत ने सिर्फ़ चार फ़िल्मों का निर्माण किया। वे चार फ़िल्में हैं बगदाद का बदमाश, लाल सवार, नखरली नार और सिपाहसलार।

हरिभाई रघुनाथजी देसाई

हरिभाई एक बहुमुखी प्रतिभा के धनी व्यक्ति थे। वह बिजनेस प्रशासक, पत्रकार, छायाकार, फ़िल्म निर्माता और निर्देशक थे।

हरिभाई का जन्म 4 अप्रैल 1895 को गुजरात के हरिया में हुआ था। वह अर्थशास्त्र में स्नातक होने के बाद यूरोप चले गये। वहाँ उन्होंने हीरे मोती के व्यवसाय में कुछ सालों तक काम किया। फिर प्रथम विश्वयुद्ध के बाद वह हिन्दुस्तान लौटकर आ गये। मुम्बई के कई व्यावसायिक प्रतिष्ठानों में इन्होंने काम किया।

1924 में कोहिनूर फ़िल्म कम्पनी की सिस्टर कम्पनी लक्ष्मी पिक्चर कम्पनी की शुरुआत हुई जिसके कार्यभार का जिम्मा युवा प्रतिभावान फ़िल्मकार मणिलाल जोशी को दिया गया।

मणिलाल जोशी को लक्ष्मी पिक्चर के लिए एक योग्य महाप्रबन्धक की ज़रूरत थी। उनको हरिभाई देसाई के रूप में कम्पनी का महाप्रबन्धक मिल गया। देसाई ने थोड़े समय में ही इस फ़िल्म कम्पनी को सम्हाल लिया। उन्होंने नयी प्रतिभाओं को अवसर दिया। 1925 में चन्दूलाल शाह को फ़िल्म विमला के निर्देशन के लिए आमन्त्रित किया। आर एस डी चौधरी को फ़िल्म नीरा के निर्देशन का भार सौंपा। नागेन्द्र मजूमदार ने लक्ष्मी पिक्चर की फ़िल्म आशा निर्देशित की। ये दोनों फ़िल्में 1926 में प्रदर्शित हुई थीं।

हरिभाई देसाई ने पांडुरंग नाईक को पहली बार स्वतन्त्र रूप से छायांकन करने का अवसर दिया। बतौर कैमरामैन पांडुरंग ने फ़िल्म नीरा की फ़ोटोग्राफ़ी की।

दो साल में दस फ़िल्में बनाने के बाद 1927 में लक्ष्मी पिक्चर कम्पनी बन्द हो गयी।

हरिभाई फ़िल्म कम्पनी छोड़कर पत्रकारिता की तरफ मुड़ गये। वह एक पत्रिका का सम्पादन करते रहे। तभी शारदा फ़िल्म कम्पनी के मालिक भोगीलाल

दवे ने एक नयी फ़िल्म यूनिट खोलने का फैसला किया। पुणे के उपनगर खिरकी में सुवर्णा पिक्चर्स का दफ़्तर खोला गया। इस फ़िल्म कम्पनी का कार्यकारी प्रबन्धक हरिभाई देसाई को बनाया गया। हरिभाई ने ना सिर्फ़ नियमित कार्यालय का काम देखा बल्कि फ़िल्म निर्माण के तकनीकी पक्ष में भी गहरी रुचि ली।

1928 में सुवर्णा पिक्चर की पहली फ़िल्म रूप बसन्त या मदन मोहन का निर्देशन पी वी चव्हाण को सौंपा जिसकी कहानी नानू भाई देसाई ने लिखी थी।

उसी साल रिलीज़ सुवर्णा पिक्चर की दूसरी फ़िल्म मयाना रंग या एन्टीसेमेंट में नये स्टंट हीरो बच्चू को मौका दिया। इसके साथ हरिभाई देसाई ने शारदा फ़िल्म कम्पनी में असिस्टेंट डायरेक्टर रहे धीरूभाई देसाई को 1929 में आयी फ़िल्म कुसुमलता या लिली ऑफ़ द वैली के स्वतन्त्र निर्देशन का भार सौंपा।

इतने अनुभव के बाद हरिभाई को एहसास हो गया कि वह अपनी फ़िल्म कम्पनी खोल सकते हैं। यहीं से सूर्या फ़िल्म कम्पनी खोलने का विचार आया।

सूर्या फ़िल्म कम्पनी बंगलोर

22 जुलाई 1929 को हरिभाई देसाई ने दक्षिण भारत के बंगलोर (अब बेंगलुरू) में शारदा फ़िल्म कम्पनी के दक्षिण भारत के वितरक पुरुषोत्तम वी वेद के साथ साझेदारी में सूर्या फ़िल्म कम्पनी खोली। लेकिन एक साल के भीतर ही साझेदारी टूट गयी और हरिभाई देसाई सूर्या के एकमात्र मालिक बन गये। उन्होंने शारदा फ़िल्म कम्पनी की तर्ज पर ज़्यादातर स्टंट फ़िल्में बनाने का निर्णय लिया।

उन्होंने स्थानीय प्रतिभाओं के अलावा बम्बई, पुणे और कोल्हापुर से लोगों को इकट्ठा किया। मुम्बई से कहानीकार एन.आर. देसाई और अभिनेत्री ज़ेबुन्निसा को अपनी कम्पनी में काम करने के लिए आमन्त्रित किया। पुणे से वामनराव कुलकर्णी, मास्टर बच्चू और सुन्दरराव नाडकर्णी तथा कोल्हापुर से गणपत बाकरे, झुंझरराव पवार और के. रंगाराव को बंगलोर बुलाके अपनी कम्पनी में शामिल किया।

बंगलोर की अभिनेत्री लक्ष्मी भी सूर्या फ़िल्म कम्पनी का हिस्सा बन गयीं। जो बाद में दक्षिण भारत की टॉकीज़ फ़िल्मों की बड़ी अभिनेत्री बनीं।

हरिभाई ने 1929 में अपनी कम्पनी की पहली फ़िल्म राज हृदय या हार्ट ऑफ़ ए किंग का निर्माण किया। जिसकी कथा और पटकथा भालजी पेंढारकर ने लिखी थी। इस फ़िल्म का निर्देशन ख़ुद हरिभाई ने किया। उन्होंने दूसरी फ़िल्म किशोरी या चॉइस ऑफ़ ब्राइड का निर्माण किया जिसे ख़ुद निर्देशित भी किया। जिसमें लक्ष्मी,

बच्चू, गनपत बाकरे और झुंझर राव पवार जैसे कलाकारों ने काम किया।

हरिभाई ने सुन्दरराव नाडकर्णी को धूमकेतु और रणधीर जैसी फ़िल्मों के निर्देशन की ज़िम्मेवारी देकर उन्हें स्वतन्त्र निर्देशक बनाया। उसके साथ मोहम्मद को भी स्वतन्त्र कैमरामैन के रूप में सूर्या फ़िल्म कम्पनी ने ही मौका दिया जो बाद में दक्षिण भारत की फ़िल्मों के बड़े छायाकार के रूप में जाने गये।

इसी बीच हरिभाई सिनेमाटोग्राफ़ी के अध्ययन के लिए अमेरिका गये और वहाँ न्यूयॉर्क इंस्टीट्यूट ऑफ़ फ़ोटोग्राफ़ी से डिप्लोमा प्राप्त किया। भारत में भोगीलाल दवे के बाद न्यूयॉर्क इंस्टीट्यूट ऑफ़ फ़ोटोग्राफ़ी से डिप्लोमा प्राप्त करने वाले हरिभाई दूसरे शख़्स थे।

पहले ग्यारह महीनों में हरिभाई और उनकी टीम ने दस फ़िल्मों का निर्माण किया। उसके बाद यह सिलसिला अगले तीन सालों तक जारी रहा। 1929 से 1932 तक सूर्या फ़िल्म कम्पनी ने 38 फ़िल्मों का निर्माण किया। जिसमें इन्तकाम, इश्क़ नो अन्जाम उर्फ़ किंगडम ऑफ़ लव, ज़िन्दगी नो जुगार, कसौटी, शाह के जिगर, शेर दिल, ताज के तलवार, विकराल वारु उर्फ़ वाइल्ड वुल्फ, एसियाई सितारा, दिले दिलार और क्या बात जैसी फ़िल्में शामिल हैं।

भारतीय मूक सिनेमा युग में दक्षिण भारत की सूर्या फ़िल्म कम्पनी का बहुत बड़ा योगदान रहा है। बोलती फ़िल्मों का दौर आने के बाद सूर्या फ़िल्म कम्पनी बन्द हो गयी। उसके बाद हरिभाई फ़िल्म व्यवसाय छोड़कर अपने पुराने व्यवसाय में वापिस आ गये।

बम्बईया मूक सिनेमा के स्टार लेखक : मोहनलाल गोविन्ददास दवे

'मैं ज़्यादा पढ़ा लिखा नहीं, मगर एक व्यावसायिक लेखक हूँ। जो पैसा देता है उसके लिए मैं लिखता हूँ।'–मोहनलाल दवे।

मोहनलाल दवे हिन्दुस्तानी मूक सिनेमा के पहले मंज़रनामा (पटकथा) लेखक थे जिनका नाम फ़िल्म के पोस्टर और विज्ञापन में छपता था। पैसे और शोहरत के मामले में वे कुछ विरले कामयाब गुजराती लेखकों में से एक थे।

उनका जन्म 1883 में गुजरात के अमरेली जिला के लिलिया मोटा गाँव में हुआ था। सातवीं क्लास तक पढ़ाई की। उसके कुछ साल बाद गाँव में सात रूपये की पगार पर शिक्षक की नौकरी करने लगे। कुछ महीने बाद उनकी नौकरी छूट गयी। दवे जेब में पाँच रुपये लेकर मुम्बई आ गये। मुम्बई के गिरगाँव के एक लॉज में बेयरा का काम करने लगे। लॉज में एक व्यापारी को रोज़ सुबह अख़बार पढ़कर सुनाया करते थे। व्यापारी ने दवे की नौकरी कराची स्टीमर पे लगा दी। लेकिन समुद्री हवा और मौसम वे झेल नहीं पाये। बीमार होकर अपने गाँव लौट गये। नर्मदा किनारे ओंकारेश्वर में कुछ दिन बिताने के बाद उनकी तबियत ठीक हो गयी।

1906 में दवे की शादी हो गयी। दवे कुछ महीने गुजरात रहने के बाद 1907 में मुम्बई लौट आये। मुम्बई के कुर्ला म्युनिसिपल स्कूल में गुजराती भाषा के शिक्षक नियुक्त हो गये। वह गुजराती साप्ताहिक जम ए जमशेद में लेख भी लिखने लगे। तभी उनकी मुलाकात सोहराब सेठ से हो गयी जो फ़िल्मों की पब्लिसिटी का काम करते थे। दवे ने उनके लिए काम करना शुरू कर दिया। 1911 में इम्पीरियल सिनेमा में लग रही विदेशी फ़िल्मों के देशी टाइटल और अख़बार के लिए फ़िल्मों का विज्ञापन

बनाने का काम मिला जिसमें उन्हें 70 रुपया पगार मिलने लगी। सोहराब सेठ और मोहनलाल दवे ने मिलकर एक पब्लिसिटी कम्पनी खोल ली।

वे गुजराती भाषी समाचार पत्रों के लिए अमेरिकी फ़िल्मों की प्रचार सामग्री और विज्ञापन तैयार करते थे। फ़िल्मों के प्रदर्शन के साथ सिनेमाघरों के बाहर वितरित करने के लिए दवे इन फ़िल्मों की कहानियाँ लिखकर उनकी प्रतियाँ तैयार करवाते थे। इस प्रकार उनके पास हज़ारों कहानियाँ इकट्ठा हो गयी थीं। इन कहानियों में थोड़े-बहुत फेरबदल के बाद वे भारतीय फ़िल्म निर्माताओं को बेचने लगे।

वाडिया मूवीटोन के मालिक और निर्माता जमशेद वाडिया ने लिखा है, 'जब मैं मोहन लाल दवे के पास अपनी फ़िल्म के लिए कहानी खरीदने गया तो उनसे मुझे दर्जनों कहानियाँ सुनने को मिलीं। उनकी आलमारी में उनके द्वारा लिखित कहानियों की कापियाँ भरी पड़ी थीं।'

यह कहा जाता है कि उन्होंने पाथे द्वारा आयात की गयी विदेशी फ़िल्मों को देखके और उसके कथासार लिख-लिखके अपनी सिनेमाई लेखनी की धार को तेज़ किया।

श्रीनाथ पाटणकर की नज़र मोहनलाल दवे पर गयी। उस समय द्वारकादास सम्पत के साथ मिलकर पाटणकर ने पाटणकर एण्ड फ्रेंड्स कम्पनी खोली थी। 1918 में पाटणकर ने अपनी कम्पनी में मोहनलाल दवे को पटकथाकार नियुक्त कर लिया। दवे ने दो साल में ढेर सारी फ़िल्में लिखीं। जिसमें प्रमुख हैं राजा श्रीयल, राम वनवास (चार एपिसोड धारावाहिक), कच देवयानी, कबीर कमाल, नरसिंह अवतार, सती मदालसा, विचित्र गुटिका और कटोराभर खून।

1920 में द्वारकादास सम्पत और पाटणकर की साझेदारी टूट गयी। द्वारकादास ने 1920 में अपना अलग स्टूडियो खोला जिसका नाम था कोहिनूर फ़िल्म कम्पनी। मोहनलाल दवे इस कम्पनी के स्थायी पटकथा लेखक बन गये। कोहिनूर फ़िल्म कम्पनी के लिए 8 साल में मोहनलाल दवे ने करीब 82 फ़िल्में लिखीं। जिसमें प्रमुख है भक्त विदुर, काला नाग, सती अनुसूइया, सिनेमा क्वीन, वीर बाला, परशुराम, सती सीता, विक्रम उर्वशी और टाइपिस्ट गर्ल। कोहिनूर बन्द होने के बाद कोहिनूर यूनाइटेड आर्टिस्ट फ़िल्म कम्पनी बनी इस कम्पनी के लिए भी दवे ने ढेर सारी फ़िल्में लिखीं। जिसमें पंजाब केसरी, पुण्य प्रभाव, जवानी दीवानी, वीरांगना और मस्त फकीर जैसी फ़िल्में प्रमुख हैं।

एस एन पाटणकर ने जब 1922 में अपनी नेशनल फ़िल्म कम्पनी खोली तो मोहनलाल दवे को 15 फ़िल्मों की स्क्रिप्ट के लिए 10 हज़ार रुपये सालाना पर अनुबन्धित किया गया। दवे ने नेशनल फ़िल्म कम्पनी के लिए भी कई फ़िल्में लिखीं जिसमें राजा भरथरी, महाश्वेता कादम्बरी, कालिदास, रनकदेवी रा खेंगर, श्रीकृष्ण भक्त पिपाजी, कर्ण घेलो जैसी फ़िल्में प्रमुख हैं।

उसके बाद दवे जयन्त फ़िल्म कम्पनी के लिए और साउंड आ जाने के बाद इम्पीरियल फ़िल्म कम्पनी के लिए उन्होंने कई बोलती फ़िल्में भी लिखीं। इम्पीरियल में उनकी जोड़ी निर्देशक नन्दलाल जसवन्तलाल के साथ बनी और इनकी जोड़ी ने कई सफल फ़िल्में दीं।

फ़िल्म में दवे की बात गम्भीरता से ली जाती थी। उनकी सलाह से अभिनेता अभिनेत्री चुने जाते थे। वे तय करते कि फ़िल्म में कौन काम करेगा। दूसरे शब्दों में कहें तो वह पहला स्टार फ़िल्म लेखक थे।

फ़िल्म अभिनेत्री गौहर को भी एक बार मोहनलाल दवे के गुस्से का शिकार होना पड़ा था। सिनेमा विजन इण्डिया को दिये एक साक्षात्कार में गौहर ने कहा था 'होमी मास्टर कोहिनूर के लिए एक फ़िल्म का निर्देशन कर रहे थे। फ़िल्म की कहानी और पटकथा मोहनलाल दवे ने लिखी थी। वे नहीं चाहते थे कि उस फ़िल्म में मैं काम करूँ। लेकिन होमी मास्टर ने मुझे कास्ट कर लिया था। मेकअप करने के बाद, मैं शॉट देने के लिए खड़ी थी। मोहनलाल दवे एक तरफ खड़े मुझे गुस्से में घूर रहे थे। उस दृश्य में मुझे रोना था। दवे की नज़र से मैं थोड़ी डर गयी थी। कैमरा शुरू होते ही मैं सच में रोने लगी और देर तक रोयी। लोगों को लगा कि सच में अभिनय कर रही हूँ।' सीन अच्छा होने से दवे की नाराज़गी दूर हो गयी इसलिए गौहर ने उस फ़िल्म को पूरा किया।

मोहनलाल दवे के पास जो विदेशी फ़िल्मों का फॉर्मूला था उस ढाँचे में देशी कहानी ढाल के वे हफ़्ते भर में स्क्रिप्ट लिख दिया करते थे। वे एक ऐसे सिनेमा लेखक थे जो पौराणिक पटकथा जितनी आसानी से लिखा करते थे उतनी ही आसानी से सामाजिक और मर्डर मिस्ट्री फ़िल्में भी। वैसे तो दवे हर विधा की कहानियाँ लिखने में उस्ताद थे। लेकिन उनकी घुमावदार कथा शैली और चरित्र चित्रण उस समय के गुजराती उपन्यासकार नारायण वसन्त ठाक्कर और गोपाल जी देलवाडेकर की लेखन शैली से प्रभावित था।

दवे अपनी स्क्रिप्ट में हर दृश्य को विस्तार से लिखते थे यहाँ तक कि कैमरा मूवमेंट, और दृश्य परिवर्तन भी।

कोहिनूर कम्पनी के लिए उनकी लिखी फ़िल्म 'गुल ए बकावली' अलग और अनूठी सोच की पटकथा मानी जाती है। जिसमें छोटे-छोटे 90 सीन लिखे गये थे। यह फ़िल्म ज़बर्दस्त कामयाब हुई थी।

दवे ने एक ऐसे कामयाब लेखक के रूप में प्रतिष्ठा अर्जित की थी जो एक हफ़्ते में एक स्क्रिप्ट लिखने के लिए विख्यात थे। उन्होंने कम समय में नाम और ख़ूब पैसा कमाया। 1926 में मुम्बई के सान्ताक्रूज में भास्कर भुवन नाम का एक बड़ा बंगला बनाया। मुम्बई के जावेरी बाज़ार में बड़ी दुकान खरीदी। गुजरात के अपने गाँव में पाठशाला और लाइब्रेरी खोली। एक मन्दिर का निर्माण कराया।

मोहनलाल दवे ने 1968 तक फ़िल्म इंडस्ट्री में काम किया। कई हिन्दी और गुजराती बोलती फ़िल्में लिखीं जिसमें 1946 में वी एम व्यास द्वारा निर्देशित 'रनकदेवी' प्रमुख थी। ऐसा अनुमान है कि दवे ने 1918 से लेकर 1933 तक 150 से ज़्यादा मूक फ़िल्में लिखी हैं।

श्री महबूब खान एक बड़े दिग्दर्शक एवं निर्माता थे। परन्तु पटकथा-लेखन के क्षेत्र में वे श्री दवे को अपना गुरु मानते थे। महबूब खान अपने द्वारा लिखित पटकथा की 'शूटिंग' तब तक नहीं करते थे जब तक उसे श्री मोहनलाल दवे देख नहीं लेते थे।

प्रसिद्ध फ़िल्मकार सुभाष घई के शब्दों में '60 के दशक में फ़िल्म इंस्टीट्यूट पुणे से स्नातक होकर मैं निकला। एकाध फ़िल्मों में छोटे-छोटे अभिनय का काम कर रहा था। एक दिन मैं काम के लिए निर्माता एल वी प्रसाद के दफ़्तर गया। उन्होंने कहा कि कोई अभिनय का काम नहीं है। लेकिन मुझे एक स्क्रिप्ट लेखक का सहायक चाहिए। एक बहुत वरिष्ठ लेखक हैं मोहनलाल दवे, वे मेरी फ़िल्म लिख रहे हैं। तुम्हें हर रोज़ उनके घर जाना होगा। वह सीन बोलकर लिखवाएँगे और तुम्हें लिखना होगा। मुझे पैसे की ज़रूरत थी इसलिए मैंने हाँ कह दी। साढ़े सात बजे सुबह मैं उनके घर सान्ताक्रूज पहुँच जाता। दो घण्टे मोहनलाल दवे बोलकर पटकथा के सीन लिखवाते। वहीं पर चाय नाश्ता करता। फिर मैं वो लिखे हुए सीन लेकर निर्माता के दफ़्तर जाता और डायरेक्शन टीम को सीन सौंप देता। उनसे मिलने से पहले तक मैं दवे साब का नाम भी नहीं सुना था। जब मुझे पता चला कि सैकड़ों सुपरहिट देने वाले यह मूक सिनेमा के स्टार लेखक रहे हैं तो श्रद्धा से मैं नतमस्तक हो गया। ख़ुद

को सौभाग्यशाली मानता हूँ कि मुझे उस लीजेंड लेखक के साथ काम करने का मौका मिला।'

इनके अलावे उस मूक ज़माने के प्रसिद्ध फ़िल्म लेखक थे—नटवर श्याम, भानुशंकर, वेद और व्यास, नारायण वसन्त ठाक्कर, सत्येन्द्र प्रसाद, गिरिजाशंकर जोशी।

दवे को आख़िरी दिनों में आँत का कैंसर हो गया था। उन्होंने 20 दिसम्बर 1969 को मुम्बई में आख़िरी साँस ली।

पहली महिला फ़िल्मकार : फ़ातिमा बेगम

फ़ातिमा बेगम का जन्म 1892 में उर्दू बोलने वाले एक मुस्लिम परिवार में हुआ था। फ़ातिमा ने नृत्य और स्टेज नाटक से अपने करियर की शुरुआत की। फ़ातिमा बहुत ही ख़ूबसूरत थीं। उनके गोरे रंग और तीखे नैन नक्श पे सूरत एजेंसी के सचिन रियासत के नवाब सिदी इब्राहिम मोहम्मद याकूत खान तृतीय फ़िदा हो गये। नवाब ने फ़ातिमा को रहने के लिए सूरत में एक बड़ी कोठी दी। सूरत में फ़ातिमा ने तीन बेटियों को जन्म दिया सुल्ताना, ज़ुबैदा और शहज़ादी। ऐसा कहा जाता है कि नवाब से ही ये तीनों बेटियाँ पैदा हुई थीं। लेकिन नवाब ने निक़ाह और तीनों बच्चियों की बात को कभी नहीं स्वीकारा। बेटियाँ जब थोड़ी बड़ी हो गयीं तो फ़ातिमा उन्हें लेकर मुम्बई आ गयीं। स्टेज पर काम करना शुरू किया। उसी समय आर्देशिर ईरानी अपनी पहली मूक फ़िल्म वीर अभिमन्यु बना रहे थे। स्त्री चरित्र के लिए महिला कलाकार मिलना कठिन था। फ़ातिमा को आसानी से फ़िल्म वीर अभिमन्यु में मुख्य भूमिका मिल गयी। इस फ़िल्म में फ़ातिमा की दो बेटियों सुल्ताना और ज़ुबैदा ने भी काम किया। कोहिनूर फिल्म्स कम्पनी की कुछ फ़िल्मों में भी अभिनय किया।

फ़ातिमा बेगम

फ़ातिमा बेगम ने 1926 में 'फ़ातिमा फिल्म्स' के नाम से अपनी फ़िल्म कम्पनी खोली। निर्माता और निर्देशक के तौर पर पहली फ़िल्म बनायी 'बुलबुले ए परिस्ताँ' जो 1926 में रिलीज़ हुई।

यह फ़िल्म फ़ारसी किस्से पर आधारित एक महँगे बजट की फ़िल्म थी जहाँ परियों को

एक काल्पनिक दुनिया परिस्तान दिखायी गयी। यह एक रानी की कहानी थी जिसे अपनी जादुई शक्ति का इस्तेमाल कर अपनी दुनिया में अपना प्रभाव जमाना पड़ता है। इसमें ट्रिक फ़ोटोग्राफ़ी का इस्तेमाल कैमरामैन रुस्तम ईरानी ने किया था। इस फ़िल्म के साथ फ़ातिमा बेग़म ने हिन्दुस्तानी सिनेमा की पहली महिला फ़िल्मकार बनने का गौरव प्राप्त किया। कहते हैं इस कम्पनी में नवाब सिदी इब्राहिम का पैसा लगा था। फ़ातिमा ख़ुद अपनी फ़िल्में लिखती थीं और निर्देशित करती थीं। उन्होंने ज़्यादातर फन्तासी कहानियों पर आधारित अपनी फ़िल्में बनायी। लगभग अपनी सारी फ़िल्मों में उन्होंने बेटियों के साथ अभिनय किया है। 1927 में उनकी एक और फ़िल्म आई थी हीर राँझा।

फिर 1928 में अपनी कम्पनी का नाम बदलकर विक्टोरिया फ़ातिमा फिल्म्स कर दिया। इस बैनर के तहत 1928 में फ़िल्म कनक आयी। 1929 में मिलन दिनेर, नसीबनी देवी (गॉडेस ऑफ़ लक), शाही चोर जैसी फ़िल्में आयीं। 1937 में दूसरे बैनर के तहत उनकी आख़िरी फ़िल्म आयी 'दुनिया क्या कहेगी' जिसमें फ़ातिमा ने सिर्फ़ अभिनय किया था। कई सालों तक उनकी तीनों बेटियाँ फ़िल्मों में काम करती रहीं। तीसरी बेटी शहजादी फ़िल्मों में डांस गर्ल के रूप में लोकप्रिय हुई। उनकी दूसरी बेटी ज़ुबैदा पहली बोलती फ़िल्म 'आलम आरा' की नायिका बनी। 1983 में भारतीय सिनेमा की पहली महिला फ़िल्मकार बेगम फ़ातिमा ने मुम्बई में आख़िरी साँसें ली।

कलकत्ता फ़िल्म उद्योग

कलकत्ता में हीरालाल सेन ने जिस स्वदेशी फ़िल्म निर्माण की बुनियाद रखी उसमें वृत्तचित्र, नाटकों का फ़िल्मांकन, न्यूज़रील, शहर के अलग अलग स्थलों और अन्य कार्यक्रमों का फ़िल्म निर्माण शामिल था। कलकत्ता ने फ़िल्म की महत्ता को पहचाना। इसलिए हीरालाल सेन के अलावे जमशेद फारमजी मादन और बंगाल के अनेक नवयुवकों ने तम्बुओं में विदेशी फ़िल्मों का प्रदर्शन करना शुरू किया। यह व्यवसाय बहुत तेज़ी से बढ़ने लगा। बंगाली नाटकों के मंचन का फ़िल्मांकन भी तेजी से होने लगा और इसके दर्शकवर्ग भी अच्छे खासे बन गये। लोगों ने फ़िल्म वितरण कम्पनियाँ भी खोल लीं। जिसमें एक नाम अनादि बोस का आता है जो हीरालाल के वितरण व्यवसाय से प्रभावित होकर 1911 में ही अपनी वितरण कम्पनी आरोरा फ़िल्म कम्पनी स्थापित कर ली। लेकिन किसी ने फ़ीचर फ़िल्म बनाने की पहल नहीं की। 1913 में दादा साहेब फाल्के की पहली फ़िल्म आने के बाद कलकत्ता में पूर्ण कथा फ़िल्म बनाने की चर्चाएँ शुरू हुईं। जिसमें अग्रणी भूमिका निभायी जे एफ मादन ने।

जमशेदजी फारमजी मादन (1856-1923)

जमशेदजी मादन हिन्दुस्तानी मूक फ़िल्मों के दौर के पहले सिनेमा उद्योगपति थे। दो दशक तक फ़िल्मों के निर्माण, वितरण और प्रदर्शन पर उनका वर्चस्व रहा। उनका वितरण, प्रदर्शन और सिनेमा थिएटर का नेटवर्क हिन्दुस्तान से लेकर बर्मा और श्रीलंका तक फैला हुआ था। उनके अपने 123 सिनेमा थिएटर थे। मादन फ़िल्म मनोरंजन उद्योग के सबसे प्रभावशाली फ़िल्म व्यवसायी थे। जे एफ मादन का जन्म 27 अप्रैल 1856 को मुम्बई के एक पारसी परिवार में हुआ था। जब बॉम्बे रिक्लेमेशन बैंक, जो कि बॉम्बे के सात द्वीपों के बीच ज़मीन के पुनः

अधिग्रहण के लिए बनाया गया था। वह असफल हो गया। इनके पिता फारम जी को भारी आर्थिक नुकसान उठाना पड़ा।

एलिफिंस्टन पिक्चर पैलेस

जमशेद को मजबूरीवश स्कूल छोड़कर काम करना पड़ा। उन्होंने 1868 में कोवरजी रतनजी नाज़िर के अमेच्योर पारसी थिएटर क्लब में पर्दा खींचने का काम चार रुपये महीने की पगार पे शुरू किया। जमशेदजी बाकी कलाकारों की नकल किया करते थे। वे कम्पनी के नाटकों में छोटी छोटी भूमिकाएँ करने लगे। उनकी आवाज़ अच्छी थी वह लड़की की भूमिका भी निभाने लगे। 1875 में उस अमेच्योर थिएटर को एक व्यावसायिक थिएटर कम्पनी में तब्दील कर दिया गया। इसका नामकरण हुआ एलिफिंस्टन नाटक कम्पनी। जमशेदजी इस नाट्य कम्पनी के नाटकों में मुख्य अभिनेता के तौर पर काम करने लगे। इस नाटक कम्पनी के बहाने उन्होंने पूरे हिन्दुस्तान का दौरा किया। 1882 में वे थिएटर कम्पनी छोड़कर व्यवसाय करने के वास्ते कराची चले गये। 1883 में कलकत्ता लौटने के बाद उन्होंने 5, धर्मतल्ला में खाद्य सामग्री और शराब का व्यवसाय शुरू कर दिया। वे अपनी कड़ी मेहनत, मधुर व्यवहार और व्यावसायिक दृष्टिकोण से एक कामयाब व्यवसायी बन गये। उनके व्यवहार ने अंग्रेज़ अधिकारियों और हिन्दुस्तानियों को मुरीद बना दिया। जमशेदजी अपना स्टोर कलकत्ता के अलावे लखनऊ, दिल्ली और दार्जिलिंग में भी खोल दिये। जमशेदजी ने कलकत्ता में कोरिन्थिअन हॉल खरीद लिया। उसे नाट्य थिएटर हॉल

में तब्दील कर दिया। नाट्य कम्पनियों के नाटकों के प्रदर्शन कोरिन्थिअन थिएटर हॉल में होने लगे। जमशेदजी का एलिफिंस्टन नाटक कम्पनी से एक भावनात्मक लगाव था। उन्होंने एलिफिंस्टन नाटक कम्पनी भी खरीद ली और उसके सर्वेसर्वा बन गये। तब तक सिनेमा कलकत्ता में दस्तक दे चुका था। हीरालाल सेन और उनके भाई कलकत्ता में जगह-जगह विदेशी फ़िल्में और ख़ुद से फ़िल्माई हुई फ़िल्मों का प्रदर्शन करने लगे थे। चूँकि जमशेदजी एक दूरदर्शी व्यवसायी थे 1902 में उन्होंने एलिफिंस्टन बायोस्कोप कम्पनी की स्थापना की। पाथे फ़िल्म कम्पनी से सिनेमा उपकरण खरीदे और कलकत्ता के मैदान में बॉयोस्कोप शो के नाम से टेंट में फ़िल्मों के प्रदर्शन शुरू कर दिये। एलिफिंस्टन बॉयोस्कोप ज़्यादातर पाथे की बनी फ़िल्मों का प्रदर्शन करती थी।

1903 में जब ब्रिटिश आर्मी ने तिब्बत पर हमला किया तो जमशेद जी जान जोखिम में डालकर सिलीगुड़ी से लेकर चुम्बी तक ब्रिटिश सेना को सामान आपूर्ति करते रहे। उनके इस काम से अंग्रेज़ अधिकारी बहुत खुश हुए और काबुल युद्ध के वक़्त सरकार द्वारा सेना को खाद्य सामग्री आपूर्ति का बहुत बड़ा ठेका जमशेद जी को दिया गया। प्रथम विश्वयुद्ध में ब्रिटिश सेना की खाद्य आपूर्ति की ज़िम्मेवारी एकबार फिर जमशेद जी को मिली। 1918 में जमशेद जी को ब्रिटिश सरकार द्वारा 'ऑर्डर ऑफ़ द ब्रिटिश एम्पायर' का खिताब दिया गया।

जमशेद जी मादन के कोरिन्थिअन हॉल में पारसी नाटकों के प्रदर्शन हो रहे थे और फ़िल्मों के बॉयोस्कोप शो अच्छा व्यवसाय कर रहे थे। फ़िल्म प्रदर्शन के साथ उनकी कम्पनी ने बहुत सारी लघु फ़िल्मों और नाटकों का फ़िल्मांकन भी करना शुरू कर दिया। 1905 में बंगाल विभाजन के खिलाफ़ सड़कों पर प्रदर्शन होने लगे। जमशेदजी ने उस बंग भंग विरोधी आन्दोलन पर डॉक्यूमेंट्री बनाने का जिम्मा ज्योतिष सरकार को सौंपा। ज्योतिष सरकार ने उस आन्दोलन का फ़िल्मांकन बहुत अच्छे तरीके से किया। इस फ़िल्म को कोरिन्थिअन थिएटर में प्रदर्शित किया गया।

फ़िल्म की लोकप्रियता ने हीरालाल सेन समेत कई फ़िल्मकारों को बंग-भंग विरोधी आन्दोलन की दूसरी रैलियों के फ़िल्मांकन के लिए प्रेरित किया। लेकिन एलफिंस्टन बायोस्कोप द्वारा बनायी बंग भंग फ़िल्म दिखाने के लिए द कोरिंथियन थिएटर ने घोषणा की 'एलफिंस्टन बायोस्कोप कम्पनी द्वारा बंगाल विभाजन पर बनायी एकमात्र वास्तविक फ़िल्म'।

जे. एफ. मादन के प्रोडक्शन ने इतनी लोकप्रियता हासिल की कि एलफिंस्टन

बायोस्कोप कम्पनी को अपने दर्शकों को बार-बार चेतावनी देनी पड़ती या विज्ञापन देना पड़ता– 'टिकट खरीदने से पहले कृपया एलफिंस्टन बायोस्कोप का नाम ज़रूर पढ़ें...' एलफिंस्टन बायोस्कोप ने कोरिन्थियन में अपने शो की प्रदर्शनी जारी रखी। इस डॉक्यूमेंट्री को देखने के लिए थिएटर में लोगों की भीड़ लग गयी। महीनों तक यह शो चलता रहा। 1911 में अंग्रेज़ी सरकार को बंगाल का विभाजन रद्द करना पड़ा।

जे. एफ. मादन की एलफिंस्टन बायोस्कोप कम्पनी ने कोलकाता मैदान में अपना टेंट शो जारी रखा था। जबकि कोरिन्थियन थियेटर में नाटकों के साथ फ़िल्म का प्रदर्शन भी जारी रहा। अहिन्द्र चौधरी जो बाद में मादन थिएटर का हिस्सा बने उन्होंने अपने संस्मरण में लिखा है 'सर्दियों में कोलकाता मैदान में ढेर सारे टेंट लग जाते थे। उसमें कुछ टेंट सर्कस के होते थे। जैसे ग्रेट बंगाल सर्कस, फिट्स गेराल्ड ब्रदर्स सर्कस, बेरेस्फ़ोर्ड सर्कस। बॉम्बे की अल्फ्रे़ड थियेट्रिकल कम्पनी का भी टेंट लगा होता था। मैदान के उत्तरी तरफ एक बड़ा आयताकार टेंट होता था जो जमेशदजी मादन का टेंट था। एलफिंस्टन बायोस्कोप शो के तहत उसमें शॉर्ट फिल्म्स, न्यूज़ रील, शहरों के दृश्य और पाथे कम्पनी की फ़िल्में दिखायी जाती थीं।' टिकट की कीमत 8 आना से लेकर 12 रुपये तक थी। 'निजी' बॉक्स 4 सीट 12 रुपये, बॉक्स सिंगल सीट 3 रुपये, फर्स्ट क्लास 2 रु, सेकण्ड क्लास 1 रुपये और थर्ड क्लास 8 आना था।

जे एफ मादन ने बाकी प्रतियोगी कम्पनियों के सामने अपनी एलफिंस्टन बायोस्कोप कम्पनी को हमेशा आगे रखा। वह दर्शकों की नब्ज़ पहचानते थे। इसलिए 1911 में उन्होंने फुटबॉल के फाइनल मैच पर डॉक्यूमेंट्री बनाने का फ़ैसला लिया। 29 जुलाई 1911 को यह ऐतिहासिक आई.एफ.ए. शील्ड फाइनल फुटबॉल मैच मोहनबागान और ईस्ट यॉर्क रेजिमेंट के बीच खेला जाना था। बाकी बंगाली लोगों की तरह जमेशदजी मादन और उनका परिवार भी मोहनबागान टीम का ज़बरदस्त प्रशंसक था। इस मैच की शूटिंग का निर्देशन रुस्तम जी धोतीवाला और कैमरामैन की ज़िम्मेवारी फिर से ज्योतिष सरकार को दी गयी। चूँकि अंग्रेज़ी सरकार से जमशेदजी के अच्छे ताल्लुक थे इसलिए आई.एफ.ए. और पुलिस कमिश्नर से उनको तुरन्त अनुमति मिल गयी। ज्योतिष सरकार ने मैच शुरू होने से पहले कुछ शॉट्स लिये। जिसमें दर्शक खुशी और उत्साह से चिल्लाते नज़र आ रहे हैं। कई भीड़ से भरी ट्रामें और बसें मैदान की तरफ आती हुई दिखाई दे रही हैं। लोग पेड़ों पर चढ़े हैं। उस

दिन मोहन बागान भारतीय राष्ट्रवाद और देशभक्ति का प्रतीक बन चुका था। सिर्फ़ बंगाल ही नहीं पूरे हिन्दुस्तान के लोग मोहन बागान की जीत की कामना कर रहे थे। रुस्तम धोतीवाला अपनी फ़िल्म यूनिट के साथ मैदान में डटे हुए थे। मोहन बागान ने उस दिन 2-1 से ऐतिहासिक जीत हासिल कर आई.एफ.ए. शील्ड अपने नाम कर लिया। जमशेदजी मादन ने इस डॉक्यूमेंट्री को कोरिन्थियन थिएटर और टेंट सिनेमा में एक साथ रिलीज़ किया। मोहनबागान की शानदार जीत देखने के लिए सिनेमा हॉल पे लोग टूट पड़े। लम्बे समय तक यह शो कोलकाता के कई थिएटर में चलता रहा।

जे एफ मादन

जमशेदजी ने एहसास किया कि फ़िल्म प्रदर्शन की एक स्थायी जगह होनी चाहिए। उन्होंने सेंट्रल कलकत्ता के चौरंगी इलाके में ज़मीन खरीदी। 1907 में जमशेदजी ने कलकत्ता के चौरंगी में एलिफिंस्टन पिक्चर पैलेस नाम का पहला सिनेमा थिएटर खोला। इस सिनेमा थिएटर में एलिफिंस्टन बॉयोस्कोप कम्पनी की फ़िल्में प्रदर्शित होने लगीं। 1913 में एलफिंस्टन पिक्चर पैलेस के सिर्फ़ दो शो होते थे मैटिनी और

शाम के शो। लेकिन शनिवार और रविवार को तीन शो प्रदर्शित होते थे–5:30 का शो, शाम 7:30 का शो और रात 9:30 बजे का शो। 1920 के आसपास अभिनेता उत्तम कुमार के पिता इस सिनेमा थिएटर में प्रोजेक्टर संचालक थे।

21 अप्रैल 1913 को दादा साहेब फाल्के ने प्रेस और गणमान्य लोगों के लिए अपनी फ़िल्म राजा हरिश्चन्द्र की प्रिव्यू मुम्बई के गिरगाँव के ओलिम्पिया थिएटर में रखी जिसमें कलकत्ता के एलिफिंस्टन बॉयोस्कोप कम्पनी की मालिक जमशेदजी फ्रामजी मादन को भी आमन्त्रित किया गया। हिन्दुस्तानी स्वदेशी फ़िल्म देखकर जमशेदजी मादन बहुत प्रभावित हुए। जमशेद जी अबतक फ़िल्मों के वितरक और प्रदर्शक के रूप में प्रसिद्ध थे। राजा हरिश्चन्द्र देखने के बाद उनके ज़ेहन में एलिफिंस्टन बॉयोस्कोप कम्पनी को फ़िल्म निर्माण कम्पनी में तब्दील करने का विचार चलने लगा।

एलिफिंस्टन नाटक कम्पनी के ढेर सारे हिन्दुस्तानी और बंगाली नाटकों के सफल मंचन हो रहे थे। मादन ने फ़िल्म बनाने के लिए अपनी कम्पनी के दो कामयाब नाटक चुने। पहला नाटक था सत्यवादी राजा हरिश्चन्द्र और दूसरा बंगाली नाटक था बिल्वमंगल। एलिफिंस्टन बॉयोस्कोप कम्पनी ने अपनी पहली फ़िल्म सत्यवादी राजा हरिश्चन्द्र बनाने का फ़ैसला किया। फ़िल्म निर्देशन एक जोखिम भरा काम था। इस फ़िल्म के निर्देशन के लिए रुस्तम धोतीवाला को चुना गया। रुस्तम चूँकि जमशेदजी मादन के दामाद थे इसलिए फ़िल्म बनाने की ज़िम्मेवारी उनके कन्धे पे डाली गयी। उस वक़्त स्त्री किरदार की भूमिका मर्द किया करते थे। लेकिन जमशेद जी मादन ने पहले ही तय कर लिया था कि मेरी कम्पनी की फ़िल्म में कोई औरत ही स्त्री किरदार निभाएगी। उन्होंने एक एंग्लो इंडियन औरत को तारामती की भूमिका के लिए चुना जिसका नाम था मिस सावरिया। हरिश्चन्द्र के किरदार के लिए होरमसजी तनतारा को लिया गया। कलकत्ता में पहली बार फीचर फ़िल्म की शूटिंग शुरू हुई। अख़बार में विज्ञापन दिया गया 'चित्र नाटक का प्रदर्शन। कलाकार - कलकत्ता की सबसे ख़ूबसूरत और भावप्रधान अभिनेत्री मिस सावरिया। स्टेज लेखक पण्डित नित्यबोध द्वारा लिखित। फ़िल्म सात हज़ार फीट लम्बी।' यूरोपियन दर्शकों के लिए अंग्रेज़ी का उपशीर्षक कार्ड लगाया गया था। फ़िल्म के पाँच पोस्टर लॉन्च किये गये जिसके एक पोस्टर में घाट पर हरिश्चन्द्र खड़े हैं। उनके पास तारामती अपनी गोद में मृत रोहिताश्व को लिए रोती हुई हाथ उठाकर विनती कर रही है। पोस्टर पर लाइन लिखी थी–'बिना शुल्क लिये हरिश्चन्द्र ने अपने बेटे के शव को जलाने से मना कर दिया।'

चैपलिन टॉकीज़ (पुराना एलिफिंस्टन पिक्चर पैलेस)

एलिफिंस्टन बॉयोस्कोप कम्पनी के बैनर तले 1917 में सत्यवादी राजा हरिश्चन्द्र कलकत्ता में प्रदर्शित हुई। बाद में यह फ़िल्म दिल्ली, मुम्बई, रंगून और कराची में प्रदर्शित की गयी और कामयाब रही। इस कामयाबी से उत्साहित होकर उन्होंने अगली मूक फ़िल्म बंगाली में बनाने का निश्चय किया। बिल्वमंगल पर काम शुरू हुआ। मध्यकालीन भारत के एक हिन्दू कवि चाम्प्सी उदेसी द्वारा लिखित बिल्वमंगल यानी भगत सूरदास की कहानी को फ़िल्म के लिए चुना गया। इस फ़िल्म के निर्देशन की ज़िम्मेदारी फिर से रुस्तम धोतीवाला को दी गयी। बिल्वमंगल एक आदमी का कोठे की तवायफ़ या गणिका के लिए हद से प्यार और उसकी बर्बादी की कहानी है। इसमें गणिका की भूमिका उस समय की गायिका मिस गौहर जान ने निभायी। गौहर जान की यह पहली फ़िल्म थी। 8 नवम्बर 1919 को फ़िल्म बिल्वमंगल कलकत्ता के कार्नवालिस थिएटर में जो 138, कार्नवालिस स्ट्रीट (अब विधान सरणी) पर स्थित था उसमें प्रदर्शित हुई। बॉम्बे क्रोनिकल ने मिस गौहर जान के बारे में लिखा–'स्क्रीन पर उनकी मौज़ूदगी मूक सिनेमा के प्रतिनिधि के रूप में उभरती है जो उसकी भविष्य की सफलता पर मुहर लगाती है।'

मादन थिएटर लिमिटेड

1919 में जमशेदजी मादन ने मादन थिएटर लिमिटेड के नाम से एक जॉइंट स्टॉक कम्पनी खोली जो हिन्दुस्तान की सबसे बड़ी फ़िल्म निर्माण, फ़िल्म वितरण और फ़िल्म प्रदर्शन कम्पनी बन गयी। चूँकि एलिफिंस्टन बॉयोस्कोप कम्पनी सबसे ज़्यादा अमेरिकन फ़िल्में और सिनेमाई उपकरणों का आयात करने वाली कम्पनी थी जिसकी वजह से मादन थिएटर लिमिटेड कम्पनी को इसका बेहतर फ़ायदा मिला। जमशेदजी मादन एक ऐसे शो बिजनेसमैन थे जिनके दर्शक मध्यम वर्ग या गरीब होते थे। वे अपने पारसी थिएटर के नाटकों के टिकट दर भी कम रखते थे। उनके ज़्यादातर नाटक भारतीय पौराणिक कथाओं पर आधारित होते थे। उन्होंने मादन थिएटर लिमिटेड कम्पनी के बैनर तले बननेवाली अगली फ़िल्म

फिल्म बेहुला निर्देशक सी लेग्रैंड

की कहानी महाभारत से लेने का फ़ैसला किया। जिस कहानी से हिन्दुस्तानी दर्शक लगभग परिचित थे। महाभारत महाकाव्य से नल दमयन्ती की कहानी को चुना गया। जमशेदजी मादन ने इस फ़िल्म को एक नयी भव्यता, उच्च तकनीक और हॉलीवुड फ़िल्मों की तरह बनाने की सोची। उस समय तक प्रथम विश्वयुद्ध खत्म हो चुका था। यूरोप ने सबसे ज़्यादा विश्वयुद्ध का दंश झेला था। अमेरिका की कमर्शियल फ़िल्मों के विपरीत यूरोप में सिनेमा को कला के विकास का एक प्रमुख अंग के रूप में स्वीकार किया गया। फ्रांस और इटली में 'फ़िल्म डी आर्ट' जैसे आन्दोलन आरम्भ हुए। फ्रांस में अवांगार्द आन्दोलन फ़िल्म के क्षेत्र में सदा अपना समानांतर अस्तित्व बनाए रखा। इन देशों में 1915 से ही सिनेमा को साहित्य और कला के समकक्ष मानकर बुद्धिजीवियों ने इस विधा को सम्मान दिया। लेकिन प्रथम विश्वयुद्ध ने यूरोप की आर्थिक, सामाजिक व्यवस्था पर निर्णायक प्रभाव डाला। इस महायुद्ध ने यूरोप के बहुत सारे फ़िल्मकारों को अमेरिका के रास्ते पर चलने के लिए मजबूर कर दिया।

जर्मनी, इटली, फ्रांस, ऑस्ट्रिया, इंग्लैंड के बहुत सारे तकनीशियन और फ़िल्ममेकर यूरोप छोड़ के अमेरिका या अन्य देशों की तरफ रुख़ करने लगे थे। चूँकि हिन्दुस्तान में जमशेदजी अमेरिकन और यूरोपीयन फ़िल्मों के सबसे बड़े वितरक थे। कई विदेशी और यूरोपीयन तकनीशियनों को इनकी कम्पनी ने अनुबन्ध कर रखा था। ध्यान रहे प्रथम विश्वयुद्ध में जर्मनी और इटली को सबसे ज़्यादा नुकसान हुआ था। इटली के तकनीशियन और कलाकारों को काम की बेहद ज़रूरत थी।

जब मादन थिएटर लिमिटेड कम्पनी की स्थापना हुई तो जमशेदजी ने अच्छी तकनीक की फ़िल्मों के निर्माण के लिए इटली के बहुत सारे निर्देशक, कैमरामैन, तकनीशियन और महिला कलाकारों को कलकत्ता आमन्त्रित किया और उनके साथ कम्पनी ने अनुबन्ध किया। मादन थिएटर ने अगली फ़िल्म नल दमयन्ती बनाने का निर्णय लिया। नल दमयन्ती के निर्देशन का जिम्मा इटली के अभिनेता और निर्देशक युगेनियो डी लिगुरो को सौंपा गया। मिस्टर लिगुरो इसके पहले फैसिनो डी ओरो नाम की इतालवी फ़िल्म निर्देशित कर चुके थे। उनका जन्म 1899 में इटली के नेपल्स में हुआ था। मिस्टर लिगुरो इटली के प्रसिद्ध अभिनेता और निर्देशक गिसेप्पे डी लिगुरो के बेटे थे जिन्होंने इटली में कई ऐतिहासिक मूक फ़िल्मों का निर्देशन किया था। अपने पिता की निर्देशित फ़िल्मों में मिस्टर लिगुरो अभिनय कर चुके थे। मादन थिएटर ने फ़िल्म को बेहतर बनाने के लिए इटली के तकनीशियन पर भरोसा किया।

मुख्य कलाकार के लिए नल की भूमिका में पारसी अभिनेता कैखुसरो अदजानिया को चुना गया। लेकिन दमयन्ती के लिए कोई स्वप्न सुन्दरी जैसी ख़ूबसूरत अदाकारा की खोज थी। कई लड़कियों के साथ इटली से आयी अभिनेत्रियों का भी कैमरा टेस्ट हुआ लेकिन दमयन्ती नहीं मिली।

जे एफ मादन ऑफिस

अचानक जमशेदजी मादन का ध्यान उनकी थिएटर कम्पनी में नाटक करनेवाली एक एंग्लो इंडियन लड़की पर गया। एंग्लो इंडियन होने से उसकी अंग्रेज़ों जैसी गोरी त्वचा और तीखे नैन नक्श सबको पसन्द आये। नाटक से सिनेमा के पर्दे पर आने वाली इस एंग्लो इंडियन लड़की का नाम था पेशेन्स कूपर। पेशेन्स कूपर कलकत्ता में जन्मी और यहीं पे पली-बढ़ी थी। इसने अपने करियर की शुरुआत एक डांसर के रूप में मौरिस बैडमैन की म्यूजिकल कॉमेडी करनेवाली यूरेशियन मण्डली के साथ की। बाद में जमशेदजी मादन की कोरिन्थियन स्टेज कम्पनी में काम करने लगी। 1920 में प्रदर्शित इस फ़िल्म से पेशेन्स कूपर का चेहरा पूरे हिन्दुस्तान में पहचाना जाने लगा। निर्देशक मिस्टर लिगुरो ने भी इस फ़िल्म में राजा नल के भाई पुष्कर की भूमिका निभायी थी। तुलसीदत्त शैदा ने इस फ़िल्म की स्क्रिप्ट लिखी थी। इटली के निर्देशक और तकनीशियन ने ख़ूबसूरत लाइटिंग, भव्य सेट, कैमरा

संचालन और स्पेशल इफेक्ट्स से एक शानदार फ़िल्म का निर्माण किया। दस हज़ार फ़ीट लम्बी यह फ़िल्म ख़ासकर स्पेशल इफेक्ट्स के लिए बहुत लोकप्रिय हुई। नारद का मेरु पर्वत से स्वर्ग की चढ़ाई, चार देवताओं का अचानक से राजा नल के रूप में रूपान्तरित हो जाना, माँ काली का साँप में परिवर्तित हो जाना ये स्पेशल इफेक्ट्स बहुत करीने ढंग से प्रयोग हुआ था। इसका प्रोडक्शन हॉलीवुड फ़िल्मों की तरह हुआ था। फ़िल्म नल दमयन्ती मुम्बई में प्रदर्शित होने से पहले मुम्बई के प्रेस वालों को दिखायी गयी।

19 जनवरी 1921 को टाइम्स ऑफ़ इंडिया ने लिखा– 'हिन्दुस्तानी सिनेमा पहली बार पश्चिम के साथ प्रतिस्पर्धा में खड़ा हुआ है। हिन्दुस्तानी फ़िल्में अपने प्रोडक्शन को आख़िरी रूप देने में कहीं न कहीं चूक जाती थीं। लेकिन नल दमयन्ती पहली फ़िल्म है जो जल्द ही जनता के सामने प्रदर्शित होने वाली है यह एक ऐसी फ़िल्म है जो यूरोपीय और अमेरिकन फ़िल्मों की तर्ज पे निर्मित की गयी है। इस फ़िल्म के बेहतर निर्माण का श्रेय इटालियन कलाकार और तकनीशियन को जाता है। लेकिन फिर भी एक हिन्दुस्तानी फ़िल्म कम्पनी के लिए यह एक बहुत बड़ी उपलब्धि है।'

1921 में सात फ़िल्मों का निर्माण करके मादन थिएटर्स लिमिटेड देश की अग्रणी फ़िल्म कम्पनी बन गयी। बंगाली शीर्षक के साथ मादन थिएटर ने पहली फ़िल्म 'शिवरात्रि' का निर्माण किया। जो 20 फरवरी 1921 को कार्नवालिस थिएटर में रिलीज़ हुई। इस फ़िल्म के प्रचार के लिए विज्ञापन में बंगाली इमोशन का इस्तेमाल किया गया।

विज्ञापन : भारत में पहली बार हिन्दू पौराणिक फ़िल्म बंगाली अभिनेताओं और अभिनेत्रियों के साथ। पहली बार बंगाली टाइटल के साथ आप सब के लिए एक पावन फ़िल्म– 'शिवरात्रि' बंगाली मंच के प्रसिद्ध अभिनेता और अभिनेत्रियों के साथ प्रसिद्ध इतालवी अभिनेता और अभिनेत्रियों ने शानदार परफॉर्मेंस किये हैं।

इंदिरा देवी और प्रबोधचंद्र बोस फिल्म कपाल कुण्डला 1929 निर्देशक प्रियनाथ गांगुली

इतालवी निर्देशक सी. लेग्रैंड द्वारा निर्देशित। शिव– श्री प्रबोध चन्द्र बोस, पार्वती– मिस कुसुम कुमारी हण्टर– सिग्नोर पी मानेली, हण्टर की पत्नी– सिग्नोरिया एफ मानेली, रानी– मिस बसन्त कुमारी, बिष्णु– श्री गोपाल दास भट्टाचार्जी'। इसी साल मादन थिएटर की एक और फ़िल्म महाभारत भी प्रदर्शित हुई जिसका निर्देशन रुस्तम धोतीवाला ने किया था।

दुर्गादास बनर्जी और इंदिरा देवी फिल्म कापल कुण्डल 1929

नल दमयन्ती की कामयाबी के बाद तुलसीदत्त शैदा ने अगली फ़िल्म स्क्रिप्ट ध्रुव चरित्र लिखी। मादन थिएटर ने एक बार फिर पौराणिक फ़िल्म ध्रुव चरित्र के निर्देशन की ज़िम्मेवारी मिस्टर लिगुरो को सौंपी। इस फ़िल्म में भी इटली और हिन्दुस्तानी टीम ने मिलकर काम किया और तकनीकी और आर्टिस्टिक तौर पर ख़ूबसूरत फ़िल्म बनके तैयार हुई। इसमें इटली के कलाकार पी मिनैली और सिनोरिना मिनैली के साथ पेशेन्स कूपर ने सुनीति की प्रमुख भूमिका निभायी।

1921 में ध्रुव चरित्र फ़िल्म थिएटर में रिलीज़ हुई और कामयाब हुई। दो दशकों से ज़्यादा समय से पारसी और गुजराती नाटकों का मंचन एलफिंस्टन ड्रामेटिक

क्लब के तहत हो रहा था। इस ड्रामेटिक क्लब का कार्यभार रुस्तमजी धोतीवाला सँभाला करते थे। जमशेदजी को पता था कि बंगाली लोग अपनी भाषा और अपनी मिट्टी से बेहद प्यार करते हैं। बंगाली भद्र लोगों को ध्यान में रखते हुए जमेशदजी मादन ने बंगाली नाटकों के मंचन के लिए एक नयी 'बंगाली थिएट्रिकल कम्पनी' खोली। बंगाल रंगमंच के प्रसिद्ध अभिनेता व निर्देशक शिशिर कुमार भादुड़ी के साथ कई बंगाली प्रतिभाओं को इस कम्पनी में शामिल किया गया। जिसमें निर्मलेन्दु लाहिड़ी, रवीन्द्र मोहन रॉय जैसे अभिनेता, तुलसीचरण बन्द्योपाध्याय और कई अन्य बंगाली कलाकार प्रमुख थे। इसके अधिकांश रंगमंच शो कॉर्नवालिस थिएटर में आयोजित होते थे। इन कलाकारों को मादन थिएटर लिमिटेड (एमटीएल) नियमित रूप से वेतन देती थी। इस ड्रामा कम्पनी के संचालन की ज़िम्मेवारी रुस्तमजी को ही दी गयी थी। लोकप्रिय मंच अभिनेत्री और गायिका अंगुरबाला भी बंगाली थिएट्रिकल कम्पनी से जुड़ी। उत्तर भारतीय शास्त्रीय संगीत में वह प्रशिक्षित थी। वह बंगाली, हिन्दी गाने और उर्दू ग़ज़ल गा सकती थी। रंगमंच पर गाने वाली अभिनेत्री के रूप में अंगुरबाला को प्रस्तुत किया जाता था। अंगुरबाला को सुनने के लिए दर्शकों की भीड़ लग जाती थी। जमशेदजी मादन ने बंगाली थिएट्रिकल कम्पनी के तहत बंगाली भद्र लोगों के बीच अपनी जगह बना ली।

इधर मादन थिएटर लिमिटेड द्वारा फ़िल्मों का निर्माण जारी था। मिस्टर लिगुरो ने 1922 में मादन थिएटर के लिए रामायण का निर्देशन किया जो चार एपिसोड में बनी थी। पहले हफ़्ते में पहला एपिसोड और चौथे हफ़्ते में चौथा एपिसोड थिएटर में जाकर दर्शक देखते थे। बेहतर तकनीक और सुन्दर फ़ोटोग्राफ़ी ने रामायण को बॉक्स ऑफिस पर अच्छी सफलता दिलायी।

मादन थिएटर में काम कर रहे यूरोप से आये तकनीशियन और कलाकारों में एक नाम था कैमिले लिग्राण्ड। सी लिग्राण्ड फ्रांस की पाथे कम्पनी के लिए फ़िल्में बनाते थे। 1921 में मादन थिएटर के लिए सी लिग्राण्ड ने पहली भक्ति फ़िल्म बेहुला (मानशा पूजा) बनायी जिसमें प्रमुख भूमिका पेशेन्स कूपर ने निभायी थी। उसी साल उन्होंने पौराणिक फ़िल्म माँ दुर्गा (जगत जननी जगदम्बा) का भी निर्देशन किया।

1922 में मादन थिएटर के लिए सी लिग्राण्ड ने संस्कृत के महाकवि हर्ष के नाटक पर आधारित फ़िल्म रत्नावली का निर्देशन दिया। इस फ़िल्म में पेशेन्स कूपर ने राजकुमारी का और ख़ुद मिस्टर लिग्राण्ड ने राजकुमार की भूमिका निभायी। इसके अलावे सी लिग्राण्ड ने विष्णु अवतार और शिवरात्रि जैसी फ़िल्मों का भी निर्देशन

दिया। मादन थिएटर लिमिटेड का कामकाज जमशेदजी मादन के साथ उनके बेटे जहाँगीर मादन भी सँभालते थे। 1922 में जहाँगीर मादन ने आगा हश्र कश्मीरी के नाटक पर आधारित फ़िल्म पति भक्ति का निर्देशन किया। पेशेन्स कूपर, सिनोरा मिनैली और मास्टर मोहन नायक ने मुख्य भूमिका निभायी थी। पति भक्ति फ़िल्म का अंग्रेज़ी नाम 'ह्यूमन इवोल्यूशन' था। यह फ़िल्म काफ़ी सफल रही। इसके अलावे इसी साल जहाँगीर मादन द्वारा निर्देशित नर्तकी तारा और लैला मजनूं जैसी फ़िल्में भी प्रदर्शित हुईं। 1922 का साल मादन थिएटर लिमिटेड के लिए सबसे बेहतर साल था। इस साल उनकी पन्द्रह फ़िल्में प्रदर्शित हुईं। मादन थिएटर लिमिटेड उन्हीं विषयों पर फ़िल्में बना रही थी जो टिकट खिड़की पर पैसा कमा सकें। जे बी एच वाडिया ने अपने संस्मरण में लिखा है '1922 में मादन थिएटर ने पति भक्ति फ़िल्म बनायी। इसमें खलनायिका की भूमिका एक इतालवी अभिनेत्री सिनोरा मिनैली ने निभायी थी। सिनोरा अपने गदराये हुए जिस्म पर ऐसे कपड़े पहनी थी जिसका असली मकसद अंग प्रदर्शन था।'

पेशेंस कूपर फिल्म पति भक्ति 1922

1923 में लम्बी बीमारी के बाद जमशेदजी मादन की मृत्यु हो गयी। उन्होंने सिनेमा को आम जन तक पहुँचाया। जमेशदजी फ़ारमजी मादन जिनकी अंग्रेज़ी हुकूमत में ऊपर तक पैठ थी उन्होंने जब अपनी एलिफिंस्टन बॉयोस्कोप शो की शुरुआत की तो उनका पहला मकसद था शहर में रहने वाले आम लोगों को अपना दर्शक बनाना। वे बंगाली भद्र समाज में सम्मान पाने के लिए इतने उत्सुक नहीं थे। 1904 में एलिफिंस्टन बायोस्कोप कम्पनी ने कोरिंथियन थिएटर में नाटकों के साथ-साथ नियमित रूप से फ़िल्म प्रदर्शनी शुरू की। रूस-जापान युद्ध बायोस्कोप के लिए उस समय का सबसे हिट न्यूज रील शो था। लगभग तीन महीनों तक रूस-जापान युद्ध शो का प्रदर्शन करने के बाद कोरिंथियन थियेटर ने अपने दर्शकों को 'बायोस्कोप पर रूस के ज़ार' न्यूज़रील शो देखने के लिए आमन्त्रित किया। जो 29 अक्टूबर 1904 को रिलीज़ हुई। यह शो भी लोगों ने ख़ूब पसन्द किया।

एलिफिंस्टन बायोस्कोप ने अख़बार में कभी यह विज्ञापन नहीं दिया कि हमारे दर्शक जज, मजिस्ट्रेट, अफसर या राजा महाराजा हैं। उसने अपने विज्ञापनों में अपने ग्राहकों का उल्लेख करने की परवाह नहीं की।

जमेशदजी इसे एक व्यवसाय मानते हुए अपने बायोस्कोप शो के प्रदर्शन शादियों में, निजी सम्मेलनों में और शाम को होने वाली नाच पार्टियों में किया करते थे।

उस समय होने वाली शाम की नाच पार्टी को कलकत्ता का शहरी अभिजात वर्ग सम्मान से नहीं देखता था। उसमें ज़्यादातर आम जन और छोटे तबके के लोग शामिल होते थे। इसके लिए जमेशदजी की शिकायत भी हुई लेकिन पेशेवर व्यवसायी जमेशदजी मादन ने अपने शो का प्रदर्शन जारी रखा और अपना एक बहुत बड़ा दर्शक वर्ग बना लिया।

कलकत्ता के मैदान में लगे उनके टेंट हाउस में पेरिस की पाथे कम्पनी की फ़िल्में देखने के लिए दर्शकों की भीड़ लगी रहती थी। इसके अलावे एलिफिंस्टन जापानी, चीनी फ़िल्मों के भी शो प्रदर्शित करती थी। टेंट में दर्शकों के लिए बॉक्स और सोफा थे। लेकिन सबसे कम टिकट की कीमत चार आना थी। उस टिकट के खरीददार सिर्फ़ लोकल लोग थे। सच्चे अर्थ में जमशेदजी मादन ने गाँव, कस्बा, शहर के आम जन और मजदूरों को सिनेमा से सीधा जोड़ा और एक बड़ा दर्शक वर्ग तैयार किया।

उनके बाद कम्पनी की पूरी बागडोर उनके पुत्र जहाँगीर जमशेद मादन के हाथों

में आ गयी। मूक फ़िल्मों के युग में मादन थिएटर लिमिटेड में इटली के निर्देशकों और कलाकारों का महत्त्वपूर्ण स्थान बना रहा। जमशेदजी मादन की मृत्यु के बाद भी जहाँगीर मादन ने मादन थिएटर कम्पनी की पद्धति नहीं बदली। वे उसी पुराने ढर्रे पर चलते रहे। इस कम्पनी ने बंगाली संस्कृति के लोकाचार को नज़रअन्दाज किया। अधिकांश विज्ञापनों में मादन थिएटर का झुकाव विदेशी शैली की तरफ ज़्यादा था। उनके इतालवी कलाकारों और तकनीशियन को भारतीय कलाकारों से ज़्यादा महत्त्व दिया जाता था। हर काम में विदेशियों का सहयोग लेना मादन थिएटर की कमज़ोरी बन गयी थी। जिसका हिन्दुस्तानियों द्वारा स्वाभाविक रूप से विरोध किया गया। बोलती फ़िल्मों का दौर आते ही मादन का यह विदेशी जुनून सबसे बड़ा घातक सिद्ध हुआ।

1921 में मादन थिएटर ने फ़िल्म बेहुला प्रदर्शित की। जिसमें एंग्लो इंडियन पेशेन्स कूपर ने मुख्य भूमिका निभायी थी। बिहार और बंगाल में सती बेहुला एक लोक कथा के रूप में प्रसिद्ध है। इसका निर्देशन इतालवी निर्देशक कैमिले सी ग्राण्ड ने किया था। इसमें बेहुला को पारसी शैली में साड़ी पहनायी गयी थी और उसके ऊपर एक कढ़ाई वाला जैकेट डाल दिया गया था। एक बंगाली या बिहारी चाहे वह पढ़ा लिखा हो या अनपढ़ हो अपनी लोककथा की बेहुला को इस रूप में कभी स्वीकार नहीं कर सकता। उसी तरह से नायक बाला लखिन्दर की पोशाक में एक मुकुट और पारसी दूल्हे वाला वस्त्र पहनाया गया था।

मादन थिएटर का आउटडोर शूटिंग

यहाँ तक कि फ़िल्म में इस्तेमाल किये गये फर्नीचर और बर्तन भी आमतौर पर बंगालियों द्वारा इस्तेमाल नहीं किये जाते थे। फ़िल्म के उपशीर्षक में इस्तेमाल की गयी भाषा समझ से बाहर थी और कभी-कभी हास्यास्पद लगती थी।

लोक या पौराणिक कथा का फ़िल्मांकन भी विदेशी शैली से किया जाता था। मादन थिएटर में काम करनेवाली एंग्लो इंडियन अभिनेत्रियाँ देखने में ख़ूबसूरत और आकर्षक थीं। उनका फोटोजेनिक चेहरा भी था। लेकिन हिन्दुस्तानी भाव मुद्रा प्रकट करने में वे असफल सिद्ध होती थीं।

मादन थिएटर ने एंग्लो इंडियन अभिनेत्रियों को विशुद्ध भारतीय बना के पेश किया। यहाँ तक कि उनके हिन्दुस्तानी नामकरण भी किये गये। पेशेन्स कूपर के अलावे सारी एंग्लो इंडियन अभिनेत्रियों के नाम बदलकर हिन्दुस्तानी नाम दिये गये थे जिसमें रेनी स्मिथ का नाम सीता देवी रखा गया। मिस बॉनी बर्ड को फिल्मी नाम ललिता देवी दिया गया। बॉनी बर्ड अपने समय की सबसे ज़्यादा महँगी स्टार थी। लेकिन जब कोलकाता की फ़िल्मों में बंगाली संस्कृति का प्रभाव बढ़ने लगा तो इन अभिनेत्रियों की लोकप्रियता टिक नहीं पायी। एंग्लो इंडियन और इतालवी अभिनेत्रियों की छवि बंगाली जनमानस में फिरंगी और नाटी (नर्तकी) से ज़्यादा कुछ नहीं थी। क्योंकि ये ग़ैर-बंगाली के साथ-साथ ग़ैर-हिन्दुस्तानी भी थीं।

प्रसिद्ध पत्रिका नचघर के फ़िल्म कॉलम में लिखा गया 'मादन थिएटर की फ़िल्मों ने बंगाली कला और सौंदर्यशास्त्र की भावना को कुछ स्थूल या अश्लील प्रवृत्तियों को दिखाकर चोट पहुँचायी है। वहीं ईस्टर्न फिल्म्स सिंडिकेट अपने अल्प साधनों से बनायी फ़िल्म देवदास में बंगाली संस्कृति की गहरा छाप छोड़ता है।'

मादन थिएटर लिमिटेड (एमटीएल) इस बदलाव से बिल्कुल अनजान नहीं था। इसलिए रुस्तम धोतीवाला ने बंकिमचन्द्र के सभी उपन्यासों के फ़िल्म अधिकार 22 हज़ार रुपये में खरीद लिया। बंकिमचन्द्र के उपन्यासों पर आधारित सभी नाटक मंचीय थे। बंकिमचन्द्र की रचना पर 1926 में फ़िल्म कृष्णकान्तर विल बनी। इसे अमृतलाल बोस और पियानाथ गांगुली ने निर्देशित किया था। यह फ़िल्म सफल रही। उसी तरह 1927 में बंकिमचन्द्र की रचना पर आधारित अगली फ़िल्म दुर्गेशनंदिनी रिलीज़ हुई जिसे पियानाथ गांगुली ने निर्देशित किया था। यह फ़िल्म रिपीट शो में भी दर्शकों की भारी भीड़ खींच रही थी। उसी तरह रवीन्द्रनाथ टैगोर की लघु कहानी मनभंजन पर मादन थिएटर ने 1930 में फ़िल्म गिरीबाला बनायी। स्क्रीनप्ले पर ख़ुद टैगोर ने काम किया। जिसे पुरस्कार भी मिला। लेकिन फ़िल्म

आलोचक ने इस फ़िल्म की सफलता का श्रेय मादन थिएटर को ना देकर फ़िल्म के निर्देशक मधु बोस को दिया।

मादन थिएटर लिमिटेड को हमेशा विदेशी विशेषज्ञता का जुनून था जिसमें बड़ी राशि शामिल होती थी। उन्होंने आयातित उपकरणों और मशीनों के लिए भी बड़ी रकम खर्च की। जहाँगीर जमेशदजी मादन ने गर्व से घोषणा की, 'वे फर्लिट्जर थिएटर ऑर्गन को स्थापित करने जा रहे हैं, जिसकी लागत 65000 ₹ से अधिक है और यह विशेष रूप से विदेशों से लाये गये विशेषज्ञों द्वारा संचालित किया जाएगा।' दरअसल फर्लिट्जर थिएटर ऑर्गन बीसवीं शताब्दी के पहले तीन दशकों के दौरान मूक फ़िल्मों के साथ संगीत और ध्वनि प्रभाव प्रदान करने वाला यन्त्र था।

अहिन्द्र चौधरी जो लम्बे वक़्त तक मादन थिएटर का हिस्सा रहे उन्होंने लिखा है कि 'मादन थिएटर (एम टी एल) अपनी फ़िल्में और प्रोडक्शन को बेहतर बनाने के लिए बहुत सारे सिनेमा उपकरण का आयात करते थे। फ़िल्म मिशर रानी के दृश्यों को फ़िल्मांकन के लिए कॉर्नवालिस थिएटर में एक घूमने वाले मंच का सेट लगाया गया था। वो एक बहुत महँगा सेट था। इसके अलावे बिजली से संचालित होने वाला स्क्रीन, साउण्ड पैदा करने वाला यन्त्र और कई महँगे उपकरण विदेश से आयात किये गये। कुछ उपकरण तो खोले भी नहीं गये। पैकेट में बन्द पड़े-पड़े खराब हो गये। जिसमें सिर्फ़ पैसे की बर्बादी थी।' यह भी कहा जाता है कि मादन थिएटर के कमर्चारियों की अक्षमता और उनमें व्याप्त भ्रष्टाचार ने इस फ़िल्म कम्पनी को काफ़ी नुकसान पहुँचाया। आये दिन फ़िल्म कम्पनी के सामान और उपकरण चोरी होने लगे थे।

मूक युग के चमकते सितारे एंग्लो-इंडियन अभिनेत्रियाँ बहुत ही कम समय में बंगाल फ़िल्म उद्योग के आसमान से गायब हो गयीं। इनमें से कोई भी अभिनेत्री ठीक से अपना संवाद बोल नहीं सकती थी। मूक फ़िल्मों के निर्देशकों को उन्हें अंग्रेज़ी में सब कुछ समझाना पड़ता था। लेकिन बोलती फ़िल्मों ने इन चमकते सितारों के करियर को हमेशा के लिए खत्म कर दिया।

मादन स्टूडियो से लम्बे समय तक जुड़े रहे अभिनेता और निर्देशक मधु बोस ने बताया कि 'मुझे याद है जब मैं फ़िल्म गिरीबाला की शूटिंग कर रहा था। उसी दौरान रुस्तमजी धोतीवाला कम्पनी की आर्थिक हालत को लेकर जहाँगीर मादन से चर्चा कर रहे थे कि फ़िल्म कम्पनी पर कर्ज़ बहुत ज़्यादा हो गया है। कम्पनी को चलाना मुश्किल हो रहा है।'

जमशेदजी फ्रामजी मादन के बाद रुस्तमजी धोतीवाला कम्पनी को काफ़ी आगे ले गये। मादन थिएटर की तरक्की में रुस्तमजी का बहुत योगदान रहा। लेकिन मादन थिएटर में होनेवाले नुकसान और कर्ज़ ने कम्पनी के संचालक रुस्तमजी की चिन्ता बढ़ा दी और वह चल बसे।

रवीन्द्रनाथ टैगोर की कहानी पर आधारित फ़िल्म 'नौका डूबी' मादन थिएटर की आख़िरी मूक फ़िल्म थी। जिसे नरेश मित्रा ने निर्देशित किया था। यह फ़िल्म 1932 में रिलीज़ हुई थी।

14 मार्च 1931 को मुम्बई के मैजेस्टिक थिएटर में ध्वनि के साथ पहली भारतीय फ़िल्म 'आलम आरा' के रिलीज़ होने से पहले ही मादन थिएटर लिमिटेड ने 4 फरवरी 1931 को मुम्बई के एस्पायर फ़िल्म थिएटर में ध्वनि के साथ दो रील की एक बोलते गाते कार्यक्रम का प्रदर्शन किया। उसमें रंगमंच की मशहूर अभिनेत्री मुन्नीबाई अपने साज़िन्दों के साथ गीत गाते और नृत्य प्रस्तुत करते नज़र आती है। इसे देखने के लिए हॉल में दर्शक उमड़ पड़े। मुन्नीबाई ने नृत्य के साथ जो गीत गाया उसके बोल थे–"अपने मौला की मैं जोगन बनूँगी।" इसके करीब 40 दिन बाद पहली बोलती फ़िल्म आलम आरा रिलीज़ हुई । इसके कुछ हफ़्ते बाद ही मादन थिएटर ने हिन्दुस्तान की दूसरी बोलती फ़िल्म शीरीं फ़रहाद रिलीज़ की।

वैसे 15 अप्रैल 1931 को मादन थिएटर ने पहली बंगाली बोलती फ़िल्म 'जमाई शष्टी' प्रदर्शित करने का भी गौरव प्राप्त किया।

लेकिन मादन थिएटर अपने फ़िल्म व्यवसाय में हो रहे नुकसान को रोक नहीं पाया। अपनी फ़िल्म कम्पनी को ज़िन्दा रखने के लिए अपने शूटिंग फ्लोर किराये पर देना शुरू कर दिया। बाबूलाल चोखानी जो लक्ष्मी पिक्चर्स के मालिक थे उन्होंने 1933 में फ़िल्म राधा कृष्ण की पूरी शूटिंग मादन थिएटर स्टूडियो में पूरी की। जहाँगीर जमेशदजी मादन और चोखानी के बीच अनुबन्ध हुआ कि स्टूडियो और उसके प्रॉपर्टी का शुल्क 5700, कॉस्ट्यूम शुल्क 2700 और बाकी शुल्क 3000 किराया देना होगा। लेकिन यह प्रयोग भी सफल नहीं हुआ। मादन थिएटर लगभग बन्द हो गया। आख़िर में धनी व्यापारी सुखलाल करनानी ने स्टूडियो को खरीद लिया। इसका नाम बदलकर इन्द्रपुरी स्टूडियो रख दिया। इस तरह से मादन थिएटर लिमिटेड का विशाल व्यापार नेटवर्क बिक गया। हिन्दुस्तान का एक अग्रणी फ़िल्म स्टूडियो महज एक इतिहास बनकर रह गया।

मादन थिएटर लिमिटेड में बंगाली प्रतिभाओं का प्रवेश
शिशिर भादुड़ी
(2 अक्टूबर 1889–30 जून 1959)

शिशिर भादुड़ी एक हिन्दुस्तानी स्टेज एक्टर और मॉडर्न नाट्य थिएटर के संस्थापक के रूप में प्रसिद्ध रहे हैं। नाटककार गिरिश चन्द्र घोष के बाद श्री भादुड़ी को नाटकों में यथार्थवाद और वास्तविकता लाने का श्रेय जाता है। इनके बहूमूल्य योगदान के लिए इन्हें पद्मभूषण सम्मान से सम्मानित भी किया गया था।

शिशिर भादुड़ी कलकत्ता में जन्मे और वहाँ के स्कॉटिश चर्च कॉलेज में शिक्षा पायी। फिर वह मेट्रोपोलिटन कॉलेज (अब विद्यासागर कॉलेज) में अंग्रेज़ी के शिक्षक हो गये। कुछ दिनों बाद शिक्षक की नौकरी छोड़कर वह पूरी तरह से थिएटर करने लगे। वे थिएटर करने के लिए जमशेदजी मादन की एलिफिंस्टन नाटक कम्पनी में दाखिल हुए। इस कम्पनी के नाटक परम्परागत पारसी स्टाइल में खेले जाते थे उसके विपरीत शिशिर भादुड़ी ने नाटक को सच्चाई और वास्तविकता की तरफ मोड़ा।

शिशिर भादुड़ी

शिशिर भादुड़ी नाटक के प्रदर्शन के सभी पहलुओं पर बारीकी से काम करते थे। रंगमंच में मंच की डिजाइन और प्रकाश व्यवस्था से लेकर दर्शकों के बैठने की व्यवस्था पर बखूबी ध्यान देते थे।। उन्होंने स्टेज पर्दे पर बनावटी चित्रित पृष्ठभूमि को हटाकर यथार्थवादी और ऐतिहासिक बैकग्राउंड का प्रयोग शुरू किया। नाटक आलमगीर में भुइयन राजा को एक गरीब किसान होने के बावजूद एक राजा माना जाता था, इसलिए उनके महल को भी एक साधारण रूप में चित्रित किया गया।

जमशेदजी मादन के दामाद रुस्तमजी धोतीवाला नाट्य कम्पनी के मुख्य कर्ताधर्ता थे। एक दिन रुस्तमजी रंगमंच के सेट देखने आये। साधारण पृष्ठभूमि का सेट देखने के बाद भड़क गये। उन्होंने कहा कि ये क्या बकवास है। इस थिएटर कम्पनी को बनाने में हमने लाखों खर्च किये हैं क्या लोगों को यह देहाती सेट-अप दिखाया जाएगा? वह उसी समय चित्रकार हुसैन बेग को बुलवाये और आदेश दिये कि इस सबको तुरन्त बदल दो और अपने गोल्डन स्पर्श के साथ इसे उज्ज्वल और चमकदार बना दो। शिशिर भादुड़ी उस दिन खून का घूँट पीकर रह गये।

एक दिन शिशिर भादुड़ी एलिफिंस्टन नाटक कम्पनी में टीम के साथ नाटक का रिहर्सल कर रहे थे। तभी उनको रुस्तमजी धोतीवाला की आवाज़ सुनाई दी जो किसी से बात करते हुए कह रहे थे–'ये बंगाली लोग जन्म से झूठे होते हैं। इनपर कभी विश्वास नहीं किया जा सकता।' ये बात सुनते ही शिशिर भादुड़ी का खून खौल उठा। वह उसी समय रिहर्सल छोड़कर सीधे रुस्तमजी के पास आये और बोले कि आपने बंगालियों के बारे में क्या कहा? आपकी हिम्मत कैसे हुई पूरे बंगाली कम्युनिटी को गाली देने की। रुस्तमजी का सुर बदल गया, अरे भादुड़ी जी...मेरा मतलब सारे बंगालियों से नहीं था। आप तो बंगाली कम्युनिटी के हीरा हैं। शिशिर भड़कते हुए बोले, आप कितना जानते हैं बंगाली मानुष को। आप बंगाल का साधन इस्तेमाल करके और बंगालियों के खून चूस के पैसे कमा रहे हैं व्यवसाय कर रहे हैं और फिर उन्हीं को गाली दे रहे हैं। इसी समय मैं आपकी थिएटर कम्पनी छोड़ रहा हूँ। शिशिर भादुड़ी नाट्य हॉल से बाहर निकल गये। रुस्तमजी उनको मनाने के लिए पीछे भागते गये। रुस्तमजी को पता था कि शिशिर जबसे उनकी थिएटर कम्पनी में आये हैं थिएटर कम्पनी का मुनाफ़ा बहुत बढ़ गया है। रुस्तमजी के माफ़ी माँगने के बावजूद भी शिशिर एलिफिंस्टन नाटक कम्पनी में लौट के नहीं आये। वे कुछ दिनों तक बेरोजगार रहे।

कुछ समय बाद जमशेदजी मादन ने शिशिर भादुड़ी को मिलने के लिए बुलाया। शिशिर उनसे मिलने के लिए गये और उन्होंने स्पष्ट रूप में कह दिया कि मैंने तय

किया है कि व्यवसायी नाट्य मण्डली के साथ अब थिएटर नहीं करूँगा। जमशेदजी कुशल व्यवसायी के साथ एक अभिनेता भी थे। वे एक कलाकार के स्वाभिमान को समझ रहे थे। उन्होंने शिशिर के सामने अपनी फ़िल्म कम्पनी मादन थिएटर लिमिटेड के लिए फ़िल्म का निर्देशन और अभिनय करने का प्रस्ताव रखा। शिशिर के लिए फ़िल्म बिल्कुल नया और एक यान्त्रिक मीडियम था। लेकिन जमशेदजी के अनुरोध पर उन्होंने मादन थिएटर की फ़िल्म मोहिनी में काम करना स्वीकार कर लिया। शिशिर ने इस फ़िल्म का निर्देशन किया और इसमें मुख्य भूमिका भी निभायी। उनके सह कलाकारों में पेशेन्स कूपर, अशोक चक्रवर्ती थे। नोनी गोपाल सान्याल ने इस फ़िल्म की फ़ोटोग्राफ़ी की थी। यह फ़िल्म सफल रही।

उसी समय शिशिर के दोस्त नरेश मित्र उनके पास एक फ़िल्म का प्रस्ताव लेकर आये। ताजमहल फ़िल्म कम्पनी शरतचन्द्र चटर्जी की कहानी पर फ़िल्म बना रही थी आँधारे आलो। आँधारे आलो यानी अँधेरे में रौशनी कहानी पर इसी नाम से फ़िल्म बनी जिसका निर्देशन शिशिर भादुड़ी और नरेश मित्र दोनों ने मिलकर किया। इस फ़िल्म में शिशिर और नरेश मित्र के साथ दुर्गा रानी ने मुख्य भूमिका निभायी। इस कहानी में ज़मींदार का एक लड़का 14 साल की अपनी बीवी को छोड़ के एक तवायफ के प्यार में कोठे पर चला जाता है।

हिन्दुस्तानी सिनेमा इतिहास की यह पहली सोशल ट्रैंगल लव स्टोरी फ़िल्म थी और उस वक़्त की साहित्यिक रचना पर बनी पहली फ़िल्म थी। इसकी शूटिंग में शरतचन्द्र अक्सर सेट पर आया करते थे। 1922 में यह फ़िल्म प्रदर्शित हुई और बहुत कामयाब फ़िल्म रही।

इस फ़िल्म की कामयाबी के बाद शिशिर भादुड़ी को मादन थिएटर ने दो फ़िल्मों के लिए अनुबन्धित कर लिया। शिशिर भादुड़ी ने बारेर बाज़ार (मैरेज मार्केट) जैसी सोशल कॉमेडी फ़िल्म का निर्देशन किया और इसके साथ दूसरी फ़िल्म कामले कामिनी (मेड ऑफ़ द लोट्स) का निर्देशन किया और इस फ़िल्म में पेशेन्स कूपर के साथ उन्होंने मुख्य भूमिका भी निभायी। ये दोनों फ़िल्में 1922 में प्रदर्शित हुईं और बेहतर व्यवसाय किया।

लेकिन शिशिर भादुड़ी को थिएटर के आगे सिनेमा यान्त्रिक और असहज लगा। इस मीडियम को वह दिल से अपना नहीं पाये। इसके बाद फिर वह अपने थिएटर की तरफ लौट गये।

ज्योतिष बनर्जी

ज्योतिष बनर्जी का जन्म 1897 में बिहार के एक ब्राह्मण बंगाली परिवार में हुआ। उनकी शुरुआती शिक्षा बिहार में ही हुई। कलकत्ता में उन्होंने टाइपिंग की ट्रेनिंग ली। फ़िल्म कम्पनी मादन थिएटर लिमिटेड में उन्होंने बतौर टाइपिस्ट के रूप में शुरुआत की। लेकिन नाटक और साहित्य में गहन रुचि होने की वजह से सीधे फ़िल्म निर्माण से जुड़ गये। ज्योतिष बनर्जी मादन थिएटर कम्पनी में प्रियनाथ गांगुली टीम का हिस्सा बन गये। वे इतालवी डायरेक्टर यूजेनियो डी लिगुरो की फ़िल्में ध्रुव चरित्र, नल दमयन्ती में सहायक निर्देशक बने। फिर उन्होंने दूसरे इतालवी निर्देशक सी. लेग्रैंड द्वारा निर्देशित फ़िल्में शिवरात्रि और विष्णु अवतार में सहायक की भूमिका निभायी। चूँकि मादन की ज़्यादातर फ़िल्में एल्फिंस्टन और कोरिन्थियन नाट्य कम्पनियों के मंच के शानदार रूपान्तरण होती थीं। बाद में मादन थिएटर ने बंगाली साहित्यकार बंकिमचन्द्र चट्टोपाध्याय, गिरीश घोष, रवीन्द्रनाथ टैगोर की कृतियों का फिल्मी स्वामित्व ले लिया। उनकी ज़्यादातर कृतियों को फ़िल्म स्क्रिप्ट में ढालने का काम ज्योतिष बनर्जी ने किया।

मादन थिएटर विदेशी फ़िल्म डायरेक्टर के साथ-साथ देशी प्रतिभाओं पर भी दाँव लगा रहा था। कम्पनी ने आगा हश्र कश्मीरी की कहानी पर फ़िल्म बनाने के लिए ज्योतिष बनर्जी को पहली बार निर्देशन का भार सौंपा। 1922 में रिलीज़ उस फ़िल्म का नाम था मातृ स्नेह। जिसमें पेशेन्स कूपर, तुलसी बनर्जी और इजरा मीर ने मुख्य भूमिकाएँ निभायी थीं। ज्योतिष बनर्जी मादन थिएटर की अन्य फ़िल्में निर्देशित करने लगे जिसमें 1924 में प्रदर्शित फ़िल्में थीं मिशार रानी, वीर भारत। 1925 में उनके निर्देशन में प्रेमांजलि और सती लक्ष्मी प्रदर्शित हुई। 1927 में उन्होंने फ़िल्म चंडीदास को निर्देशित किया। जिसमें पेशेन्स कूपर और तुलसी बनर्जी ने मुख्य किरदार निभाया।

1928 में मादन थिएटर लिमिटेड ने बंगाल के दो दिग्गज साहित्यकार बंकिमचन्द्र और गिरीशचन्द्र घोष की रचनाओं पर बनी फ़िल्में प्रदर्शित कीं। बंकिमचन्द्र की कहानी पर फ़िल्म विष वृक्ष और गिरीश घोष की रचना पर फ़िल्म भ्रान्ति बनके प्रदर्शित हुई। दोनों फ़िल्मों का निर्देशन ज्योतिष बनर्जी ने ही किया था।

उसके बाद फ़िल्म इन्दिरा, रजनी और राधा रानी जैसी फ़िल्मों का भी निर्देशन किया। 1930 में ज्योतिष बनर्जी ने रोमेश चन्द्र दत्त के उपन्यास माधबी काँका पर आधारित फ़िल्म बनायी। फ़िल्म माधबी कांका यानी स्लेव गर्ल ऑफ़ आगरा मुगल शासक शाहजहाँ के काल पर आधारित बंगाली फ़िल्म है। इसका कैमरा दो विदेशी तकनीशियन चार्ल्स क्रीड और मार्कोनी ने किया है।

उपन्यास त्रिपक्षीय प्रेम की कहानी की पड़ताल करता है। यह एक ऐतिहासिक पृष्ठभूमि के ख़िलाफ़ लिखा गया है। नरेन्द्र और हेमनलिनी एक दूसरे से प्यार करते हैं। लेकिन उनका विवाह श्रीशचन्द्र से हुआ जबकि नरेन्द्र मुगल सेना में शामिल हो गया। मुगल हरम की तातार दासी जेलेखा को नरेन्द्र से प्यार हो जाता है और वह उसका पीछा करता है। 1933 की फिल्मलैंड पत्रिका ने लिखा : 'यदि किसी अन्य खूबियों के लिए नहीं तो, यह फ़िल्म निश्चित रूप से अपने शानदार लोकेशन के लिए एक उच्च स्थान का दावा करती है।'

इस फ़िल्म को शुरू में राजनीतिक और धार्मिक कारणों से प्रतिबन्धित किया गया था। फिर 1932 में सेंसर बोर्ड के आदेश से इसे रिलीज़ किया गया।

शाहजहाँ की भूमिका में अभिनेता नवाब का अभिनय शानदार है। फ़िल्म 17वीं सदी की घटनाओं के इर्द-गिर्द घूमती है। जहाँ मुगल बादशाह शाहजहाँ के बेटे सिंहासन के लिए लड़ रहे हैं। यह बनर्जी की पहली मूक फ़िल्म है जो बच गयी।

यह फुटेज Cinematheque Francoise के आर्काइव से मिला जो पेरिस स्थित एक बहुत बड़ा फ़िल्म संगठन है जो दुनिया के सबसे बड़े अभिलेखागारों में से एक है।

2016 में भारतीय राष्ट्रीय फ़िल्म अभिलेखागार पुणे ने मादन थिएटर की पहली बंगाली मूक फ़िल्म 'बिल्वमंगल' का 594 मीटर लम्बे यानि 28 मिनट का फुटेज प्राप्त किया। जिसे रुस्तमजी धोतीवाला ने निर्देशित किया था। करीब 1350 भारतीय मूक फ़िल्मों में फ़िलहाल पुणे आर्काइव के पास सिर्फ़ 31 मूक फ़िल्में टुकड़ों में उपलब्ध हैं।

ज्योतिष बनर्जी 1933 तक मादन थिएटर के साथ जुड़े रहे। उसके बाद उन्होंने स्वतन्त्र रूप से फ़िल्मों में निर्देशन का काम जारी रखा। 1935 में गुरुदेव टैगोर के कॉमेडी नाटक पर आधारित बोलती फ़िल्म मनमोई गर्ल्स स्कूल का निर्देशन किया जो बहुत कामयाब फ़िल्म रही। इसमें प्रसिद्ध अभिनेत्री कानन देवी ने मुख्य भूमिका निभायी थी।

ऑरोरा फिल्म्स कॉर्पोरेशन

ऑरोरा फिल्म्स कॉर्पोरेशन हिन्दुस्तान की एकमात्र फ़िल्म कम्पनी है जो मूक सिनेमा के शुरुआती दौर में शुरू हुई और आज 21 वीं शताब्दी में भी नये तकनीक और नयी ऊर्जा के साथ फ़िल्में बना रही है। एक 24 साल के बंगाली युवक के मन में फ़िल्म व्यवसाय को लेकर एक विचार आया और उसी विचार ने ऑरोरा फ़िल्म कम्पनी को जन्म दिया। उस दूरदर्शी युवक का नाम था अनादिनाथ बोस। अनादिनाथ बोस ऑरोरा फ़िल्म कम्पनी के संस्थापक और भारतीय सिनेमा के अग्रणी अग्रदूतों में से एक थे।

अनादि बोस

अनादिनाथ बोस का जन्म 6 अगस्त 1884 को कलकत्ता के बड़ाबाज़ार में हुआ था। वह एक समृद्ध ज़मींदार परिवार में पैदा हुए थे। उनके पिता नरेशचन्द्र बोस बड़ा बाजार, कलकत्ता में एक बड़ी फैक्ट्री के मालिक थे। अनादि बोस की पढ़ाई-लिखाई कलकत्ता में सम्पन्न हुई। उसी दौरान उनकी दोस्ती देवी घोष से हुई।

अनादि बोस के पौत्र फ़िल्मकार अंजन बोस के अनुसार–'देवी घोष ने मेरे दादा अनादि बोस को रंगमंच और सिनेमा देखने की आदत लगायी। मेरे दादा युवावस्था से ही व्यवसाय में रुचि रखते थे। कलकत्ता के स्टार थिएटर में नाटकों और फ़िल्मों के प्रदर्शन होते थे। वे देवी घोष के साथ फ़िल्में देखने जाया करते थे। वहाँ उन्हें आइडिया आया कि हम अपना सिनेमा शो का व्यवसाय शुरू कर सकते हैं।'

1906 में अनादि बोस ने मैजिक थिएट्रिकल कम्पनी की स्थापना की। उन्होंने जादू, रंगमंच और चलचित्रों को एक साथ रखते हुए एक यात्रा सिनेमा इकाई बनायी। फ्रांस के पाथे एंड कम्पनी से उन्होंने प्रोजेक्टर और सिनेमाई उपकरण

खरीदे। जहाँ उन्होंने प्रोजेक्टर पर आयातित विदेशी मूक फ़िल्मों के साथ गाँव-गाँव की यात्राएँ शुरू कीं। 1907 में अनादि बोस ने फ्रांस की पाथे एंड कम्पनी के साथ एक समझौता किया। उस कम्पनी से विदेशी फ़िल्में उन्हें आसानी से मिल जाया करती थीं। हावड़ा और असम में जादू और थिएटर शो सहित कई लघु फ़िल्मों के साथ एक स्थान से दूसरे स्थान की वे लोग यात्राएँ करते थे। थोड़े दिनों में इनकी कम्पनी की प्रसिद्धि इतनी हो गयी कि बड़े-बड़े ज़मींदारों और नवाबों ने अपने घर के समारोहों या सार्वजनिक उत्सवों में मैजिक थिएट्रिकल कम्पनी को आमन्त्रित करना शुरू कर दिया।

1910 में अनादि बोस के ख़ास दोस्त देवी घोष भी मैजिक थिएट्रिकल कम्पनी के साथ जुड़ गये। 1911 में अनादि बोस ने देवी घोष और चारु घोष के साथ मिलकर मैजिक थिएट्रिकल कम्पनी का नाम बदलकर एक नयी फ़िल्म कम्पनी की शुरुआत की। इस नयी कम्पनी का नाम रखा ऑरोरा सिनेमा फ़िल्म कम्पनी। ऑरोरा एक लैटिन शब्द है। ऑरोरा का अर्थ होता है उषाकाल या सबेरा। उन्होंने जादूगर चारु घोष को भी अपनी कम्पनी का हिस्सेदार बनाया। देवी घोष प्रोजेक्टर पर फ़िल्में दिखाया करते थे। उसके साथ लोग चारु घोष के जादू भी देखते थे। उत्तरी कोलकाता के राजा राजबल्लभ स्ट्रीट में ऑरोरा स्टूडियो और फ़िल्म प्रोसेसिंग प्रयोगशाला की स्थापना की गयी। फिर स्टूडियो को मानिकतला में स्थानान्तरित कर दिया गया।

1912 में ऑरोरा सिनेमा फ़िल्म कम्पनी का प्रबन्धन पूरी तरह से अनादि नाथ बोस के हाथों में आ गया। ऑरोरा सिनेमा कम्पनी ने उस दौर के सिनेमा के लिए अमेरिका की कीस्टोन कम्पनी से लघु मूक फ़िल्मों का आयात करना शुरू कर दिया और पहली बार फ़िल्म वितरण में कदम रखा।

1916 में अनादि बोस ने हीरालाल सेन से उनका विलियम्सन कैमरा खरीद लिया और फ़िल्मों का निर्माण शुरू किया। ऑरोरा के लिए देवी घोष कैमरामैन की हैसियत से रंगमंच के नाटकों और सार्वजनिक उत्सवों को शूट करते हुए लघु फ़िल्में और न्यूज़रील बनाने लगे।

1917 में प्रथम महायुद्ध के दौरान भारतीय ब्रिटिश सेना ने सैनिकों के मनोरंजन के लिए ऑरोरा को फ़िल्म बनाने के लिए अनुबन्धित किया। ऑरोरा सिनेमा फ़िल्म कम्पनी ने सैनिकों के लिए कुछ लघु फ़िल्में बनायीं। इसके अलावे ऑरोरा कम्पनी

बंगाल रंगमंच के नाटकों का फ़िल्मांकन कर जगह-जगह प्रदर्शित किया करती थी। जिनमें प्रमुख नाटक थे बासवदत्त, चन्द्रशेखर और विषवृक्ष। 1919 में, अनादि बोस ने अपने शो की स्क्रीनिंग के लिए उत्तरी कोलकाता के बीडन स्ट्रीट पर स्थित मनमोहन थिएटर को खरीद लिया।

1921 में ऑरोरा ने 'रत्नाकर उर्फ़ बाल्मीकि' नाम की पूर्ण फीचर फ़िल्म का निर्माण किया। यह एक पौराणिक फ़िल्म थी। यह फ़िल्म बंगाल में 'दस्यु रत्नाकर' नाम से रिलीज़ हुई। इस फ़िल्म के कैमरामैन देबी घोष थे और सुरेन्द्र नारायण रॉय ने इसे निर्देशित किया था। 13 अगस्त, 1921 को यह फ़िल्म दक्षिण कोलकाता के भवानीपुर के रसा थिएटर में रिलीज़ हुई।

1921 में ही ऑरोरा सिनेमा द्वारा निर्मित और देबी घोष द्वारा निर्देशित फ़िल्म 'दाब्बुर केलेनकारी' प्रदर्शित हुई। 1922 में फ़िल्म 'विद्या सुन्दर' प्रदर्शित हुई जिसमें सुरेन्द्र नारायण रॉय का लेखन और निर्देशन था और देबी घोष मुख्य कैमरामैन थे।

1926 में ऑरोरा सिनेमा कम्पनी ने फ़िल्म 'कृष्ण सखा' का निर्माण किया। जिसे अहिन्द्र चौधरी ने निर्देशित किया था और देबी घोष मुख्य कैमरामैन थे। 1927 में फ़िल्म 'सत्संग' रिलीज़ हुई।

ऑरोरा की 1928 में केलोर कीर्ति प्रदर्शित हुई। केलोर कीर्ति का अर्थ होता है कलंकपूर्ण कृत्य या स्कैंडल। केलो यानी अभिनेता लालू बोस एक अमीर लड़की मनुकुमारी यानी अभिनेत्री निहार बाला से प्रेम करता है। उसके होने वाले ससुर शादी के लिए शर्त रखते हैं कि पाँच हज़ार रुपया कमाके दिखा। वह रेसकोर्स में घोड़े पर दाँव लगाता है और जीत जाता है। लेकिन ख़ुशी के मारे अपना जीता हुआ टिकट मुँह में रखके गटक जाता है। उसे जीती हुई रकम नहीं मिलती। अब वह ख़ुद को एक्सीडेंट कराके जीवन बीमा से पैसा पाना चाहता है। वह अपने होनेवाले बहनोई की कार से टकराता है और उसे बीमा के पैसे मिल जाते हैं और उसकी शादी मनुकुमारी से हो जाती है। यह एक सामाजिक कॉमेडी फ़िल्म थी जो कामयाब रही।

1931 में निरंजन पाल द्वारा निर्देशित फ़िल्म 'पुजारी' प्रदर्शित हुई थी। ऑरोरा सिनेमा कम्पनी की आख़िरी मूक फ़िल्म 'नियोति' 1933 में रिलीज़ हुई।

1929 में ऑरोरा सिनेमा फ़िल्म कम्पनी, जिसका नाम बदलकर ऑरोरा फ़िल्म कॉर्पोरेशन कर दिया गया, उसने न्यूज़रील की अवधारणा को सबसे पहले भारत में शुरू किया। शुरू में तुकी तकी और बाद में ऑरोरा सामयिकी के रूप में राष्ट्रीय आन्दोलन के नेताओं और कवियों के भाषण और सभाओं का न्यूज़रील बनाना शुरू

किया। ऑरोरा ने राष्ट्रीय आन्दोलन के नेता महात्मा गांधी, सुभाषचन्द्र बोस, सरदार वल्लभभाई पटेल, जवाहरलाल नेहरू, देशबन्धु चितरंजन दास की सभाओं और भाषणों का न्यूज़रील तैयार किया। महाकवि रवीन्द्रनाथ टैगोर के काव्यपाठ के साथ टैगोर की मृत्यु के बाद उनकी आख़िरी यात्रा का भी फ़िल्मांकन किया। ऑरोरा ने आज़ादी के आन्दोलन के जुलूस और घटनाओं के साथ देश की आज़ादी के उत्सव का भी न्यूज़रील बनाया। आज ऑरोरा के पास न्यूज़रील के रूप में रवीन्द्रनाथ टैगोर, महात्मा गांधी, नेताजी सुभाष चन्द्र बोस, 15 अगस्त 1947 के उत्सव और टैगोर के अन्तिम संस्कार वाले न्यूज़रील उपलब्ध हैं।

अनादिनाथ बोस 1936 में स्थापित बंगाल मोशन पिक्चर्स एसोसिएशन के पहले अध्यक्ष चुने गये और आजीवन अध्यक्ष बने रहे। ऑरोरा फ़िल्म निर्माण के साथ बंगाल में फ़िल्मों की सबसे बड़ी वितरक कम्पनी बन गयी।

1946 में ऑरोरा फ़िल्म कॉर्पोरेशन के राजा राजबल्लभ स्ट्रीट के स्टूडियो में आग लग गयी। नाइट्रेट फ़िल्मों में तेज़ी से आग पकड़ ली। टैगोर और नेताजी न्यूज़रील जैसी कुछ ऐतिहासिक फ़िल्मों को छोड़कर, ऑरोरा की बनायी लगभग सारी लघु फ़िल्में, मूक फ़िल्में और न्यूज़रील जलकर खाक हो गये।

अंजन बोस कहते हैं 'यह घटना मेरे दादू (अनादिनाथ बोस) के लिए बहुत गहरा सदमा था। ऑरोरा सिनेमा कम्पनी की बनायी फ़िल्मों के नष्ट हो जाने के दुख से वह उबर नहीं पाये। 21 सितम्बर 1946 को अनादिनाथ बोस ने आख़िरी साँस ली।

उसके बाद उनकी विरासत उनके पुत्र अजीत बोस ने सम्हाली। अजीत बोस भी दूरदर्शी थे। उन्होंने बंगाल की नयी प्रतिभाओं को ऑरोरा फ़िल्म में जगह दी।

ऋत्विक घटक ने ऑरोरा के बैनर तले कई लघु फ़िल्में बनायीं। सत्यजीत रे की फ़िल्म पाथेर पाँचाली के वितरक की ज़िम्मेवारी ऑरोरा ने उठायी। रे की फ़िल्म अपराजितो में ऑरोरा फ़िल्म ने पूँजी निवेश के साथ फ़िल्म का वितरण भी किया; रे की मशहूर फ़िल्म 'जलसाघर' ऑरोरा ने प्रोड्यूस की थी।

अंजन बोस कहते हैं 'मृणाल सेन पहले अपने पिता के साथ हमारे ऑरोरा स्टूडियो में आये और एक साउंड-रिकॉर्डिस्ट के रूप में शामिल हुए। उनमें फ़िल्मों के लिए अभिरुचि थी और जब भी उन्हें समय मिलता था वे शूटिंग देखने आते थे। उनकी फ़िल्म ख़ारिज और एक दिन अचानक सहित उनकी कई फ़िल्मों की शूटिंग हमारे यहाँ हुई है।'

1996 में अजित बोस की मृत्यु के बाद उनके पुत्र अंजन बोस ऑरोरा फ़िल्म कॉरपोरेशन को बखूबी चला रहे हैं। ऑरोरा कम्पनी की खूबी यह रही कि समय के अनुसार वह हमेशा ख़ुद को बदलती रही। ऑरोरा फ़िल्म स्टूडियो आज पूरा डिजिटल हो चुका है और फ़िल्म निर्माण में आज भी सक्रिय है।

बंगाल में फ़िल्मों के विज्ञापन और प्रचार

सिनेमा व्यवसाय और अख़बारों के बीच का रिश्ता उसी दिन कायम हो गया जिस दिन सिनेमा का जन्म हुआ। सिनेमा शो के प्रदर्शन का विज्ञापन सबसे पहले अख़बार में ही प्रकाशित हुआ क्योंकि प्रचार का सबसे सशक्त माध्यम तब सिर्फ़ अख़बार ही था।

जमशेदजी मादन ने प्रचार-प्रसार और प्रिंट मीडिया की भूमिका के महत्त्व को बहुत पहले महसूस कर लिया था। उनकी नज़र में सिनेमा व्यवसाय और समाचार पत्र एक दूसरे के पूरक थे।

पिछली शताब्दी के दूसरे दशक तक सिनेमा के विज्ञापनों ने अख़बारों पर कब्ज़ा करना शुरू कर दिया था। लगभग एक पूरा पेज 'बायोस्कोप' और नाटकों के विज्ञापनों के लिए समर्पित होता था। 'बायोस्कोप' कम्पनियाँ भी अपने स्वयं के विज्ञापन नियमित रूप से समाचार पत्रों में प्रकाशित कराती थीं। अख़बारों में मनोरंजन कॉलम प्रकाशित होने लगे।

उन कॉलमों में जो फ़िल्म समीक्षाएँ निकलती थीं, वे आमतौर पर सिनेमा हॉल ऑथोरिटी की दिल से प्रशंसा करती थीं। उसमें सिनेमा हॉल के अच्छे प्रबन्धन, एक अच्छी फ़िल्म के चयन और क्रेडिट के साथ फ़िल्म की कहानी का सारांश दिया होता था। 1918 में आयी फ़िल्म टार्ज़न ऑफ़ द एप के विज्ञापन के दौरान एलफिंस्टन पिक्चर पैलेस ने समीक्षाओं के उद्धरणों का इस्तेमाल किया।

द स्टेट्समैन ने लिखा–'एल्फिंस्टन प्रबन्धन ने इस फ़िल्म को प्रदर्शित कर एक बहुत बड़ी सफलता हासिल की है। अद्भुत जंगली फ़िल्म है 'टार्ज़न ऑफ़ द एप...।'

एक दूसरे अंग्रेज़ी अख़बार ने लिखा–'ट र्ज़न ऑफ़ द एप' की सफलता ने कलकत्ता के सिनेमा जगत के सारे रिकॉर्ड आसानी से तोड़ दिये।

समीक्षा के इस वाक्य को मादन ने सीधे-सीधे अख़बार का विज्ञापन बना दिया। जनमानस को ऐसे विज्ञापन या प्रचार बहुत जल्द प्रभावित करते हैं। नतीजा यह होता था कि जमशेदजी मादन अपने विज्ञापन की नूतनता की वजह से कई बार बाज़ी मार लेते थे।

एलिफिंस्टन बायोस्कोप कम्पनी ने अपने प्रतिष्ठित कुलीन और भद्र दर्शकों का उल्लेख करने के बजाय अपने शो पर ही ज़ोर दिया। इसने अपने विज्ञापन में कभी नीरस भाषा का उपयोग नहीं किया, जैसा कि रॉयल बायोस्कोप सहित अधिकांश कम्पनियाँ किया करती थीं। एलिफिंस्टन ने हमेशा अपने विज्ञापनों में कुछ नया पेश करने की कोशिश की। उसने एक तरह से विज्ञापन की भाषा ही बदल दी।

1915 के बाद अख़बार के मनोरंजन पृष्ठ पर फ़िल्म के आधे या पूरे पेज के विज्ञापन छपने लगे। ज़्यादातर बड़े विज्ञापनों को लिथोग्राफिक पर प्रिंट किया जाने लगा। विज्ञापन में फ़िल्म की तस्वीर और उसकी कहानी के साथ पूरे पृष्ठ पर बोल्ड अक्षरों में फ़िल्म के नाम होते थे।

जमशेदजी मादन ने न्यू टेंट मैदान में एलिफिंस्टन बायोस्कोप की प्रदर्शित 'सनसनीखेज सीरियल' के लिए एक पूरे पेज का विज्ञापन दिया था। जिसमें फ़िल्म 'द ब्रोकन कॉइन' के हीरो और 'ए न्यू चार्ली चैपलिन कॉमेडी' के चार्ली चैपलिन दोनों की स्थिर तस्वीर को एक साथ छापा। विज्ञापन इतना दिलचस्प बना था मानो यह एक ही फ़िल्म हो जिसमें ये दो बड़े अभिनेताओं ने काम किया हैं।

मादन के दूसरे थिएटर जैसे कॉर्नवालिस और एल्बियन में भी नयी रिलीज़ की घोषणा के साथ विज्ञापन अख़बार के पृष्ठ पर आ जाते थे। 1921 में फ़िल्म द ग्रेट रेडियम मिस्ट्री को द इंडियन डेली न्यूज में 'इन द डेथ ग्रास ऑफ़ द मिस्ट्री मैन' शीर्षक से विज्ञापन दिया गया। सनसनीखेज विज्ञापन बनाने के लिए एल्बियन थिएटर ने एक नकाबपोश व्यक्ति का लिथोग्राफिक प्रिंट प्रकाशित किया, जिसमें एक मासूम को मौत के घाट उतारने की कोशिश कर रहा है और उसका नाम दिया 'इन द डेथ ग्रास ऑफ़ द मिस्ट्री मैन'। दर्शक ऐसा विज्ञापन देखकर बहुत उत्सुक और रोमांचित हो जाते थे और फ़िल्म सुपरहिट हो जाती थी।

मादन की पहली फ़िल्म सत्यवादी राजा हरिश्चन्द्र की रिलीज़ के लिए मादन कम्पनी ने विज्ञापन की वही नीति अपनायी थी। 24 मार्च, 1917 को अख़बार के आधे पृष्ठ पर फ़िल्म की पाँच स्थिर तस्वीरों के साथ फ़िल्म का विज्ञापन दिया गया था।

1920 में ओरिएंटल फ़िल्म कम्पनी ने कालिदास की रचना पर आधारित शकुन्तला फ़िल्म का निर्माण किया जिसे सुचेत सिंह ने निर्देशित किया था। इस फ़िल्म की मुख्य भूमिका में प्रसिद्ध गायिका गौहर जान थी। कार्नवालिस थिएटर ने द डेली इंडियन न्यूज़ में फ़िल्म का विज्ञापन दिया जिसमें पूरे पृष्ठ पर गौहर जान की आकर्षक मुद्रा में तस्वीर छापी गयी थी।

मूक सिनेमा युग में शुरू हुआ प्रिंट विज्ञापन का स्वरूप ज़्यादा नहीं बदला है। आज भी फ़िल्म के प्रिंट विज्ञापन में अभिनेता या अभिनेत्री की पूरी तस्वीर के साथ पोस्टर का चलन जारी है।

जमशेद जी मादन हमेशा नये आइडिया और नये सर्जनात्मक विचार का स्वागत किया करते थे। वह नये प्रयोग के लिए हमेशा तैयार रहते थे। इसी नये प्रयोग में उन्होंने फ़िल्मों के बुकलेट निकालने का निर्णय लिया जिसमें फ़िल्म की कहानी के साथ तकनीशियन, किरदार और कलाकारों के नाम भी समाहित थे। उन्होंने ये बुकलेट उन दर्शकों को बाँटना शुरू किया जिन्होंने अपने नाम एलिफिंस्टन पिक्चर बायोस्कोप में नियमित दर्शक के तौर पर रजिस्टर्ड कराया था।

हालाँकि कलकात्ता में उन दिनों नाटक के बुकलेट छपा करते थे। लेकिन नाट्य कम्पनियाँ अपने बुकलेट 5 से 12 आना की कीमत पर बेचा करती थीं जबकि जमशेदजी ने दर्शकों को रिझाने के लिए अपनी फ़िल्मों के बुकलेट को मुफ़्त में बाँटना शुरू किया।

बुकलेट से दर्शकों को विदेशी फ़िल्मों के कथासार और कलाकार के बारे में आसानी से जानकारी प्राप्त हो जाया करती थी। बाद में मादन थिएटर ने अपनी नीति में बदलाव किया। उसने बुकलेट में फ़िल्मों की सूचना के साथ उस फ़िल्म के दृश्य की कई तस्वीरें छापनी शुरू की दीं और उसकी कीमत तय कर दी। फ़िल्म टार्जन ऑफ़ द एप्स के बुकलेट में ढेर सारी तस्वीरें छापी गयीं और उसके बुकलेट दुगुनी क़ीमत पर बिके। शिक्षित लोग सिनेमा को साहित्य की एक विधा के रूप में स्वीकारने लगे थे। क्योंकि तब तक बंगाली साहित्य पर फ़िल्में बनने लगी और कामयाब भी होने लगी थीं। बंकिम चन्द्र, शरतचन्द्र और टैगोर की रचनाओं पर बनी फ़िल्मों के बुकलेट लोग संग्रह करने लगे। इसलिए बुकलेट के दाम भी बढ़ने लगे थे। अहिन्द्र चौधरी अपनी आत्मकथा में लिखते हैं 'बुकलेट का अपना एक महत्त्व था। हम बाहर से आये आयातित फ़िल्मों के बुकलेट संग्रह किया करते थे। जिसमें कथासार और फ़िल्मों की स्थिर तस्वीरें हुआ करती थीं। जिसकी क़ीमत एक रुपये

होती थी। कुछ लोग एक संग्राहक के तौर पर फ़िल्मों के बुकलेट खरीदा करते थे।'

जमशेदजी ने अपने टेंट सिनेमा में चलनेवाले शो ख़राब मौसम या बारिश की वजह से कभी रद्द नहीं किया। बाकी कम्पनियों के टेंट शो बरसात में बन्द हो जाते थे। लेकिन एलिफिंस्टन बायोस्कोप के शो उसी जगह पर चलते रहते थे।

एक बार 1903 में कोलकाता में ख़ूब बारिश हो रही थी। कोलकाता मैदान में चल रहे प्रोफ़ेसर बोस के ओरिअल बंगा सर्कस ने अपने सारे शो कुछ दिनों के लिए रद्द कर दिये। तेज़ बारिश होने से कई फ़िल्म कम्पनियों ने भी अपने सारे टेंट शो कुछ दिनों के लिए स्थगित कर दिये। लेकिन जमेशदजी मादन ने इस आपदा को भी अवसर में बदल दिया। बारिश में सिर्फ़ दो दर्शक फ़िल्म देखने के लिए आये। एलिफिंस्टन बायोस्कोप के मैनेजर को लगा कि दो लोगों के लिए फ़िल्म का प्रदर्शन घाटे का सौदा है। लेकिन जमशेदजी मादन ने तुरन्त निर्देश दिया कि चाहे एक दर्शक हो हमारा शो जारी रहना चाहिए और जो दर्शक इतनी बारिश और तकलीफ सहके हमारे यहाँ शो देखने आया है उसे उसी टिकट मूल्य पर एक नहीं बल्कि दो फ़िल्में दिखायी जाये। दोनों दर्शकों ने एक टिकट मूल्य पर दो फ़िल्मों का आनन्द लिया। उसके बाद तेज़ बारिश की परवाह न करते हुए दर्शकों की भीड़ आने लगी क्योंकि उन्हें एक टिकट पे दो फ़िल्में देखने का मौका जो मिल रहा था। भारी बारिश में भी बिना रुके जमशेदजी का शो चलता रहा।

जमशेदजी ने अपने टेंट सिनेमा में सम्भ्रान्त फ़िल्म दर्शकों के लिए बॉक्स और सोफे का इन्तजाम किया था। जिसका टिकट मूल्य ज़्यादा था। लेकिन 1909 में उन्होंने 8 आना टिकट का मूल्य घटाकर 4 आना कर दिया था ताकि छात्र के साथ मज़दूर लोग भी फ़िल्म शो देख सके। वह अपने हर वर्ग के दर्शकों का ख़ास ध्यान रखते थे। 1909 में ही एलिफिंस्टन बायोस्कोप ने महिला दर्शकों के लिए एक विशेष श्रेणी बनायी जिसका टिकट मूल्य 1 रुपया रखा। उन्होंने अपने थिएटर में दर्शकों की सुरक्षा और आराम पर ख़ास ध्यान दिया।

एलफिंस्टन बायोस्कोप कम्पनी मैदान वाले टेंट थिएटर में दर्शकों को आकर्षित करने के लिए यह घोषणा करती थी कि 'हमारा ऑपरेटिंग बॉक्स अग्निरोधक और स्वचालित उपकरणों से सुसज्जित है।'

जमशेदजी ने अपने खिदिरपुर टेंट सिनेमा के लिए नवीनतम अमेरिकन पोर्टेबल टेंट का इस्तेमाल किया। जो उस वक़्त के लिए नया और आरामदायक था। मादन का कोरिन्थियन थिएटर किसी भी यूरोपीय थिएटर के मुकाबले बेहतर था। एक

विशाल ग्राउंड फ्लोर था, पहली मंज़िल पर एक शानदार बालकनी थी। ग्राउंड फ्लोर के स्टेज पर पर्दा दर्शकों की आँखों के स्तर से थोड़ा ऊपर स्थित था। मंच के सामने ऑर्केस्ट्रा का गड्ढा था जहाँ पेशेवर संगीतकार बैठते थे। मुख्य पर्दा रंगीन ढंग से डिज़ाइन किया गया था।

हिन्दू धार्मिक त्योहारों पर जमेशदजी मादन की विशेष तैयारी रहती थी। अलग अलग त्योहारों पर वे ख़ास फ़िल्मों के शो रखा करते थे। जैसे जन्माष्टमी पर कृष्ण जन्म और कालिया दमन जैसी फ़िल्मों के शो प्रदर्शित होते थे।

मादन थिएटर लिमिटेड की होम प्रोडक्शन फ़िल्म 'शिवरात्रि' को शिवरात्रि उत्सव सप्ताह में कॉर्नवालिस थिएटर में रिलीज़ किया गया था। मादन थिएटर की एक और फ़िल्म बेहुला को उसी साल कॉर्नवालिस में मनसा पूजा से ठीक पहले प्रदर्शित किया गया था।

1920 में न केवल कॉर्नवालिस हॉल में बल्कि रिपन और खिदिरपुर टेंट सिनेमा में भी जन्माष्टमी उत्सव के दौरान भारतीय पौराणिक फ़िल्मों का प्रदर्शन किया गया।

बंगाल के सबसे बड़े त्योहार दुर्गा पूजा में मादन थिएटर लिमिटेड अपने सिनेमाघरों में पौराणिक फ़िल्मों के 5 शो आयोजित करता था। दुर्गा पूजा में मेले जैसी रौनक हुआ करती है। दर्शकों के लिए मेला में रसगुल्ला खाना और एक फ़िल्म शो देखना आम बात हो गयी थी।

त्योहार के दिन फ़िल्म देखने के लिए दर्शकों की अपार भीड़ उमड़ा करती थी। 80 के दशक तक हिन्दुस्तान के छोटे शहरों के सिनेमाघरों में त्योहारों के दिन पौराणिक फ़िल्में दिखाने का रिवाज था। जिसकी शुरुआत जमशेदजी मादन ने की थी।

इतना ही नहीं मादन थिएटर कम्पनी ने सिनेमाघरों में अच्छे बैंड और आर्केस्ट्रा की व्यवस्था की थी। फ़िल्म शो में दो रीलों के बीच ब्रेक के दौरान दर्शकों का मनोरंजन करने के लिए बैंड बजाया जाता था। एम्प्रेस थियेटर का ऑर्केस्ट्रा ग्रूप संगीत फ़िल्म शुरू होने से पहले एम्प्रेस थिएटर के गार्डेन में अपनी धुनें बजाना शुरू कर देता था ताकि टिकट लेने वाले दर्शकों के साथ बाहरी लोग भी आकर्षित होकर फ़िल्म देखने के वास्ते आ सकें।

जमशेदजी फ्रामजी मादन लोगों के मानस को आँकने में कभी असफल नहीं हुए और जब से उन्होंने फ़िल्म मनोरंजन व्यवसाय की बागडोर सँभाली उनकी

बादशाहत भारतीय मूक फ़िल्म उद्योग पर आख़िर तक कायम रही।

शुरुआती दौर के बंगाली फ़िल्मों के निर्देशक कालीप्रसाद घोष का कहना है : 'फ़िल्म निर्माण का वह शैशव काल था। निर्देशक भी फ़िल्म निर्माण प्रक्रिया से उतने वाकिफ़ नहीं थे। दर्शकों में भी फ़िल्मों को लेकर बच्चों के समान उत्सुकता थी। कभी फ़िल्म का एक हिस्सा चाक की तरह सफेद और दूसरा आधा हिस्सा काला होता था और कभी पूरी फ़िल्म ही धुँधली नज़र आती थी। लेकिन दर्शक इसके बारे में कोई शिकायत नहीं करते थे।'

बंगाली फ़िल्मों के शुरुआती दर्शकों में पौराणिक फ़िल्मों को लेकर एक अलग जुनून था। उन्हें ट्रिक-शॉट्स बहुत पसन्द थे।

काली प्रसाद घोष को मादन थिएटर की फ़िल्म जॉयदेब का एक दृश्य याद आया जिसमें कृष्ण एक गाय के भीतर से अचानक निकलते हैं और दर्शक ज़ोर-ज़ोर से तालियाँ बजाने लगते हैं। पत्रिका नचघर में फ़िल्म शंकराचार्य की समीक्षा छपी जिसमें कहा गया कि सुचेत सिंह की फ़िल्म शंकराचार्य मादन थिएटर के जॉयदेब की तुलना में बेहतर बनी है। क्योंकि इसमें अधिक रोमांचक और सनसनीखेज दृश्य थे जैसे कि जादुई सागर में अचानक एक पथ का प्रकट होना, शंकराचार्य के एक शिष्य द्वारा नदी पर चलकर गंगा पार करना, शंकराचार्य का आकाश में उड़कर अपनी माँ के पास जाना। अधिकांश समकालीन समीक्षाएँ और टिप्पणियाँ फ़िल्मों में मंच की तरह अभिनय, चित्र की ख़राब गुणवत्ता और उपशीर्षक की ख़ामियों की तरफ इशारा करती थीं।

अगर सच कहें तो शुरुआती फ़िल्मों को व्यावहारिक रूप से कैमरामैन ही निर्देशित किया करते थे। मूक युग के फ़िल्मकार प्रेमांकुर आतर्थी लिखते हैं 'आरम्भिक फ़िल्मों के दर्शकों का अनुभव बहुत बुरा था। फ़ोटोग्राफ़ी, सेट और मेकअप की गुणवत्ता बहुत ख़राब होती थी। फ़िल्म में लाइट, कैमरा, फोकस ऐसा होता था कि आधे घण्टे फ़िल्म देखने के बाद आँखों में देर तक जलन होती थी। इसके अलावा उन दिनों के प्रोजेक्टर की आवाज़ बहुत कर्कश और परेशान करनेवाली होती थी।'

1921 के बाद मुम्बई में बहुत तेजी से फ़िल्मों के प्रोडक्शन होने लगे। जिसमें स्टंट, थ्रिलर और मसाला फ़िल्में बनने लगीं। बॉम्बे में निर्मित फ़िल्में बंगाल के शिक्षित लोगों और बुद्धिजीवियों को बिल्कुल भी रास नहीं आती थी।

उस समय के बॉम्बे में बन रही फ़िल्मों में गुण्डे, लुटेरों के गिरोह, उनका अड्डा

जहाँ नर्तकियाँ नाचती थीं और उसके साथ घुड़सवारी, मारपीट आदि फ़िल्मों के मुख्य हिस्सा होते थे।

इस प्रकार की फ़िल्मों के ज़्यादातर दर्शक अशिक्षित और मज़दूर वर्ग होते थे। बंगाली भद्रलोक बम्बईया फ़िल्में देखने से बचता था। क्योंकि तब तक कोलकाता में बंगाली साहित्यकारों की रचनाओं पे तेज़ी से फ़िल्में बननी शुरू हो गयी थीं। बंगाली बुद्धिजीवी लोग सिनेमा को साहित्य की एक विधा के रूप में देख रहे थे। बंगाली शिक्षित वर्ग के लिए बम्बईया सिनेमा मसाला फ़िल्मों से ज़्यादा कुछ नहीं था।

जब मादन थिएटर लिमिटेड ने व्यावसायिक फ़िल्मों का निर्माण शुरू किया तो बंगाली फ़िल्म समीक्षकों ने उन फ़िल्मों की जमकर खिंचाई की और उनपे 'बॉम्बे ब्रांड' की फ़िल्मों की नकल करने का आरोप लगाया। फिल्मलैंड के सम्पादकीय कॉलम ने मादन थिएटर की फ़िल्म गुप्त रत्न (हिडन ट्रेजर) पर लिखा– 'हमें शुरू में ही अपने पाठकों को चेतावनी देनी चाहिए कि यह एक बॉम्बे ब्रांड की फ़िल्म है जिसमें कोई विचार और मनोविज्ञान नहीं बल्कि सिर्फ़ एक्शन है।'

फ़िल्म आलोचक कोलकाता में बन रही देशी फ़िल्मों के निर्माण की ग़लतियाँ ढूँढ़ के निकालते थे और अपनी समीक्षा में विस्तार से लिखते थे। फ़िल्मकार प्रेमांकुर आतर्थी अपने संस्मरण में लिखते हैं 'एक पौराणिक फ़िल्म में अभिमन्यु अपनी अन्तिम लड़ाई लड़ रहा है जिसमें कोरिन्थियन थिएटर के आधुनिक खम्भे स्पष्ट नज़र आ रहे थे। फ़िल्म के किसी दृश्य में कुरुक्षेत्र की लड़ाई चल रही है और बैकग्राउंड में कोलकाता का ट्राम जाते हुए दिखाई देता है।

एक फ़िल्म दृश्य की पृष्ठभूमि में भगवान शिव स्लीपिंग शूट में जाते हुए नज़र आये। इसलिए कोलकाता के शिक्षित बंगाली युवा ब्रिटिश और अमेरिकी फ़िल्में देखते थे, जिनमें बहुत अच्छी तकनीक का इस्तेमाल होता था।'

हिन्दुस्तान का राष्ट्रीय आन्दोलन जिस रफ़्तार से बढ़ रहा था उसी तेज़ी के साथ बंगाल के साहित्य, कला, नाटक और फ़िल्मों में बंगाली भाषा और संस्कृति का स्वर भी उभर रहा था। बंगाल के दर्शकों को दूसरे प्रान्त की बनी फ़िल्में उतनी पसन्द नहीं आती थीं। बंगाली दर्शकों में फ़िल्मों को लेकर एक ख़ास तरह की रुचि विकसित हो रही थी। प्रसिद्ध फ़िल्मकार धीरेन गांगुली के शब्दों में 'हम बंगाली लोग दूसरे प्रान्तों की बनी फ़िल्में देखना पसन्द नहीं करते थे। उसमें हमारी रुचि नहीं थी।'

बॉम्बे की बनी फ़िल्मों का प्रदर्शन अक्सर कोलकाता में होता था लेकिन वे फ़िल्में कोलकाता में कभी लोकप्रिय नहीं हो पाती थीं। बॉम्बे की फ़िल्मों को ए

ग्रेड का थिएटर भी नहीं मिलता था। उन फ़िल्मों को दूसरे दर्ज़े के थिएटर जैसे पूर्णा थिएटर में रिलीज़ करना पड़ता था। बंगाली दर्शक यहाँ तक कि बॉम्बे की बनी पौराणिक फ़िल्मों को भी ज़्यादा तवज्जो नहीं देते थे। इसकी एक वजह थी कि बॉम्बे की फ़िल्म कम्पनियाँ अपनी फ़िल्मों में हिन्दी, अंग्रेज़ी, गुजराती उपशीर्षक के साथ फ़िल्में प्रदर्शित करती थीं लेकिन उसमें बंगाली उपशीर्षक नहीं होते थे। जबकि बंगाली जन को अपनी मातृभाषा से कितना प्रेम है यह सबको पता है।

बॉम्बे की कोहिनूर कम्पनी की पौराणिक फ़िल्में सत्यनारायण और परशुराम दोनों को कोलकाता के एक थिएटर में अंग्रेज़ी, हिन्दी और गुजराती शीर्षकों के साथ 1922 में प्रदर्शित किया गया। बंगाली उपशीर्षक ना होने की वजह से बंगाली भद्रजनों ने इसकी आलोचना की।

धीरेन गांगुली या अन्य बंगाली फ़िल्मकारों ने शुरू से ही अपनी फ़िल्मों में बंगाली भावना को सबसे ज़्यादा प्रमुखता दी। इण्डो ब्रिटिश फ़िल्म कम्पनी की 3 जून 1921 को फ़िल्म 'यशोदानन्दन' का विज्ञापन दिया गया– 'मूल बंगाली चित्र निर्माता। पहला वास्तविक और विशुद्ध रूप से बंगाली पवित्र चित्र। एकमात्र बंगाली सिनेमा हाउस में बंगालियों और हिन्दुओं द्वारा अभिनीत, निर्देशित और निर्मित फ़िल्म।'

साहित्य और कला में नया बंगाली सांस्कृतिक देशभक्ति का उभार चरम पे था जिसकी मुख्य आधार बनीं बंकिमचन्द्र और टैगोर की रचनाएँ। बंगाल में बंगालियों द्वारा बनी हर चीज एक विशेष मूल्य रखती थी। कभी-कभी बंगाली संस्कृति में हिन्दुत्व का रंग भी जोड़ा जाता था।

इस परिवेश में जमशेदजी मादन सिर्फ़ गैर बंगाली ही नहीं थे बल्कि ग़ैर हिन्दू भी थे। हालाँकि उनकी देशभक्ति पर किसी को शक नहीं था। फिर भी आलोचक और व्यापारी प्रतिद्वन्द्वी इन दो वजहों को हथियार बनाके उनके ख़िलाफ़ इस्तेमाल करते थे।

जमशेद जी फ्रामजी मादन के बाद मादन थिएटर की पूरी कमान उनके तीसरे बेटे जहाँगीर जमेशदजी मादन ने सम्हाली। 19 और 20 दिसम्बर 1927 को वे भारतीय सिनेमैटोग्राफ़ कमिटी के सामने पेश हुए। उन्होंने भारतीय मूक सिनेमा के बारे में लम्बा बयान दिया। जहाँगीर मादन का कहना था कि आम हिन्दुस्तानी लोग भारतीय पौराणिक फ़िल्में देखना पसन्द करते हैं। इसके अलावे वाइल्ड ड्रामा जिसमें भरपूर एक्शन हो। दूसरी तरफ यूरोपीय, एंग्लो-इंडियन और शिक्षित भारतीय

दर्शक विदेशी तस्वीरें देखना पसन्द करते हैं। हमें भारतीय लोगों के फ़िल्म देखने के स्वाद को विकसित करना है। वैसे आयातित विदेशी फ़िल्मों की तुलना में भारतीय फ़िल्में दिखाना ज़्यादा लाभदायक होता है। मादन थिएटर पौराणिक फ़िल्मों को हमेशा व्यावसायिक दृष्टि से सफल मान रहा था जबकि 1927 के बाद कम से कम बंगाल में सामाजिक सिनेमा की माँग बढ़ने लगी थी। समाज का एक अलग वर्ग धीरे-धीरे सिनेमा में दिलचस्पी लेने लगा था। यहाँ तक कि 1922 में मादन थिएटर की जहाँगीर मादन द्वारा निर्देशित सामाजिक फ़िल्म पति भक्ति की सफलता ने भी मादन थिएटर की आँखें खोलने का काम नहीं किया। उन्होंने इस फ़िल्म को महज़ एक अपवाद माना।

मादन थिएटर कम्पनी भारत में विदेशी फ़िल्मों की सबसे बड़ी आयातक कम्पनी थी। यूनाइटेड आर्टिस्ट्स और हॉलीवुड की मेट्रो पिक्चर्स के साथ मादन थिएटर का अनुबन्ध था। लेकिन विदेशी फ़िल्मों का आयात यह एक महँगा मामला था। यहाँ तक कि उन फ़िल्मों के पोस्टर भी विदेश से आयात करने पड़ते थे। लेकिन इन फ़िल्मों का दर्शक वर्ग छोटा था। इसके ज़्यादातर दर्शक एक अंग्रेज़ी शहरी अभिजात वर्ग से आते थे।

श्री एस एन गुहा ने भारतीय सिनेमैटोग्राफ़ समिति को दिये अपने इंटरव्यू में कहा है 'हालाँकि शंकराचार्य एक तकनीकी रूप से बनी बहुत ख़राब फ़िल्म थी। फिर भी यह एक बड़े दर्शक वर्ग को आकर्षित करने में सक्षम थी क्योंकि भारतीय विषय पर बनी फ़िल्में कभी भी असफल नहीं होती हैं।'

ऑरोरा सिनेमा कम्पनी के एक निदेशक श्री एम एम बोस ने स्पष्ट और आत्मविश्वास से कहा कि, 'भारतीय चित्रों के लिए एक स्वाद बनाया गया है और अगर हम धार्मिक या पौराणिक या सामाजिक नाटक दिखाते हैं, तो लोग ज़रूर आयेंगे। भारतीय फ़िल्मों की अपनी पहचान और मूल्य है। उन्होंने यह भी कहा कि भारतीय फ़िल्मों ने उनकी कम्पनी को पश्चिमी फ़िल्मों की तुलना में अधिक रिटर्न दिया है।'

जहाँगीर मादन बॉक्स ऑफिस की सफलता के बारे में कहते हैं– 'बंगाल की तस्वीरें बॉम्बे को पसन्द नहीं आयेंगी, क्योंकि बंगाल में बनी फ़िल्मों की चित्रित कहानी दूसरे प्रान्त की भावना को ज़्यादा छूती नहीं है। इसकी वजह फ़िल्म की फ़ोटोग्राफ़ी या अभिनय नहीं है बल्कि बंगाली परिवेश की कहानी है जो देश के दूसरे हिस्से में इतने चाव से नहीं देखी जाती।'

भारतीय सिनेमा के पितामह दादा साहेब फाल्के के शब्दों में–'अगर मैं शिवाजी के जीवन पर फ़िल्म बनाता हूँ तो इसे बंगाल या मद्रास में कभी सराहा नहीं जाएगा। अगर मैं सामाजिक फ़िल्म का निर्माण करता हूँ तो बॉम्बे को छोड़कर यह फ़िल्म देश के दूसरे प्रान्तों में व्यवसाय नहीं करेगी।'

लेकिन बाद में पुणे की प्रभात फ़िल्म कम्पनी और कोलकाता के न्यू थिएटर ने मूक फ़िल्मकारों के क्षेत्रवाद के इस मिथक को बहुत कम समय में तोड़ दिया।

बंगाल के अन्य फ़िल्मकार

धीरेन गांगुली (1893- 1978)

धीरेन्द्र नाथ गांगुली

धीरेन्द्र नाथ गांगुली का जन्म 1893 में बंगाल के बारीसल के एक प्रतिष्ठित और कुलीन बंगाली परिवार में हुआ था। बारीसल अब बांग्लादेश का हिस्सा है। धीरेन गांगुली की शुरू से ही नाटक और फाइन आर्ट्स में दिलचस्पी थी। वह पढ़ाई के लिए रवीन्द्रनाथ टैगोर के शान्तिनिकेतन पहुँचे। टैगोर के नाटकों जैसे 'वाल्मीकि प्रतिभा' और 'डाकघर' में हिस्सा लिया। धीरेन के ज़बरदस्त अभिनय ने टैगोर का ध्यान आकर्षित किया। 1910 में शान्तिनिकेतन से पढ़ाई करके निकले। उसके बाद उन्होंने 1912 में गवर्नमेंट स्कूल ऑफ़ आर्ट से बहुत अच्छे अंक में हायर डिग्री की परीक्षा पास की। पढ़ाई के दौरान उनकी बनायी पेंटिंग्स और स्केच मैगज़ीन में छपने लगे और आय का एक स्रोत शुरू हो गया। धीरेन का परिवार उनके नाटक और आर्ट करियर चुनने के ख़िलाफ़ था। लेकिन शान्तिनिकेतन की मेकअप की ट्रेनिंग ने उनको कलकत्ता पुलिस विभाग में मेकअप आर्टिस्ट की नौकरी आसानी से दिलवा दी। जहाँ वो अपराधियों को पकड़ने के लिए सिपाही या अफ़सर को मेकअप द्वारा उन्हें भिखारी, साधु या मारवाड़ी की शक्ल देते थे। अपराधियों के स्केच भी बनाते थे।

उन्होंने अपने ऊपर मेकअप का प्रयोग करके अलग अलग रूपों में अपनी तस्वीरें खिंचवायीं और उन तस्वीरों की एक पुस्तक प्रकाशित कराई जिसका नाम

था भाव अभिव्यक्ति। धीरेन के बड़े भाई उस समय हैदराबाद स्टेट में इंजीनियर थे। उन्होंने धीरेन को हैदराबाद बुला लिया। धीरेन की किताब ने इनको इतनी प्रतिष्ठा दिलायी कि हैदराबाद के निज़ाम ने उनको 1915 में निज़ाम आर्ट कॉलेज का सीधे प्रिंसिपल नियुक्त कर दिया। प्रथम विश्वयुद्ध ख़त्म होते ही धीमे पड़े भारतीय फ़िल्मों के प्रोडक्शन में तेज़ी आ गयी। कोलकाता के मादन थिएटर में फ़िल्में बननी शुरू हो गयी थीं। धीरेन गांगुली ने हैदराबाद से ही जमशेदजी मादन फ़िल्म कम्पनी को काम के लिए अपनी मेकअप वाली तस्वीरों के साथ आवेदन भेजा। मादन फ़िल्म कम्पनी से तुरन्त ही बुलावा आ गया। गांगुली कलकत्ता आके मादन थिएटर के जनरल मैनेजर नीतीश लाहिड़ी और जमशेद मादन से मिले। दोनों उनकी प्रतिभा से बहुत प्रभावित हुए। जमेशदजी बंगाली साहित्य पर फ़िल्में बनाना चाह रहे थे। इसके लिए गुरुदेव टैगोर के नाटक 'बलिदान' के फ़िल्मांकन के अधिकार के लिए गांगुली को टैगोर के पास भेजा। गुरुदेव टैगोर गांगुली के हाथ में नाटक का अधिकार आसानी से सौंप दिये। जमेशदजी इस नाटक पर फ़िल्म बनाने की तैयारी करने लगे।

इधर मादन थिएटर के मैनेजर नीतीश लाहिड़ी के एक मित्र ने लकड़ी की बाल्टियाँ बेचकर बहुत पैसा कमाया था। वह लाहिड़ी के साथ एक फ़िल्म कम्पनी बनाके फ़िल्मों का निर्माण करना चाहता था। लाहिड़ी ने यह आइडिया गांगुली को दिया कि क्यों न हम अपनी फ़िल्में बनाएं। गांगुली फ़ौरन तैयार हो गए। लाहिड़ी ने मादन थिएटर छोड़ दी। इन तीनों ने मिलकर 1919 में इंडोब्रिटिश फ़िल्म कम्पनी खोली। यह कलकत्ता में पहली बंगाली फ़िल्म कम्पनी थी। इस कम्पनी में नीतीश लाहिड़ी मादन थिएटर के पुराने सहयोगी और कैमरामैन ज्योतिष सरकार को भी अपने साथ लेकर आ गये। नीतीश लाहिड़ी और गांगुली ने एक व्यंग्यात्मक कहानी तैयार की और दोनों ने मिलकर इसका निर्देशन भी किया और ज्योतिष सरकार इस फ़िल्म के कैमरामैन थे। 1921 में रिलीज़ हुई इस फ़िल्म का नाम था बिलात फेरात अर्थात इंग्लैंड रिटर्न। इस फ़िल्म का प्रचार इस तरह से किया गया कि मूल बंगाली कहानी और बंगाली लोगों द्वारा तैयार इस फ़िल्म को ज़रूर देखें। इस फ़िल्म में मुख्य भूमिका धीरेन गांगुली ने निभायी। लेकिन कलकत्ता में फ़िल्म रिलीज़ करने के लिए कोई थिएटर ही नहीं मिला क्योंकि कलकत्ता के एक थिएटर छोड़कर सारे थिएटर पर जमेशदजी मादन का अधिकार था। चूँकि धीरेन गांगुली ने मादन थिएटर के साथ काम नहीं किया उल्टे उनके मैनेजर लाहिड़ी और कैमरामैन ज्योतिष सरकार को अपने साथ ले भागे। इसलिए उनकी फ़िल्म को कोई अच्छा थिएटर

नहीं मिला। मजबूर होकर कलकत्ता के एक थिएटर रुस्सा सिनेमा हॉल में बिलात फेरात रिलीज़ हुई। लेकिन कहानी और अभिनय इतना ज़बरदस्त था कि फ़िल्म हाऊसफुल जाने लगी। बॉम्बे में यह फ़िल्म कई हफ़्तों तक चलती रही। इस फ़िल्म की सफलता ने देशी कॉमेडी फ़िल्म बनाने की राह खोल दी। जमेशदजी मादन एक व्यवसायी थे उन्होंने बाकी इंडिया के साथ बर्मा और श्रीलंका टेरिटरी के फ़िल्म राइट्स खरीद के फ़िल्म रिलीज़ की और इस फ़िल्म ने काफ़ी पैसा कमाया। इसके बाद इंडोब्रिटिश फ़िल्म कम्पनी ने 1922 में दो और फ़िल्में बनायीं साधु और शैतान तथा यशोदा नन्दन। इन तीनों फ़िल्मों के लाभ से इतना अधिक पैसा इकट्ठा हो गया कि धीरेन गांगुली के मित्रों ने फ़िल्म बनाने की बजाय अलग हो जाना ही उचित समझा। इंडोब्रिटिश फ़िल्म कम्पनी टूट गयी।

नीतीश लाहिड़ी अपनी पुरानी दुनिया में लौट गये और अमरीकी फ़िल्मों के वितरण और प्रदर्शन का काम सँभालने लगे। सन् 1929 में वे भारत में मेट्रो-गोल्डविन-मेयर यानी एमजीएम कम्पनी के जनरल मैनेजर बन गये।

तब तक धीरेन गांगुली अपने उपनाम डी जी के नाम से प्रसिद्ध हो गये थे। फिर धीरेन गांगुली उर्फ़ डी जी ने हैदराबाद वापिस लौटकर, निज़ाम के आशीर्वाद से लोट्स फ़िल्म कम्पनी की स्थापना की। लोटस फ़िल्म कम्पनी के पास फ़िल्म धोने और प्रतिलिपियाँ बनाने के लिए अपनी प्रयोगशाला थी और हैदराबाद के दो सिनेमाघरों के संचालन अधिकार भी प्राप्त कर लिये गये थे। निज़ाम ने उन्हें फ़िल्मों की शूटिंग के समय पृष्ठभूमि के रूप में अपने महलों को इस्तेमाल करने की अनुमति दे दी। इतना अधिक प्रोत्साहन पाकर डी जी बहुत तेजी से सामाजिक-हास्य तथा व्यंग्यात्मक फ़िल्में बनाने लगे।

1922 में उन्होंने 'इन्द्रजीत और लेडी टीचर' तथा 1923 में 'द मैरिज टॉनिक', 'विजय और बसन्त या सौतेली माँ' आदि फ़िल्में बनायीं। इन्हीं वर्षों में उन्होंने 'हाड़ा गौरी' (1922), 'ययाति' (1923) और 'सती सिमान्तिनी' (1924) जैसी फ़िल्मों का निर्माण और निर्देशन किया।

तभी 1924 में बॉम्बे की मैजेस्टिक फ़िल्म कम्पनी की फ़िल्म रज़िया बेगम रिलीज़ हुई। बॉम्बे में अच्छा प्रदर्शन करने लगी। कुछ ही दिनों में फ़िल्म पर धार्मिक विवाद शुरू हो गया। इस फ़िल्म में एक मुस्लिम शहजादी को एक गुलाम के साथ प्यार करते दिखाया गया था। मुस्लिम लोगों ने विरोध प्रदर्शन शुरू कर दिया। हिन्दुस्तान के कई प्रान्तों में इस फ़िल्म पर प्रतिबन्ध लग गया। चूँकि धीरेन गांगुली

धीरेन गांगुली, फिल्म बेलात फेरात (इंग्लैण्ड रिटर्न) 1921

की लोटस फ़िल्म कम्पनी फ़िल्म वितरण और फ़िल्म प्रदर्शन भी करती थी। गांगुली ने फ़िल्म को विशुद्ध कला मानते हुए रज़िया बेगम को निज़ाम के थिएटर में रिलीज़ कर दिया। हैदराबाद में विरोध शुरू हो गया। निज़ाम ने सन्देश भिजवाया कि धीरेन गांगुली और लोटस फ़िल्म कम्पनी अपना बोरिया-बिस्तर समेटकर चौबीस घण्टे के अन्दर निज़ाम की रियासत से बाहर चले जायें। अगले ही दिन धीरेन गांगुली अपना सब सामान समेटकर कलकत्ता के लिए निकल गये। फिर कलकत्ता लौटकर गांगुली ने ब्रिटिश डोमिनियन फ़िल्म कम्पनी की स्थापना की। इस कम्पनी ने सन् 1928 से 1931 तक 'जन्मान्तर', 'आलोक बाबू', 'चरित्रहीन' आदि दस फ़िल्में बनायीं। इन फ़िल्मों के निर्माण के दौरान धीरेन गांगुली का सबसे बड़ा योगदान यह रहा कि उन्होंने कलकत्ता के सम्भ्रान्त परिवारों को सिनेमा के एक स्वच्छ और उपयोगी माध्यम होने का विश्वास दिलाया। इस कारण कई परिवारों के लड़के-लड़कियाँ फ़िल्मों में काम करने के लिए आने लगे। उसी समय धीरेन गांगुली की मुलाकात देवकी बोस से हुई। देवकी बोस ने गाँधी जी के असहयोग आन्दोलन की पुकार पर पढ़ाई अधूरी छोड़ दी थी और एक छोटे से अख़बार 'शक्ति' में काम करने लगे थे। गांगुली ने उन्हें अपनी कम्पनी के लिए फ़िल्में लिखने को प्रेरित किया। डी जी

के लिए देवकी बोस ने पहली फ़िल्म कामनोर अगुन (Flames of Flesh) लिखी जो 1930 में रिलीज़ हुई। यहीं से भारतीय सिनेमा को देवकी बोस जैसा दिग्गज फ़िल्मकार मिला।

ब्रिटिश डोमिनियन कम्पनी ने देवकी बोस के अलावे पी सी बरुआ, दिनेश रंजन राय और कृष्ण गोपाल जैसे फ़िल्मकार को पहला अवसर प्रदान किया। फ़िल्मों में ध्वनि के आगमन के बाद मूक फ़िल्म बनानेवाली ब्रिटिश डोमिनियन कम्पनी बन्द हो गयी।

भारतीय सिनेमा में धीरेन गांगुली उर्फ़ डी जी का बहुत महत्त्वपूर्ण योगदान रहा है। वह हिन्दुस्तानी मूक फ़िल्मों में तीसरे दौर की शुरुआत करनेवाले फ़िल्मकार थे। लुमियर बन्धुओं की फ़िल्मों की तरह सच्ची घटनाओं को ज्यों-का-त्यों फिल्मांकित करना यह हिन्दुस्तानी सिनेमा का पहला दौर था। दूसरे दौर का आगाज़ दादा साहेब फ़ाल्के ने पौराणिक कहानियों पर आधारित फ़िल्म बनाके सिनेमा की भाषा को एक नया आयाम दिया।

तीसरे दौर की शुरुआत में धीरेन गांगुली ने सामाजिक और राजनैतिक समस्याओं के समाधान फ़िल्म माध्यम द्वारा खोजने की कोशिश की। बिलात फेरात ने व्यंग्यात्मक तरीके से सीधे तत्कालीन सामाजिक विषय पर चोट किया। सिनेमा का यह नया मुहावरा लोगों को बहुत रास आया। यहीं से सामाजिक विषय पर मूक फ़िल्में बनाने का सिलसिला शुरू हो गया। डी जी सही मायने में बंगाली फ़िल्म इंडस्ट्री के संस्थापक थे। बाद में डी जी को उनकी प्रतिभा और फ़िल्मों में अप्रतिम योगदान के लिए आज़ाद भारत के नागरिक सम्मान पद्मभूषण और दादा साहेब फाल्के अवॉर्ड से सम्मानित किया गया। 1978 में 85 साल की उम्र में कलकत्ता में उनकी मृत्यु हो गयी।

सुचेत सिंह

भारतीय मूक सिनेमा के एक महत्त्वाकांक्षी फ़िल्म निर्माता और निर्देशक का नाम आता है जिसका नाम था सुचेत सिंह। सुचेत सिंह ने अमेरिका जाकर विटाग्राफ स्टूडियो में फ़िल्म प्रशिक्षण लिया। विटाग्राफ पिक्चर स्टूडियो की स्थापना जे. स्टुअर्ट ब्लैकटन और अल्बर्ट स्मिथ ने 1897 में न्यूयॉर्क में अमेरिकन विटाग्राफ कम्पनी के रूप में की थी। इसने कई प्रसिद्ध अमेरिकन मूक फ़िल्मों का निर्माण किया।

सुचेत सिंह ट्रेनिंग के बाद कुछ महीने चार्ली चैप्लिन के किसी फ़िल्म प्रोजेक्ट में काम किए उसके बाद वह 1917 के आख़िरी महीने में हिन्दुस्तान लौट आए।

सुचेत सिंह विटाग्राफ स्टूडियो में ट्रेनिंग के साथ अमेरिकी फ़िल्म प्रोडक्शन में काम करके लौटे थे। नाट्य रूप में बन रही हिन्दुस्तानी फ़िल्मों से अलग वह अपनी फ़िल्म बनाना चाह रहे थे। सुचेत सिंह ने गुजराती पत्रिका विस्मी सादी के सम्पादक हाजी अल्ला राखिया, फाइनेंसर अबू हसन और चुन्नीलाल मुनीम के साथ मिलकर ओरिएंटल फ़िल्म मैन्युफैक्चरिंग नाम की कम्पनी बनायी। उन्होंने अपनी कम्पनी से पहली फ़िल्म 'शकुन्तला' बनाने की घोषणा की। मुख्य अभिनेत्री के चयन के लिए सुचेत सिंह फिर से अमेरिका पहुँच गये। वहाँ से अमेरिकी अभिनेत्री डोरोथी किंगडम और कैमरामैन बैरन वैन रेवॉन को साथ लेकर लौटे। मुम्बई और गुजरात के अख़बार में उन्होंने विज्ञापन डाला 'प्रसिद्ध अमेरिकन अभिनेत्री के साथ काम करने के लिए हमें आकर्षक, महत्त्वाकांक्षी पुरुष और स्त्री कलाकार चाहिए। जो किसी भी मज़हब और वर्ग के हो सकते हैं। दूसरा विज्ञापन दिया 'अमेरिकन कैमरामैन के साथ लैबोरेटरी और कैमरा डिपार्टमेंट में काम करने वाले ऊर्जावान और आधुनिक सोच वाले लड़के चाहिए।'

सुचेत सिंह ने अपनी फ़िल्म शकुन्तला का निर्माण कार्य शुरू किया। इधर पाटणकर एंड फ्रेंड्स कम्पनी ने भी फ़िल्म शकुन्तला उर्फ़ फेटफुल रिंग की घोषणा कर दी। दोनों कम्पनी में अख़बार के माध्यम से एक तरह का वाक्युद्ध शुरू हो गया।

सुचेत सिंह ने घोषणा की कि उनकी फ़िल्म दूसरी औसत हिन्दुस्तानी फ़िल्मों की तरह नहीं है। लेकिन हमने ज़रूर कुछ फिल्मी लिबर्टी ली है। पाटणकर ने कहा कि हमारी शकुन्तला विशुद्ध रूप से कालिदास की रचना पर आधारित है। हम शकुन्तला का निर्माण स्वदेशी तरीके से करने जा रहे हैं ना कि विदेशी दृष्टिकोण से।

पाटणकर ने अख़बार में सुचेत सिंह की शकुन्तला के लिए व्यंग्य भरा विज्ञापन डाला– 'ना यहूदी, ना ग़ैर ईसाई। आर्यन वेशभूषा में आर्यन ड्रामा। स्वदेशी अभिनेता और स्वदेशी फ़िल्म शुरू से अन्त तक'।

सुचेत सिंह ने अपनी फ़िल्म में अच्छी खासी रकम निवेश की। इसके निर्माण में ज़्यादा वक़्त लगा। 1920 में जब सुचेत की शकुन्तला रिलीज़ हुई तो विदेशी धरती पर काफ़ी सराही गयी। लेकिन फ़िल्म बुरी तरह फ्लॉप रही। दर्शकों ने हमेशा नये प्रयोग को शुरू में नकारा है। वहीं पाटणकर की स्वदेशी तरीके से बनी शकुन्तला दर्शकों को पसन्द आयी।

1920 में ही दर्शकों ने सुचेत सिंह की पाँच और फ़िल्में देखीं– पहली फ़िल्म दो रील वाली कॉमेडी थ्री डेविल्स जिसमें मुख्य भूमिका हिन्दुस्तानी चैपलिन कहे जानेवाला अभिनेता ने निभायी जिसका नाम पागल था। उसी साल अगस्त महीने में राष्ट्रवादी नेता बाल गंगाधर तिलक की मृत्यु हो गयी। सुचेत सिंह ने तिलक की शवयात्रा से लेकर दाह संस्कार तक का फ़िल्मांकन किया। तिलक का अन्तिम संस्कार नाम से यह फ़िल्म सिनेमा थिएटर में दिखायी गयी।

अगली फ़िल्म 'राम या माया' जिसमें गौहर ने अभिनय किया था। यह फ़िल्म अध्यात्मवाद और भौतिकवाद के बीच संघर्ष पर आधारित थी।

अगली फ़िल्म थी 'मृच्छकटिकम' और आख़िरी फ़िल्म थी 'सन्त नरसिंह मेहता'। जिसमें शानदार रास-लीला, हाथियों के जुलूस, घोड़े आदि दिखाये गये थे। मृच्छकटिकम और नरसिंह मेहता में मुख्य भूमिका कांजीभाई राठौर ने निभायी थी। कांजीभाई अभिनेता के साथ सुचेत सिंह के सहायक भी थे। बाद में कांजीभाई मूक सिनेमा के सबसे बड़े निर्देशक बने। सुचेत सिंह की बाकी फ़िल्मों में कैमरा जी एस दवारे ने किया। दवारे मूक सिनेमा युग के प्रसिद्ध कैमरामैन बने।

लेकिन सुचेत सिंह अपनी आख़िरी दो फ़िल्में पूरी करने के पहले ही सड़क दुर्घटना में असमय चल बसे। डेढ़ साल की एक छोटी अवधि के भीतर प्रतिभावान फ़िल्मकार सुचेत सिंह ने दुनिया छोड़ दी। उनकी अधूरी फ़िल्मों को कांजीभाई राठौर और जी एस दवारे ने पूरा किया। सुचेत सिंह की 'शकुन्तला' को बाद में क्लासिक फ़िल्म का दर्ज़ा दिया गया।

हॉलीवुड में पहला भारतीय पटकथाकार एज़रा मीर (1902-1993)

भारतीय सिनेमा जगत में एज़रा मीर एक ऐसा नाम है जिसने अपना फिल्मी करियर कलकत्ता से शुरू करके हॉलीवुड तक की यात्रा पूरी की। वे हॉलीवुड के प्रतिष्ठित फ़िल्म स्टूडियो में काम किये। कई अमेरिकन फ़िल्मों के हिस्सा रहे। भारत लौटकर कुछ सफल कथा फ़िल्में बनायी। लेकिन जब हिन्दुस्तान के सारे बड़े निर्माता अपनी फ़िल्म कम्पनियों के लिए एज़रा से फ़िल्में निर्देशित कराना चाह रहे थे तभी उन्होंने कथा फ़िल्मों की चमक-दमक छोड़कर नीरस और यथार्थवादी डॉक्यूमेंट्री फ़िल्में बनाने का फ़ैसला किया। भारत में डॉक्यूमेंट्री विधा एक उपेक्षित विधा रही है। रूस के डॉक्यूमेंट्री फ़िल्मकार जीगा वर्तोव का एक महत्त्वपूर्ण कथन है 'साहित्यिक कथाएँ और रंगमंचीय नाटक गुज़रे बीते ज़माने की चीजें हैं। ये बुर्जुआ समाज के बचे-खुचे टुकड़े हैं जिन्हें नष्ट कर देना चाहिए। दुनिया की सच्चाई को फ़िल्मांकन करने के वास्ते कैमरे की ताकत का इस्तेमाल होना चाहिए।' लगता है जीगा वर्तोव के इस कथन से एज़रा मीर बहुत प्रभावित थे।

रूस के डॉक्यूमेंट्री फ़िल्मकार जीगा वर्तोव और भारत के एज़रा मीर की ज़िन्दगी में एक ख़ास अन्तर था जो दोनों देशों के सामाजिक-राजनीतिक परिवेश की ख़बर देता है। रूस की क्रान्ति के बाद रूसी फ़िल्मकार जीगा को अपनी पसन्द की फ़िल्में बनाने का खुला वातावरण मिला था जबकि गुलाम भारत के फ़िल्मकार एज़रा को अपनी रुचि की फ़िल्में बनाने में अनेक मुश्किलों का सामना करना पड़ता था।

एज़रा मीर का जन्म 26 अक्टूबर, 1902 को कलकत्ता में हुआ था। वह कलकत्ता के एक सम्मानित यहूदी परिवार लिआ मेयर्स और मूसा सोलोमन मेयर्स से पैदा हुए चार बच्चों में सबसे छोटे थे। उनका नाम एडविन मेयर्स रखा गया।

एज़रा मीर

उनके पिता मूसा सोलोमन मेयर्स एक प्रतिष्ठित व्यावसायिक प्रतिष्ठान के महाप्रबन्धक थे। मेयर्स परिवार कलकत्ता के ग्रांट्स लेन के 5 नम्बर बंगले में रहता था। जिसमें फलों के पेड़ और फूलों की झाड़ियों से घिरा एक ख़ूबसूरत बागीचा था। मेयर्स पक्षियों और जानवरों के शौकीन थे। प्रकृति की सुन्दरता के बीच एडविन की परवरिश शुरू हुई। युवा एडविन में प्रकृति और रचनात्मकता के प्रति गहरी रुचि पैदा होने लगी।

एज़रा मीर कहते हैं– 'मैंने नौ साल की उम्र में अपना पहला युद्धपोत बनाया था। यह दो छोरों पर छह बन्दूकों के साथ पूरा हुआ था, आगे और पीछे। फ़र्क़ सिर्फ़ इतना था कि युद्धपोत कार्डबोर्ड से बने जूते के डिब्बे से बना था। कई लोगों ने उसकी प्रशंसा की। रचनात्मक कार्य के प्रति यह मेरा पहला प्रयास था। मेरा अगला रचनात्मक प्रयास था जब मैंने कैनवास की तीन फुट लम्बी पट्टी खरीदी और उस कैनवास पर तैल रंग में पहली पेंटिंग बनायी।'

किशोर एडविन को चित्रकला के साथ संगीत और नाटक में भी रुचि विकसित होने लगी। वह नाटक में भाग लेने लगा। तभी कलकत्ता में टेंट सिनेमा का दौर शुरू हो चुका था।

एडविन की माँ लिआ घर के केयरटेकर जनाब के साथ एडविन को पास के टेंट सिनेमा में भेजती थीं जहाँ एलफिंस्टन बायोस्कोप कम्पनी द्वारा विदेशी मूक

फ़िल्में दिखायी जाती थीं। एडविन को अमेरिकी फ़िल्में देखते देखते अमेरिका से प्यार हो गया। वह अमेरिका जाने का ख़्वाब पालने लगा।

जब एडविन ने सेंट जेवियर्स कॉलेज, कलकत्ता में अपनी शिक्षा पूरी की तो उनके पिता सोलोमन मेयर्स ने अपने बिजनेस हाऊस के सबसे तेजतर्रार लेखाकार नितिन बाबू के अधीन एडविन को एक प्रशिक्षु के रूप में नौकरी लगवा दी।

एडविन को जल्द ही महसूस हो गया कि उसके लिए लेखाकार की नौकरी करना सम्भव नहीं है। सिनेमा की दुनिया के प्रति उसका जुनून बढ़ता जा रहा था। लंच के समय, वह अक्सर कार्यालय से बाहर निकल जाता और ट्राम पकड़के किदिरपुर डॉक चले जाता जहाँ दुनिया के ढेर सारे देशों के जहाज आके रुकते थे। उनकी रुचि विशेष रूप से अमेरिकी जहाजों में थी। जो उनके सपनों की दुनिया की भूमि थी। एज़रा कहते हैं– 'मैं एक अमेरिकी जहाज के गैंगवे पर चला गया। अमेरिकी कैप्टन से जाके मिला और उससे कहा कि मुझे अमेरिका जाना है लेकिन मेरे पास किराये के लिए पैसे नहीं हैं, क्या मुझे जहाज की रसोई में या डेक की सफाई करने का काम मिल जाएगा उस एवज में आप हमें अमेरिका पहुँचा देना। कैप्टन ने एडविन की भावना की प्रशंसा की। लेकिन उसने कहा कि हमारी कम्पनी किसी ग़ैरअमेरिकी को ऐसे नौकरी पे नहीं रखती है। आई एम सॉरी।

एडविन के एक चचेरे भाई, जो इंग्लैंड में कार्यरत थे उन्होंने एक पामर फोटो-प्ले कॉर्पोरेशन से कुछ साहित्य भेजा, जिसमें स्क्रीनप्ले लेखन कैसे की जाती है उसका विवरण था। एडविन को इस किताब से काफ़ी मदद मिली।

नितिन बाबू की देखरेख में एकाउंट्स प्रशिक्षु के रूप में काम करते एडविन को समझ आ गया कि इस नौकरी से अमेरिका जाने के लिए पर्याप्त धन नहीं मिल पायेगा।

एडविन कलकत्ता के प्रसिद्ध मादन थिएटर फ़िल्म कम्पनी में शामिल हो गये। वे जहाँगीर जमशेद मादन के सहायक निर्देशक बन गये। वहाँ उन्हें 1922 में आई मादन थिएटर की मूक फ़िल्म 'मातृ स्नेहा' में अभिनय करने का मौका मिला। 1923 में मादन थिएटर की एक ऐतिहासिक मूक फ़िल्म 'नूरजहाँ' में एडविन ने बादशाह जहाँगीर के बेटे शाहज़ादा ख़ुसरो की भूमिका निभायी। जिसे जहाँगीर मादन ने निर्देशित की थी। इस फ़िल्म ने उन्हें फिल्मी दुनिया में जगह दिलायी। मादन फ़िल्म कम्पनी में उन्हें फ़िल्म निर्माण की विभिन्न शाखाओं में काम करने का अवसर मिला।

लेकिन एडविन ने नितिन बाबू के अधीन एकाउंट्स प्रशिक्षु का काम जारी रखा। उनके किसी साथी कर्मचारी ने उनको सी लेगर स्वीपस्टेक्स का लॉटरी टिकट खरीदने का आग्रह किया। एडविन ने बेमन से एक टिकट खरीद लिया। कुछ हफ़्ते बाद, एडविन को खुशख़बरी सुनायी दी कि उन्होंने 8 हज़ार रुपये का लॉटरी टिकट जीत लिया है। एडविन बिना देर किये 1923 में अपने सपनों की भूमि अमेरिका के लिए एस राजपूताना जहाज से रवाना हो गये।

न्यूयॉर्क में उनका स्वागत करने के लिए कलकत्ता के उनके पुराने मित्र मिस्टर जोए थे जो वहाँ एक जापानी फर्म में कार्यरत थे।

फ़िल्म के लिए उनके जुनून ने जल्द ही उन्हें रूडोल्फ वैलेंटिनो फ़िल्म में एक छोटी भूमिका दिला दी। फिर उन्हें न्यूयॉर्क स्कूल ऑफ़ ड्रामेटिक्स में फ़िल्म अभिनय की कक्षाएँ संचालित करने के लिए प्रति सप्ताह 35 डॉलर का प्रस्ताव मिला, उन्होंने खुशी से इस प्रस्ताव को स्वीकार कर लिया।

इसके साथ उन्हें न्यूयॉर्क की एक फ़िल्म कम्पनी में विश्व साहित्य के बड़े बड़े उपन्यासों को पढ़कर दो या तीन पेज में उसका सारांश लिखने का काम मिल गया। बड़े उपन्यासों के सारांश लिखने का मेहनताना बीस डॉलर था जबकि छोटे उपन्यासों का पारिश्रमिक दस डॉलर।

1924 की सर्दी शुरू होने से पहले एडविन मेयर्स हॉलीवुड जाने के लिए ट्रेन में सवार होकर लॉस एंजिल्स पहुँच गये। वहाँ उन्होंने विलकॉक्स एवेन्यू में एक अपार्टमेंट किराये पर लिया। एडविन के मकान मालिक बहुत मिलनसार व्यक्ति थे। हॉलीवुड में उनके काफ़ी दोस्त थे। अपने मकान मालिक के अच्छे सम्बन्ध की वजह से एडविन को हॉलीवुड के स्टूडियो में आसानी से प्रवेश मिल गया।

हॉलीवुड में एडविन को टैफ्ट बिल्डिंग की 15वीं मंज़िल पर फ़िल्मकार चार्ली रोसेनफील्ड के कार्यालय में बुलाया गया। इस बैठक में, एडविन को वेस्टर्न काउबॉय कम्पनी के लिए एक फ़िल्म कहानी लिखने का प्रस्ताव मिला, जिसे चार्ली बनाना चाहते थे। एडविन मेयर्स के लिए हॉलीवुड में यह शुरुआती कदम था। एक कहानी की फीस 75 डॉलर तय की गयी। एडविन को कहानी लिखने के साथ सेट पर रहने, हॉलीवुड में फ़िल्में देखने और सीखने का सुनहरा मौका था। एक हिन्दुस्तानी ने हॉलीवुड में अमेरिकी जीवन पर पटकथा लिखी और चार्ली रोसेनफील्ड ने उसपे एक अमेरिकी वेस्टर्न फ़िल्म बनायी।

यहीं पर एडविन की मुलाक़ात श्रीमती रोसेनफील्ड से हुई, जो हॉलीवुड में एक प्रमुख फैन क्लब चलाती थीं, जहाँ फिल्मी हस्तियों के बीच उनके दोस्तों की

एक बड़ी मण्डली थी। श्रीमती रोसेनफील्ड यूनिवर्सल पिक्चर्स कॉरपोरेशन में मुख्य सम्पादक की पत्नी के साथ ब्रिज खेला करती थीं। उन्होंने एडविन को यूनिवर्सल पिक्चर्स के मुख्य एडिटर से परिचय कराया और एडविन जल्द ही उनके सहायक के रूप में अपना पहला ब्रेक पाने में सफल रहे। एडविन यूनिवर्सल पिक्चर्स में कटिंग डिपार्टमेंट में सम्पादक के रूप में काम करने लगे। यह 1925 की शुरुआत थी। लघु फ़िल्मों के सम्पादन के साथ, एडविन जल्द ही जॉर्ज बी सेट्ज़ द्वारा निर्देशित 'द आइस फ्लड' और हैरी पोलार्ड द्वारा निर्देशित 'अंकल टॉम्स केबिन' जैसी फीचर फ़िल्मों की सम्पादन टीम के सदस्य रहे। उन्होंने कई लघु फ़िल्मों का सम्पादन और निर्देशन स्वतन्त्र रूप से किया। हालाँकि, एडविन की चाहत मुख्य फ़िल्मों के पटकथा लेखक बनने की थी।

तभी नियति ने एक ख़ूबसूरत मौका दिया। यूनिवर्सल फ़िल्म कम्पनी के अध्यक्ष, कार्ल लैमले, अपने स्टूडियो के फ़िल्म सम्पादन विभाग का दौरा कर रहे थे। एडविन को स्टूडियो के एक सहकर्मी ने बताया कि कार्ल लैमले भारत गये थे। वहाँ उनकी मीटिंग मादन थिएटर के मालिक जहाँगीर जमशेद मादन से हुई है। इंडिया में मादन फ़िल्म कम्पनी के पास 90 सिनेमा थिएटर हैं। मिस्टर कार्ल यूनिवर्सल स्टूडियो की फ़िल्मों के लिए इंडिया में कुछ स्थायी थिएटर चाहते हैं। मादन थिएटर के साथ इनका अभी पत्राचार चल रहा है।

एडविन ने तुरन्त कार्ल लैमले को एक नोट भेजा जिसमें उन्होंने लिखा कि वह मादन थिएटर के एक प्रमुख हिस्सा रहे हैं। कार्ल ने उनको अपनी केबिन में बुलाया।

एडविन ने मिस्टर कार्ल से मादन थिएटर के बारे में बातें की। उसी के साथ उन्होंने अपने फिल्मी करियर और पटकथा लेखक बनने की प्रति तीव्र इच्छा व्यक्त की। कार्ल लैमेल एडविन की बातों से बहुत प्रभावित हुए। परिणाम यह हुआ कि अगले ही दिन एडविन को यूनिवर्सल पिक्चर्स कॉरपोरेशन के महाप्रबन्धक से एक आदेश मिला कि उन्हें स्टाफ राइटर के पद पर कटिंग रूम से पटकथा लेखन विभाग में स्थानान्तरित कर दिया जाये। इस तरह भारत का नौजवान एडविन एक प्रतिष्ठित अमेरिकी फ़िल्म स्टूडियो के पटकथा लेखन विभाग में शामिल हो गया। एडविन ने यूनिवर्सल फ़िल्म कम्पनी में दो साल तक स्टाफ पटकथा लेखक के रूप में काम किया। उस समय हॉलीवुड के रेनॉल्ड डेनी, लौरा ला प्लैट, हूट गिब्सन, मैरी फिलबिन जैसे लेखक एडविन के साथ पटकथा विभाग में कार्यरत थे। एडविन ने दो साल बाद, एडविन ने कहानी लेखक, गैगमैन, सहायक निर्देशक आदि के रूप में

अलग अलग फ़िल्म स्टूडियो के साथ स्वतन्त्र रूप से काम किया। इस दौरान उन्होंने 'द मिलियन डॉलर सैप' लिखा, जिसे टेक द्वारा निर्मित किया गया था।

इसके बाद उनकी अगली फ़िल्म कैलिफ़ोर्निया फाइन आर्ट स्टूडियो में निर्मित 'कन्फर्म्ड बैचलर्स' आयी, जिसमें प्रसिद्ध कॉमेडियन एडी लैम्बर्ट ने अभिनय किया। एडविन की पटकथा पर प्रिंस ऑफ़ हार्ट्स का निर्माण हुआ जिसे रॉक प्रोडक्शंस ने निर्मित किया था। लोकप्रिय काउबॉय स्टार बॉब केरवुड ने एडविन मेयर्स द्वारा लिखित फ़िल्म 'शैक्सल्स ऑफ़ वेंजेंस' में अभिनय किया। 1926 तक वह अपने दम पर हॉलीवुड के पटकथा लेखकों में एक प्रतिष्ठित भारतीय नाम बनके उभरने लगे। इस मिशन के दौरान ही उनकी मुलाकात यूनाइटेड के प्रसिद्ध निर्माता एडविन केयरवे से हुई। केयरवे ने एडविन से पूछा कि क्या वह यूनाइटेड आर्टिस्ट्स की अभिनेत्री डोलोरेस डेल रियो यूनिट के लिए एक कहानी लिखेंगे। एडविन ने कहानी लिखने का प्रस्ताव स्वीकार कर लिया। लेकिन उनकी एक शर्त थी कि लेखन के लिए उन्हें दस से बारह दिनों के लिए हॉलीवुड सें बाहर भेजा जाए। सैन फ्रांसिस्को के एकान्त प्रवास में उन्होंने 'द डॉटर ऑफ़ इंडिया' नाम की एक स्क्रिप्ट लिखी। जो मुगल साम्राज्य की कुछ घटनाओं के इर्द-गिर्द बुनी गयी थी।

केयरवे ने 'द डॉटर ऑफ़ इंडिया' स्क्रिप्ट नहीं खरीदी। लेकिन वह एडविन के स्क्रिप्ट लेखन की बारीकियों से प्रभावित हुए।

केयरवे ने उन्हें यूनाइटेड आर्टिस्ट्स कम्पनी की डेल रियो यूनिट के कहानी विभाग प्रमुख के तौर पर अनुबन्धित कर लिया। डोलोरेस डेल रियो हॉलीवुड की एक प्रमुख अभिनेत्री थी। एडविन ने डोलोरस डेल रियो के लिए तीन फ़िल्मों की स्क्रिप्ट पर काम किया। 1928 में यूनाइटेड आर्टिस्ट्स द्वारा निर्मित पहली फ़िल्म रोमोना थी और दूसरी रिवेंज।

1929 में 'इवांगेलिन' फ़िल्म प्रदर्शित हुई। तीनों फ़िल्मों में डोलोरस डेल रियो ने प्रमुख भूमिका निभायी। तीनों फ़िल्मों के स्क्रिप्ट हेड एडविन मेयर्स थे और पटकथा फिनिस फॉक्स ने लिखी थी।

इसके बाद निर्माता एडविन केयरवे और अभिनेत्री डोलोरस ने भारतीय एडविन मेयर्स को सुझाव दिया कि तुम हॉलीवुड के एक बड़े पटकथाकार बनने की राह पर हो। लेकिन हॉलीवुड में एडविन नाम बहुत आम है। तुम अपना ऐसा नाम रखो जिसमें इंडिया की ख़ुशबू हो। इस तरह एडविन मेयर्स ने अपना नाम बदलकर एज़रा मीर रख लिया। एज़रा उनके बचपन के उपनामों में से एक रहा है। तब से, एडविन

मेयर्स को एज़रा मीर के नाम से जाना जाने लगा।

यूनाइटेड आर्टिस्ट्स के साथ अपने अनुबन्ध के अन्त में, एज़रा मीर ने एक स्वतन्त्र निर्माता के लिए एक असाधारण फ़िल्म लिखा और निर्देशित किया। उस फ़िल्म का नाम था सिम्बोलेस्क।

इस फ़िल्म ने हॉलीवुड की कला मण्डलियों में सनसनी पैदा कर दी। फ़िल्म को बेहद पसन्द की गई और इसे फ़िल्म कला और शिल्प कौशल की एक उत्कृष्ट कृति के रूप में मान्यता मिली।

हॉलीवुड की शीर्ष फ़िल्म पत्रिकाओं में से एक, 'हॉलीवुड फिल्मोग्राफ', एज़रा मीर पर 'अमेरिकी सिनेमा में भारत का एकमात्र योगदान एज़रा मीर है' (Ezra Mir is India's sole contribution to American Films.) शीर्षक के तहत एक भावपूर्ण कहानी के साथ सामने आया।

हॉलीवुड में फ़िल्म निर्माण की दुनिया के साथ एज़रा मीर का हनीमून पूरे सात साल तक चला। 1930 में वह अपने माँ पिताजी के पास अपने वतन हिन्दुस्तान लौट आये।

हॉलीवुड में वे गौरवपूर्ण सात साल बिताके वापिस आये थे। उनकी तारीफ़ में भारतीय अख़बार और पत्रिकाएँ कसीदे पढ़ने लगे। मुम्बई, कलकत्ता और मद्रास की फ़िल्म इंडस्ट्री में एज़रा की चर्चाएँ होने लगीं। प्रसिद्ध फ़िल्म निर्माता आर्देशिर ईरानी ने एज़रा मीर को 'नूरजहाँ' की पटकथा और निर्देशन के लिए बॉम्बे की इम्पीरियल फ़िल्म कम्पनी में शामिल होने के लिए आमन्त्रित किया। 1930 में एज़रा मीर के निर्देशन में नूरजहाँ एक मूक फ़िल्म के रूप में शुरू की गयी। यह फ़िल्म नूरजहाँ और बादशाह जहाँगीर के रोमांस की ख़ूबसूरत कहानी प्रस्तुत करती है। इसे दिल्ली, आगरा, लाहौर और यहाँ तक कि रेगिस्तानी इलाके के ऐतिहासिक शहरों के लोकेशन पर शूट किया गया। तभी 1931 में इम्पीरियल फ़िल्म कम्पनी ने ही पहली बोलती, 'आलम आरा' बनाके इतिहास रच दिया। फिर 'नूरजहाँ' के कुछ हिस्से को संवाद के साथ शूट किया गया। जिसमें मज़हर खान, विमला, जिल्लो और मुबारक़ ने मुख्य भूमिका निभायी थी।

1931 में ही फ़िल्म नूरजहाँ रिलीज़ हुई और कामयाब हुई। एज़रा मीर के शब्दों में 'नूरजहाँ' दूसरे अर्थों में अद्वितीय फ़िल्म थी। यह एक पूर्ण शूटिंग स्क्रिप्ट के साथ भारत में निर्मित पहली फ़िल्म थी। जिसमें पहले से लिखे गये दृश्यों, सेटों और संवादों के शॉट-बाय-शॉट विवरण दिये गये थे।

1932 की शुरुआत में एज़रा मीर मुम्बई के सागर मूवीटोन में शामिल हो गये। वहाँ उन्होंने बोलती फ़िल्म 'ज़रीना' का लेखन और निर्देशन किया। जिसमें ज़ुबैदा, जाल मर्चेंट और याकूब ने मुख्य किरदार निभाये थे। उसके बाद एज़रा मीर ने सागर मूवीटोन की फ़िल्म प्रेमी पागल, फैंटम ऑफ़ द हिल्स बनायी। फिर वह कलकत्ता लौट गये। जहाँ उन्होंने अपनी पुरानी फ़िल्म कम्पनी मादन थिएटर के लिए पाँच फ़िल्मों का लेखन और निर्देशन किया। फिर मुम्बई के रणजीत स्टूडियो के लिए भी फ़िल्म रिक्शावाला निर्देशित की।

हॉलीवुड में एज़रा को पता चल गया था कि कथा फ़िल्मों के अलावे डॉक्यूमेंट्री सिर्फ़ न्यूज़रील नहीं बल्कि फ़िल्म की एक उत्कृष्ट विधा है। दूसरा विश्वयुद्ध जिसने वृत्तचित्र आन्दोलन को एक नया आयाम दिया। अमेरिकन डॉक्यूमेंट्री 'द मार्च ऑफ़ टाइम' से एज़रा बहुत प्रभावित हुए। उनको लगा कि भारत और उसकी अनेक समस्याओं पर डॉक्यूमेंट्री फ़िल्में बनाना अद्‌भुत होगा। एज़रा के शब्दों में 'डॉक्यूमेंट्री फ़िल्म निर्माण में मेरी पारी विश्वयुद्ध के दौरान शुरू हुई। मैंने अमेरिका के यूनिवर्सल स्टूडियो और फॉक्स मूवीटोन से सम्पर्क किया। उनकी लाइब्रेरी से कुछ स्टॉक शॉट्स मँगाये। उन स्टॉकशॉट्स का उपयोग करके मैंने 'रोड टू विक्ट्री' का निर्माण किया, जो भारत में निर्मित पहली डॉक्यूमेंट्री फ़िल्म थी। एज़रा मीर को भारत सरकार द्वारा भारत की सूचना फ़िल्मों के निर्माता-प्रभारी के रूप में नियुक्त किया गया। इस पद पर वह 1946 तक बने रहे। इन्फॉर्मेशन फिल्म्स ऑफ़ इंडिया के पाँच साल के कार्यकाल में उन्होंने 175 से ज़्यादा डॉक्यूमेंट्री फ़िल्में बनायीं।

1949 में एज़रा ने अपनी कम्पनी 'इंडिया फ़िल्म एंटरप्राइजेज' स्थापित की। इसके तहत पूरे भारत की यात्रा करके पर्यटन और अन्य विषयों पर अनेक डॉक्यूमेंट्री बनायी।

आज़ादी के बाद उन्होंने फिल्म्स डिवीजन के मुख्य निर्माता के रूप में काम किया। वह इंडियन डॉक्यूमेंट्री प्रोड्यूसर्स एसोसिएशन के अध्यक्ष भी रहे। उन्होंने 12 फीचर फ़िल्में और करीब चार सौ से ज़्यादा डॉक्यूमेंट्री फ़िल्में बनायीं। 1970 में फीचर और डॉक्यूमेंट्री फ़िल्मों में विशेष योगदान के लिए एज़रा मीर को पद्मश्री से सम्मानित किया गया। मुम्बई में उनका निवास अपार्टमेंट नम्बर 8, हेलियोपोलिस, कोलाबा रहा। उन्होंने अपनी ज़िन्दगी के आख़िरी दिन कोलाबा के इसी अपार्टमेंट में बिताये। 7 मार्च 1993 को देश के पहले डॉक्यूमेंट्री फ़िल्मकार एज़रा मीर ने आख़िरी साँस ली।

दक्षिण भारतीय मूक सिनेमा

दुनिया में सिनेमा का विस्फोट जंगल में आग की तरह दक्षिण भारत पहुँचा। ख़ासकर मद्रास प्रेसिडेंसी में जो आज तमिल सिनेमा का केन्द्र है।

1897 में मद्रास की रिप्पन बिल्डिंग के पास विक्टोरिया पब्लिक हॉल में एक अंग्रेज़ मिस्टर एडवर्ड ने फ़िल्म शो आयोजित किया। मद्रास के यूरोपीयन और अमीर लोगों को ये शो देखने के लिए आमन्त्रित किया गया। मिस्टर एडवर्ड ने लुमियर बन्धुओं के किनेमास्कोप संग्रह से दो फ़िल्मों को मद्रास में प्रदर्शित किया। वे दो फ़िल्में थीं अराइवल ऑफ़ द ट्रेन और लीविंग द फैक्ट्री। फ़िल्म देखने के बाद दर्शकों को मालूम हुआ कि पिछले साल इन्हीं फ़िल्मों का प्रदर्शन बॉम्बे के वाटसन होटल में हुआ था। यह दक्षिण भारत में सिनेमा का पहला प्रदर्शन था।

यह वो दौर था जब लोग मद्रास में हो रहे नये परिवर्तन के गवाह बन रहे थे। 1899 में पहली बार तमिल दैनिक अख़बार 'स्वदेस मित्रन' का प्रकाशन शुरू हुआ। उसी समय मद्रास के लोगों ने पहली बार शहर में मोटरकार देखी।

सिनेमा आने से दो साल पहले 1895 में इलेक्ट्रिक ट्राम की शुरुआत मद्रास में हो गयी थी। यही वो समय था जब नया नया ग्रामोफोन बाज़ार में आया था जिसे सुनने के लिए लोग भीड़ लगा देते थे। इतने हो रहे बदलाव के बीच मद्रास के लोगों के लिए सिनेमा कोई जादू से कम नहीं था।

उस शाम विक्टोरिया पब्लिक हॉल में दर्शकों को यह एहसास नहीं था कि आनेवाले दिनों में सिनेमा जन संस्कृति का एक महत्त्वपूर्ण आयाम बन जायेगा। मनोरंजन की एक नई राह खुल जाएगी। इस प्रदर्शन के तुरन्त बाद, मद्रास में लघु फ़िल्मों के शो आयोजित होने लगे।

मद्रास के विभिन्न हिस्सों में, बायो-स्कोप और कीनेमा के नाम से फ़िल्मों के प्रदर्शन होने लगे। ज़्यादातर शो के प्रदर्शन *सड़क के किनारे टेंट में या सार्वजनिक पार्क में आयोजित किये जाते थे और प्रवेश शुल्क एक चौथाई आना यानी डेढ़ पैसे के बराबर था। फ़िल्म प्रदर्शन के लिए लाइसेंस की कोई आवश्यकता नहीं थी और ना बिजली की ज़रूरत थी। चूँकि फ़िल्म को मैग्नीशियम लैंप की सहायता से प्रक्षेपित किया जाता था। फ़िल्म शो धीरे-धीरे नियमित दर्शकों को आकर्षित करने लगा। तभी मेजर मिस्टर वारविक ने फ़िल्म को एक व्यवसाय की नज़र से देखा। फ़िल्म की कमाई की महत्ता को समझा। उसने इसकी व्यावसायिक सम्भावनाओं को महसूस किया। उसके मन में विचार आया कि सड़क किनारे और पार्क में चल रहे फ़िल्मों के शो को अगर एक स्थायी थिएटर मिल जाये तो कमाई ज़्यादा हो सकती है।

1900 में मिस्टर वारविक ने मद्रास के माउंट रोड पर इलेक्ट्रिक थिएटर का निर्माण कराया। यह थिएटर दक्षिण भारत का पहला सिनेमाघर था। जहाँ नियमित रूप से मूक लघु फ़िल्मों के शो प्रदर्शित होने लगे। इन फ़िल्मों का प्रदर्शन पाँच सालों तक मद्रास शहर तक ही सीमित रहा।

इलेक्ट्रिक थिएटर मद्रास का पहला फिल्म थिएटर (अब अन्ना मलाई थिएटर)

1905 में रेलवे में काम करने वाला स्वामीकन्नू विन्सेंट जो

एक नक्शानवीस (नक्शा बनानेवाला) थे। उनकी मुलाकात संयोगवश एक फ्रांसीसी व्यक्ति ड्यूपॉन्ट से हुई, जो सीलोन (अब श्रीलंका) से फ़िल्म शो आयोजित करके लौट रहा था।

उसने स्वामीपन्नू विन्सेट को अपने सिनेमा उपकरण बेचने का प्रस्ताव रखा। दो हज़ार रुपये में सौदा तय हुआ। जिसमें ड्यूपॉन्ट ने सिनेमा उपकरण के साथ-साथ 45 मिनट की लघु फ़िल्म 'लाइफ ऑफ़ जीसस क्राइस्ट' की एक प्रति भी देने की पेशकश की। एकबार में विंसेंट ने सौदा मंज़ूर कर लिया। स्वामीपन्नू विन्सेंट ने तिरुचि के सेंट जोसेफ़ स्कूल में पहला शो प्रदर्शित किया। मद्रास से बाहर दक्षिण भारत के किसी दूसरे शहर में यह पहला शो का आयोजन था। उन्होंने अपनी यूनिट का नाम 'एडिसन सिनेमैटोग्राफ़' रखा। एडिसन सिनेमैटोग्राफ़ के तहत मदुरै, तिरुनेलवेली, रामेश्वरम और अन्य जगहों पर प्रक्षेपण के लिए कार्बाइड जेट-बर्नर का उपयोग करके फ़िल्मों के शो प्रदर्शित करने लगे। फिर वे मद्रास लौटे और यहाँ आकर उन्होंने 75 दिन तक लगातार कई फ़िल्मों को प्रदर्शित किया।

विंसेंट ने फ़िल्म व्यवसाय से हुए मुनाफे को देखते हुए पाथे फ़िल्म कम्पनी के साथ अनुबन्ध किया और उसकी फ़िल्मों को आयात कर मद्रास प्रेसिडेंसी के शहरों और कस्बों में प्रदर्शित करने लगा। विंसेंट ने अपने सिनेमा उपकरण के साथ हिन्दुस्तान के अलग-अलग हिस्सों जैसे बॉम्बे, लखनऊ, लाहौर और पेशावर तक कीं यात्राएँ की और फ़िल्मों को प्रदर्शित किया।

1909 में उन्होंने प्रक्षेपण के लिए इलेक्ट्रिक कार्बन का उपयोग भी शुरू कर दिया। 1909 में टी एच हफ़्टन नाम के एक अंग्रेज़ ने मद्रास में पेनिनसुलर फ़िल्म सर्विसेज (Peninsular film Services, Madras) नाम की कम्पनी की स्थापना की। उसने स्थानीय दर्शकों के लिए स्थानीय जगहों का फ़िल्मांकन कर कुछ लघु फ़िल्मों का निर्माण किया और उन्हें प्रदर्शित करने लगा। उसने अपना एक दर्शक वर्ग तैयार कर लिया। लेकिन तभी विदेशों से एक घण्टे की फ़िल्में आने लगीं जो एक नाटकीय कहानी सुनाती थीं, जिन्हें तब 'नाटक फिल्मों' के रूप में जाना जाता था। मिस्टर हफ़्टन ने स्थानीय फ़िल्मों का निर्माण बन्द करके संयुक्त राज्य अमेरिका से ऐसी फ़िल्मों का आयात शुरू किया। नाटक फ़िल्में बहुत जल्दी लोकप्रिय हो गयीं। वह अपने पेनिनसुलर फ़िल्म कम्पनी के तहत ऐसी फ़िल्मों के शो का प्रदर्शन

करने लगा। 1920 के बाद मद्रास में बहुत सारी भारतीय फ़िल्में बनने लगीं तो उससे प्रभावित होकर मिस्टर हफ़्टन ने भी हिन्दुस्तानी पौराणिक फ़िल्में बनाने का फ़ैसला किया। उसने 1927 में पेनिनसुलर फ़िल्म कम्पनी के तहत मच्छावतार और 1928 में भक्त कबीरदास नाम की फ़िल्में बनायीं और पूरे हिन्दुस्तान में इसे रिलीज़ किया था।

1912 के बाद, बॉम्बे में बनी फीचर फ़िल्मों को भी मद्रास में प्रदर्शित किया जाने लगा। तेज़ी से सिनेमा थिएटर खुलने लगे। लघु मूक फ़िल्मों का युग समाप्त हो गया। ड्रामा फीचर फ़िल्मों का नया दौर हिन्दुस्तान में शुरू हो गया।

दादा साहेब फाल्के के बाद कई नये हिन्दुस्तानी फ़िल्मकार पैदा होने लगे। इस दौड़ में भला दक्षिण भारत कैसे पीछे रह सकता था। मद्रास के एक ऑटोमोबाइल स्पेयर पार्ट्स व्यापारी ने दक्षिण भारत का पहला फ़िल्मकार होने का सपना देखा।

आर नटराज मुदलियार (1885-1972)

1885 में रंगास्वामी नटराज मुदलियार का जन्म मद्रास प्रेसीडेंसी के वेल्लोर शहर के एक समृद्ध परिवार में हुआ था। उनके पिता एक सफल व्यापारी थे। मुदलियार अपनी स्कूली शिक्षा पूरी करने के बाद अपना व्यवसाय स्थापित करने के लिए मद्रास (अब चेन्नई) आ गये। 1906 में उन्होंने अपने चचेरे भाई एस.एम. धर्मलिंगम मुदलियार के साथ साझेदारी करके 'वाटसन एंड कम्पनी' नाम से व्यवसाय शुरू किया। इनकी कम्पनी ने ब्रिटिश साइकिलें बेचनी शुरू कीं। कम्पनी एक साइकिल 25 रुपये में बेचा करती थी। कुछ ही दिनों में साइकिल व्यापार बहुत सफल हो गया। उसके बाद 1911 में एक विदेशी फर्म, 'रोमर डैन एंड कम्पनी' का अधिग्रहण किया, जो अमेरिकी कारों और ऑटोमोबाइल स्पेयर पार्ट्स के आयात करती थी। इससे पहले मद्रास में 'एडिसन एंड कम्पनी' अमेरिकी कारों को बेचने वाली एकमात्र कम्पनी थी। मुदलियार ने मद्रास के थाऊजेंड लाइट्स एरिया में अपनी ऑटोमोबाइल डीलर कम्पनी खोली। अपनी कम्पनी के तहत अमेरिकी कारों को 1,000 रुपये की क़ीमत में बेचना शुरू किया और इस तरह अमेरिकी कारों को बेचने वाले पहले भारतीय सेल्समैन बने। साइकिल और कार बिक्री के धन्धे में काफ़ी तरक्की करने लगे। कुछ ही दिनों में वह एक सफल व्यवसायी के रूप में प्रतिष्ठित हो गये। मुदलियार को शुरुआती दिलचस्पी फ़ोटोग्राफ़ी में थी जो बाद में सिनेमा में विकसित हुई।

इण्डियन फ़िल्म कम्पनी, मद्रास

ऑटोमोबाइल डीलर मुदलियार का शुरू से सिनेमा के प्रति आकर्षण था। वे मद्रास में प्रदर्शित विदेशी फ़िल्में हमेशा देखा करते थे। वे व्यवसाय करते हुए फ़िल्मों पर लिखी पुस्तिकाएँ मंगाकर पढ़ा करते थे।

आर नटराज मुदलियार

दादा साहेब फाल्के की फ़िल्म राजा हरिश्चन्द्र देखने के बाद मुदलियार को फ़िल्म निर्माण में रुचि पैदा हुई। फ़ाल्के की फ़िल्में मद्रास में प्रदर्शित होती थीं। फ़ाल्के की फ़िल्मों ने उनको फ़िल्मकार बनने के लिए प्रेरित किया। उनपे फ़िल्म निर्माण की धुन सवार हो गयी।

मुदलियार का परिचय एक अंग्रेज़ कैमरामैन स्टीवर्ट स्मिथ से हुआ। मिस्टर स्मिथ पुणे में एक फ़िल्म थिएटर चलाते थे और न्यूज़रील फ़ोटोग्राफ़र के रूप में उनकी एक पहचान थी। इन्होंने 1903 में भारत के तत्कालीन वायसराय लॉर्ड कर्ज़न के समय का दिल्ली दरबार का आधिकारिक रूप से फ़िल्मांकन किया था। मुदलियार उनसे फ़ोटोग्राफ़ी की बारीकियाँ सीखने के लिए पुणे आये और फ़िल्म निर्माण की मूल बातें सीखने के बाद मद्रास लौट गये। उन्होंने अपने बिजनेस पार्टनर श्री एस.एम.धर्मलिंगम मुदलियार और कुछ रिश्तेदारों के साथ फ़िल्म निर्माण के लिए एक करार किया।

मुदलियार ने अपने रिश्तेदारों के साथ मिलकर 'इंडियन फ़िल्म कम्पनी मद्रास' नाम से एक ज्वाइंट स्टॉक कम्पनी की शुरुआत की।

मुदलियार के फ़िल्म बनाने से पहले शौकिया स्वप्रशिक्षित हिन्दुस्तानी छायाकार लघु फ़िल्में बना रहे थे। तंजावुर के मरुदामुथु मूपनार ने मद्रास के द्वीप मैदान पर हुई पहली विमान लैंडिंग को फिल्माया था। किलपौक के जोसेफ डेविड ने मामल्लापुरम की मूर्तियों का फ़िल्मांकन किया था। मुदलियार अपनी फ़िल्म कम्पनी के लिए कैमरा और सिने उपकरण खरीदने के लिए मरुदामुथु मूपनार के पास ही गये।

उन्होंने मूपनार से 1800 रुपये में विलियमसन का कैमरा और प्रोजेक्टर खरीदा। 1915 में उन्होंने मद्रास के मिलर रोड, किलपौक, टॉवर हाउस में एक बड़ा

गार्डेन हाउस खरीदा और इसके विशाल क्षेत्र में एक फ़िल्म स्टूडियो बनाया। एक हिन्दुस्तानी द्वारा दक्षिण भारत में स्थापित यह पहला स्टूडियो था। स्टूडियो निर्माण के दौरान उसी साल उन्होंने अपनी पहली फ़िल्म 'गोपाल कृष्ण' बनायी। 1915 में यह फ़िल्म रिलीज़ हुई और औसत व्यापार किया। सिनेमा की किताबों में लगभग सारे इतिहासकारों ने दक्षिण भारत की पहली फ़िल्म 'कीचक वधम' को माना है जबकि फ़िल्म 'गोपाल कृष्ण' को दक्षिण भारत में बनी पहली फ़िल्म होने का गौरव प्राप्त है।

अपनी दूसरी फ़िल्म को मुदलियार ने बड़े स्तर पर बनाने का फैसला किया। अगली फ़िल्म की कहानी क्या होनी चाहिए उसके लिए नटराज मुदलियार ने उस दौर के लोकप्रिय नाटककार पम्मल सांबन्द मुदलियार से परामर्श किया। उन्होंने बताया कि मैं ऐसी कहानी की तलाश में हूँ जिसमें भावनात्मक सामग्री, एक्शन और सेक्स का तत्त्व होना चाहिए। पम्मल सांबन्द ने महाभारत में भीम द्वारा कीचक की हत्या का प्रसंग सुनाया और कहा कि इसमें तुम्हारे तीनों तत्त्व मौजूद हैं। उसी समय नटराज मुदलियार ने फ़ैसला किया कि कीचक वध पर ही फ़िल्म स्क्रिप्ट तैयार की जायेगी। स्क्रिप्ट लिखने की ज़िम्मेदारी पम्मल सांबन्द को सौंपी गयी।

फ़िल्म में काम करने वाले अभिनेताओं को प्रशिक्षित करने के लिए तमिल नाट्य मंच के अभिनेता रंगावदिवेलु को चुना गया। उन्होंने कलाकारों को ट्रेनिंग दी।

इस फ़िल्म का नाम कीचकवधम रखा गया जिसमें राजा मुदलियार और जीवनरत्नम ने मुख्य भूमिका निभायी थी।

राजा रवि वर्मा ने कई भारतीय पौराणिक चित्र बनाये हैं। मुदलियार ने कीचकवधम के चरित्रों की वेशभूषा राजा रवि वर्मा के चित्रों के आधार पर ही तैयार कराई।

1916 में फ़िल्म की शूटिंग प्रारम्भ हुई। पैंतीस दिन की शूटिंग के बाद मुदलियार ने फ़िल्म को पूरा किया। मुदलियार ने प्रोडक्शन के अलावे छायांकन, सम्पादन और निर्देशन की पूरी ज़िम्मेवारी ख़ुद निभायी। यह फ़िल्म 6,000 फीट से अधिक लम्बी थी जो दक्षिण भारत में निर्मित दूसरी मूक फ़िल्म थी। सारे फ़िल्म कलाकार तमिल भाषी थे।

फ़िल्म के उपशीर्षक कार्ड अंग्रेज़ी और तमिल भाषा में जारी किये गये। जिसे मद्रास के एक प्रसिद्ध चिकित्सक गुरुस्वामी मुदलियार और एक कॉलेज के प्रिंसिपल तिरुवेंगदा मुदलियार ने लिखे थे। इसलिए इसे तमिल मूक फ़िल्म कहा

गया। हालाँकि बाद में हिन्दी उपशीर्षकों के साथ भी यह फ़िल्म रिलीज़ की गयी। हिन्दी के उपशीर्षक लिखने का काम महात्मा गांधी के पुत्र देवदास गांधी ने किया। 1916 में मुदलियार की फ़िल्म कीचक वधम मद्रास के एलिफिंस्टन थिएटर में प्रदर्शित हुई। इस फ़िल्म को समीक्षकों द्वारा सराहा गया और यह व्यावसायिक रूप से भी काफ़ी सफल रही। फ़िल्म इतिहासकार रैंडर गाय ने बताया कि फ़िल्म की लागत और प्रदर्शन का पूरा खर्च पैंतीस हज़ार रुपये था। जबकि इस फ़िल्म ने भारत, बर्मा, सीलोन और मलेशिया और सिंगापुर में प्रदर्शित होने के बाद कुल पचास हज़ार रुपये की कमाई की। उन दिनों 15,000 रुपये अच्छा मुनाफ़ा माना जाता था।

'कीचकवधम' ने पहली सुपरहिट दक्षिण भारतीय फ़िल्म होने का गौरव प्राप्त किया। आर नटराज मुदलियार इस फ़िल्म की बदौलत साउथ इंडियन सिनेमा के पितामह कहलाये।

इस फ़िल्म की सफलता के बाद आर नटराज मुदलियार ने अपनी अगली फ़िल्म के लिए महाभारत कथा के एक दूसरे प्रसंग द्रौपदी चीरहरण पर पटकथा तैयार की। जिसमें द्रौपदी की भूमिका एक अंग्रेज़ महिला वायलेट वेरी ने निभायी।

1917 में मुदलियार की यह निर्देशित तमिल फ़िल्म 'द्रौपदी वस्त्रअपहरणम' नाम से रिलीज़ हुई। उनकी यह फ़िल्म भी सफल रही। इस फ़िल्म के बाद कम्पनी के पार्टनर लोगों के साथ मुदलियार के मतभेद हो गये। पार्टनर लोगों के दबाव में मुदलियार ने काम करने से इनकार कर दिया। जिसका परिणाम यह हुआ कि मुदलियार ने कम्पनी छोड़ दी और वे मद्रास से वेल्लोर शिफ्ट हो गये। मुदलियार ने कम्पनी का नया नामकरण किया 'इंडियन फ़िल्म कम्पनी वेल्लोर'।

मुदलियार ने इस कम्पनी के तहत अगली पौराणिक फ़िल्म की कहानी रामायण से चुनी। महिरावण प्रसंग पर फ़िल्म की पटकथा लिखी गयी। इस फ़िल्म की शूटिंग वेल्लोर में हुई। 1918 में इंडियन फ़िल्म कम्पनी वेल्लोर के बैनर तले पहली फ़िल्म 'मायिल रावनम' निर्मित हुई जिसमें कैमरा और निर्देशन मुदलियार का था।

उसके बाद मुदलियार इंडियन फ़िल्म कम्पनी वेल्लोर के बैनर तले लगातार फ़िल्म बनाते रहे। 1919 में उनकी निर्देशित फ़िल्म लव कुश प्रदर्शित हुई। 1920 में प्रदर्शित उनकी फ़िल्म कलिंग मर्धनम ने भी अच्छा व्यवसाय किया। 1921 में फ़िल्म रुक्मिणी कल्याणम या रुक्मिणी सत्यभामा के नाम से प्रदर्शित हुई। इस फ़िल्म में रुक्मिणी की भूमिका एक दक्षिण भारतीय ब्राह्मण महिला जानकी ने निभायी।

इसी दौरान मदुरै में एक अंग्रेज़ फ़िल्मकार मिस्टर ह्वाइटेकर ने एक पौराणिक फ़िल्म बनायी वल्ली थिरुमानम (द वेडिंग ऑफ़ वल्ली)। यह फ़िल्म 1921 में तमिल और अंग्रेज़ी उपशीर्षकों के साथ प्रदर्शित हुई। अंग्रेज़ी दैनिक अख़बार 'द मेल' के अनुसार 'मिस्टर व्हाइटेकर की फ़िल्म कला और शिल्प की नज़रों से एक ऊँचा मानक स्थापित करती है। यह फ़िल्म तकनीकी रूप से दादा साहेब फाल्के की फ़िल्मों से बहुत आगे है।' यह फ़िल्म कलकत्ता के मादन थिएटर के सहयोग से बनी थी जिसे जमशेदजी मादन ने दक्षिण भारत के साथ-साथ रंगून और सीलोन के अपने थिएटर में बड़े स्तर पे रिलीज़ किया था। फ़िल्म वल्ली थिरूमानम बहुत कामयाब रही थी।

वेल्लोर में मुदलियार अपने ढंग से फ़िल्में बना रहे थे। 1923 में उनकी आख़िरी फ़िल्म मार्कण्डेय (शिवलीला) रिलीज़ हुई। उसी साल वेल्लोर के उनके स्टूडियो में आग लग गयी। उनकी बनायी सारी फ़िल्में अग्नि की भेंट चढ़ गयीं। इस अग्निकांड में उनके इकलौते पुत्र की मौत भी हो गयी। इस मौत से मुदलियार इतना आहत हुए कि उन्होंने फ़िल्म उद्योग से संन्यास ले लिया।

नटराज मुदलियार अपने पुराने व्यवसाय साइकिल और कार की डीलरशिप की तरफ लौट आये। उन्होंने कुल आठ फ़िल्में बनायी थीं। उस ज़माने में मुदलियार ने एक साहसी कदम बढ़ाया था और उसी का नतीजा है कि दक्षिण भारतीय फ़िल्म उद्योग आज इतने विशाल रूप में खड़ा है।

रघुपति वेंकैया राव नायडू

15 अक्टूबर 1869 को मद्रास प्रेसिडेंसी के एक शहर मछलीपट्टनम (अब आन्ध्र प्रदेश में) में भारतीय सेना के एक अधिकारी सूबेदार अप्पय्या नायडू के यहाँ उनके दूसरे पुत्र ने जन्म लिया। इस परिवार के लोग मद्रास में ईस्ट इंडिया कम्पनी और तेलंगाना रेजिमेंट के सैनिक और कमाण्डर के रूप में अपनी सेवाएँ देते आ रहे थे। लेकिन सूबेदार अयप्पा के दोनों पुत्रों ने फौज में जाने से इन्कार कर दिया। सूबेदार अयप्पा के बड़े पुत्र रघुपति वेंकटरत्नम नायडू एक प्रसिद्ध शिक्षाविद् और समाज सुधारक बने। जबकि दूसरे बेटे रघुपति वेंकैया ने तेलगू सिनेमा के पथप्रदर्शक के रूप में ख़्याति अर्जित की।

बचपन से ही वेंकैया की रुचि चित्रकला, मूर्तिकला और सर्जनात्मक कलाओं की तरफ थी। 18 साल की उम्र में वेंकैया मछलीपट्टनम से मद्रास चले गये। मद्रास के माउण्ट रोड पर उन्होंने अपना एक वर्कशॉप खोला जहाँ वे चित्र और मूर्तियाँ बनाके बेचने लगे।

रघुपति वेंकैया

उस समय तक मद्रास में यूरोपीय और हिन्दुस्तानी लोग अपने कुछ फोटो स्टूडियो खोल चुके थे। हर आर्टिस्ट को फ़ोटोग्राफ़ी के प्रति एक सहज आकर्षण था। वेंकैया ने एक यूरोपीयन से स्टिल कैमरा की ट्रेनिंग ली और एक फोटो स्टूडियो की स्थापना की। जब मद्रास में सिनेमा का प्रदर्शन शुरू हुआ तो उस फोटो स्टूडियो के मालिक और फ़ोटोग्राफ़र आर वेंकैया की दिलचस्पी फ़िल्म व्यवसाय में बढ़ने लगी। वे सिनेमा से इतना मुतासिर हुए कि उन्होंने 1909 में, जॉन डिकिंसन एंड कम्पनी से तीस हज़ार रुपये में एक क्रोनो मेगाफोन आयात किये। जो एक ग्रामोफोन मशीन से जुड़ा एक फ़िल्म प्रोजेक्टर था। फ़िल्म की स्क्रीनिंग के दौरान एक ग्रामोफोन रिकॉर्ड चलाया जा सकता था। जो सिंक्रनाइज़ ध्वनि का भ्रम देता था और दर्शक एक तरह से मूक फ़िल्म के साथ संगीत का आनन्द लेते थे। इस उपकरण के भुगतान के लिए उन्होंने अपना फोटो स्टूडियो किराये पर दे दिया था।

उन्होंने विक्टोरिया पब्लिक हॉल और खुले मैदान (एस्प्लेनेड) में अपना टेंट लगाके विदेशी लघु फ़िल्में दिखाना शुरू किया। ग्रामोफोन की अवधि से मेल खाने के वास्ते ये फ़िल्में सिर्फ़ 500 फीट लम्बी होती थीं। वेंकैया ने ख़ुद कुछ लघु फ़िल्मों का निर्माण किया और उसे विक्टोरिया पब्लिक हॉल में प्रदर्शित किया।

1910 में, उन्होंने अपनी फ़िल्मों के प्रदर्शन के लिए एस्प्लेनेड टेंट सिनेमा हाउस की स्थापना की। टेंट सिनेमा में रोज़ाना फ़िल्में प्रदर्शित होने लगीं। इनके टेंट सिनेमा में टिकट के तीन क्लास थे। पहली क्लास बलुई ज़मीन पर दरी, दूसरी क्लास बेंच और तीसरी क्लास कुर्सी। पहली क्लास के दर्शकों को एक ज़बरदस्त सुविधा प्राप्त थी। वे ज़मीन पे पालथी मारके और लेटकर फ़िल्म देख सकते थे। अगर उन्हें फ़िल्म में आनन्द नहीं आ रहा तो ज़मीन पे नींद की झपकी ले सकते थे। ये सुविधा पहले और दूसरे क्लास को प्राप्त नहीं थी।

वेंकैया ने सिनेमा प्रोजेक्टर और ग्रामोफोन सेटअप के साथ बंगलोर, विजयवाड़ा, रंगून और सिलोन की यात्राएँ कीं। फ़िल्म प्रदर्शन से उनकी अच्छी खासी कमाई होने लगी। 1914 में उन्होंने मद्रास में गेयटी नाम से एक सिनेमा थिएटर खोला जो एक भारतीय द्वारा बनाया जाने वाला मद्रास में पहला सिनेमाघर था। कुछ ही दिनों में वेंकैया ने सिनेमा व्यवसाय से अच्छी पूँजी खड़ा करके मद्रास में ही दो और सिनेमाघर खोले। मिंट एरिया में क्राउन थियेटर और पुरसावलकम में ग्लोब थिएटर जिसे आज रॉक्सी हॉल कहा जाता है। वेंकैया अपने थिएटर में अधिकांश संयुक्त राज्य अमेरिका और ब्रिटेन में बनी लघु फ़िल्मों का ही प्रदर्शन करते थे।

उनके थिएटरों में दिखायी जाने वाली कुछ पहली फ़िल्में थीं मिलियन डॉलर मिस्ट्री, मिस्ट्रीज़ ऑफ़ मीरा, क्लचिंग हैंड, ब्रोकन कॉइन, राजा का ताबूत, पेरल फिश, और ग्रेट बार्ड। उन्होंने एक फ़िल्म पुस्तकालय की स्थापना की और युवाओं को सिनेमाई तकनीक पर प्रशिक्षण भी देते थे।

स्टार ऑफ़ ईस्ट फिल्म्स कम्पनी, मद्रास

रघुपति वेंकैया सिर्फ़ फ़िल्म प्रदर्शक बने रहना नहीं चाहते थे। वह एक रचनात्मक फ़ोटोग्राफ़र थे। फ़िल्म व्यवसाय को प्रतिष्ठित करने के लिए फ़िल्म निर्माण ही अगला पड़ाव था।

वेंकैया ने अपने बेटे रघुपति सूर्य प्रकाश को फ़िल्म तकनीक के प्रशिक्षण के लिए लन्दन भेजा। आर एस प्रकाश का जन्म 1901 में मद्रास में हुआ था।

प्रकाश ने लन्दन के बाकर मोशन पिक्चर स्टूडियो में जाकर फ़िल्म तकनीक की बारीकियाँ सीखीं। फिर वे लन्दन से जर्मनी और फ्रांस गये। उसके बाद यूरोप से हॉलीवुड अमेरिका पहुँच गये। प्रकाश ने हॉलीवुड में पहला अमेरिकी फ़िल्मकार डेविड वार्क ग्रिफिथ के साथ काम किया। फिर उन्होंने सेसिल बी डेमिली की फ़िल्म 'टेन कमाण्डमेंट्स' में सहायक निर्देशक के रूप में भी काम किया। आर एस प्रकाश एक साल के फ़िल्म प्रशिक्षण के बाद विदेश से 35 एम एम विलियम्सन मूवी कैमरा के साथ मद्रास लौटे।

आर प्रकाश दक्षिण भारतीय निर्देशक

1919 में वेंकैया ने मद्रास में एक लाख रुपये की पूँजी से 'स्टार ऑफ़ ईस्ट फिल्म्स' नाम से एक प्रोडक्शन कम्पनी खोली। वेंकैया ने अपनी कम्पनी के निदेशक मण्डल में पीठापुरम के महाराजा, सर आर के शणमुखम चेट्टियार और दीवान बहादुर गोविन्ददास चतुर्भुज दोस जैसे प्रतिष्ठित लोगों को शामिल किया।

मूक सिनेमा में कृत्रिम प्रकाश का तब कोई इस्तेमाल नहीं होता था। इसलिए फ़िल्में तब सिर्फ़ दिन में ही शूट होती थीं। सूर्य की रोशनी के बेहतर इस्तेमाल के लिए प्रकाश ने स्टार ऑफ़ ईस्ट फिल्म्स कम्पनी के लिए शीशे की छत का एक स्टूडियो बनाया जिसे ग्लास स्टूडियो कहा गया। यह स्टूडियो मद्रास के रॉक्सी सिनेमा के पीछे ही बनाया गया था।

1920 में वेंकैया और विदेश से प्रशिक्षण लेकर लौटे बेटे आर एस प्रकाश ने एक पौराणिक फ़िल्म बनाने का फ़ैसला किया।

मदुरै की प्रसिद्ध देवी मीनाक्षी जो माँ पार्वती का ही एक रूप है। इनकी कथा पर 'मीनाक्षी कल्याणम' नाम से फ़िल्म निर्माण का काम शुरू हुआ। मदुरै में मीनाक्षी मन्दिर के आसपास ही शूटिंग करने का निर्णय लिया गया। लेकिन इस फ़िल्म में स्थानीय लोगों ने कैमरा और चित्र को अन्धविश्वास से जोड़कर काम करने से इनकार कर दिया। स्थानीय लोगों में अफ़वाह यह थी कि फ़िल्म कैमरा में जिसकी तस्वीर आ जाती है उसकी उम्र घट जाती है।

फिर रंगमंच के कलाकारों को फ़िल्म में अभिनय करने के लिए सम्पर्क किया गया लेकिन उन्होंने मूक फ़िल्म में अभिनय करने से इसलिए मना कर दिया कि इसमें संवाद बोलने की कोई सुविधा नहीं थी। वेंकैया और प्रकाश के सामने हिन्दू देवी-देवताओं के चरित्र निभाने के लिए एंग्लो इंडियंस के अलावे कोई विकल्प नहीं बचा था। 'मीनाक्षी कल्याणम' में एंग्लो इंडियंस लोगों ने अभिनय किया। आर एस प्रकाश इस फ़िल्म के निर्देशक, कैमरामैन, सम्पादक की भूमिका में थे।

जब फ़िल्म धुलने के बाद एडिटिंग टेबल पर आयी तो देखा गया कि हर कलाकार का सिर फ्रेम से बाहर था। कुछ लोगों ने इसे हेडलेस फ़िल्म कहकर मज़ाक उड़ाया। स्थानीय लोगों ने देवी का प्रकोप माना क्योंकि गैर-हिन्दू लोगों ने हिन्दू देवी-देवताओं के किरदार निभाये थे। प्रकाश नायडू ने जब सावधानी से परीक्षण किया तो पाया कि कैमरे के लेंस में गड़बड़ी थी। मीनाक्षी मंगलम प्रोजेक्ट को बन्द कर दिया गया।

आर एस प्रकाश ने ख़ुद अपने घर में फ़िल्म प्रोसेसिंग की प्रयोगशाला स्थापित की ताकि हर दिन की शूटिंग सामग्री को संशोधित करके देखा जा सकता था।

'स्टार ऑफ़ द ईस्ट' कम्पनी ने अपनी अगली फ़िल्म के लिए फिर से पौराणिक कथा को चुना। महाभारत के भीष्म प्रतिज्ञा प्रसंग की कहानी पर फ़िल्म बनाने का निर्णय हुआ। इस फ़िल्म में आर एस प्रकाश ने निर्देशन के साथ भीष्म की मुख्य भूमिका भी निभायी। जबकि डी कॉस्टेलो नाम की एक अंग्रेज़ महिला ने गंगा का किरदार निभाया। इस फ़िल्म में कृष्ण की भूमिका ए नारायणन ने निभायी थी जो आगे चलकर तमिल सिनेमा के प्रमुख स्तम्भ बने।

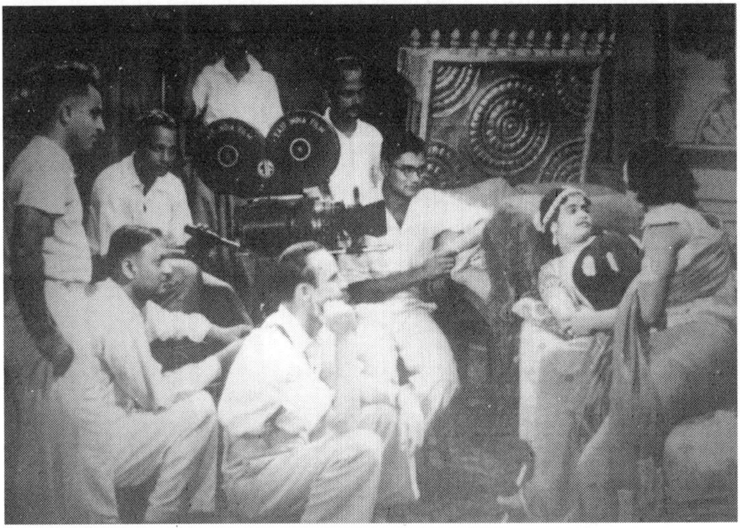

मद्रास में मूक फिल्म की शूटिंग

1921 में फ़िल्म भीष्म प्रतिज्ञा तेलुगू और अंग्रेज़ी उपशीर्षक के साथ रिलीज़ हुई और ज़बरदस्त कामयाब हुई। इसलिए भीष्म प्रतिज्ञा को पहली तेलुगू मूक फ़िल्म माना जाता है। फिर इस फ़िल्म को हिन्दी, अंग्रेज़ी, गुजराती, तमिल उपशीर्षकों के साथ पूरे भारतवर्ष में रिलीज़ किया गया। इसके अलावे यह फ़िल्म रंगून और सीलोन में भी प्रदर्शित हुई।

इससे उत्साहित होकर रघुपति वेंकैया ने महँगे बजट की पौराणिक फ़िल्में बनाने का फ़ैसला लिया। जिसमें बड़े सेट, हाथी, घोड़े, जानवर और लोगों की भीड़ का प्रयोग किया जाने लगा। 1923 में स्टार ऑफ़ ईस्ट फिल्म्स की फ़िल्म गजेन्द्र मोक्षम

रिलीज़ हुई जिसे आर एस प्रकाश ने निर्देशित किया था। लेकिन फ़िल्म ने कोई ख़ास व्यवसाय नहीं किया।

1923 में ही आर एस प्रकाश निर्देशित दो फ़िल्में प्रदर्शित हुईं नंदानर (भक्त नंदनार) और समुद्र मदनम (समुद्र मंथन)। इसमें वेंकैया को काफ़ी नुकसान उठाना पड़ा। मद्रास में हिन्दुस्तान के दूसरे हिस्से में बन रही पौराणिक फ़िल्में भी तमिल, तेलुगू उपशीर्षक के साथ मद्रास में रिलीज़ होती थीं। पौराणिक फ़िल्मों के बीच कड़े मुकाबले होने की वजह से वेंकैया द्वारा निर्मित फ़िल्में ज़्यादा सफल नहीं रहीं। वेंकैया ने फ़िल्म निर्माण बन्द करने का निर्णय लिया। स्टार ऑफ़ ईस्ट फिल्म्स कम्पनी कुल चार फ़िल्में बनाकर बन्द हो गयी। वेंकैया फिर से फ़िल्म प्रदर्शक की भूमिका में लौट आये। उन्होंने अपने स्टूडियो और फ्लोर किराये पर उठा दिये।

रघुपति वेंकैया ने एक चित्रकार और फ़ोटोग्राफ़र से अपनी यात्रा शुरू कर तेलुगू फ़िल्म के जनक के रूप में अपना नाम इतिहास में दर्ज कराया। एक लम्बी बीमारी के बाद तेलुगू सिनेमा के पितामह रघुपति वेंकैया की मृत्यु 15 मार्च 1941 को मद्रास में हुई।

अनन्तनारायण नारायणन (1900-1939)

प्रारम्भिक तमिल सिनेमा के इतिहास में एक महत्त्वपूर्ण फ़िल्मकार का नाम आता है जिसे हम ए नारायणन के नाम से जानते हैं। जिनका पूरा नाम था अनन्तनारायण नारायणन।

वह बहुमुखी प्रतिभा के धनी थे। वह एक साथ अभिनेता, लेखक, निर्देशक, निर्माता, स्टूडियो-मालिक और वितरक व प्रदर्शक भी थे।

1900 में ए नारायणन का जन्म मद्रास प्रेसिडेंसी के शिवगंगा में हुआ था। उन्होंने 1920 में मद्रास के प्रेसिडेंसी कॉलेज से बी ए की डिग्री हासिल की। कॉलेज से निकलते ही इन्होंने एक बीमा कम्पनी में काम करना शुरू किया। फ़िल्मों में दिलचस्पी होने से वह स्टार ऑफ़ द ईस्ट कम्पनी में आर एस प्रकाश के सहायक बन गये। आर एस प्रकाश फ़िल्म भीष्म प्रतिज्ञा का निर्देशन कर रहे थे। ए नारायणन ने इस फ़िल्म में सहायक निर्देशन के साथ कृष्ण की भूमिका भी निभायी। यह फ़िल्म बहुत सफल रही।

ए नारायणन ने फ़िल्मों में करियर बनाने का फ़ैसला किया। उस समय बॉम्बे फ़िल्म उद्योग मद्रास फ़िल्म इंडस्ट्री से काफ़ी बड़ी इंडस्ट्री थी। ए नारायणन कुछ बड़ा करने का ख़्वाब लिये बॉम्बे पहुँच गये। बॉम्बे में वह फ़िल्म वितरण व्यवसाय से जुड़ गये। कुछ सालों बाद उन्होंने अपने मित्र आर प्रकाश के साथ मिलकर अपनी फ़िल्म वितरण कम्पनी 'एक्जबिटर फ़िल्म सर्विस' के नाम से शुरू की। इसके तहत वे भारत में अमेरिका, यूरोप की फ़िल्मों के वितरक बन गये। उनकी यह फर्म दक्षिण भारत के सिनेमाघरों को भारतीय और विदेशी फ़िल्मों की आपूर्ति करती थी। इसके लिए नारायणन ने दक्षिण भारत के मदुरै और कालीकट जैसे शहरों के कई थिएटर को भाड़े पर ले लिया। ए नारायणन अपनी पत्नी मीनाक्षी के साथ भारतीय फ़िल्मों को बढ़ावा देने के लिए आर्देशिर ईरानी की फ़िल्म अनारकली

के प्रिंट के साथ अमेरिका गये। हॉलीवुड में उन्होंने यूनिवर्सल स्टूडियो परिसर का दौरा किया।

यूनिवर्सल स्टूडियो में ख़ुद प्रस्तुत करने के लिए ए नारायणन और उनकी पत्नी ने एक नायाब तरीका अपनाया।

नारायणन ने हिन्दुस्तानी राजा की पोशाक और गहनों वाली पगड़ी पहनी जबकि पत्नी मीनाक्षी ने महारानी की तरह आभूषण से लदे राजसी कपड़े पहने। डगलस फेयरबैंक्स, जॉन बैरीमोर और रॉबर्ट फ्लेहर्टी जैसी उस समय की हॉलीवुड हस्तियाँ 'शाही' जोड़ी से मिलने के लिए काफ़ी उत्सुक हो गयीं। सबने गर्मजोशी से शाही जोड़े का स्वागत किया।

इन्होंने अमेरिकी फ़िल्मकार कार्ल लेमले से मुलाकात की और अपने संक्षिप्त प्रवास के दौरान सेसिल बी डी मिल, डगलस फेयरबैंक्स, मैरी पिकफोर्ड से अलग से मिले।

हॉलीवुड अभिनेता जॉन बैरीमोर से उनकी इतनी अच्छी मित्रता हो गयी कि जब बैरीमोर अपने गठिया के हर्बल उपचार के लिए भारत आये थे तो उनके इलाज के लिए नारायणन ख़ुद उन्हें लेकर केरल गये थे।

हॉलीवुड से लौटने के बाद नारायणन को फ़िल्म निर्माण का जुनून सवार हुआ। 1929 में नारायणन ने हॉलीवुड के यूनिवर्सल स्टूडियो के तर्ज पर अपना स्टूडियो 'जनरल पिक्चर कॉर्पोरेशन' मद्रास की स्थापना की। इस कम्पनी को शॉर्ट में लोग जीपीसी कहते थे। जनरल पिक्चर्स की स्थापना के बाद नारायणन दो कुशल कैमरामैन धीरेन डे और सेलेन बोस को कलकत्ता से लेकर आये। डे और बोस ने कई दक्षिण भारतीय तकनीशियनों को प्रशिक्षित किया।

1929 में ही जनरल पिक्चर्स ने घरेलू जीवन पर शराब के विनाशकारी प्रभाव पर आधारित फ़िल्म 'धर्मपत्नी' का निर्माण किया। इस फ़िल्म का निर्देशन ख़ुद ए नारायणन ने किया। यह फ़िल्म बहुत ही कामयाब रही थी। 1930 में ए नारायणन ने चर्चित फ़िल्म कोवलन और किंग भोज का भी निर्देशन किया।

ए नारायणन द्वारा निर्देशित 'कोवलन' के एक शॉट में प्रसिद्ध मदुरै मीनाक्षी मन्दिर टॉवर को एक झुके हुए कोण में दिखाया गया था, जिसमें कैमरा ऊपर की ओर देख रहा है। मदुरै के सिनेमाघरों में फ़िल्म दर्शकों को लगा कि टावर टूटके गिरने जा रहा है। वे इस दृश्य से इतने भयभीत हो गये कि चिल्लाते हुए थिएटर से बाहर भागने लगे। यह फ़िल्म छठी शताब्दी के दौरान एक राजकुमार से तपस्वी बने

प्रसिद्ध तमिल उपन्यास 'सिलप्पाथिकारम' पर आधारित थी।

नारायणन के मित्र आर एस प्रकाश जनरल पिक्चर्स के साथ भी जुड़ गये। जनरल पिक्चर्स ने लगभग दो दर्जन मूक फ़िल्मों का निर्माण किया, जिनमें से ज़्यादातर फ़िल्में आर प्रकाश ने निर्देशित की।

1930 में जीपीसी की पौराणिक फ़िल्म 'गांधारियिन पुलम्बल' (द लैमेंट ऑफ़ गांधारी) और फ़िल्म 'रामदूता' का निर्देशन आर एस प्रकाश ने किया। जिसमें विलोचना और टी एस मनी ने मुख्य भूमिका निभायी थी।

1930 में जीपीसी द्वारा निर्मित फ़िल्म गजेन्द्र मोक्षम का निर्देशन भी आर एस प्रकाश ने किया। 1923 में प्रकाश अपनी कम्पनी द स्टार ऑफ़ ईस्ट के लिए इस नाम से बनी फ़िल्म को निर्देशित कर चुके थे।

1931 में जीपीसी ने जे डब्ल्यू रेनॉल्ड्स की कहानी पर आधारित एक ऐतिहासिक फंतासी फ़िल्म लीला (द स्टार ऑफ़ मिंग्रेलिया) का निर्माण किया जिसका निर्देशन आर एस प्रकाश और कैमरा जीतेन बनर्जी ने किया था।

यह फ़िल्म अरेबियन नाइट्स की तरह एक फंतासी फ़िल्म थी जिसमें कई आधे वस्त्र पहनी हुए महिलाएँ बक्सम बेली डांस करते नज़र आयीं। लम्बे समय तक होंठों से होंठों का चुम्बन दृश्य भी फिल्माया गया था। यह फ़िल्म दो पार्ट में बनी थी। 'लीला' पूरे देश के सिनेमा खिड़की पर सफल साबित हुई थी।

जीपीसी के अभिनेता और तेलुगू निर्देशक वाई वी राव ने भी जीपीसी के लिए कुछ फ़िल्मों का निर्देशन कि जिसमें 1930 की प्रदर्शित फ़िल्म पांडव निर्वाहन और 1931 की रिलीज़ फ़िल्म पांडव अज्ञातवासम थी। जिसमें कैमरा धीरेन डे ने किया था। नारायणन ने अपने कई मित्रों, सहकर्मियों को फ़िल्मों में काम करने का अवसर दिया।

कुछ ही सालों में नारायणन का जीपीसी दक्षिण भारत का सबसे बड़ा प्रोडक्शन हाउस बन गया।

फ़िल्मों में ध्वनि आने के बाद 1934 में ए नारायणन ने मद्रास के नेहरू पार्क के सामने किलपौक में 'नादर गार्डन' नामक स्थान पर एक साउण्ड स्टूडियो खोला और इसका नाम अपने बेटे श्रीनिवास के नाम पे श्रीनिवास सिनेटोन रखा। गाने रिकॉर्ड करने वाला यह दक्षिण भारत का पहला स्टूडियो था। पहले निर्माता इसके लिए कलकत्ता, बॉम्बे, और पूना जाते थे।

नारायणन ने अपनी पत्नी मीनाक्षी को साउण्ड इंजीनियरिंग का प्रशिक्षण

दिलाया। सिर्फ़ दो साल में ही मीनाक्षी ने साउंड इंजीनियरिंग के शिल्प में महारत हासिल कर ली थी। शायद कर्नाटक संगीत में उनका बचपन का प्रशिक्षण था जिसने उन्हें इस रास्ते में मदद की। 1936 में जीपीसी निर्मित फ़िल्म विश्वामित्र में मीनाक्षी नारायणन ने साउंड रिकॉर्ड किया। वह भारतीय सिनेमा की पहली महिला साउंड रिकॉर्डिस्ट बनी।

1939 में, अनन्त नारायणन के जनरल पिक्चर्स कॉर्पोरेशन मद्रास स्टूडियो में आग लग गयी। इनके सिनेमा उपकरण, कुछ ध्वनि फ़िल्में और सारी मूक फ़िल्में अग्नि की भेंट चढ़ गयीं। नारायणन को भारी नुकसान हुआ। इस सदमे का उनकी सेहत पर इतना बुरा असर हुआ कि 39 साल की उम्र में उनका निधन हो गया। ए नारायणन जो दक्षिण भारत सिनेमा के प्रमुख स्तम्भ बने आज उनकी बनायी कोई मूक फ़िल्म उपलब्ध नहीं है।

मलयालम मूक सिनेमा

1907 में फ़िल्म प्रोजेक्टर के साथ केरल के त्रिशूर में जोस कट्टूकरन द्वारा पहला टेंट सिनेमा खोला गया जहाँ विदेशी लघु फ़िल्मों का प्रदर्शन होता था। जोस कट्टूकरन ने टेंट सिनेमा व्यवसाय से अच्छी कमाई की। फिर उन्होंने त्रिशूर में एक स्थायी सिनेमा थिएटर खोलने का निर्णय लिया। 1913 में जोस कट्टूकरन ने केरल के त्रिशूर में पहला सिनेमा थिएटर स्थापित किया। जिसे जोस इलेक्ट्रिकल बायोस्कोप कहा जाता था। इस थिएटर में देशी और विदेशी फ़िल्में प्रदर्शित होने लगीं। केरल का त्रिशूर सिनेमा थिएटर का पहला गवाह बना।

जे सी दानिय्येल : मलयालम सिनेमा के पितामह

28 नवम्बर 1900 में जोसेफ़ चेलय्य्या का जन्म त्रावणकोर राज्य (वर्तमान कन्याकुमारी, तमिलनाडु) में अगस्तीश्वरम ताल्लुका के एक ईसाई परिवार में हुआ था।

उन्होंने महाराजा कॉलेज, त्रिवेन्द्रम से अपनी औपचारिक शिक्षा पूरी की। जोसेफ़ को केरल के मार्शल आर्ट कलारिपयट्टू में बहुत दिलचस्पी थी। वे विद्यार्थी जीवन से

जे सी दानिय्येल

इसका प्रशिक्षण लेने लगे। कलारिपयट्टू शब्द, दो शब्दों से बना है; पहला कलारी, जिसका अर्थ विद्यालय या व्यायामशाला है तथा दूसरा पयाट्टू जिसका अर्थ युद्ध होता है। यह एक तरह की युद्ध कला है। कलारिपयट्टू को मार्शल आर्ट की माता भी कहा जाता है।

15 साल की अल्पायु में जोसेफ़ ने युद्धकला पर इंडियन आर्ट ऑफ़ फेंसिंग एंड स्वॉर्ड प्ले नामक एक अंग्रेज़ी पुस्तक प्रकाशित की थी।

जोसेफ़ दानिय्येल को और युवाओं की तरह सिनेमा ने बहुत प्रभावित किया। उनके पास पैतृक व्यवसाय और सम्पति थी। लेकिन जोसेफ़ को सिनेमा की शक्ति का एहसास हो गया और उसने निर्णय लिया कि वे भी फ़िल्म बनाएँगे। सिनेमा जैसे शक्तिशाली माध्यम द्वारा वह कलारिपयट्टू को लोकप्रिय बनाना चाहते थे।

जोसेफ़ फ़िल्म निर्माण की तकनीक सीखने और फ़िल्म निर्माण के ज़रूरी उपकरण हासिल करने के लिए मद्रास गये। मद्रास दक्षिण भारत के फ़िल्म निर्माण का केन्द्र बन चुका था। जोसेफ़ फ़िल्म प्रशिक्षण के लिए मद्रास के फ़िल्म स्टूडियो में दाखिल होना चाह रहे थे। लेकिन उन्हें मद्रास में सफलता नहीं मिली। चूँकि जोसेफ़ मज़बूत इरादे के साथ घर से निकले थे। वे मद्रास से सीधे बॉम्बे पहुँच गये।

वे स्टूडियो में जाकर कहते थे कि मैं केरल का एक शिक्षक हूँ और अपने छात्रों को सिनेमा के बारे में पढ़ाना चाहता हूँ।

उन्हें फ़िल्म स्टूडियो में प्रवेश मिल गया। ऐसा कहा जाता है कि एक शूटिंग में वे दादा साहेब फाल्के से भी मिले थे। फ़िल्म बनाने का अनुभव और सिनेमा उपकरण लेकर वह त्रावणकोर केरल वापिस लौट आये।

फ़िल्म निर्माण के लिए धन की ज़रूरत थी। जोसेफ़ की फ़िल्म में कोई पैसा लगाने के लिए तैयार नहीं था। जोसेफ़ ने अपने सपने को पूरा करने के लिए अपनी पुश्तैनी ज़मीन चार लाख रुपये में बेच दी।

1926 में जोसेफ़ ने त्रिवेन्द्रम (अब तिरुअनन्तपुरम) में त्रावणकोर नेशनल पिक्चर्स नाम से अपना फ़िल्म स्टूडियो खोला। वह स्टूडियो वर्तमान लोक सेवा आयोग कार्यालय, पट्टम, त्रिवेन्द्रम के पास था।

फ़िल्म विगथकुमारन

उस समय दक्षिण भारत में सिर्फ़ पौराणिक फ़िल्में बन रही थीं। जोसेफ ने पहली बार सामाजिक फ़िल्म बनाने का फ़ैसला करके फ़िल्म के विषय के चयन में रचनात्मकता और मौलिकता दिखायी। कहानी यह थी कि त्रावणकोर के एक बच्चे का अपहरण

करके श्रीलंका ले जाया जाता है। वह बच्चा बिछड़ने के बाद बड़े होकर फिर कैसे आख़िर में अपने परिवार से मिलता है। इस फ़िल्म का नाम रखा गया विगथकुमारन। आर सुन्दर राज और जोसेफ़ ने फ़िल्म में मुख्य भूमिका निभायी थी।। लेकिन अभिनेत्री का चुनाव मुश्किल था। कोई भी औरत फ़िल्म में काम करने को तैयार नहीं थी। जोसेफ़ ने पी के रोज़ी नाम की औरत को नायिका की भूमिका निभाने के लिए राजी किया। उन्होंने ख़ुद फ़िल्म का कैमरा, सम्पादन और निर्देशन किया।

फ़िल्म विगथकुमारन को लेकर बवाल

7 नवम्बर 1928 को त्रिवेन्द्रम के कैपिटल थिएटर में फ़िल्म विगथकुमारन को प्रदर्शित किया गया। मलयालम उपशीर्षक के साथ रिलीज़ यह पहली फ़िल्म थी। सामाजिक फ़िल्म होने के बावजूद, इस फ़िल्म की अभिनेत्री पी के रोज़ी के कारण थिएटर के बाहर प्रदर्शन होने लगा। पी के रोज़ी एक दलित औरत थी जिसने फ़िल्म में केरल के ऊँचे कुल की नायर महिला की भूमिका निभायी थी। केरल के सवर्ण वर्ग के लोगों ने कैपिटल सिनेमा थिएटर में रोज़ी को घुसने नहीं दिया। स्क्रीनिंग के दौरान, पर्दे पर पथराव किया गया, जिससे पर्दे को नुकसान पहुँचा।

फ़िल्म को एलेप्पी के स्टार थिएटर में भी दिखाया गया। चूँकि यह एक मूक फ़िल्म थी, थिएटर में एक उद्घोषक होता था जो कहानी और दृश्य की व्याख्या करता था। उस समय एलेप्पी केरल के सबसे महत्त्वपूर्ण बन्दरगाह शहरों में से एक था। वहाँ के दर्शकों ने उदारता और उत्साह से फ़िल्म का स्वागत किया। विगथकुमारन को क्विलोन, त्रिचूर, टेलिचेरी और नागरकोइल में भी दिखाया गया। लेकिन जोसेफ़ की फ़िल्म का विरोध होने की वजह से फ़िल्म बुरी तरह असफल रही।

फ़िल्म व्यावसायिक रूप से सफल नहीं होने के कारण जोसेफ दानियेल कर्ज़दार हो गये। अपने कर्ज़दारों का भुगतान करने के लिए, उन्हें अपने सिनेमा उपकरण बेचने पड़े और स्टूडियो को बन्द करना पड़ा। उन्होंने अपनी बाकी ज़िन्दगी तमिलनाडु के पलयमकोट्टई में एक दन्त चिकित्सक के रूप में बितायी। उन्होंने बीमार कलाकारों के लिए योजना के तहत पेंशन के लिए केरल सरकार से आवेदन किया था, लेकिन सरकार ने इसे ख़ारिज कर दिया क्योंकि उनका जन्म तमिलनाडु में हुआ था।

मलयालम फ़िल्म के पितामह जोसेफ़ दानियेल की पहली फ़िल्म ही उनकी आख़िरी फ़िल्म साबित हुई। उन्होंने 27 अप्रैल 1975 को आख़िरी साँस ली। इस फ़िल्म का एक भी प्रिंट उपलब्ध नहीं है।

मलयालम की दूसरी और आख़िरी मूक फ़िल्म मार्तण्ड वर्मा

जोसेफ दानिय्येल के रिश्तेदार और फ़िल्म विगथकुमारन में प्रमुख भूमिका निभाने वाले आर सुन्दर राज ने मलयालम में दूसरी मूक फ़िल्म बनाने का साहस किया।

1891 में सी.वी. रमन पिल्लई के मलयालम भाषा में प्रकाशित ऐतिहासिक उपन्यास मार्तण्ड वर्मा पर आर सुन्दर राज ने फ़िल्म बनाने का फ़ैसला किया। निर्माता सुन्दर राज ने इस भव्य फ़िल्म के निर्देशन के लिए पी वी राव को चुना।

यह फ़िल्म त्रावणकोर राज्य के महान संस्थापक मार्तण्ड वर्मा (1706-1758) के राजसी संघर्ष और उनकी ज़िन्दगी को दर्शाती है। मार्तण्ड वर्मा फ़िल्म की शुरुआत भव्य आरथु के दुर्लभ न्यूज़रील फुटेज से होती है। त्रावणकोर महाराजा श्री चित्रा तिरुनल की शोभायात्रा में सबसे आगे हाथी चल रहा है जिसके ऊपर राज्य का झण्डा फहर रहा है। भव्य जुलूस में हाथी, घुड़सवार सेना, प्रसिद्ध नायर ब्रिगेड शाही बैण्ड बाजे के साथ आगे बढ़ रहा है। मार्तण्ड वर्मा के वंशज महाराजा को एक सुशोभित पालकी में ले जाया जा रहा है।

1933 में जब यह फ़िल्म प्रदर्शित हुई तो सिनेमा थिएटर दर्शकों से खचाखच भर गया। चार दिन के प्रदर्शन के बाद इस फ़िल्म पर प्रतिबन्ध लग गया। दरअसल यह उपन्यास त्रिवेन्द्रम के कमलयालम बुक्स द्वारा प्रकाशित हुआ था। प्रकाशक ने निर्माता पर कॉपीराइट उल्लंघन का केस कर दिया जिसकी वजह से ब्रिटिश इंडिया सरकार ने इस फ़िल्म के प्रिंट और निगेटिव को जब्त कर लिया। क्योंकि निर्माता आर सुन्दरराज के पास इस उपन्यास का कॉपीराइट नहीं था। सुन्दरराज प्रकाशक से कानूनी लड़ाई लड़े लेकिन वे हार गये। मार्तण्ड वर्मा दक्षिण भारत की एकमात्र फ़िल्म है जिसका प्रिंट नेशनल फ़िल्म आर्काइव पुणे में उपलब्ध है। भारत की

फिल्म मार्तंड वर्मा

आज़ादी के बहुत बाद इस फ़िल्म का नाइट्रेट कॉपी (प्रिंट) त्रिवेन्द्रम के कमलयालम बुक्स के गोदाम में किताबों के बीच पड़ा मिला था। उस प्रिंट को नेशनल फ़िल्म आर्काइव ने दुरुस्त करके देखने लायक बनाया। इस फ़िल्म के उपशीर्षक कार्ड के डिज़ाइन बेहतर और स्पष्ट हैं। मूक सिनेमा के दौर में बस ये दो ही मलयालम मूक फ़िल्मों का निर्माण हुआ था।

दक्षिण भारतीय मूक सिनेमा की चुनौतियाँ

दक्षिण भारत के मूक फ़िल्म उद्योग का शुरुआती दौर बहुत चुनौतीपूर्ण था। जब मद्रास में स्वदेशी फ़िल्मों का निर्माण शुरू हुआ तो उस समय के ज़्यादातर सिनेमा थिएटरों में अमेरिकन और यूरोपीयन फ़िल्मों के प्रदर्शन हो रहे थे। विदेशी फ़िल्म कम्पनियाँ अपने फ़िल्मों के कई प्रिंट बनाती थीं। भारतीय फ़िल्मों की तुलना में विदेशी फ़िल्मों के किराये कम होते थे। विदेश से आयातित फ़िल्मों के एक्शन, स्टंट, फ़िल्मांकन और खूबी भारतीय फ़िल्मों से बेहतर होती थी।

इसलिए मद्रास के कुलीन वर्ग और आम दर्शकों के बीच विदेशी फ़िल्में ज़्यादा लोकप्रिय थीं। इसके अलावे विदेशी फ़िल्मों के प्रति अंग्रेज़ी सरकार का विशेष झुकाव था। मद्रास प्रशासन ब्रिटिश फ़िल्मों को ज़्यादा तरजीह देता था। स्थानीय फ़िल्मों के प्रति मद्रास प्रशासन का रवैया सही नहीं था। मद्रास में बनी किसी भारतीय फ़िल्म के लिए थिएटर मिलना मुश्किल होता था क्योंकि थिएटर मालिकों के लिए विदेशी फ़िल्मों का प्रदर्शन मुनाफ़े का सौदा था।

दक्षिण भारतीय निर्माताओं का पौराणिक कहानियों पर फ़िल्में बनाने का फ़ैसला अंग्रेज़ी प्रशासन के रवैये का ज़बरदस्त जवाब था। भारतीयों की आस्था और भक्ति वाले विषयों पर फ़िल्म का निर्माण सफलता की गारंटी थी।

तमिल और तेलुगू में मूक फ़िल्में बनने लगीं। निर्माताओं ने अंग्रेज़ी सरकार से अनुरोध किया कि जर्मनी की तरह हमारी स्वदेशी फ़िल्मों को भी सरकार द्वारा संरक्षण दिया जाये। लेकिन अंग्रेज़ी सरकार तो स्वदेशी फ़िल्मों पर कैंची चलाने के लिए बैठी थी।

दक्षिण भारत में फ़िल्म निर्माण की शुरुआत में बहुत बाधाएँ थीं। सबसे बड़ी बाधा फ़िल्मों के लिए अभिनेता और अभिनेत्रियों का न मिलना। निर्माता और निर्देशक ख़ुद मुख्य भूमिका निभाते थे। सहायक अभिनेता और अभिनेत्रियों को

ढूँढ़ना बहुत मुश्किल काम था। इसकी वजह थी फ़िल्म निर्माण का अस्थिर होना। कोई कम्पनी एक या दो फ़िल्म बना के बन्द हो जाती थी। पारिश्रमिक अच्छे और नियमित नहीं थे। इसके विपरीत व्यावसायिक नाटक मण्डली में अच्छे और नियमित पैसे मिलते थे। वहाँ स्थायी काम था।

नाटक कम्पनियों के पास पेशेवर एक्टर थे जबकि फ़िल्मों में कोई पेशेवर एक्टर काम करने के लिए राजी नहीं होता था।

इसका परिणाम यह हुआ कि फ़िल्म कम्पनियों में काम करनेवाले कर्मचारियों से अभिनय कराया जाने लगा। मिसाल के तौर पर सेरुकलथुर समा, जो जीपीसी फ़िल्म कम्पनी में एक एकाउंटेंट थे और जिन्होंने मेकअप मैन के रूप में भी काम किया और उन्होंने कम्पनी की कई फ़िल्मों में अभिनय किया।

इसी तरह टी.एस.मणि, जो जीपीसी कम्पनी में एक पेंटर थे, वे जीपीसी की फ़िल्मों का मुख्य चेहरा बन गये थे।

जोसेफ़ दानिय्यल ने अपनी फ़िल्म में ख़ुद मुख्य भूमिका निभायी और अपने रिश्तेदार आर सुन्दर राज को भी महत्त्वपूर्ण रोल दिया। राजा सैंडो की फ़िल्म अनाथ गर्ल अथवा अनाधिपेन में पेशेवर अभिनेता की जगह अड्यार थियोसोफिकल सोसायटी के डॉक्टर डॉअर्नेस्ट वुड ने अभिनय किया।

पेशेवर अभिनेताओं के मना करने के बाद, निर्देशक और निर्माता अपने दोस्तों और रिश्तेदारों को फ़िल्मों में काम करने के लिए तैयार करते थे। सबसे लोकप्रिय स्टंट शैली की फ़िल्में होती थीं। दक्षिण भारत में जब स्टंट मूक फ़िल्में बनने लगीं तो जिमनास्ट और स्टंट पुरुषों की माँग बढ़ गयी। 'बैटलिंग' मणि और 'स्टंट' राजू दक्षिण भारत की स्टंट फ़िल्मों के मुख्य चेहरा बने।

सबसे बड़ी समस्या थी फ़िल्मों में महिलाओं से अभिनय कराना। मुदलियार ने अपनी फ़िल्म के लिए एक अंग्रेज़ी और एंग्लो इंडियन महिला को किसी तरह तैयार कर अपनी फ़िल्मों में काम करा लिया। लेकिन सारे निर्माता इतने भाग्यशाली नहीं थे। कुछ फ़िल्मों में पुरुषों को महिला की भूमिका निभानी पड़ी। दक्षिण भारतीय फ़िल्मों में जब ध्वनि युग आया तब भी कुछ फ़िल्मों में पुरुषों ने नारी की भूमिकाएँ निभायीं। मसलन बोलती फ़िल्म मेनका (1935) में अभिनेता टी.के.मुथुस्वामी को एक विधवा पेरुंधवी की भूमिका निभानी पड़ी क्योंकि कोई भी महिला विधवा जैसा अपशगुन किरदार निभाने के लिए तैयार नहीं थी। एक और बोलती फ़िल्म भक्त

रामदास (1935) में सीता सहित सभी महिला किरदारों की भूमिकाएँ पुरुषों द्वारा निभायी गयी थीं।

दक्षिण भारतीय मूक फ़िल्मों में तमिल, तेलुगू उपशीर्षकों का उपयोग होता था। लेकिन उस समय साक्षरता दर बहुत कम थी। आम लोग आसानी से उपशीर्षक पढ़ नहीं पाते थे। इसलिए थिएटर में उपशीर्षक पढ़नेवाले और दृश्य को नाटकीय ढंग से व्याख्या करनेवाले सूत्रधार रखे जाते थे। पर्दे पर चल रही फ़िल्म की कहानी और दृश्य को वे नाटकीय अन्दाज़ में सुनाते थे। जब फ़िल्मों में ध्वनि युग आया तो इनमें कई सूत्रधार फ़िल्मों के अभिनेता बन गये।

बॉम्बे, कलकत्ता, पुणे की तर्ज पर दक्षिण भारतीय फ़िल्म निर्माता भी फ़िल्म थिएटर में दर्शकों के विशेष मनोरंजन के लिए अलग से ग्रुप डांस और बॉक्सिंग मैच का आयोजन किया करते थे।। ऐसे नृत्य समूह के नर्तक एक स्थान से दूसरे स्थान की यात्रा करते थे। सिनेमा मालिक अपने थिएटर में ऐसे ग्रुप को आमन्त्रित करते थे। कभी-कभी लघु नाटकों का मंचन भी किया जाता था।

कई दर्शक सिनेमा हॉल में सिर्फ़ नर्तकों के नृत्य या बॉक्सिंग देखने आते थे। थिएटर तक दर्शकों को लाने के लिए फ़िल्म कम्पनियों द्वारा इस तरह के विशेष आकर्षक प्रयोग होते थे।

पहला विश्वयुद्ध खत्म होने के पहले ही ब्रिटिश इंडियन गवर्नमेंट ने फ्रांस, जर्मनी, हॉलैंड और रूस से आ रही मूक फ़िल्मों पर प्रतिबन्ध लगा दिया। सरकार ने सिर्फ़ अमेरिकी और ब्रिटिश फ़िल्मों के वितरण की अनुमति दी जो ज़्यादातर मसाला और स्टंट वाली फ़िल्में होती थीं। दरअसल फ्रांस और जर्मनी की फ़िल्मों की गुणवत्ता और विषय अमेरिकी फ़िल्मों से ज़्यादा बेहतर थी। रूस के फ़िल्मकार आइंस्टीन की फ़िल्म युद्धपोत पोटेमकिन (1925) पर रोक लगायी गयी। कई बेहतरीन यूरोपीयन फ़िल्मों को भारत में आने नहीं दिया गया।

यदि फ्रांस, जर्मनी, रूस की फ़िल्मों पे प्रतिबन्ध नहीं लगता तो स्वदेशी सिनेमा का विकास शायद अधिक स्वस्थ होता।

अमेरिकी फ़िल्मों की देखादेखी दक्षिण भारत की फ़िल्म कम्पनियों से लेकर, बॉम्बे के फ़िल्म स्टूडियो और कलकत्ता के मादन थिएटर सबमें एक्शन, स्टंट और मसाला फ़िल्में बनाने की होड़ लग गयी। फ्रांस, जर्मनी, हॉलैंड और रूस की फ़िल्मों पर ब्रिटिश इंडिया सरकार के प्रतिबन्ध ने भारतीय मूक सिनेमा की गुणवत्ता को नुकसान पहुँचाया।

पंजाब का मूक सिनेमा

जब भारतीय मूक सिनेमा का निर्माण बम्बई, कलकत्ता, मद्रास से होते हुए हिन्दुस्तान के बाकी शहरों में होने लगा। फिर पंजाब भी इससे पीछे नहीं रहा। पंजाब का शहर लाहौर तब साहित्य, संगीत और कला का एक प्रमुख केन्द्र था। 1924 में प्रीमियर फ़िल्म कम्पनी, लाहौर ने पहली मूक फिल्म का निर्माण शुरू किया। फ़िल्म का नाम था प्रेम परीक्षा (Daughters of today)। इस फ़िल्म के निर्माता थे उत्तर पश्चिम रेलवे के पूर्व अधिकारी जी के मेहता और निर्देशक थे शंकर देव आर्या। यह फ़िल्म मिस्टर मेहता के दिमाग़ की उपज थी। फ़िल्म प्रोडक्शन के लिए उन्होंने लन्दन से एक मूवी कैमरा मँगवाया। इस फ़िल्म के मुख्य कलाकार थे मिस बेली लव, मिस माया।

लाहौर के ब्रैडलो हॉल के पास के एक स्टूडियो में फ़िल्म की शूटिंग की गयी। लेकिन फ़िल्म बनने के दौरान इसमें बाधाएँ आनी शुरू हो गयीं। सबसे बड़ी बाधा थी आर्थिक संकट। फ़िल्म शुरू होते ही फाइनेन्सर ने अपना हाथ खींच लिया। फ़िल्म में फिर दूसरे फाइनेन्सर जुड़े। फ़िल्म की शूटिंग पूरी होने के बाद पोस्ट प्रोडक्शन के लिए लम्बा इन्तज़ार करना पड़ा। 1924 में फ़िल्म की शुरुआत हुई और तीन साल बाद 1928 में फ़िल्म प्रदर्शित हुई। इस फ़िल्म ने लाहौर में फ़िल्म निर्माण की राह खोल दी। इस फ़िल्म में प्रमुख भूमिका निभानेवाले अब्दुल राशिद कारदार ने इसमें सहायक निर्देशक के तौर पे भी काम किया। कारदार ने अपने ख़ास दोस्त मोहम्मद इस्माइल को भी इस फ़िल्म से जोड़ा। लेकिन इस फ़िल्म के बाद कारदार को कोई नयी फ़िल्म का ऑफर नहीं आया। कारदार ने अपने दोस्त इस्माइल के साथ अपनी फ़िल्म कम्पनी खोलने का फ़ैसला किया।

अब्दुल राशिद कारदार
(2 अक्टूबर 1904–22 नवम्बर 1989)

2 अक्टूबर 1904 को अब्दुल कादिर का जन्म लाहौर में भाटी गेट के पास चौमाला मोहल्ला में हुआ। भाटी गेट को लाहौर की चेल्सी के नाम से जाना जाता है। उनके पिता अब्दुल रहीम, ख़ुद एक इंजीनियर थे। वह अपने बेटे को भी इंजीनियर बनाना चाहते थे। लेकिन अब्दुल राशिद को कला, फ़ोटोग्राफ़ी, पेंटिंग्स और फ़िल्म में दिलचस्पी थी। उन्होंने अपने फिल्मी करियर की शुरुआत विदेशी फ़िल्मों के पोस्टर बनाने से की। लेकिन वह कला विद्वान होने के साथ एक लेखक और कैलीग्राफ़ी (सुलेखन) में भी निपुण थे।

1922 में अब्दुल राशिद कारदार फ़िल्मों में काम की तलाश के लिए मुम्बई पहुँचे। उन्हें द्वारकादास सम्पत की कोहिनूर फ़िल्म कम्पनी में पोस्टर बनाने का काम मिल गया। पेंटिंग्स और सुलेखन में माहिर कारदार ने कम्पनी की प्रदर्शित होनेवाली फ़िल्मों के ढेर सारे पोस्टर बनाये। लेकिन उनकी दिलचस्पी फ़िल्मों में अभिनय

अब्दुल राशिद कारदार

और निर्देशन करने की थी। कोहिनूर ने उनको ऐसा कोई मौका नहीं दिया। फिर वह लाहौर लौट आये। लाहौर में विदेशी फ़िल्मों की वितरक कम्पनियों के लिए विदेशी फ़िल्मों के पोस्टर डिज़ाइन करने लगे। उसके साथ-साथ 1920 के दशक में उन्होंने समाचार पत्रों में लिखना भी शुरू कर दिया जिसकी वजह से इन्हें हिन्दुस्तान के फ़िल्म निर्माताओं से सम्पर्क करने का अवसर मिलने लगा।

1924 में कारदार को पता चला कि लाहौर में पहली बार किसी मूक फ़िल्म का निर्माण होने जा रहा है। कारदार ने तुरन्त जी के मेहता से मुलाकात की। मेहता ने कारदार को अपना असिस्टेंट डायरेक्टर रख लिया और उस फ़िल्म में उन्होंने एक भूमिका भी निभायी। फ़िल्म प्रेम परीक्षा (Daughters of today) बनने और प्रदर्शित होने में चार साल लग गये। 1928 में फ़िल्म रिलीज़ होने के बाद कारदार को कोई ऑफर नहीं आया।

कारदार ने अपने अभिनेता मित्र मोहम्मद इस्माईल के साथ मिलकर लाहौर में एक फ़िल्म कम्पनी शुरू करने की योजना बनायी। कारदार और इस्माईल ने अपने सामान बेचकर कुछ पूँजी इकट्ठा की। हकीम रामप्रसाद जैसे निवेशक इनके साथ आये और इन्होंने 1928 में लाहौर के भाटी गेट से थोड़ी दूर रावी रोड पर यूनाइटेड प्लेयर्स कॉरपोरेशन के नाम से एक फ़िल्म कम्पनी खोली। उस इलाके में रौशनी कम ही रहती थी। शूटिंग के लिए बहुत मुश्किल होती थी। दिन के उजाले में ही शूटिंग हो सकती थी। इसके अलावे रावी रोड के पास रावी जंगल और मुगल सम्राट जहाँगीर और नूरजहाँ की कब्र जैसे महत्त्वपूर्ण लोकेशन थे। भाटी गेट के करीब फ़िल्म कम्पनी खोलने की एक वजह यह थी कि भाटी गेट के पास लाहौर के बहुत सारे शायर और अदीब रहते थे। जिनकी सेवाएँ फ़िल्मों में ली जा सकती थीं।

रावी रोड से दूसरे लोकेशन तक जाने के लिए सिनेमा उपकरण को घोड़ागाड़ी पे ले जाया जाता था। सड़क पर इतने बड़े-बड़े गड्ढे होते थे कि कई उपकरण रास्ते में गिर जाते थे। शूटिंग के वक़्त जब उपकरण की ज़रूरत पड़ती थी तो यूनिट को काम रोकना पड़ता था। लेकिन कारदार ने जिस लाहौर फ़िल्म इंडस्ट्री का ख़्वाब देखा था उसे खड़ा करने वास्ते वे हर मुश्किल का सामना करने के लिए तैयार थे।

यूनाइटेड प्लेयर्स कॉर्पोरेशन ने अपनी पहली फ़िल्म 'हुस्न का डाकू' का प्रोडक्शन शुरू किया। इस फ़िल्म का लेखन और निर्देशन ए आर कारदार का था। इस फ़िल्म के कैमरामैन थे पहली भारतीय फ़िल्म के अभिनेता डी डी दाबके। डी डी दाबके ने दादा साहेब फाल्के की पहली फ़िल्म में राजा हरिश्चन्द्र की भूमिका

निभायी थी। बाद में वह फ़िल्म निर्देशन और कैमरा करने लगे थे। कारदार चूँकि इस फ़िल्म में मुख्य भूमिका भी निभा रहे थे इसलिए उनको सिर्फ़ एक अनुभवी कैमरामैन ही नहीं बल्कि एक निर्देशक भी चाहिए था। मिस्टर दाबके इसके लिए सबसे योग्य व्यक्ति थे।

हुस्न का डाकू उर्फ मिस्टीरियस ईगल में कारदार गुलज़ार बेगम के साथ मुख्य भूमिका में थे। मोहम्मद इस्माइल ने सहायक भूमिका निभायी। फ़िल्म में एक अमेरिकी अभिनेता, आइरिस क्रॉफर्ड ने भी काम किया। फ़िल्म भाटी गेट के पास दीपक सिनेमा में रिलीज़ हुई और दूसरे शहर के थिएटरों में भी प्रदर्शित हुई। फ़िल्म ने ठीक-ठाक व्यवसाय किया। इस फ़िल्म के बाद कारदार लाहौर में एक कार्यशील फ़िल्म उद्योग को स्थापित करने में सफल रहे।

उसी वक़्त 1929 में मुम्बई की इम्पीरियल फ़िल्म कम्पनी की फ़िल्म हीर रांझा में कारदार को एक महत्त्वपूर्ण भूमिका निभाने के लिए बुलाया गया। उस फ़िल्म को विजय भट्ट निर्देशित कर रहे थे। कारदार ने अभिनेता के तौर पर हीर रांझा करने के बाद फ़िल्मों में लेखन और निर्देशन को ही ज़्यादा प्रमुखता दी।

1930 में यूनाइटेड प्लेयर्स कॉरपोरेशन, लाहौर ने तीन फ़िल्मों का निर्माण किया। पहली फ़िल्म सरफ़रोश (Brave heart) और दूसरी फ़िल्म सफ़दरजंग थी जिसमें मुमताज बेगम को नायिका के रूप में पेश किया गया था। मुमताज बेगम की बेटी सुरैया नामचीन अभिनेत्री के रूप में जानी प्रसिद्धि पायी।

सरफ़रोश में गुल हामिद और रफ़ीक़ ग़ज़नवी को कारदार ने मौका दिया। रफ़ीक़ ग़ज़नवी जो बाद में एक मशहूर संगीतकार के रूप में जाने गये।

तीसरी फ़िल्म थी फ़रेबी शहजादा/द शेफर्ड। जिसमें हीरालाल और गुलज़ार बेगम मुख्य भूमिका और मोहम्मद इस्माईल खलनायक की भूमिका में नज़र आये थे।

1931 में कारदार की यूनाइटेड प्लेयर्स कॉरपोरेशन, लाहौर ने चार फ़िल्मों का निर्माण किया। उस साल की पहली प्रदर्शित फ़िल्म खूनी कटार/सुनहरी खंजर (Golden dagger) थी जिसमें गुल हमीद, नज़ीर के साथ कारदार ने निर्देशन के साथ अभिनय भी किया था। नज़ीर बाद में प्रसिद्ध फ़िल्म निर्माता और निर्देशक के रूप में जाने गये। जिन्होंने स्वर्णलता जैसी प्रसिद्ध अभिनेत्री से शादी की।

कारदार ख़ुद को एक निर्माता और निर्देशक के रूप में स्थापित कर चुके थे। अपनी अगली फ़िल्म आवारा रक्कासा (wandering Dancer) को निर्देशित करने

के लिए उन्होंने झेलम के जे के नन्दा को आमन्त्रित किया। नन्दा जिन्होंने जर्मनी से निर्देशन और फ़ोटोग्राफ़ी का प्रशिक्षण लिया था। आवारा रक्कासा प्रसिद्ध रूडोल्फ वैलेंटिनो की फ़िल्म, द सन ऑफ़ द शेख का एक साहित्यिक संस्करण था। यह एक स्टंट फ़िल्म थी जिसमें हीरालाल, गुल हमीद, रुकैया खातून और मोहम्मद इस्माईल ने मुख्य भूमिका निभायी थी। यह स्टंट फ़िल्म बहुत कामयाब रही।

उसी साल कारदार की एक और फ़िल्म फ़रेबी डाकू (मिस्टीरियस बैंडिट) रिलीज़ हुई।

इन सभी फ़िल्मों को लाहौर के भाटी गेट के दीपक सिनेमा में रिलीज़ किया गया था। बाद में दीपक सिनेमा का नाम बदलकर पैरामाउंट सिनेमा हो गया था। आज उस सिनेमा हॉल का कोई नामोनिशान नहीं है।

कारदार ने अपनी आख़िरी मूक फ़िल्म क़ातिल कटार/स्वीट हार्ट का निर्माण शुरू किया। इस फ़िल्म का निर्देशन जे के नन्दा कर रहे थे। इस फ़िल्म के मुख्य अभिनेता ए आर कारदार ख़ुद थे। उन्होंने इसमें दो नयी लड़कियों को मुख्य भूमिका के लिए चुना। ये दोनों लड़कियाँ सगी बहनें थीं। बड़ी बहन का नाम सरदार अख़्तर और छोटी का नाम बहार अख़्तर था। इस फ़िल्म निर्माण के दौरान कारदार का बहार अख़्तर के साथ रोमांस शुरू हो गया। फ़िल्म निर्माण के दौरान दोनों ने चुपके से शादी कर ली। बहार उम्र में कारदार से करीब 12 साल छोटी थी। बहार के घरवालों ने पुलिस केस कर दिया। बड़ी बहन सरदार अख़्तर ने पुलिस में बयान दिया कि कारदार ने मेरी बहन का अपहरण करके ज़बरदस्ती शादी की है। लाहौर पुलिस ने कारदार को गिरफ्तार करके जेल भेज दिया। बाद में सरदार अख़्तर ने अपना बयान वापिस ले लिया उसके बाद कारदार जेल से रिहा हुए। कारदार इस घटना से इतना आहत हुए कि उन्होंने अपनी अण्डर-प्रोडक्शन फ़िल्म के सभी नेगेटिव को जला दिये। फ़िल्म कातिल कटार की निगेटिव भी अग्नि की भेंट चढ़ गई।

उन्होंने अपनी फ़िल्म कम्पनी यूनाइटेड प्लेयर्स कॉर्पोरेशन बन्द कर दी और अपनी पत्नी बहार अख़्तर के साथ कलकत्ता चले गये। वहाँ जाकर वे ईस्ट इंडिया फ़िल्म कम्पनी में शामिल हो गये। दस साल बाद महबूब खान की फ़िल्म 'औरत' में सरदार अख़्तर ने मुख्य किरदार निभाया और इसी फ़िल्म के बाद सरदार अख़्तर ने महबूब खान से शादी कर ली।

1931 से हिन्दुस्तान में जब बोलती फ़िल्में तेज़ी से बनने लगीं, कलकत्ता में कारदार ने बोलती फ़िल्में बनने की प्रक्रिया को करीब से देखा। पंजाब के फाइनेन्सर

हकीम राम प्रसाद को पहली बोलती पंजाबी फ़िल्म के लिए तैयार किया। हकीम रामप्रसाद निवेश करने के लिए राजी हो गये।

1932 में कारदार ने लाहौर में पहली बोलती पंजाबी फ़िल्म हीर रांझा बनायी। जो प्लेआर्ट फ़ोटो टोन के बैनर तले बनी थी। जिसके प्रोड्यूसर थे हकीम रामप्रसाद। यूनाइटेड प्लेयर्स कॉरपोरेशन का ही नाम बदलकर प्ले आर्ट फोटो टोन कर दिया गया था। इस फ़िल्म का संगीत रफ़ीक़ ग़ज़नवी ने दिया था।

इस फ़िल्म में मुख्य भूमिका रफ़ीक़ ग़ज़नवी और अनवरी बाई बेगम ने निभायी थी। जो वास्तविक ज़िन्दगी में मियाँ बीवी थे। उनके साथ गुल हमीद और एम इस्माईल भी मुख्य किरदार में थे। रफ़ीक़ और अनवरी से एक बच्ची पैदा हुई थी नसरीन। जो बाद में फ़िल्मों में सह अभिनेत्री बनके आयी। उसी नसरीन की बेटी सलमा आगा एक मशहूर अभिनेत्री के रूप में जानी गयीं।

कारदार एक उत्कृष्ट फ़िल्म निर्माता और एक सक्षम तकनीशियन थे। वह एक सहानुभूति रखने वाला इन्सान भी थे जो अपने दोस्तों और चाहनेवालों को प्यार करते थे। मुम्बई फ़िल्म इंडस्ट्री में वे मियांजी के नाम से प्रसिद्ध थे।

वह एक दूरदर्शी फ़िल्मकार थे जिन्होंने नये कलाकारों और कुशल तकनीशियनों को हमेशा मौका दिया। वह एक ऐसे निर्देशक थे जो कला की बारीकियों से परिचित थे। उनकी तेज़ नज़र प्रतिभाओं को पहचान लेती थी। उनकी खोज हैं फ़िल्मी संगीत की दुनिया में महान संगीतकार नौशाद, गीतकार शकील बदायूँनी, लेखक और निर्देशक एम सादिक जिन्होंने चौदहवीं का चाँद जैसी फ़िल्म को निर्देशित किया। एस यू सन्नी जैसी प्रतिभा की खोज कारदार ने की थी। एस यू सन्नी ने फ़िल्म उड़न खटोला, मेला और कोहिनूर जैसी फ़िल्में निर्देशित की हैं। कारदार ने एक से बढ़कर एक फ़िल्में निर्मित और निर्देशित कीं जिसमें प्रमुख फ़िल्में हैं शाहजहाँ, दुलारी (हिट गाना है सुहानी रात ढल चुकी, न जाने तुम), दर्द (टुनटुन का लोकप्रिय गीत अफ़साना लिख रही हूँ), दिल्लगी (सुरैया का प्रसिद्ध गीत है तू मेरा चाँद, मैं तेरी चाँदनी), दास्तान, दिल दिया दर्द लिया।

अपने लम्बे करियर के दौरान ए आर कारदार ने पोस्टर निर्माता से लेकर स्टूडियो मालिक तक की यात्रा पूरी की। मूक युग से लेकर टॉकीज तक, ब्लैक एंड व्हाइट से लेकर कलर युग तक के वे गवाह रहे। 22 नवम्बर 1989 को 85 वर्ष की आयु में उनका मुम्बई में निधन हो गया।

निरंजन पाल

निरंजन पाल मूक और शुरुआती बोलती फ़िल्मों के युग के एक मशहूर नाटककार, पटकथा लेखक और निर्देशक थे।

17 अगस्त 1889 को निरंजन पाल का जन्म कलकत्ता में हुआ। वह राष्ट्रीय आन्दोलन के प्रमुख नेता विपिनचन्द्र पाल के सबसे बड़े पुत्र थे। वह ख़ुद एक किशोर के रूप में भारतीय स्वतन्त्रता संग्राम के एक कट्टर आन्दोलनकारियों के ग्रुप में शामिल थे। विपिन चन्द्र पाल को अपने बेटे के भविष्य की चिन्ता सताने लगी। उसे मेडिकल पढ़ाई के वास्ते लन्दन भेज दिये।

लन्दन में निरंजन की मुलाकात विनायक दामोदर राव सावरकर से हुई। सावरकर लन्दन में 'फ्री इण्डिया सोसायटी' द्वारा अपने भारतीय मित्रों और छात्रों को हिन्दुस्तान की आज़ादी के लिए लड़ने को प्रेरित करते थे। निरंजन ब्रिटेन के खिलाफ़ सावरकर और हिन्दुस्तानियों के साथ राजनीतिक मीटिंग में हिस्सा लेने

निरंजन पाल

फिल्म सुई की आँख (Needle's eye) लेखक निर्देशक निरंजन पाल

लगे। एक दिन सावरकर नि रंजन को लेकर वेस्ट एंड स्टेज कम्पनी के नाटक 'द मेरी विडो' दिखाने के लिए डैली थिएटर में ले गये। निरंजन को लन्दन के थिएटर माहौल से प्यार हो गया। अब उनकी दिलचस्पी मेडिकल की पढ़ाई से ज़्यादा फ़िल्मों और नाटकों में बढ़ गयी। 1912 में लन्दन की फ़िल्म कम्पनी ने भारतीय विषय पर एक फ़िल्म प्रदर्शित की जिसका नाम था भारतीय महिला का साहस (Indian woman's pluck) जिसके निर्देशक फ्रैंक विल्सन थे। उस फ़िल्म में भारत और भारतीय महिला को सही ढंग से पेश नहीं किया गया था। निरंजन अपने युवा भारतीय मित्रों के साथ जब फ़िल्म देखकर निकले तो उन्होंने फ्रैंक विल्सन से आपत्ति जतायी और हिन्दुस्तान को ग़लत तरह से पेश करने पर नसीहत दे डाली। ब्रिटिश फ़िल्मकार ने निरंजन को चुनौती दिया कि अगर तुम्हें हिन्दुस्तान और वहाँ की संस्कृति का इतना ज्ञान है फिर इंडिया पर एक बेहतर स्क्रिप्ट लिखकर लाओ। निरंजन को यह बात लग गयी। वे उसी दिन से ब्रिटिश लाइब्रेरी में बैठकर फ़िल्म के लिए हिन्दुस्तानी विषय ढूँढ़ने लगे। उन्हें अमेरिकन कवि एडविन आर्नोल्ड की लाइट ऑफ़ एशिया नाम की एक लम्बी कविता मिली जो उन्होंने गौतम बुद्ध की ज़िन्दगी पर लिखी थी। निरंजन ने इसी को आधार बनाकर एक अच्छी पटकथा लिख दी। उन्होंने यह पटकथा लन्दन की कई फ़िल्म कम्पनियों को भेजी लेकिन कोई जवाब नहीं आया। नेशनल कलर किनेमैटोग्राफ कम्पनी के दिग्गज प्रोड्यूसर चार्ल्स अर्बन का पत्र आया। 2 फरवरी 1912 को चार्ल्स अर्बन की रंगीन डॉक्यूमेंट्री फ़िल्म 'विद

आवर किंग एंड क्वीन थ्रू इंडिया' प्रदर्शित हुई थी जो 1911 में ब्रिटेन के सम्राट जॉर्ज पंचम के स्वागत में आयोजित दिल्ली दरबार पर आधारित थी। चार्ल्स को निरंजन ने विश्वास दिलाया कि मेरी पटकथा पर बनी फ़िल्म भारत में भी अच्छा प्रदर्शन करेगी। भारत के राष्ट्रीय आन्दोलन में तब हिन्दू और मुसलमान के अलग अलग स्वर सुनाई देने लगे थे। निरंजन का तर्क था कि यह फ़िल्म बौद्ध धर्म पर आधारित है इसमें हिन्दुस्तान और उसकी संस्कृति को दोनों कौमें पसन्द करेंगी।

चार्ल्स अर्बन लन्दन फ़िल्म इंडस्ट्री में निरंजन पाल के सच्चे अभिभावक बन गये। उन्होंने निरंजन को इस स्क्रिप्ट के लिए 500 पौण्ड दिया। इसके अलावे मिस्टर अर्बन ने निरंजन पाल को अपनी कम्पनी में अच्छे पगार पे नौकरी दे दी। निरंजन को हर हफ़्ते 5 पौण्ड मिलता था जबकि उस समय सामान्य तौर पर ब्रिटेन में 1 पौण्ड साप्ताहिक वेतन मिलता था। कलर किनेमैटोग्राफ कम्पनी में निरंजन को फ़िल्म निर्माण देखने और सीखने को मिला।

लाइट ऑफ़ एशिया के निर्देशन के लिए अर्बन ने अपने प्रोडक्शन हाउस के डायरेक्टर फ्लोयड मार्टिन थॉर्नटन को चुना। इस फ़िल्म को रंगीन बनाने की तैयारी शुरू हुई तभी पहला विश्वयुद्ध शुरू हो गया। विश्वयुद्ध की वजह से बड़े बजट की फ़िल्मों का प्रोडक्शन करना मुश्किल हो गया। फ़िल्म कम्पनी को नुकसान होने लगा। आख़िर में कम्पनी बन्द हो जाने से लाइट ऑफ़ एशिया बन नहीं पायी।

थॉर्नटन और निरंजन बहुत अच्छे दोस्त बन गये थे। थॉर्नटन ने केंट फ़िल्म कम्पनी के लिए निरंजन की एक छोटी स्क्रिप्ट पर 'फेथ ऑफ़ ए चाइल्ड' नाम की फ़िल्म बनायी। यह फ़िल्म 1915 में रिलीज़ हुई। निरंजन पाल के स्क्रिप्ट पर बनी यह पहली फ़िल्म थी।

पहले विश्वयुद्ध में ब्रिटेन की तरफ से लड़ने के लिए भारतीय सैनिक इंग्लैंड आये थे। निरंजन ने भारतीय सैनिकों पर एक डॉक्यूमेंट्री फ़िल्म निर्देशित की। ये सैनिक इंग्लैंड के बन्दरगाह वाले शहर साउथम्पटन में रुके थे। फ़िल्म का नाम था–'ए डे इन एन इंडियन मिलिट्री डिपो'। निरंजन पाल की यह पहली निर्देशित फ़िल्म 1916 में रिलीज़ हुई।

कुछ सालों बाद निरंजन ने एक ब्रिटिश महिला लिली बेल से शादी कर ली। फिर वह लन्दन की नामी नाटक कम्पनी द वेस्ट एंड के लिए नाटक लिखने लगे। 1922 से 1924 में चार नाटक द गॉडेस, ब्लू बॉटल, व्हाट ए चेंज और द मैजिक क्रिस्टल लिखे। द गॉडेस नाटक ने धूम मचा दी। इसी दौरान निरंजन की मुलाक़ात एक भारतीय बंगाली युवक हिमांशु राय से हुई। निरंजन पाल के नाटक गॉडेस में

हिमांशु ने अभिनय किया। बाद में यह मुलाकात भारतीय सिनेमा की एक बेमिसाल जोड़ी के रूप में जानी गयी।

हिमांशु राय

हिमांशु राय

हिमांशु राय भारतीय फ़िल्म उद्योग का वह नाम है जो बहुत थोड़े समय में हिन्दुस्तानी सिनेमा के हस्ताक्षर बन गये। वह एक अभिनेता, निर्देशक, निर्माता और दूरदर्शी फ़िल्मकार थे। स्टूडियो युग में उन्होंने बॉम्बे में आधुनिक फ़िल्म स्टूडियो बॉम्बे टॉकीज की स्थापना की। बॉम्बे टॉकीज द्वारा निर्मित फ़िल्मों ने हिन्दुस्तानी सिनेमा को बहुत समृद्ध किया। इस स्टूडियो ने हिन्दी सिनेमा को बहुत सारे दिग्गज कलाकार और तकनीशियन दिये। हिमांशु राय का फिल्मी सफ़र मूक सिनेमा दौर से फ़िल्म स्टूडियो युग तक फैला हुआ है।

1892 में हिमांशु राय का जन्म बंगाल के एक कुलीन और ज़मींदार परिवार में हुआ था। उन्होंने कलकत्ता से अपनी पढ़ाई पूरी की। फिर वह कानून की डिग्री हासिल कर बैरिस्टर बनने के लिए लन्दन रवाना हो गये।

लन्दन में हिमांशु राय की मुलाक़ात राष्ट्रीय आन्दोलन के प्रमुख नेता विपिनचन्द्र पाल के पुत्र निरंजन पाल से हुई। निरंजन का नाम लन्दन के फ़िल्म और नाटक जगत में लोग जानने लगे थे। हिमांशु राय को भी फ़िल्म और नाटकों में गहरी रुचि थी। वह निरंजन के नाटकों में अभिनय करने लगे। इसी बीच निरंजन पाल ने हिमांशु राय से अपनी पटकथा लाइट ऑफ़ एशिया की चर्चा की। हिमांशु ने कहा कि इस पर फ़िल्म बननी चाहिए।

भारत जर्मन सहयोग से बनी फ़िल्में

लाइट ऑफ़ एशिया

हिमांशु राय को 'लाइट ऑफ़ एशिया' अर्थात प्रेम संन्यास की पटकथा पढ़ने के बाद एहसास हो गया कि यह कोई मामूली पटकथा नहीं है।

वे लाहौर के ग्रेट ईस्टर्न फ़िल्म कम्पनी के चेयरमैन सर मोती सागर से परिचित थे। हिमांशु के कहने पर मोती सागर ने यह पटकथा निरंजन पाल से खरीद ली। इस बीच हिमांशु ने एक जर्मन लड़की मैरी हेनलिन से चुपके से शादी कर ली थी। कहा जाता है कि 1924 में मैरी हेनलिन हिमांशु राय को लेकर जर्मनी के म्युनिख पहुँची। वहाँ उन्होंने एमेल्का फ़िल्म कम्पनी में लाइट ऑफ़ एशिया की पटकथा सुनायी।

एमेल्का फ़िल्म कम्पनी को पटकथा बहुत पसन्द आयी। एमेल्का फ़िल्म कम्पनी ने अपने तकनीशियन को भारत भेजने का फ़ैसला किया। फ्रांज ऑस्टिन उस वक़्त एमेल्का फ़िल्म कम्पनी के मुख्य निर्देशक थे।

भारतीय फ़िल्म कम्पनी ग्रेट ईस्टर्न को कलाकारों और भारत में शूटिंग स्थलों आदि का सारा खर्चा वहन करने को कहा गया। हिमांशु राय ने भारत आकर सहयोगी कम्पनी ग्रेट ईस्टर्न फिल्म्स को जर्मनी के तकनीशियनों की उपलब्धि की सूचना दी। भारत में शूटिंग स्थलों और कलाकारों आदि के सारे खर्चे वहन करने की जिम्मेवारी भारतीय फ़िल्म कम्पनी ग्रेट ईस्टर्न को सौंपी गई। भारतीय साझेदार कम्पनी ने इस प्रस्ताव का पूर्ण समर्थन किया और उन्होंने तुरन्त नब्बे हज़ार रुपये की व्यवस्था की। निरंजन पाल द्वारा पटकथा लिखे जाने के छह वर्ष बाद उस पर फ़िल्म बनाने की प्रक्रिया शुरू हुई। निरंजन पाल को इस फ़िल्म का सहनिर्देशक भी बनाया गया।

जर्मनी से जर्मन निर्देशक फ्रांज ऑस्टिन, कैमरामैन जोसेफ वारशिंग और विली कियरमिअर भारत पहुँचे। कुछ सालों बाद, जर्मन निर्देशक फ्रांज ऑस्टिन और कैमरामैन जोसेफ वारशिंग हिमांशु राय के फ़िल्म स्टूडियो बॉम्बे टॉकीज के हिस्सा बने। इन्होंने सुपरहिट फ़िल्म अछूत कन्या से लेकर बॉम्बे टॉकीज की कई सफल फ़िल्मों का चित्रांकन और निर्देशन किया।

कलकत्ता में फ़िल्म के लिए कलाकारों के चुनाव के लिए विज्ञापन अख़बारों में दे दिये गये। गौतम बुद्ध के पिता शुद्धोधन की भूमिका के लिए बंगाली आर्टिस्ट और अभिनेता शारदा उकिल को चुना गया। हिमांशु राय गौतम बुद्ध की भूमिका निभाना चाह रहे थे जबकि निरंजन पाल इस भूमिका के लिए कोई और बेहतर अभिनेता चाह रहे थे। गोपा (यशोदा) किरदार के लिए कोई अभिनेत्री नहीं मिल रही थी। यूनिट ने फ़ैसला किया कि गोपा के लिए किसी जर्मन लड़की का चुनाव करते हैं। एमेल्का कम्पनी को तार भेजने की तैयारी हो रही थी। तभी होटल में एक एंग्लो इंडियन औरत अपनी पन्द्रह साल की ख़ूबसूरत लड़की के साथ आयी। उसने अख़बार में अभिनेत्री का इश्तहार देखा था। निरंजन, हिमांशु और ऑस्टिन को लड़की में भारतीय नारी नज़र नहीं आयी। फिर उसे साड़ी पहनने को कहा गया। जैसे ही वह एंग्लो इंडियन लड़की साड़ी में आयी वह सच में भारतीय राजकुमारी नज़र आ रही थी। फ्रांज ऑस्टिन खुशी से चिल्लाते हुए बोले कि मिस्टर पॉल...हमें तो लिलियन गिश (अमेरिकन अभिनेत्री) मिल गयी। उस एंग्लो इंडियन लड़की का नाम था रेनी स्मिथ। निरंजन और हिमांशु ने रेनी स्मिथ का स्क्रीन नाम दिया सीता देवी। उस समय

के ज़्यादातर एंग्लो इंडियन अभिनेत्रियों का स्क्रीन नाम हिन्दुस्तानी रखा जाता था। आख़िर में हिमांशु राय गौतम बुद्ध की भूमिका हासिल करने में सफल रहे।

भारत में वायसराय लॉर्ड रीडिंग की सरकार में गृह मन्त्री एलेक्जेंडर मुद्दीमन ने यूनिट को जयपुर स्टेट में सारी सुविधाओं के साथ शूटिंग की अनुमति दे दी। राजा शुद्धोधन का राज्य, सेना, महल सबकुछ जयपुर स्टेट में मिल गया।

फ़िल्म की यूनिट मार्च 1925 को मुम्बई पहुँची। मुम्बई से शूटिंग करके पहले कलकत्ता गये। फिर गया, बनारस, आगरा, दिल्ली, उदयपुर होते हुए जयपुर पहुँचे।

जयपुर के बारे में ऑस्टिन के सहायक बर्टन शुल्ट्स ने लिखा है "जयपुर शहर सीधे 'एक हज़ार एक रातें' (अरबी लोक कथाएँ) की कहानियों के पन्नों से पैदा हुआ शहर लगता था। वहाँ टेलिफ़ोन या बिजली जैसी एक भी चीज़ नहीं थी जो हमें सभ्य दुनिया की याद दिला सके।"

सीता देवी (रेनी स्मिथ) और हिमांशु रॉय , फिल्म लाइट ऑफ़ एशिया

प्राचीन काल में महाराजा हाथी और बाघ की लड़ाई देखते थे। जयपुर स्टेट के अधिकारियों ने कहा कि हम ऐसी लड़ाई की व्यवस्था करा सकते हैं। राजा अपने परिवार और हज़ारों लोगों की भीड़ के साथ हाथी और बाघ की लड़ाई देखेगा। हम हाथी और बाघ की सच्ची लड़ाई की व्यवस्था करा देंगे।

निरंजन पाल लिखते हैं–'फ्रांज ऑस्टिन बहुत प्रभावित हुआ। उसे विश्वास था कि यह हाथी और बाघ का दृश्य फ़िल्म का सबसे बड़ा आकर्षण होगा। ग्रेट ईस्टर्न फ़िल्म कम्पनी के मोती सागर भी अति उत्साहित थे। उनका मानना था कि यह दृश्य यूरोपीयन को बार-बार फ़िल्म देखने को मजबूर करेगा। फ़िल्म का व्यवसाय भी ज़्यादा होगा। लेकिन मैं इस दृश्य के खिलाफ़ था। क्योंकि हमारी फ़िल्म गौतम बुद्ध पर थी। यह घोर क्रूरता का दृश्य था। गौतम बुद्ध की फ़िल्म में ऐसे दृश्य की कोई ज़रूरत नहीं थी। मेरा विचार था कि हम पश्चिमी देशों को अपने भारतीय जीवन और संस्कृति के मूल्यों से आकर्षित करें ना कि बाघ और हाथी की लड़ाई से।'

निरंजन पाल के वीटो शक्ति के इस्तेमाल की वजह से मोती सागर और ऑस्टिन को अपने फ़ैसले बदलने पड़े। इस लड़ाई के दृश्य की जगह तीर धनुष प्रतियोगिता को फिल्माया गया। फ्रांज ऑस्टिन से रचनात्मक मतभेद होने की वजह से निरंजन ने सहनिर्देशन छोड़ दिया। ऑस्टिन ने बाकी फ़िल्म के हिस्से को अकेले निर्देशित किया।

1877 में जन्मे मोती सागर के परदादा ग्वालियर स्टेट में दीवान रहे। बाद में यह परिवार बैंकर व्यवसाय से जुड़ गया। मोती सागर एक बड़े वकील और कुछ साल के लिए लाहौर उच्च न्यायालय के न्यायाधीश थे। सेवानिवृत्त होने के बाद वह ग्रेट ईस्टर्न फ़िल्म कम्पनी के मुख्य फाइनेन्सर और बोर्ड ऑफ़ डायरेक्टर बने। 1925 से 1930 तक वह दिल्ली विश्वविद्यालय के वाइस चांसलर रहे। 1930 में ब्रिटिश इंडिया सरकार ने उनको सर नाइटहुड उपाधि से सम्मानित किया। 1930 में ही लाहौर में इनकी मृत्यु हो गयी।

फ़िल्म लाइट ऑफ़ एशिया अर्थात प्रेम संन्यास की शूटिंग जयपुर के आसपास के जंगल और अम्बर पैलेस में हुई। कोई सेट नहीं बनाया गया। फ़िल्म की सारी शूटिंग एक महीने के अन्दर पूरी कर ली गयी।

फ्रांज ऑस्टिन ने लिखा है 'यह एक ऐसी फ़िल्म थी, जिसमें किसी भी दृश्य का फ़िल्मांकन स्टूडियो में नहीं किया गया। हमने एक महल में कृत्रिम प्रकाश की सहायता से पूरी शूटिंग की। फ़िल्म में किसी पात्र ने मेकअप का इस्तेमाल नहीं किया था।'

फ़िल्म के पोस्ट प्रोडक्शन के लिए हिमांशु राय और जर्मन तकनीशियन मुम्बई में उपलब्ध पहली शिप से यूरोप के लिए रवाना हो गये। म्यूनिख की एमेल्का कम्पनी के लैबोरेटरी और एडिटिंग रूम से फ़िल्म सम्पादित होकर बाहर गयी। एमेल्का

फ़िल्म कम्पनी ने लाइट ऑफ़ एशिया का बैकग्राउण्ड म्यूजिक पियरे ओसर और हेंशिनरिक ड्रान्समैन से कराया। एमेल्का फ़िल्म कम्पनी के यहूदी मालिक रोसेन्थल और हेर क्रॉस ने फ़िल्म वितरण की कमाई को साठ और चालीस प्रतिशत में बाँटा। एमेल्का को साठ प्रतिशत और ग्रेट ईस्टर्न फ़िल्म को चालीस प्रतिशत हिस्सा दिया।

द लाइट ऑफ़ एशिया का जर्मन प्रीमियर 22 अक्टूबर, 1925 को म्यूनिख में उत्साही और विशिष्ट दर्शकों के लिए आयोजित किया गया। जर्मनी के एक ट्रेड जर्नल ने लिखा 'लेखकों और पत्रकारों का इतना शानदार जमावड़ा शायद ही कभी किसी ने देखा हो। ऐसा लग रहा था कि पूरा म्यूनिख एक फ़िल्म के सम्मान में इकट्ठा हुआ है।'

फ़िल्म पर्दे पर शुरू होती है एक यूरोपीय पर्यटक ग्रुप भारत दर्शन पर निकला है। बॉम्बे के दर्शनीय स्थल घूमते हुए ये विदेशी पर्यटक दिल्ली, बनारस, कलकत्ता घूमते हुए गया शहर पहुँचते हैं। बोधगया मन्दिर देखने के बाद बोधिवृक्ष के पास जाते हैं वहाँ सफेद दाढ़ी वाला एक वृद्ध व्यक्ति इन्हें गौतम बुद्ध के जीवन की कहानी सुनाता है। सिद्धार्थ के जन्म, राजा शुद्धोधन का सिंहासन, राजमहल की ज़िन्दगी, शाही राजधानी की गलियाँ, हाथी, घोड़े, सैनिक नज़र आते हैं। सिद्धार्थ और गोपा की शादी, बुढ़ापा, बीमारी और मौत के दृश्यों का देखकर सिद्धार्थ का जीवन से मोहभंग होना, महल के जीवन का त्याग और आत्मज्ञान की खोज। गौतम बुद्ध की यह पूरी जीवन यात्रा फ़िल्म लाइट ऑफ़ एशिया में दर्शायी गयी है।

शानदार जुलूस और लोक उत्सव के दृश्य, कलाकारों का गम्भीर शान्त और नियन्त्रित शैली के साथ अभिनय दर्शकों और समीक्षक को बहुत पसन्द आया। पूरे सेंट्रल यूरोप में यह फ़िल्म एमेल्का के लिए वरदान साबित हुई।

स्विट्जरलैंड में सबसे पहले फ़िल्म प्रदर्शित हुई जहाँ उसने बहुत अच्छा व्यवसाय किया। 1926 में लन्दन के ग्रेट पोर्टलैंड स्ट्रीट पर स्थित फिलहारमोनिक हॉल में यह फ़िल्म रिलीज़ हुई जहाँ करीब दस महीने तक चली।

टाइम्स ऑफ़ इंडिया ने तेरह अप्रैल 1926 के 'लन्दन लेटर' कॉलम में इस फ़िल्म के बारे में टिप्पणी दी, 'लन्दन में आज सुबह कोहरा इतना घना है कि मैं बल्ब जलाकर ही लिख पा रहा हूँ। बहुत प्यार के साथ मैं कल शाम के उन क्षणों को याद कर रहा हूँ जब मार्च माह की ठण्डी हवा को भूलकर, मैंने यह महसूस किया था कि मैं आरामदायक नर्म धूप में नहा रहा हूँ। मैं कल 'लाइट ऑफ़ एशिया' फ़िल्म देखने गया था। यह एक बहुत अच्छी फ़िल्म है और राजकुमारी गोपा की

भूमिका में सीता देवी का अभिनय अति उत्तम है। यह युवा स्त्री आत्मप्रदर्शन और आत्मसंकोच से परे रहकर, अभिनय कला के खेल में बड़े-बड़े अभिनेताओं को परास्त कर सकती है।'

1925 की दस सर्वश्रेष्ठ फ़िल्मों में इस फ़िल्म को टाइम्स फ़िल्म समीक्षक द्वारा नामांकित किया गया। यूरोप में समीक्षकों और फ़िल्मप्रेमियों ने इस फ़िल्म की काफ़ी तारीफ की। इस फ़िल्म के व्यवसाय से एमेल्का फ़िल्म कम्पनी ने काफ़ी मुनाफ़ा कमाया लेकिन भारतीय पार्टनर को कोई ज़्यादा आर्थिक फ़ायदा नहीं हुआ।

हिमांशु और निरंजन पाल ने अपने कुछ ब्रिटिश मित्रों के सहयोग से ब्रिटेन के राजा जॉर्ज पंचम और क्वीन मैरी को विंडसर कैसल में लाइट ऑफ़ एशिया दिखायी। फ़िल्म देखने के बाद क्वीन मैरी ने इन दोनों को पैलेस में आमन्त्रित किया और फ़िल्म के बारे में बस इतना कहा कि 'अच्छी फ़िल्म है अगर इसे रंगीन बनाया होता तो और ज़्यादा बेहतर होता।' प्रेम संन्यास अर्थात लाइट ऑफ़ एशिया 1926 में भारत में प्रदर्शित हुई। इस फ़िल्म के बाद हिमांशु राय और सीता देवी फ़िल्म संसार के चर्चित चेहरे बन गये।

यूरोप में फ़िल्म की कामयाबी के बाद भी हिमांशु राय भले ही अपना निवेश नहीं निकाल पाये लेकिन उनको पार्टनर के रूप में दो विदेशी फ़िल्म कम्पनियाँ मिल गयीं।

शिराज़

लाइट ऑफ़ एशिया की सफलता के बाद 'हिमांशु राय फ़िल्म' नाम से मिस्टर राय ने एक फ़िल्म कम्पनी बनायी। अगली फ़िल्म बनाने के लिए उन्हें पार्टनर की ज़रूरत थी। चूँकि यूरोप में फ़िल्म लाइट ऑफ़ एशिया की वजह से हिमांशु राय की एक पहचान बन चुकी थी। फ़िल्म निर्माण में सहयोग के लिए उनको यूरोप में एक नहीं बल्कि दो फ़िल्म कम्पनियाँ मिल गयी।

पहली कम्पनी थी ब्रिटिश इंस्ट्रक्शनल फ़िल्म लिमिटेड, लन्दन और दूसरी कम्पनी यू एफ ए, जर्मनी। इन दोनों फ़िल्म कम्पनियों के सहयोग से हिमांशु राय फ़िल्म कम्पनी ने अगली फ़िल्म का निर्माण शुरू किया।

मुगल काल पर लिखी निरंजन पाल की एक कहानी को चुना गया जिसका नाम था शिराज़। इस कहानी पर पटकथा लिखी डब्ल्यू बर्टन ने। फ़िल्म के निर्देशन की जिम्मेवारी एक बार फिर जर्मन निर्देशक फ्रांज ऑस्टिन को सौंपी गयी। फ़ोटोग्राफ़ी एमिल शुनेमैन और एच हैरिस ने की।

फ़िल्म की कहानी ईरान के रेगिस्तानी इलाके में रहनेवाले हसन नाम के कुम्हार के घर से शुरू होती है। राजमहल की छोटी बच्ची हसन को मिलती है। वह अपने छोटे बेटे शिराज़ के साथ उस बच्ची की परवरिश करता है। सेलिमा और शिराज़ दोनों एक साथ बड़े होते हैं। दोनों एक दूसरे से प्रेम करते हैं। तभी गुलामों के व्यापारी सेलिमा का अपहरण करके हिन्दुस्तान ले जाते हैं। वहाँ मुगल बादशाह को बेच देते हैं। बादशाह का बेटा खुर्रम का दिल सेलिमा पर आ जाता है। इधर शिराज़ अपनी महबूबा को ढूँढ़ते हुए आगरा पहुँचता है। खुर्रम का सेलिमा के लिए प्यार दरबारी महिला डेलिया को रास नहीं आता। वह मल्लिका बनने का ख़्वाब देख रही है। डेलिया साज़िश करके शिराज़ और सेलिमा की मुलाक़ात कराती है। जिसे खुर्रम देख लेता है। खुर्रम उसे हाथी से कुचलवाना चाहता है लेकिन सेलिमा खुर्रम से उसकी

जान की भीख माँगती है। खुर्रम के पूछने पर सेलिमा बताती है कि मैंने शिराज़ को हमेशा एक भाई की तरह प्यार किया है। शिराज़ एक रहस्य से पर्दा उठाता है कि सेलिमा कुम्हार की बेटी नहीं बल्कि एक राजकुमारी है। खुर्रम और सेलिमा की शादी हो जाती है। पिता की मौत के बाद खुर्रम शाहजहाँ के नाम से मुगल बादशाह की गद्दी पर बैठता है। सेलिमा हिन्दुस्तान की मल्लिका बनती है जिसे मुमताज नाम दिया जाता है। शिराज़ एकतरफा प्यार करते हुए महल में अपनी सेलिमा की खुशी देखते रहता है। कुछ सालों बाद उसकी आँखों की रोशनी चली जाती है। 18 साल बाद मुमताज की मौत हो जाती है। अपनी बेगम की याद में शाहजहाँ दुनिया का सबसे हसीन स्मारक बनाने का फैसला करता है। वास्तुकार अपने अपने मॉडल पेश करते हैं। शिराज़ के बनाये मॉडल को ताजमहल बनवाने के लिए चुना जाता है। शिराज़ की महबूबा और बादशाह की बेगम के लिए ताजमहल बनके तैयार होता है।

इसमें हिमांशु राय ने शिराज़, ईनाक्षी रामाराव ने सेलिमा, सीता देवी ने डेलिया, चारु रॉय ने प्रिंस ख़ुर्रम की भूमिका निभायी थी। यह 35 एम एम की फ़िल्म अंग्रेज़ी उपशीर्षक के साथ रिलीज़ हुई थी। इस फ़िल्म की फ़ोटोग्राफ़ी लाजवाब है। हाथी से कुचलने वाले दृश्य में उस समय इंटर कट का जो प्रयोग किया गया है वह रोंगटे खड़े कर देता है। जयपुर के किले में पूरी शूटिंग सम्पन्न हुई थी।

इनाक्षी रामाराव , फिल्म शिराज़

इनाक्षी और चारू रॉय फिल्म शिराज़

अक्टूबर 1928 में न्यूयॉर्क टाइम्स ने इस फ़िल्म के बारे में लिखा : 'इस फ़िल्म की सुन्दरता आकर्षक है, जयपुर किले की मेहराबें और सुस्त बरामदे को भी इतने ख़ूबसूरत ढंग से फिल्माया गया है कि आँखों को सुकून मिलता है। सेलिमा की भूमिका वाली ईनाक्षी रामाराव ने 'मद्रास विश्वविद्यालय' से पीएचडी किया है। वह एक शानदार अभिनेत्री हैं जो अपने हाव भाव से किरदार की मनोदशा को पूरी क्षमता से अभिव्यक्त करती हैं। 'शिराज़' के निर्माण में 50,000 लोग, 300 ऊँट, सात हाथी और जयपुर की पूरी खड़ी सेना शामिल थी। निर्देशक ऑस्टिन ने अपनी सामग्री का सबसे अच्छा उपयोग किया है और उनके कैमरामैन ने ताजमहल और जयपुर के बगीचों और महल के कुछ अविस्मरणीय दृश्य फिल्माए हैं।'

1928 में यह फ़िल्म प्रदर्शित हुई। इस फ़िल्म ने बहुत अच्छा व्यवसाय किया ख़ासकर अमेरिका में यह फ़िल्म बहुत कामयाब रही। लोगों ने इस फ़िल्म को बहुत सराहा। लेकिन उसी साल चारु रॉय की लव्स ऑफ़ ए मुगल प्रिंस और आर.सी. चौधरी की फ़िल्म अनारकली भी रिलीज़ हुई थी जिसकी वजह से हिन्दुस्तान में फ़िल्म के व्यवसाय पर असर पड़ा।

प्रपंच पाश

शिराज़ की कामयाबी के बाद हिमांशु राय ने अगली फ़िल्म के लिए भी निरंजन पाल की ही कहानी को चुना। पाल की महाभारत पर आधारित एक अंग्रेज़ी 'कहानी ए थ्रो ऑफ़ डाइस' पर फ़िल्म बनाने का फ़ैसला किया गया। हिमांशु राय फ़िल्म कम्पनी ने दुबारा ब्रिटिश इंस्ट्रक्शनल फिल्म्स लिमिटेड, लन्दन और यूएफए, जर्मनी के सहयोग से इस फ़िल्म का निर्माण शुरू किया। इस फ़िल्म का हिन्दुस्तानी नाम प्रपंच पाश रखा गया।

फिल्म प्रपंच पाश

चारू रॉय और सीता देवी 1 फ़िल्म प्रपंच पाश

इस फ़िल्म को फ्रांज ऑस्टिन ने निर्देशित किया। निरंजन पाल की कहानी पर डब्ल्यू बर्टन ने पटकथा लिखी। एमिल श्नेमन ने इस फ़िल्म की ख़ूबसूरत फ़ोटोग्राफ़ी की।

रंजीत और सोहत नाम के दो राजाओं की कहानी है जो शिकार करने जंगल में जाते हैं। रंजीत घायल हो जाता है। उसे जंगल में एक आचार्य के यहाँ ले जाया जाता है। वहाँ आचार्य की एक ख़ूबसूरत बेटी सुनीता है। आचार्य चिकित्सा और ज्योतिष के विशेषज्ञ हैं। वह रंजीत का इलाज करते हैं। सुनीता भी घायल रंजीत की सेवा करती है। दोनों में प्यार हो जाता है। राजा सोहत जब सुन्दरी सुनीता को देखता है तो वह उसे पाना चाहता है। सोहत आचार्य की हत्या कराके उसका इल्ज़ाम रंजीत पे लगा देता है। लेकिन हत्या का आरोपी अपना अपराध कबूल कर मर जाता है। रंजीत और सुनीता की शादी की तैयारी महल में चल रही है। राजा सोहत शादी से पहले रंजीत से चौसर खेलने को कहता है। चौसर के खेल में सोहत धोखे से रंजीत का राजपाट, सुनीता सबको जीत लेता है। वह रंजीत को अपना गुलाम बनाके अपनी राजधानी ले जाता है। सोहत रोज़ सुनीता पे शादी के लिए दबाव बनाता है। राजा रंजीत के मन्त्री को सोहत के ख़िलाफ़ चौसर में धोखा करने का सबूत मिल जाता है।

सीता देवी और चारू रॉय (चर्चित चुम्बन दृश्य)

जब सुनीता को सच्चाई का पता चलता है तो सोहत ख़ुद को एक चट्टान से नीचे रैपिड्स में फेंक देता है। रंजीत और सुनीता फिर से मिल जाते हैं और शादी कर लेते हैं।

16 अगस्त 1929 को बर्लिन में यू एफ ए के थिएटर यूनिवर्सम सिनेमा हॉल में फ़िल्म प्रपंच पाश (ए थ्रो ऑफ़ डाइस) प्रदर्शित हुई। हिमांशु राय ने राजा सोहत, चारु रॉय ने राजा रंजीत, सीता देवी ने सुनीता और कामता प्रसाद ने आचार्य की भूमिका निभायी। इस फ़िल्म में देविका रानी ने कॉस्टयूम किया था। इस फ़िल्म को हिन्दुस्तान के उदयपुर और उसके आसपास के इलाके में शूट किया गया था। इस फ़िल्म की सबसे बड़ी ख़ूबसूरती है इसकी फ़ोटोग्राफ़ी। फ़िल्म में बिल्कुल जीवन्त और बेहतरीन तस्वीरें नज़र आती हैं। फ़िल्म में उदयपुर के किले और महल का भव्य चित्रण है। किरदार की वेशभूषा और पहनावा बहुत सुन्दर और समृद्ध नज़र आता है। हज़ारों की भीड़, ढेर सारे हाथी और घोड़े का इस्तेमाल फ़िल्म का स्तर बहुत ऊँचा कर देता है।

हिमांशु राय, सीता देवी और चारु राय के अभिनय की बहुत तारीफ़ हुई। व्यावसायिक तौर पर भी यह फ़िल्म बहुत कामयाब रही।

'प्रपंच पाश को उनके निर्माण के पचास वर्ष बाद देख पाना अद्‌भुत था। छायांकन में इतनी ताज़गी है जैसे वह फ़िल्म सबसे बढ़िया कच्ची फ़िल्म पर कल ही फिल्मांकित की गई हो। यह दीगर की बात है कि फ़िल्म की कहानी 'एक हज़ार एक रातें' और 'महाभारत' का मिश्रण है। महत्त्व इस बात का है कि फ़िल्म के निर्माण में लगे भारतीयों और जर्मनों ने फ़िल्म को सुरक्षित रखना ज़रूरी समझा ताकि हम इसे ऐतिहासिक परिप्रेक्ष्य में देख सकें।'

हिमांशु राय महज़ एक अभिनेता नहीं बल्कि एक आधुनिक दृष्टि वाले फ़िल्मकार थे। यूरोप में मनोरंजन परोसने वाली नाटक और फ़िल्म कम्पनियों को वे बहुत करीब से देखे थे। उन्होंने फ़िल्मों में अभिनय के साथ-साथ तकनीक को भी ज़्यादा महत्त्व दिया। उनको मालूम था कि पर्दे पर तकनीक के जादू से ही चमत्कार पैदा हो सकता है। जब पहली फ़िल्म 'लाइट ऑफ़ एशिया' बनाने की पहल हुई तो उन्होंने सिनेमा के कुशल जर्मन तकनीशियनों की टीम चुनी। उन्होंने भारतीय विषयों पर निर्मित अपनी तीनों मूक फ़िल्मों में जर्मन तकनीशियन का इस्तेमाल कर हिन्दुस्तानी मूक सिनेमा में एक मिसाल कायम किया।

हिमांशु राय ने एंग्लो-जर्मन सहयोग से भारतीय फ़िल्म निर्माण शैली का नवनिर्माण किया। उन्होंने विदेशों में अपनी भारतीय फ़िल्मों को प्रदर्शित कर अंतर्राष्ट्रीय सीमाओं को तोड़ दिया।

बाद में यूरोपीयन मॉडल पर आधारित मुम्बई में जब अपना फ़िल्म स्टूडियो बॉम्बे टॉकीज खोला तो जर्मन तकनीशियन को नौकरी पे रखा। वे जर्मन तकनीशियन हिन्दुस्तानी नौजवानों के साथ काम करते हुए उन्हें फ़िल्मों के प्रशिक्षण भी देते थे। कुछ सालों में ही हमारे देश में कुशल देशी फ़िल्म तकनीशियन पैदा हो गये। राय ने सिनेमा में अनुशासन, समय और बजट की महत्ता को स्थापित किया। फ़िल्म उद्योग में पढ़े-लिखे नौजवानों को शामिल होने पर बल दिया। भारतीय फ़िल्म उद्योग में हिमांशु राय का एक क्रान्तिकारी योगदान रहा है।

मूक सिनेमा के प्रमुख अभिनेता और अभिनेत्रियाँ

मास्टर विट्ठल : मूक सिनेमा का सुपरस्टार

मास्टर विट्ठल को हम पहली बोलती फ़िल्म 'आलम आरा' के मुख्य अभिनेता के रूप में जानते हैं। लेकिन वह मूक सिनेमा के एक्शन और स्टंट हीरो थे जिन्हें लोग हिन्दुस्तानी डगलस फेयरबैंक्स कहा करते थे। हालाँकि देशी डगलस फेयरबैंक्स कहलाना मास्टर विट्ठल को कतई पसन्द नहीं था।

विट्ठल के जन्म के साथ एक किस्सा जुड़ा हुआ है। विट्ठल के माता-पिता महाराष्ट्र के सांगली के रहनेवाले थे। 1896 में मुम्बई में भयंकर प्लेग फैला। वो प्लेग धीरे धीरे पूरे बॉम्बे प्रेसिडेंसी में फैलता गया। 1905 तक पूरा सांगली प्लेग की चपेट में आ गया था। विट्ठल के पिताजी प्लेग की वजह से चल बसे। विट्ठल की माँ यह खबर सुनते बेहोश हो गयी। विट्ठल उस वक़्त अपनी माँ के गर्भ में थे।

मास्टर विट्ठल

लोगों ने समझा कि प्लेग में दोनों पति पत्नी चल बसे हैं। दोनों को श्मशान ले जाया गया। दो चिताएँ सजायी गयीं। पति और पत्नी को अलग अलग चिता पे लिटा दिया गया। तभी विट्ठल की माँ ने आँखें खोलकर अपने पैर मोड़े फिर लोगों को मालूम चला कि ये ज़िन्दा हैं। उनको चिता से उठाया गया। जब वह अपने घर सांगली वापिस आई तो उनके बाकी परिवार और कॉलोनी वाले उनका विरोध करने लगे कि ये औरत चिता से उठके आयी है यह अपशगुन फैलाएगी। विट्ठल की माँ दो महीने का गर्भ लिये अपनी बहन के यहाँ कोल्हापुर चली गयीं। लेकिन बहन ने भी अपने घर में रखने से इंकार कर दिया। जब यह ख़बर कोल्हापुर के छत्रपति शाहू महाराज के कान में पड़ी तो उन्होंने अपने धार्मिक गुरु महाराज के महल में उनको एक सहायक के रूप में नौकरी दिलायी और महल के आउट हाउस में ही रहने का बन्दोबस्त करा दिया। लेकिन प्लेग कोल्हापुर में भी फैलने लगा था। फिर विट्ठल की माँ कुछ लोगों के साथ पंढरपुर में विट्ठल देवता के दर्शन के लिए गयीं। मन में यह विश्वास था कि पंढरपुर के भगवान विट्ठल हमें बचा लेंगे। वहाँ रहते हुए विट्ठल की माँ ने अगस्त 1906 में एक बच्चे को जन्म दिया। क्योंकि बच्चा भगवान विट्ठल के श्रीक्षेत्र पंढरपुर में पैदा हुआ था इसलिए उसका नाम विट्ठल रखा गया।

कोल्हापुर में विट्ठल बड़े होने लगे और उनकी माँ गुरु महाराज के महल में सहायिका की नौकरी से घर का खर्चा चलाने लगीं। मराठी लोगों का एक खेल होता है फरी गदगा यानी ढाल तलवार का खेल। यह खेल जुलूसों में, शादी या धार्मिक महोत्सव में अक्सर युवा खेलते हैं। शिवाजी जयन्ती के लिए विट्ठल और युवकों के साथ फरी गदगा का अभ्यास कर रहे थे। तभी महाराष्ट्र फ़िल्म कम्पनी के अभिनेता बालासाहब यादव वहाँ से गुजर रहे थे। विट्ठल का अभ्यास देखकर वे दंग रह गये। वे विट्ठल को महाराष्ट्र फ़िल्म कम्पनी लेकर गये और मास्टर विट्ठल ने महाराष्ट्र फ़िल्म कम्पनी ज्वाइन कर ली। वह कम्पनी के छोटे-छोटे काम से लेकर सम्पादन में भी सहायक बन गये। बालासाहेब यादव महाराष्ट्र फ़िल्म कम्पनी में एक्शन डायरेक्टर का भी काम करते थे। उनके निर्देशन में विट्ठल तलवारबाज़ी और कुश्ती सीखने लगे। तभी महाराष्ट्र फ़िल्म कम्पनी ने कल्याण खजिना फ़िल्म का निर्माण शुरू किया। मास्टर विट्ठल की उम्र तब 18 साल की थी। दुबले पतले विट्ठल को बाबूराव पेंटर ने कल्याण खजिना में महिला नर्तकी की एक छोटी सी भूमिका दी। विट्ठल की यह पहली फ़िल्म थी। उन्होंने नर्तकी के किरदार की भूमिका को बड़े लगन से निभाया।

मास्टर विट्ठल, फिल्म अनंग सेना 1931

कुछ महीने बाद भालजी पेंढारकर कोल्हापुर आये। वे बॉम्बे की शारदा फ़िल्म कम्पनी में लेखक और निर्देशक थे। चूँकि भालजी पेंढारकर महाराष्ट्र फ़िल्म कम्पनी के मैनेजर बाबूराव पेंढारकर के भाई थे। जब भी वे बॉम्बे से कोल्हापुर आते थे वे अक्सर महाराष्ट्र फ़िल्म कम्पनी आते थे। भालजी की नज़र विट्ठल पे गयी जो स्टूडियो में कमाल की घुड़सवारी और तलवारबाज़ी कर रहे थे। भालजी ने विट्ठल से कहा कि अगर तुम मेरी फ़िल्म में काम करना चाहते हो फिर तुम्हें मेरे साथ बॉम्बे चलना होगा। विट्ठल फौरन तैयार हो गये।

नानूभाई देसाई की शारदा फ़िल्म कम्पनी में फ़िल्म बाजीराव मस्तानी बन रही थी। जिसका निर्देशन भालजी पेंढारकर कर रहे थे। 1925 में शारदा फ़िल्म कम्पनी के साथ विट्ठल ने कॉन्ट्रैक्ट साइन किया जिसमें 27 रुपये पगार उनकी तय हुई। फ़िल्म बाजीराव मस्तानी में विट्ठल ने एक छोटी भूमिका निभायी।

1926 में मास्टर विट्ठल ने शारदा फ़िल्म कम्पनी की दो फ़िल्मों गुनियाल गुलाब और मदन काला में छोटी भूमिका निभायी। लेकिन 1926 में निर्देशक मणिलाल जोशी ने शारदा कम्पनी के लिए फ़िल्म रत्नमंजरी निर्देशित की। जिसमें पहली बार मास्टर विट्ठल ने मुख्य भूमिका निभायी। यह फ़िल्म सुपरहिट साबित हुई और मास्टर विट्ठल की कामयाबी की राह खोल दी।

इसके बाद मास्टर विट्ठल पौराणिक, ऐतिहासिक योद्धा की भूमिका वाली फ़िल्में करने लगे। दर्शक उनकी घुड़सवारी, तलवारबाज़ी और स्टंट पर्दे पर देखने लगे। जैसे ही सिनेमा के पर्दे पर उनकी एंट्री होती दर्शक उत्साहित होकर सीटियाँ और तालियाँ बजाने लगते। उनकी फ़िल्में एक के बाद एक सफल होने लगीं। वह हिन्दुस्तानी मूक सिनेमा के एक्शन स्टार बन गये। उनको लोग इंडियन डगलस फायरबैंक्स कहके पुकारने लगे। हालाँकि विट्ठल को यह उपाधि कतई पसन्द नहीं थी।

विट्ठल की कामयाबी का आलम यह था कि बम्बई के गिरगाँव में पुर्तगीज चर्च के पास बनाम लेन में जहाँ वे रहते थे सुबह-सुबह उनको देखने के लिए उनके घर के पास भीड़ लग जाती थी। वह अपने लेन से निकलके हर रोज़ मोटरसाइकिल पर शारदा फ़िल्म स्टूडियो ताड़देव जाते थे। लोगों को उनके निकलने का वक़्त मालूम था इसलिए अक्सर उनके चॉल के पास लोग खड़े होकर अपने चहेते स्टार का अभिवादन करते थे। 1926 में फ़िल्म सुवर्ण कमल और 1927 में फ़िल्म असुरी लालसा आयी जिसे नानू भाई देसाई ने डायरेक्ट की थी। इसके बाद मास्टर विट्ठल की पगार करीब 200 रुपये महीने हो गयी। विट्ठल की फ़िल्में लगातार सफलता के झण्डे गाड़ने लगी।

1887 में टैगोर द्वारा लिखित विसर्जन कहानी पर आधारित 1927 में एक सामाजिक-सुधारवादी कॉस्ट्यूम ड्रामा फ़िल्म बलिदान का निर्माण हुआ। यह टिपेरा राज्य के काल्पनिक साम्राज्य में स्थापित की गयी थी, जिसमें एक प्रगतिशील सोच वाले राजा और परम्परा से बँधे पुजारी के बीच संघर्ष शामिल था। इस फ़िल्म का निर्देशन नवल गांधी ने किया था। मास्टर विट्ठल और सुलोचना (रूबी मेयर्स) ने मुख्य भूमिका निभायी थी। यह फ़िल्म बहुत कामयाब हुई थी।

नानूभाई देसाई ने डगलस फेयरबैंक्स की फ़िल्मों पर आधारित एक फ़िल्म तैयार की जिसमें बहुत सारे एक्शन दृश्य थे। उस फ़िल्म का नाम था काला पहाड़। जो बहुत कामयाब रही।

1927 में काला पहाड़ के अलावे मास्टर विट्ठल की 'भेदी त्रिशूल' और 'वीर गर्जना' नाम की फ़िल्में भी प्रदर्शित हुईं।

1928 में बॉम्बे के एम्पायर थिएटर में डगलस फेयरबैंक्स की फ़िल्म 'द मार्क ऑफ़ ज़ीरो' रिलीज़ हुई। विट्ठल की फ़िल्मों की कामयाबी का आलम यह था कि बॉम्बे के लोगों ने डगलस की फ़िल्म देखकर यह कहना शुरू कर दिया कि अमेरिका वाले मास्टर विट्ठल की फ़िल्मों की नकल करते हैं। (स्क्रीन 1988)

1928 में मास्टर विट्ठल की सात फ़िल्में एक के बाद एक प्रदर्शित हुईं। जिसमें गुल बदन, कनक कान्ता और सोनी महिवाल प्रमुख हैं। 1930 तक वह सबसे महँगे फ़िल्म स्टार हो गये थे जिनकी पगार चार सौ रुपये तक पहुँच गयी थी।

1930 में इम्पीरियल फ़िल्म कम्पनी के मालिक आर्देशिर ईरानी ने अपनी पहली बोलती फ़िल्म 'आलम आरा' के लिए नायक और नायिका की तलाश शुरू की। नायिका के रोल के लिए ईरानी ने सबसे पहले अभिनेत्री सुलोचना को पसन्द किया था। सुलोचना का असली नाम रूबी मेयर्स था जो एक यहूदी लड़की थी। वह इम्पीरियल फ़िल्म कम्पनी की स्थायी अभिनेत्री थी। लेकिन उनकी उर्दू ज़बान कमज़ोर होने की वजह से उनकी जगह ज़ुबैदा को 'आलम आरा' की मुख्य नायिका के लिए चुना गया। अब बारी थी मुख्य अभिनेता के चुनाव की। ईरानी की फ़िल्म कम्पनी में एक्स्ट्रा के रोल से शुरुआत करनेवाला एक गुजराती मुस्लिम लड़का पहला दावेदार बना। उसकी ज़बान और अभिनय अच्छा था। लेकिन आर्देशिर ईरानी को अपनी पहली बोलती फ़िल्म के हीरो के लिए कोई नामचीन अभिनेता चाहिए था। उनकी नज़र मूक सिनेमा के एक्शन हीरो मास्टर विट्ठल पर गयी और उन्होंने अपनी बोलती फ़िल्म के लिए मास्टर विट्ठल को अनुबन्धित कर लिया। वह गुजराती मुस्लिम अभिनेता जिसे मुख्य भूमिका से हाथ धोना पड़ा उसका नाम था महबूब खान (निर्देशक मदर इंडिया)। जिन्होंने अपने करियर की शुरुआत इम्पीरियल फ़िल्म कम्पनी में एक्स्ट्रा (जूनियर आर्टिस्ट) और फिर अभिनेता के रूप में की थी।

आलम आरा की तैयारी चल रही थी। चूँकि मास्टर विट्ठल हज़ार रुपये की पगार पे आर्देशिर ईरानी के यहाँ अनुबन्धित थे। इस बीच विट्ठल ने इम्पीरियल की सिस्टर कम्पनी सागर फ़िल्म कम्पनी की कुछ मूक फ़िल्मों में अभिनय किया। 1930 में प्रदर्शित यह फ़िल्में थीं अरुणोदय, दाँव पेंच और जोश ए जवानी। दाँव पेच और जोश-ए-जवानी को मोती बी गिडवानी ने निर्देशित किया था।

इधर मास्टर विट्ठल भी इतिहास में दर्ज़ होनेवाली फ़िल्म 'आलम आरा' का हिस्सा होने जा रहे थे। लेकिन मास्टर विट्ठल और आर्देशिर ईरानी के बीच दीवार बनी शारदा फ़िल्म कम्पनी। शारदा फ़िल्म कम्पनी और मास्टर विट्ठल के बीच सात साल के अनुबन्ध थे जो 1932 में ख़त्म होनेवाले थे। अनुबन्ध के अनुसार विट्ठल दूसरी किसी फ़िल्म कम्पनी में काम नहीं कर सकते थे। इसलिए शारदा फ़िल्म कम्पनी ने विट्ठल के ख़िलाफ़ कोर्ट में धोखाधड़ी का केस कर दिया। ईरानी ने बिना वक़्त गँवाए विट्ठल को लेकर अपने वकील मित्र मोहम्मद अली जिन्ना के यहाँ पहुँचे और उनको सारी कहानी बतायी गयी। मोहम्मद अली जिन्ना आख़िर में विट्ठल का केस लड़ने के लिए तैयार हो गये। जल्द ही केस का फ़ैसला आ गया। केस में मास्टर विट्ठल की जीत हुई और आलम आरा की शूटिंग शुरू हुई। शूटिंग के दौरान आर्देशिर ईरानी को एहसास हुआ कि जिस घोड़े पर मैंने दाँव लगाया है वह मूक फ़िल्मों का चेतक हो सकता है लेकिन बोलती फ़िल्म के लिए वह लँगड़ा साबित हो रहा। फ़िल्म में मास्टर विट्ठल को शहज़ादा की मुख्य भूमिका मिली थी। इस फ़िल्म में शहज़ादा को हिन्दुस्तानी संवाद बोलना था और गीत भी गाना था। लेकिन विट्ठल गायक नहीं थे इसलिए वह पर्दे पर गा नहीं सकते थे। दूसरे, वह मराठी और हिन्दी तो बोल सकते थे लेकिन हिन्दुस्तानी ज़बान बोलने का अनुभव नहीं था। उनकी हिन्दुस्तानी ज़बान अच्छी नहीं थी।

एक योद्धा शहज़ादा पर्दे पर आके हिन्दुस्तानी संवाद ग़लत बोले और गीत बेसुरा गाये यह उनके स्टंट हीरो की इमेज के बिल्कुल विपरीत बात थी जिसे दर्शक सहन नहीं कर पाते। आर्देशिर ईरानी के पास अब अभिनेता बदलने का वक़्त नहीं था। इसलिए उन्होंने एक तरकीब निकाली। फ़िल्म के लेखक जोसेफ डेविड से कहा कि शाहज़ादा के रोल में थोड़ा बदलाव करो। उस किरदार को योद्धा से नशे में धुत रहनेवाले राजकुमार में बदल दिया गया। पूरी फ़िल्म में मास्टर विट्ठल नशे में खोये और ट्रांस में रहनेवाले राजकुमार के रूप में फिल्माये गये।

लेकिन मास्टर विट्ठल को हिन्दुस्तानी बोलती फ़िल्मों के साथ चलना गवारा नहीं था। इसलिए कुछ फ़िल्मों के बाद फिर वह मूक सिनेमा की तरफ मुड़ गये। लेकिन मूक सिनेमा अपना आकर्षण तेज़ी से खोने लगा था। अब उसका कोई भविष्य नहीं था। अन्ततः वह बोलती मराठी फ़िल्म की तरफ लौट गये।

अभिनेता जयराज, जो 1930 में विट्ठल के स्थान पर अभिनेता के तौर पर शारदा फ़िल्म कम्पनी में शामिल हुए थे वह कहते हैं 'मास्टर विट्ठल की फ़िल्म

काला पहाड़ जब रिलीज़ हुई थी तो हम हैदराबाद के निज़ाम कॉलेज में पढ़ रहे थे। उनकी फ़िल्म देखने के लिए छात्रों में एक अलग जुनून था। जब मैं बॉम्बे में लोकप्रिय और अपने चहेते अभिनेता विट्ठल से मिला तो मुझे वो एक शालीन व्यवहार वाले व्यक्ति जान पड़े। उनके व्यवहार, व्यक्तित्व और उनकी पोशाक में एक सादगी और सौम्यता नज़र आयी।'

1932 में मास्टर विट्ठल पहली बार अपने निर्देशन में डबल रोल वाली बोलती फ़िल्म लेकर आये। मराठी में उन्होंने डबल रोल वाली फ़िल्म 'राजा' बनायी और इसी को हिन्दी में 'आवारा शहज़ादा' नाम से बनायी गई। हालाँकि मास्टर विट्ठल ख़ुद 1928 में 'राजतरंग' नाम की मूक फ़िल्म में डबल रोल कर चुके थे।

1935 में सरस्वती सिनेटोन की मराठी फ़िल्म छत्रपति संभाजी में विट्ठल ने मुख्य भूमिका निभायी। शूटिंग के दौरान घोड़े से वह गिर पड़े थे जिसकी वजह से वे सात महीने बिस्तर पे रहे। फ़िल्म एक साल बाद रिलीज़ हुई और कामयाब रही।

1944 में बनी मराठी फ़िल्म 'रामशास्त्री' उनकी आख़िरी सुपरहिट फ़िल्म थी जिसमें उन्होंने चरित्र अभिनेता की भूमिका निभायी। वे मुम्बई छोड़कर कोल्हापुर लौट गये। लेकिन वे आख़िरी समय तक फ़िल्में करते रहे। उन्होंने करीब 97 फ़िल्मों में काम किया। 11 जुलाई 1966 को कोल्हापुर में मूक सिनेमा के सुपरस्टार और पहली बोलती फ़िल्म के अभिनेता ने अपनी आख़िरी साँस ली।

ज़ुबैदा (1911-1988)

हिन्दुस्तानी सिनेमा इतिहास में अभिनेत्री ज़ुबैदा के नाम कई रिकॉर्ड दर्ज़ हैं। ज़ुबैदा भारतीय बोलती फ़िल्म की पहली अभिनेत्री रही हैं। वह हिन्दुस्तानी फ़िल्मों की पहली गायिका भी रही हैं। पहली बोलती फ़िल्म आलम आरा में अभिनय करने से पहले ज़ुबैदा करीब 41 मूक फ़िल्मों में बतौर अभिनेत्री काम कर चुकी थीं।

ज़ुबैदा

ज़ुबैदा का जन्म 1911 में गुजरात के सूरत शहर में हुआ था। वह गुजरात में सचिन रजवाड़ा के नवाब सीदी इब्राहिम मोहम्मद याकूत खान की बेटी थी। नवाब मोहम्मद याकूत और फ़ातिमा बेग़म से तीन बेटियाँ पैदा हुईं। सुल्ताना, शहज़ादी और

ज़ुबैदा तीनों बेटियों ने फिल्मी करियर को चुना। अपनी बेटियों को फ़िल्म इंडस्ट्री में लाने का श्रेय उनकी माँ फ़ातिमा बेगम को जाता है। फ़ातिमा ने ख़ुद फ़िल्मों में एक अभिनेत्री के रूप में शुरुआत की और कुछ ही सालों में भारतीय सिनेमा की पहली महिला निर्देशक होने का गौरव प्राप्त किया। फ़ातिमा की तीनों बेटियों ने किशोरावस्था में ही फ़िल्मों में प्रवेश किया। यह वो दौर था जब खानदानी घर की लड़कियाँ फ़िल्मों में आना नहीं चाहती थीं।

बारह साल की उम्र में ज़ुबैदा ने मुम्बई की कोहिनूर फ़िल्म कम्पनी की चर्चित फ़िल्म गुल ए बकावली से अपने फ़िल्मी करियर की शुरुआत की। 1924 में महाराष्ट्र फ़िल्म कम्पनी की फ़िल्म कल्याण खजिना आयी जिसमें ज़ुबैदा और उनकी बड़ी बहन सुल्ताना ने अभिनय किया था।

1925 में ज़ुबैदा की नौ फ़िल्में रिलीज़ हुईं, जिनमें काला चोर, देवदासी और देश का दुश्मन शामिल थीं। एक साल बाद उन्होंने अपनी माँ फ़ातिमा बेगम की फ़िल्म 'बुलबुल-ए-परिस्तान' में अभिनय किया। 1927 में लैला मजनू, ननद भौजाई, सम्राट अशोक, हीर रांझा और रवीन्द्रनाथ टैगोर की कहानी पर आधारित नवल गांधी द्वारा निर्देशित और चर्चित फ़िल्म 'बलिदान' में यादगार किरदार निभाया। बलिदान में बंगाल के कुछ काली मन्दिरों में पशु बलि की सदियों पुरानी प्रथा की निन्दा की गयी। भारतीय सिनेमैटोग्राफ़ समिति के सदस्य इस फ़िल्म से बहुत प्रभावित हुए। यूरोपीय सदस्यों की सिफारिश पर इसे स्क्रीनिंग के लिए विदेश भेजा गया।

1930 में इम्पीरियल फ़िल्म कम्पनी के मालिक आर्देशिर ईरानी ने अपनी पहली बोलती फ़िल्म 'आलम आरा' के लिए नायक और नायिका की तलाश शुरू की। नायिका के रोल के लिए ईरानी ने सबसे पहले इम्पीरियल फ़िल्म कम्पनी की अभिनेत्री सुलोचना को पसन्द किया था। सुलोचना का असली नाम रूबी मेयर्स था जो एक यहूदी लड़की थी। लेकिन उनकी उर्दू ज़बान कमज़ोर होने की वजह से उनकी जगह ज़ुबैदा को 'आलम आरा' की मुख्य नायिका के लिए चुन लिया गया। फिरोज शाह मिस्त्री के संगीत निर्देशन में गीत गाकर ज़ुबैदा ने पहली फ़िल्म गायिका होने का गौरव प्राप्त किया। इस फ़िल्म की कामयाबी के बाद ज़ुबैदा की माँग बढ़ गयी। फ़िल्म कम्पनियाँ बड़ी रकम देकर उनको अपनी फ़िल्मों के लिए अनुबन्धित करने लगीं। रातोंरात वह सबसे महँगी अभिनेत्री बन गयीं।

उस समय के प्रसिद्ध अभिनेता जाल मर्चेंट और ज़ुबैदा की जोड़ी बहुत मशहूर हुई। तीस के दशक में ज़ुबैदा ने जाल के साथ कई ऐतिहासिक फ़िल्मों में काम

किया। इतिहास और महाकाव्य पर आधारित फ़िल्मों में उन्होंने सुभद्रा, उत्तरा, द्रौपदी और लैला जैसे किरदारों को बखूबी निभाया। एज़रा मीर की फ़िल्म ज़रीना में ज़ुबैदा की सर्कस लड़की की भूमिका और स्क्रीन पर चुम्बन के दृश्य बहुत चर्चित रहे।

1934 में उन्होंने नानुभाई वकील के साथ महालक्ष्मी मूवीटोन की स्थापना की और गुल-ए-सोनोबार और रसिक-ए-लैला जैसी फ़िल्में बनाके बॉक्स-ऑफिस पर शानदार प्रदर्शन किया। उन्होंने आसामी भाषा में बनी 'देवदास' में पारो की भूमिका निभायी।

उन्होंने 1949 तक फ़िल्मों में काम किया। निर्दोष अबला उनकी आख़िरी फ़िल्म थी।

ज़ुबैदा ने हैदराबाद के महाराज नरसिंगिर धनराजगीर ज्ञान बहादुर से शादी की। उनसे दो सन्तानें हुईं। उनके बेटा का नाम हुमायूँ धनराजगीर और बेटी का नाम धुरेश्वर धनराजगीर था। लोकप्रिय मॉडल रिया पिल्लई ज़ुबैदा की नातिन है। धुरेश्वर धनराजगीर रिया की माँ हैं।

ज़ुबैदा ने अपना आख़िरी वक़्त अपने बॉम्बे पैलेस, धनराज महल में बिताया। 21 सितम्बर 1988 को उनकी मृत्यु हो गयी। अपोलो बन्दर, कोलाबा, दक्षिण मुम्बई में उनका अन्तिम संस्कार किया गया।

अन्ना सालुंके

एक भारतीय अभिनेता जिसे हिन्दुस्तान की पहली फीचर फ़िल्म में बतौर नायिका के रूप में पेश किया गया। शुरुआती फ़िल्मों में वह पुरुष अभिनेता महिला किरदारों में नज़र आया। बाद में वह फ़िल्मों में पुरुष किरदार निभाते हुए फ़ोटोग्राफ़ी की तरफ आकर्षित हुआ। फ़ोटोग्राफ़ी के प्रति जुनून ने उसे बतौर छायाकार मूक फ़िल्म इंडस्ट्री में स्थापित कर दिया। उसने ज़्यादातर अपने गुरु और सिनेमा के पितामह दादा साहेब फाल्के की फ़िल्मों का ही छायांकन किया। उस अभिनेता को भारतीय सिनेमा की पहली अभिनेत्री होने का गौरव प्राप्त है। उस अभिनेता और छायाकार का नाम था अन्ना हरि सालुंके।

अन्ना सालुंके

अन्ना हरि सालुंके, जिन्हें ए सालुंके और अन्नासाहेब सालुके के नाम से भी जाना जाता है। उनके जन्म और जन्मस्थान के बारे में कुछ भी ज्ञात नहीं है। वह पहले भारतीय अभिनेता थे जिन्होंने 1913 में प्रदर्शित दादा साहब फाल्के की पहली पूर्ण लम्बाई वाली फ़िल्म राजा हरिश्चन्द्र में रानी तारामती की भूमिका निभायी।

तारामती की भूमिका पाने की कहानी बहुत दिलचस्प है। दादा साहेब फाल्के को तारामती की भूमिका के लिए महिला कलाकार की तलाश थी। वे इस किरदार के लिए शरीफ महिलाओं से लेकर वेश्याओं तक से बात कर चुके थे। लेकिन कोई उनकी फ़िल्म में काम करने के लिए तैयार नहीं था।

एक दिन मुम्बई के ग्रांट रोड के एक रेस्टोरेंट में फाल्के बैठे हुए थे। उनकी नज़र कोमल अंगों वाले एक दुबले-पतले युवक पर गयी। वह बावर्ची का सहायक था। दादा साहेब ने फैसला किया कि यह युवक ही तारामती का चरित्र करेगा। वह युवक अन्ना सालुंके ही थे।। उन्होंने अन्ना से बात की। वह भी पहले तैयार नहीं हुए। उनको रेस्टोरेंट में काम करने के लिए पाँच रुपये महीना मिलता था। दादा साहेब ने अन्ना को पन्द्रह रुपये महीने पर राजी कर लिया। लेकिन जब उन्हें मेकअप कर और साड़ी पहनके तारामती के किरदार में कैमरा के सामने आना था तो वह आने के लिए राजी नहीं हो रहे थे। शर्म से वह अपना चेहरा छुपा लेते थे। फाल्के ने काफ़ी मान-मनौव्वल के बाद उनका पहला शॉट लिया। फ़िल्म जब बनके तैयार हुई तो लोगों को फ़िल्म देखकर विश्वास ही नहीं हुआ कि किसी पुरुष अभिनेता ने तारामती का किरदार निभाया है।

1913 में प्रदर्शित पहली भारतीय फ़िल्म राजा हरिश्चन्द्र का नाम इतिहास में दर्ज हो गया। अन्ना इस फ़िल्म के बाद दादा साहेब की फ़िल्म कम्पनी में तनख़्वाह पानेवाले स्थायी मुलाजिम बन गये।

1917 में दादा साहेब की फ़िल्म लंका दहन प्रदर्शित हुई। इस फ़िल्म में अन्ना सालुंके भारतीय सिनेमा में दोहरी भूमिका निभाने वाले पहले व्यक्ति बने। उन्होंने नायक राम की पुरुष भूमिका और पत्नी सीता की महिला भूमिका बखूबी निभायी।

दादा साहेब फाल्के की बनायी पहली फ़िल्म राजा हरिश्चन्द्र की निगेटिव जल गयी। मिस्टर फाल्के ने उन्हीं कलाकारों के साथ उस फ़िल्म को दुबारा बनाया। जिसमें अन्ना ने फिर से तारामती की भूमिका निभायी। यह फ़िल्म 1917 में रिलीज़ हुई।

अन्ना को सिनेमा में अभिनय से ज़्यादा फ़ोटोग्राफ़ी आकर्षित करने लगा। उस ज़माने में कोई कैमरामैन दूसरे व्यक्ति को कैमरे को हाथ लगाने नहीं देता था। अन्ना चूँकि फाल्के की हिन्दुस्तान सिनेमा कम्पनी में मुलाजिम थे। वे कैमरा विभाग में काम करने लगे। कैमरा ढोने से लेकर सहायक तक का सारा काम करते थे। कुछ साल में सहायक कैमरामैन बन गये।

1922 में बतौर कैमरामैन उनकी पहली फ़िल्म प्रदर्शित हुई 'अहिरावण महिरावण वध' जिसके निर्देशक थे गजानन वी साने।

उसी साल पौराणिक फ़िल्म ' सत्यनारायण' रिलीज़ हुई जिसके निर्देशक थे वी एस निरंतर। इस फ़िल्म में अन्ना ने कैमरामैन होने के साथ मुख्य किरदार भी निभाया था।

1923 में हिन्दुस्तान सिनेमा फ़िल्म कम्पनी की अगली फ़िल्म 'बुद्ध देव' में भी अन्ना कैमरामैन के साथ महिला किरदार में नज़र आये। इस फ़िल्म को दादा साहेब फाल्के ने निर्देशित किया था। इसके बाद अन्ना ने एक्टिंग छोड़ दी और वे एक कैमरामैन की हैसियत से काम करने लगे। उनके द्वारा शूट की गयी अधिकांश फ़िल्में हिन्दू पौराणिक विषयों पर आधारित थीं। उन्होंने ज़्यादातर फ़िल्में बतौर कैमरामैन दादा साहेब फाल्के के साथ ही कीं जिसमें प्रमुख फ़िल्में थी–गुरु द्रोणाचार्य, जरासंध वध, कन्या विक्रय, राम रावण युद्ध, सत्यभामा, भक्त प्रह्लाद, सन्त एकनाथ, भक्त सुदामा, कीचक वध, वसन्त सेना।

1931 में कैमरामैन अन्ना की आख़िरी मूक फ़िल्म 'अमीर खान' प्रदर्शित हुई जिसके निर्देशक थे गनपत शिन्दे।

1931 में ध्वनि सिनेमा का आगमन हो चुका था। बोलती फ़िल्मों के आगे मूक सिनेमा अप्रासंगिक हो गया। अन्ना नयी तकनीक से ख़ुद को जोड़ नहीं पाये। वे सिनेमा से रिटायर हो गये। दुर्भाग्य से, मूक सिनेमा के कई तथ्य और जानकारी आज मौजूद नहीं है उसी तरह अन्ना सालुंके की निजी ज़िन्दगी या सिनेमा के बाद के उनके जीवन पर कोई दस्तावेज़ उपलब्ध नहीं है।

पेशेंस कूपर

पेशेंस कूपर भारतीय मूक सिनेमा की वह पहली फ़िल्म स्टार थी जिसकी ख़ूबसूरती की तुलना हॉलीवुड की अभिनेत्रियों से की जाती थी।

1905 में कलकत्ता के एक एंग्लो इंडियन परिवार में पेशेन्स कूपर का जन्म हुआ। उन्होंने अपने करियर की शुरुआत एक नर्तकी के रूप में मौरिस बैंडमैन की म्यूजिकल कॉमेडी करनेवाली यूरेशियन मण्डली से की। कुछ दिन बाद वह मौरिस बैंडमैन की कम्पनी छोड़कर कलकत्ता में ही जमशेदजी मादन की कोरिन्थिअन स्टेज कम्पनी में काम करने लगीं।

1920 में मादन थिएटर ने जब अगली फ़िल्म नल दमयन्ती बनाने का निर्णय लिया, मुख्य कलाकार के लिए नल की भूमिका में पारसी अभिनेता कैखुसरो अदजानिया को चुना गया। लेकिन दमयन्ती के लिए कोई स्वप्न सुन्दरी जैसी ख़ूबसूरत अदाकारा की खोज थी। कई लड़कियों के साथ इटली से आयी अभिनेत्रियों का भी कैमरा टेस्ट हुआ लेकिन दमयन्ती नहीं मिली। अचानक जमशेदजी मादन का ध्यान उनकी थिएटर कम्पनी में नाटक करनेवाली एक एंग्लो इंडियन लड़की पर गया। एंग्लो इंडियन होने से उसकी अंग्रेज़ों जैसी गोरी त्वचा और तीखे नैन नक्श सबको पसन्द आए। नाटक से पहली बार सिनेमा के पर्दे पर आनेवाली इस एंग्लो इंडियन लड़की का नाम था पेशेन्स कूपर। 'नल दमयन्ती' के निर्देशन का जिम्मा इटली के अभिनेता और निर्देशक युगेनियो डी लिगुरो को सौंपा गया। यह फ़िल्म मादन थिएटर द्वारा निर्मित एक बड़े बजट की फ़िल्म थी। जो बहुत कामयाब रही। इस फ़िल्म से पेशेन्स कूपर को एक बड़ी पहचान मिली।

1921 में मादन थिएटर की अगली फ़िल्म ध्रुव चरित्र में यूरोपियन कलाकारों के साथ पेशेन्स कूपर ने सुनीति का किरदार निभाया। इस फ़िल्म की गुणवत्ता अमेरिकी

पेशेंस कूपर

फ़िल्मों से कम नहीं थी। उसी साल आयी फ़िल्म विष्णु अवतार में मुख्य भूमिका निभायी।

1922 में मादन थिएटर निर्मित फ़िल्म पति भक्ति बहुत कामयाब हुई। जे जे मादन द्वारा निर्देशित इस फ़िल्म में कूपर ने लीलावती का किरदार निभाया था। जिसमें इस बात की वकालत की गयी थी कि महिलाओं को अपने पति के प्रति समर्पित रहना चाहिए। यह फ़िल्म कूपर के करियर की एक बड़ी कामयाब फ़िल्म थी।

पेशेन्स कूपर मादन थिएटर की स्थायी अभिनेत्री बन चुकी थी। 1923 में मादन थिएटर की फ़िल्मों में शायद कपूर ने पहली बार दोहरी भूमिका निभायी फ़िल्म पत्नी प्रताप में, जिसमें उसने दो बहनों का किरदार निभाया था और 1925 में रिलीज़ फ़िल्म कश्मीरी सुन्दरी में उसने माँ और बेटी की दोहरी भूमिका निभायी थी।

1930 के दशक में कूपर ने कई बोलती फ़िल्मों में काम किया। 1933 में मादन थिएटर की उनकी आख़िरी बड़ी फ़िल्मों में एक फ़िल्म थी ज़हरी साँप। जिसमें कबीले का सरदार उस शहज़ादी से शादी करना चाहता है जिसे उसने अपनी बेटी की तरह पाला था। यह बहुत बड़ी सफल फ़िल्म थी।

पेशेंस कूपर ने 1926 में एक चाय बागान के व्यापारी मिर्ज़ा अहमद इस्फ़हानी से शादी कर ली थी। लेकिन कुछ साल बाद ही दोनों में तलाक हो गया। लेकिन दोनों में दोस्ती बरकरार रही। 1931 में कूपर ने अपने सहअभिनेता और निर्देशक गुल हामिद से शादी की। 1936 में गुल हामिद ने पख़्तून तहज़ीब पर बनी फ़िल्म 'ख़ैबर पास' निर्देशित की जिसमें कूपर ने मुख्य भूमिका निभायी थी। लेकिन उसी साल बीमारी से गुल हामिद की मौत हो गयी।

1935 में मादन थिएटर बन्द होने के बाद पेशेन्स कूपर बाहर की कम्पनियों की फ़िल्में करने लगीं। उनकी आख़िरी दो फ़िल्में थी 1944 में प्रदर्शित फ़िल्म इरादा और 1946 में आयी फ़िल्म खान साहब।

कूपर ने ज़्यादातर मादन थिएटर की बनी फ़िल्मों में काम किया। नर्तकी तारा, बेहुला, दुर्गेश नन्दिनी, लैला मजनूं जैसी 80 से भी ज़्यादा फ़िल्मों में अभिनय किया।

पेशेंस कूपर की स्टार छवि बनने में उनकी विदेशी अभिनेत्रियों जैसे उनके नैन नक्श और चेहरे का अहम योगदान था। उनकी गहरी और ख़ूबसूरत आँखें और त्वचा की टोन के साथ फ़ोटोग्राफ़र अलग अलग प्रयोग करते थे।

कूपर एक ऐसी मासूम और समर्पित महिला का किरदार निभाती थी जो पति द्वारा उपेक्षित और नैतिक दुविधाओं में उलझी होती थी। पेशेंस कूपर ने भारतीय मूक सिनेमा में जिस महिला किरदार का बीज बोया बाद में मीनाकुमारी उन्हीं भूमिकाओं को निभाके ट्रेजेडी क्वीन कहलायीं।

जब हिन्दुस्तान आज़ाद हुआ तो पेशेंस कूपर अपने पूर्व पति और दोस्त मिर्ज़ा अहमद इस्फ़हानी के साथ कराची, पाकिस्तान चली गयी। पाकिस्तान जाते ही कूपर ने अपना नाम बदलकर सबरा बेगम कर लिया। वहाँ उन्होंने करीब 17 बच्चों को गोद लिया और उनकी देखभाल करती रहीं। कराची में वह अपनी दो दत्तक पुत्रियों ज़ीनत और हलीमा के साथ रहती थीं। 1983 में 78 साल की उम्र में भारतीय मूक सिनेमा की पहली स्टार अभिनेत्री पेशेंस कूपर ने दुनिया को अलविदा कहा।

सुलोचना उर्फ़ रूबी मेयर्स

1925 में बॉम्बे फ़िल्म इंडस्ट्री ने कोहिनूर फ़िल्म कम्पनी के तहत एक गोरी, पतली, भूरी आँखों वाली पढ़ी-लिखी नायिका को पर्दे पर पेश किया। वह अभिनेत्री हिन्दुस्तान की एक यहूदी लड़की थी। अपनी शुरुआती फ़िल्मों से ही वह भारतीय मूक सिनेमा के पर्दे पे चमकने लगी। उसका नाम था रूबी मेयर्स जिसे हम सिनेमा के पर्दे पर सुलोचना के नाम से जानते हैं।

सुलोचना यानी रूबी मेयर्स का जन्म 1907 में पुणे के एक यहूदी परिवार में हुआ था। उसने अपनी पढ़ाई-लिखाई पुणे से ही पूरी की। पढ़ाई पूरी करने के बाद उसने पुणे की एक प्राइवेट कम्पनी ज्वाइन कर ली। जहाँ वह एक टेलीफोन ऑपरेटर

अभिनेत्री सुलोचना उर्फ़ रूबी मेयर्स

के रूप में काम कर रही थीं। बॉम्बे की कोहिनूर फ़िल्म कम्पनी के डायरेक्टर मोहन भवनानी पुणे गये थे। उन्हें किसी विशेष काम से उस कम्पनी के दफ़्तर जाना पड़ा। वहाँ उनकी नज़र टेलीफोन ऑपरेटर रूबी मेयर्स पर पड़ी। गोरी त्वचा और तीखे नैन नक्श देखके मिस्टर भवनानी ख़ुद को रोक नहीं पाये। उन्होंने रूबी से बात की और अपना परिचय दिया। रूबी को फ़िल्म डायरेक्टर से मिलके खुशी हुई। लेकिन जब मोहन भवनानी ने रूबी को फ़िल्मों में काम करने का ऑफर दिया तो रूबी ने मुस्कुराते हुए उनका ऑफर ठुकरा दिया। पहली बात कि उसे एक्टिंग नहीं आती थी और दूसरी बात महिलाओं का फ़िल्मों में अभिनय करना काफ़ी निचले दर्ज़े का पेशा माना जाता था।

मोहन भवनानी का महीने में एक दो बार पुणे आना होता था। वह जब भी आते तो रूबी से मिलने उसके दफ़्तर जाते और उसे अपने प्रस्ताव पे सोचने के लिए कहते।

कुछ महीने बाद रूबी फ़िल्मों में काम करने के लिए तैयार हो गयी। रूबी मेयर्स पुणे छोड़कर बम्बई आ गयी। दादर में स्थित कोहिनूर फ़िल्म कम्पनी में बतौर अभिनेत्री शामिल हो गयी।

कोहिनूर के लिए मोहन भवनानी एक फ़िल्म का निर्देशन करने जा रहे थे जिसका नाम था 'सिनेमा नी रानी' अर्थात सिनेमा क्वीन। जिसकी कहानी पटकथा मोहनलाल जी दवे ने लिखी थी। रूबी मेयर्स के साथ मुख्य अभिनेता थे खलील। चूँकि रूबी मेयर्स नाम विदेशी नाम की तरह साउंड करता है इसलिए रूबी मेयर्स का नाम बदलकर एक नया देशी नाम रखा गया सुलोचना। फ़िल्म सिनेमा क्वीन के पोस्टर पर नयी अभिनेत्री का नाम सुलोचना लिखा गया।

1925 में प्रदर्शित मोहन भवनानी निर्देशित फ़िल्म सिनेमा क्वीन से सुलोचना चर्चित अभिनेत्री बन गयी। उसी साल मोहन भवनानी निर्देशित दूसरी फ़िल्म वीर बाला से सुलोचना स्टार अभिनेत्री बन गयी।

1926 में कोहिनूर फ़िल्म कम्पनी की दो महत्त्वपूर्ण फ़िल्मों में सुलोचना ने काम किया। पहली फ़िल्म थी टेलिफोन नी तरुणी उर्फ़ टेलीफोन गर्ल जिसमें मुख्य अभिनेता राजा सैण्डो और खलील थे। जिसे होमी मास्टर ने निर्देशित किया था। दूसरी फ़िल्म थी टाइपिस्ट गर्ल, जिसमें सुलोचना के साथ राजा सैण्डो और गौहर थे। जिसे चन्दूलाल शाह ने डायरेक्ट किया था।

सुलोचना को फ़िल्मों में लानेवाले मोहन भवनानी जब कोहिनूर फ़िल्म कम्पनी

छोड़कर इम्पीरियल फ़िल्म कम्पनी से जुड़े तो वे अपने साथ सुलोचना को भी इम्पीरियल लेकर आये। 1927 में सुलोचना ने इम्पीरियल फ़िल्म कम्पनी की अलीबाबा चालीस चोर, दया की देवी, वाइल्ड कैट ऑफ़ बॉम्बे जैसी फ़िल्में करके इम्पीरियल कम्पनी की मुख्य अभिनेत्री बन गयी। सुलोचना ने लोकप्रिय मूक फ़िल्म वाइल्डकैट ऑफ़ बॉम्बे में पुरुष भूमिकाओं सहित आठ किरदार निभाया था।

इसी बीच इम्पीरियल फ़िल्म कम्पनी के निर्देशक नवल गांधी को ओरिएंट पिक्चर कॉर्पोरेशन से रवीन्द्रनाथ टैगोर की कहानी बलिदान पर एक फ़िल्म बनाने का प्रस्ताव मिला।

फ़िल्म बलिदान के लिए नवल गांधी ने सुलोचना को मुख्य किरदार के लिए चुना। सुलोचना के साथ उनके सह कलाकार थे मास्टर विट्ठल और ज़ुबैदा। इम्पीरियल में सुलोचना और अभिनेता डी बिल्लिमोरिया की जोड़ी बहुत कामयाब रही।

1928-29 में निर्देशक आर.एस. चौधरी की फ़िल्में माधुरी (1928), अनारकली (1928) और इंदिरा बी.ए. (1929) ने उन्हें मूक फ़िल्म युग में प्रसिद्धि के चरम पर पहुँचा दिया। सुलोचना सबसे ज़्यादा पगार पानेवाली अभिनेत्री बन गयी।

इनकी प्रसिद्धि का आलम यह था कि जब महात्मा गांधी पर एक खादी प्रदर्शनी का उद्घाटन करते हुए एक लघु फ़िल्म दिखायी गयी, तो इसके साथ ध्वनि प्रभावों के साथ तालमेल बिठाकर सुलोचना की फ़िल्म माधुरी का एक लोकप्रिय नृत्य जोड़ा गया।

1930 में इम्पीरियल फ़िल्म कम्पनी के मालिक आर्देशिर ईरानी ने अपनी पहली बोलती फ़िल्म 'आलम आरा' के लिए नायक और नायिका की तलाश शुरू की। नायिका के रोल के लिए ईरानी ने सबसे पहले अभिनेत्री सुलोचना को पसन्द किया था। वह इम्पीरियल फ़िल्म कम्पनी की मूक फ़िल्मों की एक प्रतिष्ठित अभिनेत्री थी। लेकिन उनकी उर्दू ज़बान कमज़ोर होने की वजह से उनकी जगह ज़ुबैदा को 'आलम आरा' की मुख्य नायिका के लिए चुन लिया गया।

सुलोचना के हाथ से आलम आरा का निकल जाना उनके लिए एक गहरा सदमा था। उन्होंने ध्वनि फ़िल्मों को चुनौती के रूप में लिया। उन्होंने इम्पीरियल फ़िल्म कम्पनी छोड़ दी और मेहनत से हिन्दुस्तानी भाषा सीखने लगीं। 1932 में बोलती फ़िल्म माधुरी से उन्होंने वापसी की। यह बोलती फ़िल्म सफल रही। सुलोचना ने 'रूबी पिक्चर्स' नाम की कम्पनी खोली। उसके बाद अपनी सफल

सुलोचना (रूबी मेयर्स)

मूक फ़िल्मों का ध्वनि फ़िल्म संस्करण बनाना शुरू किया। जिसमें इंदिरा एमए (1934), अनारकली (1935) और बॉम्बे की बिली (1936) प्रमुख फ़िल्में थीं जो काफ़ी सफल रहीं। बाद में वह हिन्दी फ़िल्मों में चरित्र अभिनेत्री के रूप में काम करने लगीं।

1953 में, फिल्मिस्तान स्टूडियो की फ़िल्म अनारकली में सुलोचना ने अभिनय किया, लेकिन इस बार सलीम की माँ के रूप में नज़र आयीं।

इसके अलावे सुलोचना की प्रमुख हिन्दी फ़िल्में रहीं बाज़ (1953), आम्रपाली, दिल अपना प्रीत परायी, नीलकमल, मेरे हमदम मेरे दोस्त, जूली, खट्टा मीठा। सुलोचना ने अपना परिवार नहीं बसाया। बाद में उन्होंने एक बच्ची को गोद लिया था।

1973 में सुलोचना को सिनेमा में योगदान के लिए प्रतिष्ठित दादा साहेब फाल्के अवॉर्ड से सम्मानित किया गया। 10 अक्टूबर 1983 को 76 साल की उम्र में सुलोचना उर्फ रूबी मेयर्स ने दुनिया को अलविदा कहा।

मिस गौहर (11 नवम्बर 1910-28 सितम्बर 1985)

'मैंने हमेशा घरेलू, सरल और अच्छी लड़की की भूमिका निभायी है जैसे जया भादुड़ी निभाती है। लेकिन जया बहुत बेहतरीन अभिनेत्री है। मैं बहुत बुरी अभिनेत्री थी।'

-मिस गौहर

मिस गौहर

गौहर कय्यूम मामाजीवाला का जन्म 19 नवम्बर 1910 को लाहौर में हुआ था। वह दाऊदी बोहरा समुदाय से आती थी। उनके पिता लाहौर के एक व्यवसायी थे। गौहर को बचपन से डॉक्टर बनने का शौक था। उनके पिता के व्यवसाय में लगातार घाटा हो रहा था। गौहर उस वक़्त मैट्रिक में पढ़ रही थी। तभी उनके पिता के दोस्त होमजी मास्टर (प्रसिद्ध अभिनेता और निर्देशक) ने गौहर को देखा और अपने दोस्त से कहा कि अपनी बेटी को फ़िल्मों में क्यों नहीं भेजते? फ़िल्मों में अभिनेत्रियों की बहुत माँग है और पैसे भी अच्छे मिलेंगे। गौहर के माता-पिता बेटी को फ़िल्मों में भेजने के खिलाफ़ थे लेकिन उनकी माली हालत बिगड़ती ही जा रही थी। होमी मास्टर पर विश्वास

करके उनके पिता ने गौहर कय्यूम मामाजीवाला को फ़िल्मों में जाने की इजाज़त दे दी। गौहर ने मुम्बई आकर कृष्णा फ़िल्म कम्पनी के मालिक मानेकलाल मेहता से मुलाकात की जहाँ उसे तीन सौ रुपया महीने पे रख लिया गया। उस समय तीन सौ रुपये की बहुत कीमत थी। सोलह साल की उम्र में 1925 में गौहर मामाजीवाला को पहली फ़िल्म बतौर मुख्य नायिका मिली फॉर्च्यून एंड फूल्स या बाप कमाई। आमतौर पर मूक सिनेमा में एक फ़िल्म के दो टाइटल रखे जाते थे अंग्रेज़ी और देशी। इस फ़िल्म से गौहर कय्यूम मामाजीवाला का नाम बदलकर मिस गौहर कर दिया गया।

कोहिनूर फ़िल्म कम्पनी की फ़िल्म लंका नी लाडी या द ब्राइड फ्रॉम सीलोन के निर्देशन का भार जब होमी मास्टर को दिया गया तो उन्होंने गौहर को मुख्य नायिका की भूमिका देकर कोहिनूर फ़िल्म कम्पनी में बुला लिया। 'लंका नी लाडी' गौहर की सुपरहिट फ़िल्म साबित हुई। उसके बाद गौहर ने होमी मास्टर के निर्देशन में 'दिल्ली नो ठग' या 'थीफ ऑफ़ डेल्ही', 'लाखो बंजारों' और मोहन भवनानी के निर्देशन में मीना कुमारी और रा कवट या प्रणय मिलन जैसी फ़िल्मों में काम किया।

गिरीश कर्नाड को दिये इंटरव्यू में गौहर कहती हैं 'मैंने लंका नी लाडी के बाद कोहिनूर फ़िल्म कम्पनी की ढेर सारी फ़िल्में कीं। कोहिनूर मूक सिनेमा के दौर का बहुत बड़ा स्टूडियो था। जहाँ मोहनलाल भवनानी और होमी मास्टर जैसे बड़े फ़िल्म निर्देशक थे। जहाँ मिस मोदी, एर्मलीन, गुलाब और जमुना जैसी अभिनेत्रियाँ थीं। लेकिन जल्दी ही मैं और सुलोचना (रूबी मेयर्स) टॉप की स्टार बन गयीं। हमदोनों ने एक दूसरे के विपरीत रोल अदा किया। वह बहुत ख़ूबसूरत और ग्लैमरस भूमिका निभाती थी जबकि मैं सीधी और सरल लड़की की भूमिका में होती थी।

मैंने मुख्य नायिका का रोल हमेशा अदा किया। लेकिन 1926 में चन्दूलाल शाह निर्देशित टाइपिस्ट गर्ल में मुख्य नायिका सुलोचना थी और मेरा छोटा रोल था। यह छोटा रोल मैंने चन्दूलाल शाह की ख़ास गुजारिश पे की थी।'

चन्दूलाल शाह और गौहर काफ़ी करीब आ गये। जब चन्दूलाल शाह ने कोहिनूर फ़िल्म कम्पनी छोड़ी तो वे अपने साथ गौहर, राजा सैंडो और कैमरामैन पांडुरंग नाईक को लेकर जगदीश फ़िल्म कम्पनी में शामिल हो गये। कुछ फ़िल्में निर्देशित करने के बाद चन्दूलाल शाह और उनकी टीम ने जगदीश फ़िल्म कम्पनी छोड़ दी। उसके बाद रणजीत फ़िल्म कम्पनी बनायी गयी जिसमें गौहर को शाह ने कम्पनी का पार्टनर बनाया।

गौहर के शब्दों में–'मुझे नहीं मालूम शाह ने मुझे रणजीत फ़िल्म कम्पनी का पार्टनर क्यों बनाया। रणजीत ने पहली फ़िल्म 'पति पत्नी' बनायी। इस फ़िल्म में हम पाँच लोग प्रमुख थे–चन्दूलाल शाह, पांडुरंग नाईक, राजा सैंडो, मुबारक और मैं। हमने कुछ दृश्य सरोज फ़िल्म स्टूडियो में शूट किये लेकिन ज़्यादातर दृश्य हमने शाह की बहन के बंगले में फिल्माया। 'पति पत्नी' बहुत कामयाब फ़िल्म साबित हुई। फ़िल्म की कमाई से हमने फाइनेन्सर का लोन चुकाया और व्यवस्थित ढंग से रणजीत फ़िल्म कम्पनी शुरू की।'

चन्दूलाल शाह एक निर्माता निर्देशक और गौहर एक अभिनेत्री, दोनों ने एक रचनात्मक साझेदारी की शुरुआत की।

गौहर के शब्दों में–'चन्दूलाल शाह ने नये नये सहायक निर्देशकों को फ़िल्म निर्देशन की बारीकियाँ सिखायीं। जिसमें जयंत देसाई और नन्दलाल जसवन्त लाल प्रमुख थे जो बाद में बड़े निर्देशक बने।'

गौहर ने मूक सिनेमा के बाद बोलती फ़िल्मों में भी अभिनय किया। बोलती फ़िल्मों का दौर जब शुरू हुआ तो रणजीत फ़िल्म कम्पनी का नाम बदलकर रणजीत मूवीटोन कर दिया गया। रणजीत ने पहली बोलती फ़िल्म देवी देवयानी बनायी जो कच देवयानी की कथा पर आधारित थी जिसमें गौहर और डी बिलिमोरिया ने मुख्य भूमिका निभायी थी।

गौहर की हिन्दुस्तानी ज़बान बहुत अच्छी थी और वह गायकी और नृत्य में भी पारंगत थी। इसलिए बोलती फ़िल्मों में उनका अभिनय जारी रहा।

गौहर के शब्दों में–'मेरी उर्दू बहुत अच्छी थी। बचपन में एक मौलवी मुझे कुरान शरीफ पढ़ाने आते थे। उन्होंने मुझे थोड़ा बहुत फ़ारसी भी पढ़ाया था। इसलिए मेरी ज़बान साफ थी। मेरे साथ के कई अभिनेता और अभिनेत्रियाँ बोलती फ़िल्म आने के बाद गायब हो गए। क्योंकि उनको हिन्दुस्तानी ज़बान नहीं आती थी।'

हमारे गाने की रिकॉर्डिंग में हारमोनियम, सारंगी और तबला होता था। लेकिन माइक एक होती थी। उसी एक माइक से एक ही समय पर ऑर्केस्ट्रा के वाद्ययंत्रों की रिकॉर्डिंग होती थी और गाना गानेवाले अभिनेता-अभिनेत्री की भी। इसलिए अक्सर गानेवाले दृश्य को मिड शॉट में फिल्माया जाता था ताकि नीचे रखा माइक नज़र न आ जाए।

गौहर ने अपनी आख़िरी फ़िल्म 'अछूत' किया जिसे 1939 में रणजीत मूवीटोन ने निर्मित की थी। जिसमें गौहर के साथ मोतीलाल मुख्य अभिनेता थे। इस फ़िल्म

के बाद गौहर ने फ़िल्म अभिनय से संन्यास ले लिया लेकिन वह आगे तीन दशक तक रणजीत मूवीटोन की पार्टनर बनी रहीं।

ओपेरा हाऊस वाली सड़क पर रॉक्सी थिएटर के पास सेंचुरी बिल्डिंग के चौथे फ्लोर के ड्रीम लैंड नाम के आलीशान फ्लैट में रहते हुए मिस गौहर ने 28 सितम्बर 1985 को 75 साल की उम्र में दुनिया को अलविदा कहा।

राजा सैण्डो (1895-25 नवम्बर 1943)

राजा सैण्डो के बारे में फ़िल्म इतिहासकार थिओडोर भास्करन कहते हैं : 'एक निर्देशक, अभिनेता, पटकथा लेखक और निर्माता के रूप में तमिल सिनेमा में उनका योगदान महत्त्वपूर्ण है। उनकी फ़िल्मों में गाने से हटकर बोले जाने वाले शब्द पर ज़ोर दिया जाता था। उनके साथ चालीस और पचास के दशक के कई सितारे काम कर चुके हैं। वे अभिनेताओं को प्रशिक्षित करने में बहुत सक्षम थे और अपनी फ़िल्मों पर उनका पूर्ण नियन्त्रण रहता था। वह सेट पर एक अनुशासित कप्तान की तरह रहते थे और अक्सर उनकी तुलना सर्कस में एक रिंगमास्टर से की जाती थी।'

राजा सैण्डो

1895 में राजा सैण्डो का जन्म तमिलनाडु के पोल्लाची में हुआ था। उनका असली नाम पी.के. नागलिंगम था। अपने पिता की मृत्यु के बाद, वह पुदुकोट्टई में स्थानान्तरित हो गये और उनका पालन-पोषण उनके बड़े भाई ने किया। छोटी उम्र में ही, नागलिंगम की दिलचस्पी बॉडी बिल्डिंग, कुश्ती, और व्यायाम में होने लगी। इस जुनून से उन्होंने कम समय में अपना एक कसरती बदन विकसित कर लिया। उन्होंने एक व्यायामशाला की शुरूआत की, जो सफल साबित हुई। नागलिंगम को एक कुश्तीबाज के रूप में शोहरत मिलने लगी। तभी उनकी मुलाकात बॉम्बे के एक करोड़पति उमर सोभानी से हुई जो कुश्ती के प्रशंसक थे। उन्होंने नागलिंगम को अपने अमीर दोस्तों को प्रशिक्षित करने के लिए बॉम्बे लेकर आये।

1918 में, 'बॉम्बे क्रॉनिकल' के सम्पादक बी. जी. हार्नीमैन ने अपने अख़बार में नागलिंगम की तस्वीर पहले पृष्ठ पर छापी। अख़बारों में उनपर लेखन और चित्र के परिणामस्वरूप कॉलेजों, क्लबों और अमीर व्यक्तियों के निमन्त्रणों की बाढ़ आ गई। भारत के तत्कालीन वायसराय की पत्नी लेडी विलिंगडन नागलिंगम के कुश्ती शो देखने आयीं और उनके शारीरिक कौशल की प्रशंसा की।

नागलिंगम को फ़िल्में देखना बहुत पसन्द था। एक दोस्त के कहने पर शाम को वह मुम्बई की नेशनल फ़िल्म कम्पनी के दफ़्तर चले गये। नेशनल फ़िल्म कम्पनी के निर्माता और निर्देशक एस एन पाटणकर से उनकी मुलाकात हुई। पाटणकर 'भक्त बोधना' नाम की फ़िल्म बनाने की तैयारी में लगे थे। नागलिंगम के व्यक्तित्व से पाटणकर बहुत प्रभावित हुए। उन्होंने इनका एक स्क्रीन टेस्ट लिया। दृश्य यह था कि घोड़ों पर सवार पाँच बदमाश एक किसान और उसके परिवार को घेर लेते हैं। अनाज की बोरी लेके जाने लगते हैं। किसान का लड़का बना नागलिंगम उनसे अपना बोरी छीनने लगता है। घुड़सवार बदमाश और नागलिंगम में लड़ाई होती है। देखते देखते घुड़सवारों की नाक से खून बहने लगा और वे दर्द से कराहने लगे थे। पाटणकर ने समझाया कि लड़ाई नहीं करनी बल्कि लड़ाई का नाटक करना है। उन्हें बताना पड़ा कि अभिनय का मतलब दिखावा है। इसके बाद पाटणकर ने उनसे एक इमोशनल सीन करने के लिए कहा, जिसे उन्होंने इतना वास्तविक रूप से किया कि पाटणकर ने उसी वक़्त अपनी फ़िल्म के लिए चुन लिया।

पाटणकर ने नागलिंगम का नाम बदलकर उन्हें नया फिल्मी नाम दिया राजा सैण्डो। यह नाम उस समय के विश्वप्रसिद्ध जर्मन कुश्तीबाज यूजेन सैण्डो के नाम पर रखा गया। 1922 में फ़िल्म भक्त बोधना प्रदर्शित हुई और काफ़ी सफल रही। इस

फ़िल्म से भारतीय मूक सिनेमा को एक नया नायक मिला राजा सैण्डो। पाटणकर ने राजा सैण्डो को अपनी अगली फ़िल्म 'कुन्ती पुत्र कर्ण' के लिए 101₹ का सबसे अधिक भुगतान किया। यह फ़िल्म भी कामयाब रही।

लेखक मोहनलाल जी दवे नेशनल फ़िल्म कम्पनी और कोहिनूर फ़िल्म कम्पनी की स्क्रिप्ट लिखते थे। वे राजा सैण्डो को कोहिनूर फ़िल्म कम्पनी लेकर आये। जिसे फ़िल्मों की फैक्ट्री कहा जाता था। 1922 में कोहिनूर फ़िल्म कम्पनी की प्रदर्शित फ़िल्म 'सूर्य कुमारी' में राजा सैण्डो ने मुख्य भूमिका निभायी।

1923 में कोहिनूर की अगली फ़िल्म 'वीर भीमसेन' में राजा सैण्डो ने भीम का मुख्य किरदार निभाया। जिसे कांजीभाई राठौर ने निर्देशित किया था। फ़िल्म 'बाली और सुग्रीव युद्ध' में राजा सैण्डो ने मुख्य भूमिका के साथ फ़िल्म की स्क्रिप्ट भी लिखी।

1920 के दशक में राजा सैण्डो ने रज़िया बेगम, वीर कुणाल, टेलीफोन गर्ल, टाइपिस्ट गर्ल, गुणसुन्दरी और तारणहार जैसी बेहद सफल फ़िल्मों में मुख्य किरदार निभाया। वह एक एक्शन अभिनेता थे जो अपना स्टंट ख़ुद किया करते थे। वह अभिनय से निर्देशन में जाना चाहते थे इसलिए वह स्टूडियो में फ़िल्मों की बारीकियाँ सीखते गये। 1928 में उन्होंने श्री जगदीश फ़िल्म कम्पनी के लिए पहली फ़िल्म 'स्नेह ज्योति' निर्देशित की। जिसमें उन्होंने मुख्य चरित्र भी निभाया। फिर वह अपनी जन्मभूमि मद्रास लौट गये। उन्होंने मद्रास में आर पद्मनाभन की एसोसिएट फ़िल्म कम्पनी के लिए फ़िल्में बनाना शुरू किया। वहाँ सामाजिक सुधारवादी फ़िल्में बनाने का चलन शुरू हो गया था।

1930-31 में राजा सेण्डो ने 'नंदनार', 'राजेश्वरी' और 'द डेविल एंड डैमसेल', 'प्राइड ऑफ़ हिन्दुस्तान' जैसी फ़िल्मों में निर्देशन और अभिनय किया। वह मद्रास में भी बेहद सफल रहे।

जब बोलती फ़िल्मों का दौर शुरू हुआ तो वह फिर मुम्बई लौट आये। 1932-35 में उन्होंने श्याम सुन्दर (1932), देवकी (1934) और इंदिरा एमए (1935) जैसी कई सामाजिक हिन्दी फ़िल्मों में अभिनय किया। 1935 में, उन्हें पहली बार बोलती तमिल फ़िल्म 'मेनका' निर्देशित करने का आमन्त्रण मिला। वे मद्रास लौट आये। उसके बाद वसन्त सेना (1936), चालक चोर (1936), चन्द्रकान्था (1936), विष्णुलीला (1938), थिरुनीलकान्तर (1939) और चूड़ामणि (1941) कुछ ऐसी फ़िल्में थीं जिनका उन्होंने निर्देशन और अभिनय किया था। 1943 में उनकी आख़िरी

फ़िल्म 'शिवकवि' प्रदर्शित हुई जिसमें उन्होंने अभिनय और निर्देशन किया था। इसी फ़िल्म के दौरान राजा सैण्डो को दिल का दौरा पड़ा और 25 नवम्बर 1943 को कोयंबटूर में उनकी मृत्यु हो गयी। राजा सैण्डो पहले तमिल फ़िल्म निर्देशक थे जिन्होंने फ़िल्म शीर्षकों में अभिनेताओं के नाम देने की शुरुआत की। वह तत्कालीन रूढ़िवादी तमिल फ़िल्म उद्योग में अन्तरंग चुम्बन दृश्यों और नर्तकियों को पेश करने वाले पहले निर्देशक थे। वे ऐसे पहले निर्देशक और निर्माता भी थे जिन्होंने तमिल सिनेमा को पौराणिक कहानियों के रीमेक बनाने वाली फ़िल्में बनाने की ओर अग्रसर किया। उनका मानना था कि सिनेमा केवल मनोरंजन का माध्यम नहीं बल्कि सामाजिक रूप से प्रासंगिक कला है, जिसमें जनता के लिए सबक होना चाहिए।

उन्होंने अपनी फ़िल्मों का विज्ञापन 'अपनी ख़ुद की तस्वीर देखने से न चूकें' के रूप में भी किया। सैण्डो 1931 में वै पर आधारित 'अनाधाई पेन' का निर्देशन करके फ़िल्मों में तमिल साहित्य का उपयोग करने वाले पहले निर्देशक बने।

1980 के दशक के दौरान, जब एमजीआर तमिलनाडु के मुख्यमन्त्री थे, उन्होंने 'राजा सैण्डो पुरस्कार' के रूप में एक प्रतिष्ठित पुरस्कार स्थापित किया, जो तमिल सिनेमा में योगदान के लिए दिया जाता है।

जिल्लो बाई

जिल्लो बाई हिन्दी सिनेमा का एक ऐसा नाम है जिसे लोग वास्तविक नाम से नहीं बल्कि फ़िल्मों में निभाये किरदार से पहचानते हैं। जिल्लो बाई नाम अनजान सा लगता है लेकिन फ़िल्म 'मुग़ल ए आज़म' में अनारकली की माँ और फ़िल्म 'मदर इंडिया' में नरगिस की सास की भूमिका निभाने वाली उस अदाकारा को सभी पहचानते होंगे। उस अदाकारा का नाम जिल्लो बाई था। 1905 में जिल्लो बाई का जन्म बम्बई में हुआ। जिल्लो बाई का असली नाम ज़ुलेख़ा इब्राहीम था। ज़ुलेख़ा को घर में प्यार से 'जिल्लू' पुकारा जाता था। अभिनय के लिए जब कुछ औरतों ने सिनेमा में आने की हिम्मत दिखानी शुरू की, उसी दौर में बम्बई के नागपाड़ा में रहनेवाली 17 साल की जिल्लू ने फ़िल्मों में कदम रखा। उन्होंने आर्देशिर ईरानी की फ़िल्म कम्पनी में बतौर अभिनेत्री 7 रुपये महीने पर काम करना शुरू किया।

अभिनेत्री जिल्लो

आर्देशिर ईरानी और भोगीलाल दवे की स्टार फिल्म्स लिमिटेड ने 1923 में फ़िल्म इन्द्रकुमारी और फ़िल्म चन्द्रगुप्त चाणक्य बनायी जिसमें जिल्लू ने मुख्य भूमिका निभायी।

1923 में स्टार फ़िल्म्स लिमिटेड की फ़िल्म चन्द्रगुप्त चाणक्य को मोहनलाल जी दवे ने लिखा था। उसमें जिल्लो, असूजी ने मुख्य भूमिका निभाई थी। 1926 में यह फ़िल्म महात्मा चाणक्य के नाम से दोबारा रॉयल आर्ट स्टूडियो द्वारा रिलीज हुई। 1926 में 'महात्मा चाणक्य' के नाम से।

मूक फ़िल्मों के दौर में जब उनका फ़िल्मी सफ़र शुरू हुआ तो पर्दे पर भी नाम 'जिल्लू' ही आया, बाद में यह नाम पलटकर 'जिल्लो' हो गया।

1924 में आर्देशिर ईरानी की मैजेस्टिक फ़िल्म कम्पनी की फ़िल्म वीर दुर्गादास में जिल्लो ने मुख्य भूमिका निभायी। जिसके निर्देशक थे बी पी मिश्रा। इस फ़िल्म पर धार्मिक विवाद के कारण 10 जून 1924 को रोक लगा दी गयी। दोबारा सेंसर होने के बाद प्रदर्शित हुई।

1924 में ही मैजेस्टिक फ़िल्म कम्पनी की विवादास्पद फ़िल्म रज़िया बेगम प्रदर्शित हुई। जिसमें रज़िया की मुख्य भूमिका जिल्लो बाई ने निभायी थी। नानूभाई देसाई ने इस फ़िल्म का निर्देशन बीच में छोड़ दिया जिसे बी पी मिश्रा ने पूरा किया।

मुस्लिम रियासतों में इस फ़िल्म को लेकर विरोध शुरू हो गया। कई रियासतों में इस फ़िल्म पर प्रतिबन्ध लगा दिया गया। 1924 में मैजेस्टिक फ़िल्म कम्पनी की फ़िल्म शाहजहाँ बनी जिसमें एलिजर, बी पी मिश्रा और जिल्लो ने मुख्य भूमिका निभायी। आर्देशिर ईरानी और नवल गांधी ने मिलके निर्देशित किया।

मूक सिनेमा के दौर में 1927 में इम्पीरियल फ़िल्म कम्पनी की फ़िल्म अलीबाबा चालीस चोर में जिल्लो ने अहम किरदार निभायी। इस फ़िल्म को बी पी मिश्रा ने निर्देशित किया था।

1927 में इम्पीरियल की फ़िल्म नारी के नागिन और फ़िल्म नसीब नी लिली में भी जिल्लो ने मुख्य भूमिका निभायी थी। 1928 में इम्पीरियल फ़िल्म कम्पनी ने पहली बार 'अनारकली' बनायी जिसमें सुलोचना और डी बिलिमोरिया के साथ जिल्लो बाई भी प्रमुख किरदार में थीं। इसका निर्देशन आर एस डी चौधरी ने किया था।

इसके अलावे 'माधुरी' (1928), 'इंदिरा' (1929) और 'पंजाब मेल' (1929) जैसी कोई दो दर्ज़न अन्य मूक फ़िल्मों में उन्होंने अलग-अलग तरह के किरदार निभाये।

1931 में आयी पहली बोलती फ़िल्म 'आलमआरा' में भी जिल्लो ने प्रमुख भूमिका निभायी। इस फ़िल्म में अभिनय के साथ उन्होंने एक गीत भी गाया था। जिसके बोल थे, 'रूठा है आसमां/गुम हो गया माहताब, दुश्मन है अहले जहाँ'।

अभिनेत्री जिल्लो और रोज

बोलती फ़िल्मों के दौर में भी जिल्लो बाई कई प्रमुख फ़िल्मों में चरित्र अभिनेत्री के तौर पर काम करती रहीं। मुग़ल ए आज़म और मदर इंडिया के अलावे फ़िल्म जुगनू में जिल्लो ने दिलीप कुमार की माँ का किरदार निभाया था। फ़िल्म मदहोश में वह मीना कुमारी की माँ के किरदार में नज़र आयी थीं। सोहराब मोदी की फ़िल्म पुकार में भी उन्होंने अहम भूमिका निभायी थी। 1960 के बाद जिल्लो ने फ़िल्मों में काम करना बन्द कर दिया।

मुम्बई में नागपाड़ा के जे जे हॉस्पिटल के सामने वाली इमारत में वह अपने परिवार के साथ रहती थीं। उनका पारिवारिक व्यवसाय कपड़ा सिलाई का था। मूक सिनेमा की अभिनेत्री और बोलती फ़िल्मों की चरित्र अभिनेत्री ने गुमनामी की ज़िन्दगी जीते हुए 2004 में नागपाड़ा, मुम्बई के अपने छोटे आशियाने में आख़िरी साँस ली।

ईदी बिलिमोरिया (1900-1981)

1900 में ईदी बिलिमोरिया का जन्म एक पारसी परिवार में पुणे के सैनिक छावनी किरकी (अब खड़की) में हुआ था। उनके पिता वहाँ शस्त्र हथियार के कारखाने में कार्यरत थे। ईदी ने तेरह साल की उम्र में घर छोड़ दिया। वह रेलवे में जाकर फायरमैन की नौकरी करने लगा। उस समय के बहुत सारे एंग्लो इंडियन और पारसी लड़कों में रेलवे के इंजन ड्राइवर बनने की धुन सवार रहती थी। ईदी को भी लगा कि हम भी फायरमैन से रेलवे ड्राइवर बन जाएँगे। लेकिन कुछ दिनों बाद ही वह बीमार पड़ गया। उनके माता पिता मौसम बदलाव के लिए उसको मुम्बई लेकर आए। मुम्बई शहर में फिल्मों के प्रदर्शन अलग अलग थिएटर में हो रहे थे। ईदी के लिए खुशी की बात थी कि मुम्बई शहर में वह टिकट लेकर किसी भी थिएटर में फिल्में देख सकता था। सैनिक छावनी किरकी के थिएटर में सिर्फ अंग्रेज़ सैनिकों और अफसरों को फिल्में देखने की इजाज़त थी भारतीयों को नहीं। ईदी ने मुम्बई के थिएटर में एक अमेरिकी मूक फिल्म देखी। फिल्म देखते ही वह फिल्मों का दीवाना हो गया।

जब वह किरकी लौटकर आया तो उसे अंग्रेजों के सिनेमा हॉल में फिल्में देखनी थी लेकिन भारतीय होने से वह दर्शक के रूप में थिएटर के अंदर जा नहीं सकता था। इसलिए वह फिल्में देखने के लिए उस सिनेमा थिएटर में गेटकीपर की नौकरी ले ली। फिल्म शुरू होने के बाद गेट बंद करके हॉल की सीढ़ियों पर बैठकर वह पूरी फिल्में देखता। खाली वक़्त में वह प्रोजेक्टर रूम में जाता और ऑपरेटर से प्रोजेक्टर चलाने का तकनीक सीखता। एकदिन प्रोजेक्टर ऑपरेटर को नशे में होने के कारण उसे नौकरी से निकाल दिया गया। उसकी जगह ईदी को थिएटर में प्रोजेक्टर ऑपरेटर की नौकरी मिल गई। वह प्रोजेक्टर चलाते हुए फिल्में देखने लगा।

एकदिन वह प्रोजेक्टर संचालक की नौकरी की तलाश में हैट, कोट और जूते

ईदी बिलिमोरिया

पहनकर मुम्बई पहुँचा। उसे मुम्बई में रहने की कोई जगह नहीं थी। इसलिए वह सीएसटी स्टेशन के सामने आज़ाद मैदान में रात को सोता और दिन में वहीं एम्पायर, एक्सेलसियर थिएटर के आसपास मंडराते रहता ताकि उसे प्रोजेक्टर संचालक की नौकरी मिल जाए। एक रात आज़ाद मैदान में सोते हुए उसका हैट, कोट और जूते चोरी हो गए। ईदी के लिए यह बहुत बड़ा सदमा था। वह प्रोजेक्टर उपकरण के डीलर के पास पहुंचा और कहा कि जो भी काम मिल जाए मैं करने को तैयार हूँ। उस डीलर ने बॉम्बे प्रेसिडेंसी के साथ पूरे देश के थिएटर में नए प्रोजेक्टर लगाने का काम उसे सौंप दिया। ईदी ने देश के करीब सैकड़ों थिएटर में प्रोजेक्टर लगाने का काम किया।

इसी बीच ईदी का छोटा भाई दिनशॉ बिलिमोरिया 1927 में आर्देशिर ईरानी की इम्पीरियल फिल्म कम्पनी की एक फिल्म 'दया नी देवी' से अपनी करियर की शुरुआत की। फिर वह फिल्मों में मुख्य अभिनेता बनकर आए।

एकदिन ईदी अपने भाई से मिलने इम्पीरियल स्टूडियो पहुँचा। वहाँ नए निर्देशक ने ग़लती से ईदी को दिनशॉ समझ लिया । वह ईदी का मेकअप कराके एक सीन शूट किया। तभी दिनशॉ बिलिमोरिया सेट पर पहुँचे। उन्होंने कहा कि यह मेरे बड़े भाई है । ईदी का सीन इतना अच्छा हुआ था कि निर्देशक ने उनसे फिल्म पंजाब मेल में एक छोटा रोल कराया। ईदी का अभिनय देखकर तीन निर्देशको ने

अपनी फिल्मों के मुख्य किरदार की पेशकश की। इम्पीरियल फिल्म कम्पनी ने फिल्म राज रमणी उर्फ वैनिशिंग होप में ईदी को बतौर मुख्य अभिनेता पेश किया। फिल्म बहुत ही कामयाब रही। इम्पीरियल के लिए ईदी बिलिमोरिया ने दो साल में गीता रहस्य, इंतकाम जैसी कई सारी मूक फिल्मों में मुख्य भूमिका निभायी। उनके साथ फिल्मों में उस ज़माने की प्रसिद्ध अभिनेत्रियां सुलोचना, माधुरी और एरमेलिन ने काम किया। उसके बाद चन्दूलाल शाह ने जब रणजीत फिल्म कम्पनी की शुरुआत की तो उन्होंने ईदी बिलिमोरिया को बतौर मुख्य अभिनेता अपनी कम्पनी में शामिल कर लिया। ईदी ने फिल्म फाइटिंग वागाबॉन्ड, अलबेलो सवार, रॉग ऑफ राजस्थान, नॉटी बट नाइस जैसी फिल्में की जिसमें उनकी मुख्य अभिनेत्रियाँ मिस गौहर, बिब्बो और माधुरी थी। बाद में वह रणजीत मूवीटोन की ढेर सारी बोलती फिल्मों में मुख्य किरदार निभाए। वह स्टंट और एक्शन फिल्मों के अभिनेता के रूप में जाने गए ।

मुम्बई के कैम्प्स कॉर्नर की एक पुरानी इमारत के एक फ्लैट में रहते हुए उन्होंने 18 फरवरी 1981 को दुनिया को अलविदा कहा।

पी जयराज (सितम्बर 1909-अगस्त 2000)

पैदी जयराज हिन्दुस्तानी सिनेमा का वह नाम है जिन्होंने मूक सिनेमा के दौर में मुख्य अभिनेता के रूप में अपने करियर की शुरुआत की। हिन्दी सिनेमा के पर्दे पर ऐतिहासिक शूरवीरों की भूमिका के साथ जयराज ने एक रोमांटिक नायक के रूप में भी कामयाबी पायी। अभिनेत्री माधुरी के साथ इनकी जोड़ी इतनी कामयाब थी कि लोग जयराज को जॉन गिल्बर्ट और माधुरी को ग्रेटा गार्बो की जोड़ी कहके पुकारा करते थे।

जयराज का जन्म 28 सितम्बर 1909 में हैदराबाद रजवाड़े के करीमनगर में हुआ था। उनके पिता अच्युता नायडू लोक निर्माण विभाग में अफ़सर थे। जयराज नौ भाई बहनों में सबसे छोटे थे। उनके पिता परिवार के साथ करीम नगर से हैदराबाद आ गये। जयराज ने प्राथमिक शिक्षा अपनी मातृभाषा तेलुगु में पूरी की, बाद में उन्होंने मदरसा में जाकर उर्दू भाषा की पढ़ाई की। उनको बचपन से ही व्यायाम, खेलकूद में रुचि पैदा हो गयी थी। क्रिकेट और फुटबॉल उनका पसन्दीदा खेल था। कसरती बदन होने की वजह से वह रोज़ाना व्यायाम किया करते थे।

1926 में ऑल सेंट्स हाई स्कूल से मैट्रिक करने के बाद उन्होंने हैदराबाद के प्रतिष्ठित निज़ाम कॉलेज में दाख़िला लिया। जयराज बहुत होनहार विद्यार्थी थे। वह इंजीनियर बनना चाहते थे। जयराज के बड़े भाई सुन्दर राज ने उनसे वादा किया कि अगर तुम कॉलेज में अच्छे अंक प्राप्त करते हो फिर आगे की पढ़ाई के लिए तुम्हें लन्दन भेजूँगा। इसी बीच जयराज एक थिएटर ग्रुप 'शेक्सपियर क्लब' से जुड़ गये। दरअसल यह नाटक क्लब जयराज की मामी आज़ादी आन्दोलन की नेत्री स्वर कोकिला सरोजिनी नायडू ने हैदराबाद में शुरू किया था। जयराज के मामा मेजर नायडू से सरोजिनी नायडू की शादी हुई थी। सरोजिनी के शेक्सपियर क्लब द्वारा

पी जयराज

नाटकों के मंचन में जयराज बढ़-चढ़कर हिस्सा लेने लगे। खेलकूद और नाटक जयराज का जुनून बन गया।

इसी बीच जयराज का इंटरमीडिएट का रिजल्ट आ गया। वह फर्स्ट क्लास से पास हो गये लेकिन किसी कारणवश उनके बड़े भाई सुन्दर राज जयराज को पढ़ाई के लिए लन्दन भेजने का वादा पूरा नहीं कर पाये। इस बात से जयराज इतना आहत

हुए कि अपना सूटकेस उठाये और मझले भाई से बीस रुपया उधार लेकर घर छोड़ मुम्बई निकल गये।

15 अप्रैल 1929 को वह मुम्बई पहुँचे। वह अपने डॉक्टर दोस्त मोहन के यहाँ ग्रांट मेडिकल कॉलेज के कैम्पस में जाकर रुके। जयराज को नौकरी की तलाश थी। डॉ मोहन उसे बेलार्ड पियर लेकर गये। वहाँ एक शिपिंग कम्पनी में डेढ़ रुपया रोज़ाना पर उन्हें क्लीनर की नौकरी मिल गयी। फिर कुछ दिन बाद उनको पार्सल विभाग में शिफ्ट कर दिया गया।

एक दिन जयराज गिरगाँव स्ट्रीट पर किताबें देख रहे थे तभी वहाँ उनका हैदराबाद का दोस्त रँगया मिल गया जो कुछ साल पहले मुम्बई आ गया था। दोनों दोस्त गर्मजोशी से मिले। रँगया महावीर स्टूडियो में काम करता था और पास ही गोवर्धन बिल्डिंग में एक कमरा लेकर अकेले रहता था। जयराज भी रँगया के साथ उसके कमरे में शिफ्ट हो गये।

मालाबार हिल के हैंगिंग गार्डेन में रँगया और जयराज फ़िल्म की शूटिंग देखने पहुँचे। वहाँ धोती कुर्ता और रंगीन टोपी पहने एक आदमी फ़िल्म का निर्देशन कर रहा था। वह मूक सिनेमा के लेखक और निर्देशक थे मामा वारेकर। मौका पाते ही रँगया ने मामा वारेकर से जयराज को मिलाया। कसरती बदन और पढ़े-लिखे जयराज से मिलकर मामा वारेकर प्रभावित हुए। मामा ने उन्हें अपनी फ़िल्म 'जगमगाती जवानी' में हीरो के साथी की भूमिका के लिए चुन लिया। यहीं से जयराज की ज़िन्दगी का एक नया अध्याय शुरू हुआ।

चन्द्रिका फ़िल्म कम्पनी की फ़िल्म 'जगमगाती जवानी' में माधव काले हीरो थे लेकिन उनको घुड़सवारी नहीं आती थी। इसका फ़ायदा जयराज को मिला। हीरो का डुप्लीकेट बनकर जिस तरह से जयराज ने घुड़सवारी की, उसी दिन सबको मालूम चल गया कि फ़िल्म इंडस्ट्री में एक नया एक्शन हीरो आ चुका है।

जगमगाती जवानी की शूटिंग होने के बाद आर्थिक तंगी की वजह से फ़िल्म का आगे का काम रुक गया।

इसी बीच महात्मा गांधी के साप्ताहिक अख़बार 'यंग इंडिया' के सम्पादक इन्दुलाल याग्निक ने अख़बार की नौकरी छोड़ दी। उन्होंने अपनी लिखी कहानी पर नागेंद्र मजूमदार के निर्देशन में फ़िल्म निर्माण की शुरुआत की। उन्होंने मुख्य नायक की भूमिका में जयराज और मुख्य नायिका के लिए माधुरी (एंग्लो इंडियन नाम बेरिल क्लाइसेन) को चुना। 1930 में यह फ़िल्म 'रसीली रानी' प्रदर्शित हुई और

बहुत कामयाब रही। इस फ़िल्म से जयराज एक एक्शन हीरो के रूप में प्रसिद्ध हो गये जो अपना स्टंट ख़ुद करते थे। इसी फ़िल्म से जयराज और माधुरी की जोड़ी ऐसी बनी कि इस जोड़ी ने कई सुपरहिट फ़िल्में दीं। उसके कुछ महीने बाद जगमगाती जवानी भी रिलीज़ हो गयी और यह फ़िल्म भी कामयाब रही। उस समय सूर्य की रौशनी में ही ज़्यादातर शूटिंग होती थी।

जयराज कहते हैं 'उन दिनों शाम पाँच बजे शूटिंग खत्म हो जाया करती थी। हमारे पास शाम का वक़्त होता था। मैं, पृथ्वीराज कपूर, बिलिमोरिया और कुछ एक्टर दोस्त एक साथ वी टी स्टेशन के सामने कैपिटल, एक्सेलसियर और एम्पायर थिएटर में जाकर अमेरिकी फ़िल्में देखा करते थे। उन फ़िल्मों से अभिनय और एक्शन सीखा करते थे।' (एशियन एज, 06.11.1997)

शारदा फ़िल्म कम्पनी का मुख्य अभिनेता मास्टर विट्ठल थे। कम्पनी की फ़िल्म 'द पर्ल' में मास्टर विट्ठल हीरो थे। फ़िल्म के शुरू होते ही मास्टर विट्ठल शारदा कम्पनी छोड़कर आर्देशिर ईरानी की इम्पीरियल फ़िल्म कम्पनी में चले गये। शारदा कम्पनी मास्टर विट्ठल के साथ कई सुपरहिट एक्शन फ़िल्में बना चुकी थी। विट्ठल का कम्पनी छोड़कर जाना शारदा फ़िल्म के लिए बहुत बड़ा आघात था। शारदा फ़िल्म कम्पनी को मास्टर विट्ठल जैसे एक्शन और स्टंट करनेवाला अभिनेता चाहिए था। उस कम्पनी की नज़र नये उभरते एक्शन स्टार पी जयराज पे गयी। शारदा ने जयराज को अपनी कम्पनी के मुख्य अभिनेता के रूप में शामिल कर लिया। जयराज हैदराबाद में जिस मास्टर विट्ठल की फ़िल्में देखने के लिए टिकट खिड़की पे खड़े रहते थे उनकी जगह फ़िल्म 'द पर्ल' में मुख्य अभिनेता के रूप में काम किया। यह फ़िल्म ज़बरदस्त सफल रही। उसके बाद जयराज ने शारदा फ़िल्म कम्पनी के लिए बतौर मुख्य अभिनेता बहादुर बेटी, दिग्विजय, दीवानों, हुस्न परी, कट्टो दुश्मन जैसी कामयाब फ़िल्में कीं। माधुरी के साथ परदेशी नु प्रीत और मातृभूमि (The Hero) जैसी सुपरहिट फ़िल्में कीं। अभिनेत्री माधुरी और ज़ुबैदा के साथ उन्होंने ज़्यादातर फ़िल्में कीं। 'द हीरो' में जयराज और माधुरी के चुम्बन दृश्य ने ज़बरदस्त सुर्खियाँ बटोरी थीं।

उसके बाद बोलती फ़िल्मों का दौर शुरू हो गया। जयराज ने बतौर मुख्य अभिनेता एक से बढ़कर एक बोलती फ़िल्मों में काम किया। मुख्य हीरो के तौर पर बॉम्बे टॉकीज की फ़िल्म 'भाभी' और देविका रानी के साथ 'हमारी बात' में अभिनय किया। जयराज ने बॉम्बे टॉकीज की फ़िल्म 'प्रतिमा' में दिलीप कुमार, स्वर्णलता और मुकरी को निर्देशित किया।

जयराज और माधुरी फिल्म यंग इंडिया 1930

लोकप्रिय टी वी निर्माता राजन शाही के अनुसार–'1951 में मेरे नानाजी (पी जयराज) ने भारत भूषण को लेकर फ़िल्म 'सागर' का निर्माण और निर्देशन किया। 80 के दशक में रमेश सिप्पी ने इसी कहानी पर आधारित डिम्पल, ऋषि कपूर के साथ फ़िल्म सागर बनायी।'

जयराज का फिल्मी करियर बहुत लम्बा रहा। जयराज ने करीब 300 फ़िल्मों में काम किया जिसमें 150 फ़िल्मों में उन्होंने मुख्य भूमिका निभायी। सिनेमा में अमूल्य योगदान के लिए 1980 में जयराज को भारत सरकार ने सिनेमा का सबसे प्रतिष्ठित अवॉर्ड दादा साहेब फाल्के से सम्मानित किया। मूक दौर से 90 के दशक तक उन्होंने अनगिनत फ़िल्मों में अभिनय किया। उनकी मुख्य फ़िल्में है शाहजहां, लालकिला, सिंगार, नीलकमल, शोले, धर्मात्मा, हेरा फेरी, डॉन, क्रान्ति, अर्धसत्य, मासूम, खून भरी माँग। 1995 में जयराज की आख़िरी फ़िल्म थी बेताज बादशाह और गॉड और गन। 11 अगस्त 2000 को लगभग 91 साल की आयु में भारतीय सिनेमा के दिग्गज अभिनेता जयराज ने मुम्बई में आख़िरी साँस ली।

ब्रिटिश सिनेमैटोग्राफ़ एक्ट

1912 में अमेरिकी फ़िल्म कम्पनी एडिसन द्वारा निर्मित एक मूक फ़िल्म प्रदर्शित हुई जिसका नाम था रिलीफ़ ऑफ़ लखनऊ। जिसे अमेरिकी निर्देशक सारले जे डाउले ने निर्देशित किया था। फ़िल्म का विषय 1857 के गदर पर आधारित था। यह फ़िल्म गदर के समय अंग्रेज़ महिलाओं, बच्चों के कत्लेआम से शुरू होकर विद्रोहियों की हार पर खत्म होती है। द रिलीफ़ ऑफ़ लखनऊ का निर्माण एडिसन कम्पनी ने ब्रिटिश बाज़ार के लिए किया था। 1911 के आसपास, एडिसन ने ब्रिटेन में बिक्री बढ़ाने के लिए विशेष रूष से यूरोपीय और उसके उपनिवेशों पर फ़िल्में बनानी शुरू की।

दिसम्बर 1914 को गृह सचिव ने एक पत्र के माध्यम से सिनेमा पर नियन्त्रण सम्बन्धी स्थिति को भारत के सचिव को अवगत कराया। 10 फरवरी 1915 को एम एच व्हीलर (सचिव भारत) ने देश के अन्य प्रान्तों से सिनेमा प्रदर्शन पर नियन्त्रण हेतु सुझाव माँगे।

पत्र के माध्यम से व्हीलर तीन श्रेणियों की फ़िल्मों की चर्चा भी करते हैं। राजनैतिक दृष्टि से बनी फ़िल्म 'रिलीफ़ ऑफ़ लखनऊ', साम्प्रदायिक समस्या के लिहाज़ से बनी फ़िल्म आज़िम जिसमें मोहम्मद साहब पर टिप्पणी थी तथा अमेरिकी फ़िल्म 'द एडवेंचर ऑफ़ कैथरीन' जिसमें नस्लीय भेदभाव देखा गया। तीनों ही श्रेणियों पर गौर फरमाते हुए गुलाम भारत की प्रान्तीय सरकारों ने इस पत्र का समर्थन किया और सेंसरशिप को उचित माना।

रिलीफ ऑफ़ लखनऊ फ़िल्म का ज़िक्र भारत में ब्रिटिश सरकार के सचिव ए. व्हीलर द्वारा संयुक्त प्रान्त के मुख्य सचिव को 13 फरवरी 1915 को लिखे एक पत्र में आता है।

इस फ़िल्म का प्रदर्शन बम्बई प्रेसीडेंसी में हो चुका था और सरकार को विश्वास था कि इसे पंजाब और उत्तर पश्चिम सीमान्त प्रान्त में भी दिखाया जा चुका है। मिस्टर व्हीलर इस तरह की फ़िल्में दिखाये जाने से न केवल चिन्तित थे बल्कि विभिन्न प्रान्तीय सरकारों से इसे रोकथाम के लिए भी प्रयास कर रहे थे। ब्रिटिश शासकों को यह डर था कि कहीं इस माध्यम के जरिये हमारे ख़िलाफ़ विद्रोह ना हो जाये। यह जान लेना भी ज़रूरी है कि देश की प्रान्तीय सरकारें भी सिनेमा पर सेंसर जैसी व्यवस्था के पक्ष में थीं।

1912 में ब्रिटेन में स्थापित सेंसर बोर्ड की तर्ज़ पर भारत में 1917 में इससे जुड़ा बिल पास हुआ। भारत के कई शहरों में सेंसर बोर्ड बनाये गये जो अपने आप में स्वतन्त्र थे। उन दिनों 1917 में टीपीओ कॉर्नर द्वारा पारित सेंसर बिल, 43 सेंसरशिप कोड ऑफ़ मोरैलिटी के साथ लागू किये गये।

ब्रिटिश सरकार की ओर से 5 सितम्बर 1917 को सर विलियम विन्सेंट ने विधान परिषद में सिनेमैटोग्राफ़ एक्ट बिल प्रस्तुत किया।

विलियम विन्सेंट ने बिल प्रस्तुत करते हुए यह तर्क भी दिया कि अधिकतर सभ्य देशों में मनोरंजन की विधाओं में विशेषकर प्रदर्शन की इस विधा हेतु वर्तमान कानूनों में सुधार की आवश्यकता है। जिसके दो प्रमुख तथ्य ध्यान देने योग्य हैं। 1. दर्शकों की सुरक्षा, 2 आपत्तिजनक फ़िल्मों को प्रदर्शन से रोका जाना।

विधान परिषद के भारतीय सदस्यों ने माँग रखी कि फ़िल्मकारों को कोर्ट में जाने और अपील करने का अधिकार होना चाहिए। कोर्ट में अपील का अधिकार न देना एक प्रकार से उनकी स्वतन्त्रता को सीमित करना होगा। लेकिन अंग्रेज़ों ने उनकी माँग ख़ारिज कर दी। विलियम विन्सेंट ने कहा कि 'वास्तव में स्वतन्त्रता कहीं से सीमित नहीं हो रही है, जहाँ तक मैं जानता हूँ, ऐसी अपील का अधिकार इंग्लैंड तक में नहीं है, यही नहीं हमारे देश में भी कई ऐसे कानून हैं। उदाहरण के तौर पर अधिकारी शहरों में सार्वजनिक जुलूसों पर नियन्त्रण लगाते है, मैं नहीं जानता कि ऐसे किसी मामले में किसी को हाईकोर्ट में अपील करने का अधिकार दिया गया हो।

जब ब्रिटिश साम्राज्य पहला विश्वयुद्ध लड़ रहा था उस समय भारत में आज़ादी के आन्दोलन चल रहे थे। स्वदेशी और स्वशासन पर ज़ोर था। दादा साहेब फाल्के की फ़िल्में पौराणिक कथाओं से दर्शकों में साहस और संघर्ष के भाव जगा रही थीं। अंग्रेज़ों की इन फ़िल्मों पे पहले से नज़र थी।

अरुणा वासुदेवन अपनी किताब 'लाइसेन्स एंड लिबर्टी ऑफ़ इंडियन सिनेमा' में लिखती हैं कि ब्रिटिश अगर विश्वयुद्ध में व्यस्त न होते तो भारत में यह कानून बहुत पहले थोपा जा चुका होता। दिसम्बर 1914 को गृह सचिव ने एक पत्र के माध्यम से सिनेमा पर नियन्त्रण सम्बन्धी स्थिति को भारत के सचिव को अवगत कराया।

5 मार्च 1918 को पारित सिनेमैटोग्राफ़ एक्ट हिन्दुस्तान के हर सूबे और ब्रिटिश बलूचिस्तान में लागू किया गया। इस अधिनियम में 'सिनेमैटोग्राफ़' शब्द की व्याख्या भी की गयी थी। जहाँ तस्वीरों के निरन्तर क्रम को सिनेमैटोग्राफ़ माना जाता था तथा प्रत्येक घर, इमारत, तम्बू या जलपोत, जहाँ कहीं भी 'मूविंग पिक्चर्स' दिखाई जा रही हो, इस अधिनियम के अन्तर्गत आता था। इस अधिनियम की धारा पाँच में जिला मजिस्ट्रेट या पुलिस कमिश्नर को यह अधिकार दिया गया था कि वह किसी भी फ़िल्म के प्रदर्शन के सम्बन्ध में स्थगन आदेश जारी कर सकता है।

ब्रिटिश सरकार ने इस सिनेमैटोग्राफ़ एक्ट के द्वारा व्यापक अधिकार ले लेने के बावजूद इसे उदारतापूर्वक लागू किया। भारत में हॉलीवुड की नकल पर तैयार हो रही फ़िल्मों को इस प्रावधान से कभी कोई खतरा नहीं उठाना पड़ा। इस कानून का शिकार वही फ़िल्में हुईं जिन्होंने स्वतन्त्रता आन्दोलन के किसी पक्ष को दर्शाने का प्रयत्न किया।

1918 के सिनेमैटोग्राफ़ एक्ट में छोटे-छोटे, प्रान्तीय सरकारों की सहमति से, 4 सेंसर बोर्ड स्थापित किये गये। बॉम्बे, कलकत्ता, मद्रास और रंगून। इसमें विदेशी फ़िल्मों को भी प्रमाणित किया जाता था।

सिनेमेटोग्रॉफ एक्ट 1918 के अन्तर्गत 1920 तक सिर्फ़ चार सेंसर बोर्ड थे। इन बोर्ड द्वारा भारत में बनने वाली फ़िल्मों की ही नहीं बल्कि विदेशी फ़िल्मों की भी प्रमाणन प्रक्रिया पूरी की जाती थी। नरेन्द्र शुक्ल अपनी किताब में बताते हैं कि उन दिनों ब्रिटिश बोर्ड फ़िल्मों के सेंसर के लिए 6 मुख्य आधार पर फ़िल्में जाँचने का काम करता था। जिनमें धार्मिक, राजनैतिक,नैतिक, नस्लीय, हिंसा, पूँजीवाद विरोध मुख्य थे। इन सभी वर्गों का भारतीय बोर्डों ने भी सिद्धान्त के तौर पर ख़ूब इस्तेमाल किया।

बॉम्बे बोर्ड

बॉम्बे सेंसर बोर्ड में पुलिस कमिश्नर, कलेक्टर ऑफ़ कस्टम, भारतीय शिक्षा क्षेत्र के एक सदस्य (इंडियन एजुकेशनल सर्विस), बॉम्बे के प्रमुख हिन्दू, मुस्लिम, तथा

पारसी समुदाय के नागरिक, सदस्य के रूप में बॉम्बे सरकार द्वारा नामित किये जाते थे। सभी सदस्य महीने में 2 बार मीटिंग करते थे तथा सभी फ़िल्मों के प्रमाणन हेतु छोटी रकम प्राप्त करते थे। पार्ट टाइम सेकेट्ररी को 350 रुपये महीने की पगार पर नियुक्ति मिलती थी। भारतीय इंस्पेक्टर द्वारा फ़िल्मों को जाँचने के लिए 500 रुपये महीने और यात्रा व्यय मिलता था। इंस्पेक्टर की योग्यता उसके पश्चिमी देशों के भ्रमण के अनुभव तथा विश्वविद्यालयी डिग्री पर निर्भर थी। इस चलचित्र अधिनियम में फ़िल्म प्रमाणन के लिए दिये गये आवेदन के बाद सेकेट्ररी अथवा इंस्पेक्टर द्वारा फ़िल्म को जाँचने के बाद बोर्ड को दी जाने वाली रिपोर्ट के अनुसार प्रमाण पत्र दिये जाने की व्यवस्था थी। बोर्ड अपने सदस्यों से भी फ़िल्मों को जाँचने के लिए कह सकता था।

कलकत्ता बोर्ड

पुलिस कमिश्नर, स्टेशन स्टाफ ऑफिसर, यूरोपीय महिला प्रमुख, बंगाल चेम्बर ऑफ़ कॉमर्स, कलकत्ता ट्रेड एशोसिएशन, जेवीश मर्चेन्ट, शिक्षा जगत के मुस्लिम और हिन्दू वकील जो कलकत्ता कॉरपोरेशन का प्रतिनिधित्व करते हों, सभी कलकत्ता बोर्ड के सम्मानित सदस्य थे। डिप्टी कमिश्नर ऑफ़ पुलिस को 100 रूपये पगार मिलती थी। यूरोपीय इंस्पेक्टर को 300 रुपये, भारतीय इंस्पेक्टर को 150 के साथ यात्रा व्यय भी मिलता था। कलकता बोर्ड के सदस्य तथा सेकेट्री मीटिंग तथा फ़िल्मों को जाँचने के लिए काफ़ी कम वेतन प्राप्त करते थे। फ़िल्म को प्रमाणित करने की प्रक्रिया बॉम्बे बोर्ड की तरह ही थी। जिसमें 7 दिन में आवेदन से लेकर जाँचने की प्रक्रिया पूरी कर ली जाती थी।

मद्रास बोर्ड

मद्रास सेंसर बोर्ड में अध्यक्ष पुलिस कमिश्नर होते थे। वहीं एक सेना का प्रतिनिधित्व करने वाला, भारतीय नागरिक जिसमें एक मुस्लिम अनिवार्यत: रखा जाता था। सभी सदस्य कभी-कभी ही मिलते थे। मद्रास बोर्ड के इंस्पेक्टर की जगह बोर्ड सदस्य ही फ़िल्मों को जाँचते थे। मद्रास बोर्ड अपनी प्रक्रिया को बॉम्बे तथा कलकता की तर्ज़ पर ही पूरा करता था। लेकिन बोर्ड के अध्यक्ष तथा सदस्य स्वयं द्वारा नियुक्त होते थे। बोर्ड द्वारा सात दिनों में प्रमाणन प्रक्रिया पूरी कर ली जाती थी।

रंगून बोर्ड

रंगून बोर्ड में अध्यक्ष पुलिस कमिश्नर के अलावा असिस्टेंट पुलिस कमिश्नर, जो सेकेट्ररी भी होता था। एक सेना का प्रतिनिधि, यूरोपीय मेडिकल मैन जो विजिलेन्स सोसाइटी का प्रतिनिधित्व करता था। तीन बर्मा के नागरिक तथा एक महिला नागरिक सदस्य के तौर पर नियुक्त किये जाते थे। सामान्यत: बोर्ड सदस्य हफ़्ते में एक बार मिलते थे तथा उन्हें मीटिंग तथा प्रमाण की फीस भी मिलती थी। यहाँ कलकत्ता बोर्ड की तरह फ़िल्म इंस्पेक्टर नहीं नियुक्त होता था बल्कि प्रेसिडेंट द्वारा सदस्यों की एक टीम बनाकर फ़िल्म प्रमाणन की प्रक्रिया पूरी की जाती थी।

लाहौर बोर्ड

यह बोर्ड 1927 में स्थापित किया गया बोर्ड है। इसमें सूचना मंत्रालय के निदेशक बोर्ड सेक्रेटरी की भूमिका में होते थे। इसके अलावा, पुलिस इंस्पेक्टर तथा सुप्रीटेंडेंट ऑफ़ पुलिस द्वारा फ़िल्म जाँची जाती थी। लाहौर बोर्ड अपने सदस्यों को बॉम्बे और कलकता सेंसर बोर्ड की ही नियमावली को अपनाने को कहता था। इन सदस्यों को 500 रुपये महीने की पगार भी दी जाती थी। इन सभी बोर्डों में भले ही भारतीय सदस्यों का नामांकन किया जाता रहा हो लेकिन सभी दिशा निर्देश 1916 में टी. पी. ओ. कॉर्नर द्वारा बनाये गये 43 कोड ऑफ़ मोरेलिटी के अनुरूप ही चलते थे।

1919 से 1922 तक हिन्दुस्तान में जालियांवाला बाग और असहयोग आन्दोलन से अंग्रेज़ी सरकार विरोध झेल रही थी। उसी दौरान 1921 में मुम्बई की कोहिनूर फ़िल्म कम्पनी की फ़िल्म 'भक्त विदुर' रिलीज़ होने के लिए तैयार थी। लेकिन बॉम्बे बोर्ड ने उस फ़िल्म पर प्रतिबन्ध लगा दिया। कोहिनूर फ़िल्म कम्पनी के मालिक द्वारका दास सम्पत ने ख़ुद विदुर का मुख्य किरदार निभाया था। भक्त विदुर वो पहली फ़िल्म थी जिसे अंग्रेज़ी हुकूमत की सेंसर नीति का शिकार होना पड़ा। इस फ़िल्म में विदुर की वेशभूषा महात्मा गांधी से काफ़ी मिलती जुलती थी। पर्दे पर विदुर को खद्दर का कुरता और टोपी में दिखाया गया था। जो समकालीन राजनीति में बड़ा हस्तक्षेप था।

ब्रिटिश अधिकारियों द्वारा संचालित बोर्ड ने फ़िल्म पर प्रतिबन्ध लगाते हुए कहा कि 'हम जानते हैं कि ये विदुर नहीं गांधी है। इसीलिए हम इसे रिलीज़ करने की अनुमति नहीं दे सकते।'

1926 में मराठी हिन्दी निर्देशक भालजी पंढारकर की फ़िल्म 'वन्देमातरम' को लेकर ब्रिटिश सेंसर बोर्ड में नया विवाद शुरू हुआ। उन्हें 'वन्देमातरम' नाम पे आपत्ति थी। पंढारकर की यह फ़िल्म राष्ट्रवादी नेताओं लाला लाजपत राय तथा मदन मोहन मालवीय के हिन्दू आदर्शों को पेश करती थी। फ़िल्म क्लर्क मानसिकता और पश्चिमी शिक्षा नीति का विरोध भी करती थी। ब्रिटिश हुकूमत ने औपनिवेशिक सरकार के लिए खतरा होने के डर से पंढारकर की इस फ़िल्म को प्रतिबन्धित कर दिया।

सेंसर बोर्ड के 'वन्दे मातरम' शब्द पर आपत्ति करने के बाद आश्रम शब्द जोड़ा गया। यह फ़िल्म बाद में 'वन्देमातरम आश्रम' नाम से प्रदर्शित हुई।

वन्देमातरम आश्रम' के निर्माण के समय तक सेंसर बोर्ड में एक हिन्दू, एक मुस्लिम, एक अंग्रेज़ सैनिक अधिकारी और एक अंग्रेज़ महिला और विधानमण्डल का एक सदस्य होता था। यह कलकत्ता सेंसर बोर्ड की संरचना का आधार था। इस बोर्ड का अध्यक्ष पुलिस कमिश्नर होता था। जिसका अंग्रेज़ होना ज़रूरी था। इंडियन सिनेमैटोग्राफ़ कमेटी की रिपोर्ट में इसका उदाहरण इस प्रकार दिया गया था 'यदि यह सम्भावना बनती है कि अमुक फ़िल्म के दृश्यों पर मुसलमानों को आपत्ति हो सकती है तो बोर्ड में मुसलमान सदस्य होगा। यदि सेना के दृष्टिकोण से कोई आपत्तिजनक प्रसंग है तो सैनिक अधिकारी का फ़ैसला मान्य होगा। इसी प्रकार स्त्री प्रधान तथा बाल फ़िल्मों पर निर्णय के लिए महिला अधिकारी को भेजा जायेगा यानि विभाजन की नीति का स्पष्टतः पालन किया जा रहा था। 1924 में फ़िल्म 'रज़िया बेगम' पहले बम्बई में प्रदर्शित हो गयी थी लेकिन निज़ाम द्वारा हैदराबाद में प्रदर्शन पर आपत्ति उठाने के बाद फ़िल्म पर पूरे देश में प्रतिबन्ध लगा दिया गया।

1926 में ही बिहार में एक खद्दर प्रदर्शनी में डॉ राजेन्द्र प्रसाद मैजिक लैन्टर्न के जरिये अपना उद्घाटन भाषण देना चाहते थे, लेकिन स्थानीय प्रशासन ने मैजिक लैन्टर्न को भी सिनेमैटोग्राफ़ एक्ट के अधीन मानते हुए 144 धारा के अन्तर्गत प्रतिबन्धित कर दिया बाद में काफ़ी विवाद के बाद प्रशासन के 2 स्लाइड हटा देने के बाद राजेन्द्र प्रसाद ने अपना भाषण पूरा किया। 1924-28 के बीच बंबई सरकार द्वारा 8 फ़िल्में, बंगाल द्वारा 3 फ़िल्में, बर्मा द्वारा 9 फ़िल्में, पंजाब द्वारा 36 फ़िल्में, संयुक्त प्रांत 29 फ़िल्में, मध्य प्रान्त व बरार 37 फ़िल्में, बिहार, उड़ीसा द्वारा 37 फ़िल्में, अपने धार्मिक प्रश्नों, नस्लीय, अश्लील, ऐतिहासिक तथा समकालीन विषयों पर होने के चलते उनपे रोक लगायी गयी और सेंसर करके दुबारा प्रदर्शित हुईं।

सेंसरशिप का शिकार केवल भारतीय फ़िल्में ही नहीं होती थीं, बल्कि अमरीका, इंग्लैण्ड और फ्रांस की फ़िल्मों के कई उपशीर्षकों को भी काट देने या बदल देने की सलाह दी जाती थी। डेविड वार्क ग्रिफिथ की 'ऑरफेन्स ऑफ़ द स्टॉम' को इसलिए प्रतिबन्धित कर दिया गया था क्योंकि भारतीय दर्शक क्रान्ति के दृश्यों में रुचि लेने लगे थे।

'डच ऑफ़ द यू.एम. ए.' फ़िल्म के इस वाक्य 'उन्होंने उस दिन का सपना देखा जब उनकी सरकार जनता द्वारा चुनी जाएगी और जनता के लिए काम करेगी' को बदलकर 'उन्होंने सपना देखा कि उनके देश में शान्ति और सन्तोष छा गया है' लिख देने की सलाह दी गयी। इसी फ़िल्म के एक वाक्य, 'लेकिन वह हत्या है, वे हमारे अपने ही लोग हैं' को बदलकर 'क्या आपके आदेश का पालन करना ज़रूरी है, सर?' कर दिया गया। इसी फ़िल्म के एक वाक्य, 'हम बर्बरतापूर्ण साम्राज्य के ख़िलाफ़ स्वतन्त्रता प्राप्ति के लिए लड़ रहे हैं जैसे एक बार तुम्हारा देश लड़ा था' को पूरी तरह हटा दिया गया। इसी प्रकार फ्रांस की 'पाथे' 'समाचार फ़िल्म में से, 'शरारती भारतीय उपद्रवी गाँधी को जेल भेज दिया गया' वाक्य को हटा दिया गया था। इंग्लैंड में बनी एक फ़िल्म 'द फ्लाइट कमांडर' में एक वाक्य था, 'साथियो, हम कब तक इन विदेशियों का हस्तक्षेप बर्दाश्त करते रहेंगे?' इसे भी हटाया गया। राजनीतिक सेंसरशिप का शिकार हुई अन्तिम भारतीय मूक फ़िल्म प्रभात फ़िल्म कम्पनी द्वारा निर्मित 'स्वराज्य तोरण' थी। इस फ़िल्म में शिवाजी के सैनिक दुश्मनों से अपने किले को आज़ाद करा लेते हैं और स्वतन्त्रता ध्वज फहरा देते हैं। सेंसर ने इस फ़िल्म में से ध्वज फहराने के पूरे प्रसंग को ही काट देने का आदेश दिया था। सन् 1929 में ही शान्ताराम ने सोचा था कि वे इस फ़िल्म को सँभाल कर रख लेंगे और स्वतन्त्रता प्राप्ति के बाद बिना काट-छाँट के प्रदर्शित करेंगे। लेकिन बाद में व्यावसायिक कारणों से इस फ़िल्म को 'उदयकाल' के नाम से प्रदर्शित किया गया। सेंसर द्वारा कई प्रसंगों को काट दिये जाने के बावजूद फ़िल्म का लोगों ने हृदय से स्वागत किया।

नीचे ब्रिटिश प्रान्तों में सेंसर बोर्ड द्वारा शुरुआती वर्षों में प्रतिबन्धित कुछ फ़िल्मों की सूची दी जा रही है।

1. द प्रिंस ऑफ़ भारत (1921) –(बम्बई बोर्ड) भारत सचिव द्वारा पूरे देश में प्रतिबन्धित।

   टिप्पणी–यूरोपीय भावना को आहत पहुँचने की सम्भावना का कारण बन सकती है।

2. भक्त विदुर (1921)–(बम्बई बोर्ड द्वारा स्वीकृत) कराची राज्य द्वारा प्रतिबन्धित कारण –राजनीतिक।
3. लैला मजनू (1922) बम्बई – कारण– निर्माता को चुम्बन दृश्य हटाने को कहा गया।
4. ऑरफेन्स ऑफ़ द स्टॉर्म (1923) अमेरिकन फ़िल्म, बम्बई और मद्रास बोर्ड द्वारा स्वीकृत। प्रतिबन्धित–बर्मा, बंगाल और पंजाब।
   कारण–डी डब्ल्यू ग्रिफिथ की फ़िल्म से राजनीतिक अस्थिरता फैलने की आशंका। सारे प्रान्तों में प्रतिबन्ध।
5. रज़िया बेगम– 1924 बम्बई बोर्ड द्वारा रिलीज़, प्रतिबन्धित करनेवाले प्रान्त– पंजाब, दिल्ली, संयुक्त प्रान्त, बंगाल, बिहार, उड़ीसा, हैदराबाद। कारण–मुसलमानों के चरित्र का अनैतिक, अभद्र चित्रण का आरोप।
6. ब्रोकेन ब्लोसम – 1924 – बंगाल बोर्ड द्वारा रिलीज़। प्रतिबन्धित करनेवाले राज्य – बम्बई, बर्मा, पंजाब, दिल्ली, मद्रास। कारण – क्रूरता, नग्नता और पश्चिमी अनैतिकता फैलाने का आरोप।
7. लाइफ ऑफ़ बुद्धा (मादन थिएटर) 1925, बंगाल बोर्ड द्वारा रिलीज़। प्रतिबन्धित करनेवाले राज्य – बर्मा, मद्रास, पंजाब, मध्य प्रान्त, बिहार, उड़ीसा और दिल्ली। कारण – बुद्ध को मानव की तरह पेश करना जिससे बर्मा के बौद्धों ने एतराज जताया।
8. बैटलशिप पोतेम्पकीन – 1925– रूसी फ़िल्म, पूरे देश में प्रतिबन्धित। कारण– सर्गेई आइंजेस्टाइन की फ़िल्म, स्थापित सरकारों की निर्दयता और तानाशाही के प्रति जनता के विद्रोह का चित्रण।
9. गिल्टी कांशस –1926– अमेरिकन फ़िल्म, पूरे देश में प्रतिबन्धित। कारण–अशिक्षित सिनेमा दर्शकों की दृष्टि में सरकार की प्रतिष्ठा पर चोट।
10. साइबेरिया – 1926 – अमेरिकन फ़िल्म, पूरे देश में प्रतिबन्धित। कारण– स्थापित सरकार के प्रति विद्रोह का चित्रण।
11. फैशन ऑफ़ द ईस्ट – 1927– इकिटेबल थिएटर, दिल्ली द्वारा निर्मित। डेनमार्क में फ़िल्म बनी। देश में प्रतिबन्धित। कारण– यूरोपीयन लड़की की भारतीय राजकुमार के प्रति आसक्ति व विवाह का विषय।
12. भद्र भामिनी – (1927) श्रीकृष्ण फ़िल्म कम्पनी। संयुक्त प्रान्त और पंजाब में प्रतिबन्धित। कारण – सेक्स विषय को अनुचित तरीके से प्रस्तुत करने

का आरोप।

13. फ़िल्म देश दीपक (पैट्रियट)–(श्री रणजीत फ़िल्म कम्पनी), 6 अक्टूबर 1930 को बम्बई बोर्ड ने सेंसर सर्टिफिकेट देने से मना कर दिया। कारण-फ़िल्म में कुछ आपत्तिजनक दृश्य जिससे वर्तमान राजनीतिक माहौल बिगड़ सकता है।
14. सन्त तुलसी दास –1934, दिग्वीर सिनेटोन, सामाजिक अशान्ति फैलने की आशंका।
15. द मिल मजदूर–1934–अजन्ता सिनेटोन, लेखक–प्रेमचन्द, निर्देशक–मोहन भवनानी। कारण–मिल मजदूर और मालिक के सम्बन्ध बिगड़ने की सम्भावना।

ब्रिटिश भारतीय सेंसर का काम अन्तरंग प्रेम वाले दृश्य या होंठों पर चुम्बन के दृश्य पर प्रतिबन्ध लगाना नहीं था बल्कि उनका मकसद था राष्ट्रीय आन्दोलन और राष्ट्रवाद की अभिव्यक्ति पर रोक लगाना। कोहिनूर फ़िल्म कम्पनी की फ़िल्म सती अनसुइया में कुछ लगभग नग्न दृश्य फिल्माये गये थे लेकिन सेंसर को उसपर कोई एतराज नहीं था। लेकिन उसी कम्पनी की बनी फ़िल्म भक्त विदुर पर सेंसर ने प्रतिबन्ध लगा दिया क्योंकि भक्त विदुर की वेशभूषा महात्मा गांधी से मिलती जुलती थी। 1929 में आयी फ़िल्म प्रपंच पाश जिसमें चारु राय और रेनी स्मिथ के होंठों पे चुम्बन के दृश्य थे। 1930 में प्रदर्शित इम्पीरियल कम्पनी की फ़िल्म अमरुन हिन्दुस्तान में सुलोचना और अभिनेता जाल मर्चेंट के चुम्बन दृश्य पर सेंसर ने कोई प्रतिबन्ध नहीं लगाया। इससे साबित होता है कि अंग्रेज़ी हुकूमत सेंसर की आड़ में अपने एजेंडे पे काम कर रही थी।

रंगाचारियर समिति

सन् 1925 में 'लन्दन टाइम्स' ने भारत से आये एक पादरी के स्टेटमेंट को छापा– 'अमरीका से आने वाली अधिकांश फ़िल्मों में हत्याओं, विभिन्न अपराधों और विवाह-विच्छेद के दृश्य दिखाये जाते हैं, इस कारण गोरी स्त्रियों के प्रति भारतीयों का आदर कम होता जा रहा है।'

अंग्रेज़ी सरकार ने भारत में ब्रिटिश फ़िल्मों के बाज़ार को फैलाने और अमरीकी फ़िल्मों को आने से रोकने के लिए 6 अक्तूबर 1927 को भारत सरकार द्वारा भारतीय सिनेमैटोग्राफ़ समिति बनायी।

इस समिति का मकसद था भारत में फ़िल्म निर्माण और प्रदर्शन की वर्तमान स्थितियों की पड़ताल करे और ब्रिटिश साम्राज्य के फ़िल्म उद्योग के विकास के हित में सुझाव दे। मद्रास उच्च न्यायालय के वकील दीवान टी रंगाचारियर को इसका अध्यक्ष बनाया गया। जिसमें अन्य भारतीय सदस्यों में खान बहादुर सर इब्राहिम हसन, के सी नियोगी, यूरोपीय सदस्यों में जे डी काफोर्ड, एम एम ग्रीन, जे कोटमैन थे। इस समिति का सचिव जी हूपर को बनाया गया था। लाला लाजपत राय के विरोध के चलते ब्रिटिश फ़िल्मों के प्रोत्साहन के अलावा भारतीय फ़िल्मों के प्रोत्साहन को भी इससे जोड़ा गया।

रंगाचारियर समिति की रिपोर्ट, भारतीय मूक फ़िल्म युग का सर्वाधिक महत्त्वपूर्ण दस्तावेज़ बन गयी है। इस समिति ने 114 यूरोपीय नागरिकों और दो सौ चालीस भारतीयों से किये गये साक्षात्कारों को ज्यों का त्यों प्रस्तुत किया और भारतीय सिनेमा और उस पर चल रही सोच को एक अनुपम अवसर प्रदान किया।

सामान्य लोगों के विचारों को अंकित करने के साथ ही साथ समिति ने अलग अलग विषयों पर फ़िल्म विशेषज्ञों की राय ली। दादा साहब फाल्के, जहाँगीर जमशेद जी मादन, धीरेन गांगुली, हिमांशु राय तथा रूबी मेयर्स (सुलोचना) आदि

फ़िल्मकर्मियों के साक्षात्कार लिये गये। जहाँगीर जमशेद जी मादन ने बताया कि वे हमेशा कुशल छायाकारों की एक टीम तैयार रखते हैं तथा राजाओं और महाराजाओं के आमन्त्रण पर उनके यहाँ होने वाले समारोहों की फ़िल्में भी तैयार करते हैं।

दादा साहब फाल्के द्वारा दिये गये उत्तर तो बहुत अधिक चर्चित हुए थे। उन्होंने फ़िल्म स्कूल खोलने, सिनेमा को सीधे शिक्षा नीति के साथ जोड़ने, शैक्षिक विषयों पर अधिकाधिक फ़िल्में बनाने, एक ही व्यक्ति द्वारा बहुसंख्यक सिनेमाघरों पर प्रभुत्व को समाप्त करने के कई उपयोगी सुझाव दिये। फाल्के ने कहा कि उत्तम फ़िल्म बनाने और ज़्यादा पूँजी लगाने में कोई अन्तर्सम्बन्ध नहीं है। कम पूँजी, उस समय में पच्चीस हज़ार रुपये, लगाकर भी अच्छी से अच्छी फ़िल्म बनायी जा सकती है। उन्होंने बताया कि उन्होंने बम्बई के मिस्टर पाटणकर और कोल्हापुर के बाबूराव पेंटर के साथ मिलकर एक सहयोगी कम्पनी बनाने का प्रस्ताव दिया था लेकिन दोनों ने कोई उत्तर नहीं दिया। फाल्के ने ही यह सुझाव दिया था कि सरकार को फ़िल्म निर्माण के लिए ऋण उपलब्ध कराना चाहिए तथा बाल फ़िल्मों को बिल्कुल अलग ढंग से बनाने का तरीका खोजा जाना चाहिए।

हिमांशु राय से जब फ़िल्म अभिनेताओं को प्रशिक्षित करने के बारे में पूछा गया तो उन्होंने स्पष्ट कहा कि भारतीय अभिनेता इंग्लैंड या अमरीका जाकर अभिनय नहीं सीख सकते। वहाँ के अभिनेताओं के हँसने तथा रोने और जीवन जीने का ढंग हमसे बिल्कुल अलग है।

हम अपनी भावनाओं को उस प्रकार अभिव्यक्त ही नहीं करते जैसे कि एक अंग्रेज़ करता है। यदि उनकी नकल करने का प्रयत्न करेंगे तो सब कुछ भद्दा और बेतुका लगेगा और लोग इस अभिनय पर हँसेंगे।

अपने आठ माह के कार्यकाल में इस फ़िल्म इन्क्वायरी समिति ने एक दर्ज़न शहरों की यात्रा की और वहाँ के लोगों से मिलकर उनके विचार दर्ज़ किये, पैंतालीस सिनेमाघरों में जाकर कुल सत्तावन फ़िल्में देखीं जिनमें इक्कीस भारतीय फ़िल्में थीं। समिति ने तेरह फ़िल्म स्टूडियो भी देखे। 353 साक्षात्कारों और तीन सौ बीस लिखित बयानों के आधार पर तीन हज़ार तीन सौ पृष्ठों का एक दस्तावेज़ तैयार हुआ और इस सब पर सन् 1927-28 में लगभग दो लाख रुपये खर्च हुए।

सिनेमैटोग्राफ़ जाँच समिति ने अपनी जाँच पूरी हो जाने के बाद प्रस्तुत रिपोर्ट में दो महत्त्वपूर्ण निर्णय दिये।

पहला, फ़िल्मों पर सेंसरशिप हो, इससे बहुत अधिक लोग सहमत हैं लेकिन

सेंसर बोर्ड को बहुत ज़्यादा नाजुक नहीं होना चाहिए। विशेषतौर पर राजनीतिक और साम्प्रदायिक मामलों पर उदार रुख़ अपनाया जाना चाहिए।

दूसरा, यदि इस देश में अमरीकी फ़िल्मों के अधिक मात्रा में आयात तथा प्रदर्शन से राष्ट्रीय हितों को ख़तरा है तो उतना ही बड़ा ख़तरा अन्य पश्चिमी देशों की फ़िल्मों के आयात तथा प्रदर्शन से भी है। ब्रिटिश सामाजिक फ़िल्म औसत भारतीय दर्शकों के लिए उतनी ही अजनबी है जितनी कि अमरीकी सामाजिक फ़िल्म।

वास्तव में तो बहुत ही कम भारतीय हैं जो अमरीकी संस्कृति और ब्रिटिश संस्कृति में फ़र्क़ कर पाते हैं। आम भारतीय एक अमरीकी, जर्मन या फ्रांसीसी नागरिक को एक अंग्रेज़ ही समझते हैं।

यह समिति ब्रिटिश सरकार को ब्रिटेन में बनी फ़िल्मों का आयात बढ़ाने और बाकी विदेशों में बनी फ़िल्मों के प्रवेश पर प्रतिबन्ध लगाने हेतु कोई स्पष्ट तर्क़ नहीं दे पायी। यही नहीं, इस समिति ने ब्रिटिश सरकार को यह राय भी दी थी कि सरकार इस देश के फ़िल्म उद्योग को प्रोत्साहन देने के कारगर उपाय करे, सरकार को फ़िल्में बनाने के लिए ऋण देने तथा सिनेमाघर बनाने के लिए सहायता देने का उपाय करना चाहिए। समिति ने यह भी कहा कि जब भारत देश ब्रिटिश साम्राज्य का ही एक अंग है तो कच्ची फ़िल्म पर आयात शुल्क लगाने का क्या औचित्य है?

अंग्रेज़ प्रतिनिधियों ने समिति द्वारा की गयी सिफ़ारिशों पर अपनी असहमति दर्ज़ की और समिति के तीन सदस्य पक्ष में और तीन सदस्य विपक्ष में अपना मत प्रकट किये। अंग्रेज़ सरकार ने समिति की रिपोर्ट को अनदेखा कर दिया और किसी भी सिफ़ारिश को कभी लागू नहीं किया गया। इतना जरूर हुआ कि भारत के स्वतन्त्र होने के बाद सन् 1951 में गठित पाटिल समिति के लिए इस समिति की रिपोर्ट ने मार्गदर्शक का काम किया।

मूक सिनेमा में साहित्यिक दख़ल

जब हिन्दुस्तान में कथा फ़िल्म बनाने की बात आयी तो सिनेमा ने अभी तक अपनी ज़बान या फ़िल्म का क्राफ्ट यानी शिल्प विकसित नहीं किया था। दादा साहेब फाल्के ने बम्बई में राजा हरिश्चन्द्र नाटक देखा था जो बहुत कामयाब नाटक था। उसी को आधार बना के फ़िल्म के दृश्य लिखे और फ़िल्म शूट किये। 1913 में रिलीज़ हिन्दुस्तान की पहली कथा फ़िल्म राजा हरिश्चन्द्र बहुत सफल रही। दादा साहेब की लगभग सारी फ़िल्में पौराणिक कथाओं और सन्तों के जीवन की कहानियों पर आधारित रही हैं। उसी तरह से हिन्दुस्तान की कलकत्ता से लेकर मद्रास तक की अन्य फ़िल्म कम्पनियों ने जब फ़िल्म का निर्माण शुरू किया तो उन कम्पनियों ने अपनी फ़िल्मों की विषयवस्तु पौराणिक कथाओं से ही चुनी।

हिन्दुस्तानी मूक सिनेमा ने अपने शुरुआती दिनों में सिनेमा का भविष्य सँवारने के लिए साहित्य का सहारा लिया। शुरुआती दौर की लगभग ज़्यादातर फ़िल्मों की कहानियाँ पौराणिक महाकाव्य रामायण और महाभारत से ली गयीं और उनपे बनी फ़िल्में सफल भी होने लगीं। साहित्य के पास सिनेमा की ज़रूरतों को पूरा करने के लिए विपुल भण्डार भरा हुआ था।

1920 में शूद्रक के संस्कृत नाटक मृच्छकटिक पर सुचेत सिंह ने ओरिएंटल फ़िल्म कम्पनी के बैनर तले इसी नाम से फ़िल्म बनायी। दस साल बाद 1930 में मृच्छकटिक पर आधारित वसन्तसेना नाम की फ़िल्म प्रदर्शित हुई जिसे मोहन भवनानी ने निर्देशित किया था। यह उज्जयिनी निवासी चारुदत्त नामक एक ब्राह्मण की कहानी है, जो अपनी उदारता के कारण निर्धनता की स्थिति में पहुँच जाता है। उसकी उदारता और मधुर व्यवहार पर एक गणिका (वेश्या) वसन्तसेना, उसके प्रति आकर्षित हो जाती है। यह चारुदत्त और वसन्तसेना के बीच के निःस्वार्थ तथा निश्छल प्रेम की कथा है। भवनानी ने फ़िल्म में कुछ अनूठे प्रयोग किये। जैसे कि

वेलेंटिनो स्टाइल में चारुदत्त द्वारा वसन्तसेना का हाथ चूमना, दक्षिण भारत के भव्य मन्दिरों में दृश्यों को फ़िल्मांकन करना। भवनानी ने वसन्तसेना के किरदार के लिए दक्षिण भारत की एक पढ़ी-लिखी महिला ईनाक्षी रामाराव को चुना।

1922 में आर्देशिर ईरानी की स्टार फिल्म्स लिमिटेड ने हर्षवर्धन की रचना 'रत्नावली' पर फ़िल्म बनायी। जिसे मणिलाल जोशी ने निर्देशित किया था।

कलकत्ता में पौराणिक कहानियों से हटके साहित्यिक रचनाओं को फ़िल्मों का विषय बनाया जाने लगा। 1922 में कलकत्ता में ताजमहल फ़िल्म कम्पनी के बैनर से शिशिर भादुड़ी पहली बार शरतचन्द्र की कहानी 'आँधारे आलो' यानि अँधेरे में रौशनी कहानी पर इसी नाम से फ़िल्म का निर्माण किये। जिसमें ज़मींदार का एक लड़का 14 साल की अपनी बीवी को छोड़ के एक तवायफ़ के प्यार में कोठे पर चला जाता है। मूक सिनेमा इतिहास की यह पहली सोशल ट्रैंगल लव स्टोरी फ़िल्म थी। इसी बैनर से 1923 में शरतचन्द्र के दूसरे उपन्यास 'चन्द्रनाथ' पर इसी नाम से फ़िल्म बनी। जिसमें चन्द्रनाथ नाम का एक ऊँचे कुल का लड़का काशी जाकर एक अनजान विधवा की एक ख़ूबसूरत और सुशील बेटी सरयू से शादी करके बंगाल लौट आता है। बाद में पता चलता है कि वो विधवा किसी छोटी जाति की औरत है। सामाजिक और पारिवारिक दबाव में अपनी पत्नी सरयू से बेहद प्यार करनेवाला चन्द्रनाथ उसे घर से निकाल देता है। फिर उसे अपनी ग़लती का एहसास होता है। शरतचन्द्र की यह कहानी सीधे तौर पर जाति और धर्म के ठेकेदारों पर चोट करती है।

उसी साल रवीन्द्रनाथ टैगोर की कहानी पर आधारित फ़िल्म 'मन भंजन' प्रदर्शित हुई। यह ज़मींदार घर की एक सुन्दर और जवान बहू गिरिबाला की कहानी है। उसका पति गोपीनाथ एक थिएटर की ख़ूबसूरत बाला लतिका की मोहब्बत में फँसा हुआ है। वह अपनी सुन्दर और संस्कारी पत्नी गिरिबाला की तरफ देखता तक नहीं। अपने पति को लुभाने में असफल गिरिबाला चुपके से थिएटर में नाटक देखने जाती है। दसअसल वह देखना चाहती है कि उस अभिनेत्री में ऐसा क्या है जिसपे उसका पति इतना दीवाना है। आखिर क्या है थिएटर की उस अभिनेत्री में। वह देखती है कि स्टेज पर लतिका के शानदार अभिनय और रोमांस के लोग दीवाने हैं। एक दिन गोपीनाथ लतिका को लेकर लापता हो जाता है। दुखी गिरिबाला भी पति के घर को छोड़कर चली जाती है। कलकत्ता के उसी थिएटर में जिसकी रानी लतिका थी, आज 'मनोरमा' का जादू दर्शकों के सिर चढ़कर बोल रहा है। नायिका के रूप और यौवन की चर्चा गोपीनाथ को भी थिएटर तक खींच ले जाती है। लेकिन

मनोरमा को देखते ही गोपीनाथ हैरान रह जाता है क्योंकि बला की ख़ूबसूरत यह नयी अभिनेत्री और कोई नहीं बल्कि उसकी पत्नी गिरिबाला है।

'चन्द्रनाथ' और 'मनभंजन' दोनों फ़िल्में नरेश मित्र ने निर्देशित की थीं। दोनों फ़िल्मों ने व्यवसाय किया था।

यहाँ यह जान लेना ज़रूरी है कि गुरुदेव टैगोर और शरतचन्द्र दोनों ने ही फ़िल्म की विधा को अन्य कला विधाओं के समकक्ष मानकर आदर दिया। शरतचन्द्र तो अक्सर अपनी फ़िल्मों के सेट पर भी जाया करते थे।

1925 में कोल्हापुर की महाराष्ट्र फ़िल्म कम्पनी में मराठी उपन्यासकार नारायण हरि आप्टे की कहानी पर आधारित फ़िल्म 'सावकारी पाश' का निर्माण हुआ जो प्रसिद्ध फ़िल्मकार बाबूराव पेंटर ने बनायी थी। महाजनी सभ्यता ने कैसे किसानों को मजदूर बनने पे मजबूर किया सावकारी पाश उसकी मार्मिक कहानी कहती है। साहूकारी शिकंजे में फँसा ग्रामीण किसान जिसमें एक किसान का अँगूठा लगवाकर महाजन सारा खेत ले लेता है और उसे विवश होकर मिल में मजदूरी करनी पड़ती है।

1927 में मादन थिएटर ने बंकिमचन्द्र चटर्जी की ऐतिहासिक पृष्ठभूमि की कहानी 'दुर्गेश नंदिनी' पर फ़िल्म बनायी। जिसे प्रियनाथ गांगुली ने डायरेक्ट किया था। दुर्गेश नंदिनी में मुग़ल सेना के एक जनरल और राजा मान सिंह के बेटे जगत सिंह मन्दारन रियासत (दक्षिण-पश्चिमी बंगाल) के एक सामन्ती स्वामी बीरेन्द्र सिंह की बेटी तिलोत्तमा से मिलते हैं और वे उसके प्यार में पड़ जाते हैं। जब वे विवाह समारोह की तैयारी कर रहे होते हैं, तभी पठान का विद्रोही नेता काटलू खान मन्दारन पर हमला कर देता है। युद्ध में वीरेन्द्र सिंह की मृत्यु हो जाती है और जगत सिंह को बीरेन्द्र की विधवा बिमला और उनकी बेटी तिलोत्तमा के साथ कैद कर लिया जाता है। काटलू खान की बेटी आयशा तिलोत्तमा को अपने पिता की कामुक नज़रों से बचाती है और इन्हें आज़ाद करने में मदद करती है।

1927 में रवीन्द्रनाथ टैगोर की कहानी पर आधारित चर्चित फ़िल्म 'बलिदान' प्रदर्शित हुई। जिसे ओरिएंट पिक्चर्स कॉर्पोरेशन ने प्रोड्यूस किया था। नवल गांधी ने इसे निर्देशित किया था।

'बलिदान' एक प्रगतिशील राजा और एक रूढ़िवादी, कर्मकाण्ड से बँधे पुजारी के बीच संघर्ष की कहानी के साथ सामाजिक सुधार लाने के एक प्रेरक प्रयास की कहानी है। उनके बीच विवाद की जड़ धार्मिक उद्देश्यों के लिए पशु बलि का मुद्दा है। रवीन्द्रनाथ टैगोर के नाटक पर आधारित इस फ़िल्म की तकनीकी रूप

से और साथ ही एक साहित्यिक कृति को अपनाने के मामले में काफ़ी तारीफ़ें हुईं। द इंडियन सिनेमैटोग्राफ़ कमेटी, 1927 ने इसे 'एक उत्कृष्ट और सही मायने में भारतीय फ़िल्म' कहा था।

यह एक स्वतन्त्र प्रोडक्शन था। इस फ़िल्म की मार्केटिंग और प्रदर्शन के लिए मादन थिएटर को सम्पर्क किया गया लेकिन उसने अपने सिनेमाघरों में फ़िल्म रिलीज़ करने से मना कर दिया। फिर इसे विदेशी फ़िल्मों के प्रदर्शक ग्लोब सर्किट कम्पनी ने रिलीज़ किया। जिसने कभी किसी भारतीय फ़िल्म को रिलीज़ नहीं किया था। फ़िल्म को दर्शकों और प्रेस द्वारा ख़ूब प्रशंसा मिली।

12 अक्टूबर, 1927 को 'बॉम्बे क्रॉनिकल' ने लिखा–'इस फ़िल्म ने औसत भारतीय फ़िल्मों को मीलों पीछे छोड़ दिया है। फ़िल्म रूपान्तरण के लिए टैगोर का यह नाटक आसान नहीं है। धार्मिक विश्वास, आस्था, प्यार, कर्तव्य और जीवन की सभी धाराएँ इसमें नज़र आती हैं।' इस फ़िल्म ने सिनेमाघरों में शानदार प्रदर्शन किया था।

1928 में शरतचन्द्र के प्रसिद्ध उपन्यास 'देवदास' पर पहली बार कलकत्ता के ईस्टर्न फिल्म्स सिंडिकेट ने फ़िल्म बनायी। फ़िल्म देवदास के निर्देशक थे नरेश मित्रा और कैमरामैन थे नितिन बोस। शरतचन्द्र चटर्जी के प्रसिद्ध उपन्यास पर प्रदर्शित इस फ़िल्म का रूढ़िवादी लोगों ने विरोध किया। उनका कहना था कि एक अमीर घर के लड़के को शराब और कोठे की आदत बर्बाद कर देती है। ऐसी फ़िल्में युवाओं पर बुरा असर डालेंगी। उनके विरोध के बावजूद यह फ़िल्म कामयाब रही थी। शरतचन्द्र बंगाली और हिन्दी फ़िल्म निर्माताओं के बीच सबसे पसन्दीदा लेखक बने रहे।

1929 में मादन थिएटर लिमिटेड ने बंकिमचन्द्र की कहानी 'कपाल कुंदला' पर फ़िल्म का निर्माण किया। जिसे प्रियनाथ गांगुली ने निर्देशित किया था। जिसमें पेशेन्स कूपर, दुर्गादास बनर्जी और सीता देवी (रेनी स्मिथ) ने प्रमुख भूमिका निभायी थी।

1929 में टैगोर की कहानी पर ईस्टर्न फिल्म्स सिंडिकेट ने फ़िल्म 'बिचारक' (न्यायाधीश) का निर्माण किया। जिसे शिशिर भादुड़ी ने डायरेक्ट किया था। बिचारक एक जवान विधवा की कहानी पर आधारित फ़िल्म है जिसे उसके परिवार द्वारा घर से निकाल दिया जाता है। उसे वेश्यावृत्ति के लिए मजबूर होना पड़ता है। सेंसर द्वारा इसे 'निम्न नैतिक स्वर' वाली फ़िल्म मानकर प्रतिबन्धित कर दिया गया था। 1932 में दुबारा सेंसर करके इसे रिलीज़ किया गया था।

इसके अलावे रवीन्द्रनाथ टैगोर की दो कहानियाँ 'गिरिबाला' और 'डालिया' पर मादन थिएटर ने इसी नाम से दो फ़िल्में बनायी। जिसे मधु बोस ने निर्देशित किया था। गिरिबाला की पटकथा को टैगोर ख़ुद संशोधित किये थे। 1930 में ये दोनों फ़िल्में रिलीज़ हुई थीं। 26 जुलाई 1930 को फ़िल्म 'डालिया' का प्रीमियर शो कलकत्ता के क्राउन थिएटर में हुआ था जिसमें गुरुदेव टैगोर ख़ुद उपस्थित थे।

इस तरह मूक सिनेमा युग से ही साहित्य का दख़ल फ़िल्मों में शुरू हो चुका था। सिनेमा और साहित्य का रिश्ता बहुत पुराना है। साहित्य पर सिनेमा बने तभी सिनेमा ऊँचाइयों को छू सकता है ऐसा भी नहीं है। बहुत सी साहित्यिक कृतियों पर बनी फ़िल्मों ने दर्शकों को निराश भी किया है। सिनेमा और साहित्य का अन्तर्सम्बन्ध होते हुए भी दोनों अलग हैं। सिनेमा का फ़लक इतना विस्तृत है कि वो संसार की सारी कलाओं को अपने में समाहित किये हुए है।

मूक सिनेमा के संगीत

लुमियर बन्धुओं ने दिसम्बर 1895 में पेरिस के इंडियन हाउस में जब अपनी फ़िल्मों का प्रदर्शन रखा तो उसके दर्शकों में पेरिस के प्रसिद्ध जादूगर और निर्देशक जॉर्ज मेलिये भी थे। जॉर्ज मेलिये ने फ़िल्में देखने के बाद कहा 'हम चलते हुए चित्र को देखकर दंग रह गये। ये हमारी सोच और कल्पना से परे का अनुभव था। पर्दे पर जीवन्त तस्वीर देखना सबके लिए एक झटका था। जब फ़िल्म समाप्त हुई तो लोग खुशी के मारे चीखने और चिल्लाने लगे। फ़ोटोग्राफ़ी में हुई इस क्रान्ति के लिए हम कृतज्ञ हैं।'

सिनेमा थिएटर में संगीत आर्केस्ट्रा

यह कृतज्ञता व्यक्त की गयी थी उस सिनेमा के प्रति, जिसमें चित्र चलते फिरते नज़र आ रहे थे। गुफाओं में, कैनवास पर या कैलेंडर में जो स्थिर तस्वीरें लोगों ने देखी थीं अब वे तस्वीरें भागती दौड़ती दिखायी देने लगी थीं। कुछ ही सालों में मूक फ़िल्मों ने अपनी कलात्मकता द्वारा सिनेमा की दुनिया में एक मुकाम बना लिया। इन मूक चित्रों के साथ ध्वनि का जुड़ना कल्पना से परे था। क्योंकि चित्रकला प्रदर्शनी की तरह मूक फ़िल्मों को भी गतिशील चित्रों के प्रदर्शन के रूप में स्वीकारा गया। जिस प्रकार पेंटिंग्स में रंग, रेखांकन, बनावट, शिल्प और अभिव्यक्ति को देखा जाता है वैसे ही मूक सिनेमा को कहानी के साथ अभिनय, फ्रेमिंग, लाइटिंग, हाव-भाव और वास्तुकला के आधार पर परखा जाता था। जब 1920 के बाद मूक सिनेमा के साथ ध्वनि को जोड़ने की चर्चा शुरू हुई तो प्रसिद्ध अमेरिकी फ़िल्मकार डी डब्ल्यू ग्रिफिथ ने कहा था–'चित्रों के साथ आवाज़ का तालमेल बिठा पाना कभी सम्भव नहीं होगा। क्योंकि फ़िल्म अपने स्वभाव से ही बोले गये शब्दों की उपयोगिता और ज़रूरत को नकारती है। मेरे विचार से चलते-फिरते चित्रों को ख़ामोश ही रहना चाहिए।'

शुरुआती दौर में जब मूक फ़िल्मों का प्रदर्शन थिएटर में होने लगा तो चलते-फिरते चित्रों के बीच प्रोजेक्टर की आवाज़ें आती थीं। उस बेसुरे आवाज़ को मिटाने का एक ही उपाय था कि सुर से सजा कोई संगीत बजाया जाए। तात्कालिक ज़रूरत को पूरा करने के लिए सिनेमा थिएटर में पियानो को जगह मिली। उसके बाद पर्दे पर फ़िल्म के साथ प्रोजेक्टर की कर्कश ध्वनि की जगह पियानो का मधुर संगीत गूँजने लगा। पेरिस में लुमियर बन्धुओं की फ़िल्मों के प्रदर्शन के दौरान भी पियानो बजाया गया था।

7 जुलाई 1896 से मुम्बई के वाटसन होटल में लुमियर बन्धुओं की फ़िल्मों का प्रदर्शन शुरू हुआ और वहाँ 13 जुलाई तक फ़िल्में दिखायी गयीं। 14 जुलाई से उन फ़िल्मों को मुम्बई के सी एस टी स्टेशन के सामने नॉवेल्टी थिएटर (अब न्यू एक्सेलसियर) में प्रदर्शित किया गया। थिएटर मालिक ने प्रोजेक्टर की आवाज़ को खत्म करने के लिए कोलाबा में सेंट जॉन चर्च के ऑर्केस्ट्रा ग्रुप के हेड एफ सिमोर डोव से सम्पर्क किया। सिमोर डोव तुरन्त तैयार हो गये। फ़िल्म प्रदर्शन के दौरान सिमोर डोव के निर्देशन में संगीत धुन बजायी जाने लगी। हर शो में अलग संगीत बजता था। हिन्दुस्तान में मूक फ़िल्मों के इतिहास में यह पहला संगीत प्रयोग था। 1900 में मुम्बई के तिवोली थिएटर (आज जहाँ टाइम्स ऑफ़ इंडिया की इमारत है)

में रोज़ाना 25 लघु फ़िल्में दिखायी जाती थीं उसमें संगीत बजाने के लिए एक वायलिन बैंड ग्रुप को स्थायी तौर पे रख दिया गया था।

एक दशक बाद जब बाज़ार में सिनेमाई उपकरण बेहतरीन आ गये। प्रोजेक्टर ख़ामोश रहके फ़िल्में पर्दे पर प्रक्षेपित करने लगे तब फ़िल्म थिएटर की ख़ामोशी लोगों को खलने लगी। थिएटर मालिकों को एहसास हुआ कि संगीत के द्वारा फ़िल्म को और प्रभावशाली और रोचक बनाया जा सकता है। चूँकि मूक सिनेमा में ध्वनि की कोई जगह नहीं थी इसलिए थिएटर मालिकों ने बाह्य संगीत का सहारा लेना शुरू कर दिया।

हर फ़िल्म थिएटर में ऑर्केस्ट्रा या उस्ताद के साथ वाद्य यन्त्र बजाने वाले साजिन्दों को नौकरी पे रखा जाने लगा। स्क्रीन के सामने स्टेज के पिट (गढ़ानुमा जगह) में साजिन्दों को वाद्य यन्त्रों के साथ बिठा दिया जाता था।

फ़िल्मकार जे बी एच वाडिया का कहना है कि 'फ़िल्म थिएटर में स्टेज पर पिट में हारमोनियम, तबला, सारंगी या वायलिन लिये साज़िन्दे बैठे होते थे। कुछ थिएटर में पियानो पर भी संगीत बजाया जाता था।'

ध्यान रहे ये साज़िन्दे वहाँ फ़िल्म में बैकग्राउंड म्यूजिक नहीं देते थे। बल्कि सिर्फ़ ख़ामोशी को भरने के लिए संगीत बजाया करते थे। एक प्रोजेक्टर पर रील बार-बार चढ़ायी और उतारी जाती थी। उसके दौरान ऑर्केस्ट्रा ग्रुप कोई लोकप्रिय गीत गाकर या धुन बजाकर लोगों का मनोरंजन करते थे। फ़िल्म इतिहासकार सुरेश छाबरिया का कहना है–'यह भी निर्भर करता था कि आप हिन्दुस्तान के किस हिस्से में फ़िल्म देख रहे हैं। वहाँ के साज़िन्दे उस राज्य के लोकप्रिय गीत या लोक धुन के संगीत बजाया करते थे जिसका फ़िल्म की कहानी से कोई लेना देना नहीं होता था।'

कुछ सालों में माहौल ऐसा बना कि हर फ़िल्म थिएटर में अलग अलग ऑर्केस्ट्रा ग्रुप स्थायी रूप से उस सिनेमा हॉल के हिस्सा बन गये।

फ़िल्मकार जे बी एच वाडिया उस दौर को याद करते हुए कहते हैं–'मिस्टर डी कोस्टा मुम्बई के एम्पायर सिनेमा हॉल के मुख्य संगीतकार थे। कोई भी फ़िल्म दिखायी जा रही हो डी कोस्टा आपको पिट में पियानो बजाते नज़र आ जाते थे। उसी तरह मिस्टर पाटलू और फिरोजशाह मिस्त्री दोनों पारसी संगीतकार मुम्बई के अलग अलग थिएटर में पियानो और हारमोनियम बजाया करते थे।'

उस वक़्त गोवा के संगीतकारों में वेस्टर्न म्यूजिक को लेकर एक अलग जुनून था। सेबस्टियन फर्नांडिस और मार्टिन पिंटो उन दिनों को याद करते हुए कहते हैं कि

हम दोनों अपनी किशोरावस्था में रोज़गार की तलाश में बम्बई आ गये थे। शहर में म्यूज़िशियन की बहुत माँग थी। हम कभी फ़िल्म थिएटर या पारसी नाटक थिएटर के म्यूजिक ग्रुप में तो कभी इटैलियन रेस्टोरेंट मोनजीनिस के ऑर्केस्ट्रा ग्रुप में वाद्य यन्त्र बजाते थे।

जोसेफ़ फ्रांसिस नाज़रेथ मूक सिनेमा के दौर में अलग अलग सिनेमा हॉल में वायलिन और पियानो बजाया करते थे। जोसेफ के शब्दों में '1923 में गोवा से मैं काम की तलाश में पुणे आया। उन दिनों गोवा के म्यूज़िशियन की बड़ी माँग थी। मैं पियानो और वायलिन दोनों बजा लेता था। पुणे में मेरी मुलाक़ात एक्सेलसियर और नेपियर थिएटर के मालिक मिस्टर मोदी से हुई। उन्होंने तुरन्त मुझे पुणे के किरकी में स्थित उनके थिएटर एक्सेलसियर में वायलिन बजाने का काम दे दिया। वेस्टर्न ऑर्केस्ट्रा में पियानो और वायलिन दो ही वाद्ययन्त्र होते थे। वहाँ पियानो एक एंग्लो इंडियन लेडी बजाती थी और मैं वायलिन बजाता था। हॉल आयरिश सैनिकों से भरा होता था। ज़्यादातर विदेशी फ़िल्में दिखायी जाती थीं। पियानो वादक को एक दिन का मेहनताना दस रुपया मिलता था जबकि वायलिन वादक को आठ रुपया। दिन में सिर्फ़ दो शो होते थे। कभी-कभी विशेष फ़िल्म प्रदर्शन में स्टेज पर डांस प्रोग्राम होता था जिसमें हमें लगातार दो घण्टे बजाना पड़ता था उसके लिए हमें बीस रुपये मेहनताना मिलता था। हम धुनों का चुनाव ख़ुद किया करते थे। ज़्यादातर हम मोज़ार्ट और बीथोवन की धुनें बजाया करते थे।'

हालाँकि शुरुआत के हिन्दुस्तानी मूक सिनेमा में कोई ऐसी मिसाल नहीं मिलती कि फ़िल्मकारों ने अपनी फ़िल्मों के लिए अलग से संगीत कम्पोज कराया हो।

जबकि 1908 में ऐतिहासिक फ्रांसीसी मूक फ़िल्म 'गुइसे के ड्यूक की हत्या' को ऑर्केस्ट्रा पर सिचुएशन के अनुसार संगीत स्कोर वाली पहली फ़िल्म माना जाता है जिसका निर्देशन चार्ल्स ले बर्गी और एंड्रे कैलमेट्स ने किया था। लेकिन बाकी फ़िल्मों के साथ थिएटर में ऑर्केस्ट्रा पे ही संगीत प्रदर्शन होता रहा।

जैसा कि पहले ज़िक्र आया कि यूरोप और अमेरिका के छोटे शहरों के फ़िल्म थिएटर में आमतौर पर एक पियानोवादक होता था और 1910 के बाद में बड़े शहर के सिनेमाघरों में संगीतकारों का ऑर्केस्ट्रा ग्रुप संगीत प्रदर्शन करने लगा।

एक साधारण पियानो एकल और एक बड़े ऑर्केस्ट्रा के बीच अन्तर को भरने के लिए अमेरिका के प्रसिद्ध म्यूजिकल ऑर्गन्स 'माइटी वुर्लिटज़र' ने एक संगीत डिज़ाइन किया। जिसमें फ़िल्म सिचुएशन के अनुसार खुशी या गम की धुन के साथ

अलग अलग साउंड का प्रभाव पैदा किया गया। जिसमें झाँझ से कांस्य के सामान गिरने और घोड़ों के टप टप की आवाज़ तक शामिल थी।

1915 में डी डब्ल्यू ग्रिफ़िथ की बहुचर्चित फ़िल्म 'द बर्थ ऑफ़ ए नेशन' के लिए जोसेफ़ कार्ल ब्रील ने संगीत के मूल स्कोर की रचना की। फ़िल्म के साथ संगीत के मूल स्कोर का पेपर हर थिएटर के म्यूजिकल ग्रुप को दे दिया जाता था। हर दृश्य के मिनट पर अलग अलग म्यूजिकल नोट्स पेपर पे लिखा होता था। फ़िल्मों के प्रदर्शन के दौरान ऑर्केस्ट्रा ग्रुप के निर्देशक का ध्यान स्क्रीन पर होता था। म्यूजिकल नोट्स के अनुसार वह इमोशनल धुन तो कभी रोमांटिक धुन तो कभी रेस लगाने की धुन बजाने का निर्देश देता और साज़िन्दे वैसी ही धुन बज़ाते थे। विदेशों में बड़े बजट की फ़िल्मों के लिए म्यूजिक स्कोर होना कुछ हद तक आम हो गया।

हालाँकि वे विदेशी फ़िल्में जब हिन्दुस्तान के थिएटर में लगती थीं तो रोमियो जुलियट के रोमांस पर हिन्दुस्तानी संगीतकार 'मोहे पनघट पे नन्दलाल छेड़ गयो रे' गाते थे। दर्शक ऐसे गीत का बहुत आनन्द लेते थे। कहते हैं वाज़िद अली शाह के दरबार में लखनऊ घराने के बिंदादीन महाराज (लच्छू महाराज के चाचा) मोहे पनघट पे गाया करते थे।

प्रसिद्ध संगीतकार नौशाद ने 1929 के आसपास फ़िल्म के सिचुएशन पर संगीत बजने का ज़िक्र किया है। 1977 के एक अपने इंटरव्यू में उन्होंने कहा है कि 'लखनऊ में मेरे घर के पास ही रॉयल सिनेमा हॉल था। सिनेमा में जो धुन बजायी जाती थी उसकी आवाज़ मेरे घर तक आती थी। मुझे वो संगीत अपनी तरफ खींचता था। मैं उस संगीत ग्रुप के उस्ताद लाडन साहब से जाके मिला। उन्होंने मुझे फ़िल्म प्रदर्शन के दौरान सिचुएशन पर लाइव म्यूजिक करते दिखाया। स्टेज पर पिट में पर्दे के सामने म्यूजिशियन बैठे हुए थे लाडन साहब फ़िल्म देखते हुए निर्देश देते थे और साज़िन्दे उनके निर्देशन पर धुन बजा रहे थे।'

देशी फ़िल्मों के संगीत के लिए हारमोनियम और तबला मुख्य वाद्य यन्त्र होते थे। उत्तर प्रदेश और बंगाल के सिनेमाघरों में हारमोनियम, तबला और झाँझ लिये साज़िन्दे मौजूद होते थे। हारमोनियम और तबला वादक सिर्फ़ संगीत नहीं देते थे बल्कि रोमांचक दृश्यों में उतेजना पैदा करने के लिए पार्श्व आवाज़ भी दिया करते थे। लड़ाई के दृश्य में ये वादकगण 'मारो', 'चुप साले' या 'ख़ामोश' जैसे शब्दों का उच्चारण ज़ोर से किया करते थे।

प्रसिद्ध तबला वादक समता प्रसाद, जिन्हें लोग गुदई महाराज के नाम से जानते हैं, कहते हैं 'मेरे उस्ताद बनारस के सिनेमा हॉल में तबला बजाया करते थे उनको एक दिन का पचास पैसा मिलता था। तब फ़िल्में बोलती नहीं थीं। मेरी उम्र आठ या

नौ साल की रही होगी। कभी-कभी उस्ताद के साथ मैं सिनेमा हॉल चला जाता था।'

ज्ञात रहे यह मूक फ़िल्मों का दौर था। मूक फ़िल्मों के प्रदर्शन के दौरान ऐसा नहीं कि हॉल में ख़ामोशी छायी रहती थी। हॉल में बेधड़क खोमचेवाले पान बीड़ी सिगरेट और लेमन सोडा की आवाज़ लगाते नज़र आते थे। स्टेज के पिट में बैठे साज़िन्दे कभी शास्त्रीय धुन, कभी लोक धुन, कभी कोई पुरानी बन्दिशें जैसे 'सैंया जी ने अंगुली मड़ोरी यूँ'....'जल में चमके जल की मछरिया' गाया करते थे। कुछ दर्शक तो सिर्फ़ बन्दिशें और गीत सुनने आते थे। गीत खत्म होते ही वे थिएटर से बाहर निकल जाते थे।

जैसे ही बोलती फ़िल्मों का दौर आया अमेरिका और यूरोप में ढेर सारे ऑर्केस्ट्रा ग्रुप ख़त्म हो गये। क्योंकि फ़िल्मों में साउंड आ जाने से हर फ़िल्म थिएटर में संगीत प्रदर्शन करनेवाले ऑर्केस्ट्रा ग्रुप को घर बैठने को बोल दिया गया। ब्रिटेन में बीस हज़ार संगीतकार अचानक से बेरोज़गार हो गये।

उसके विपरीत हिन्दुस्तान में बोलती फ़िल्में आने के बाद संगीतकारों के पास काम बढ़ गया। मूक सिनेमा और उर्दू पारसी थिएटर की लोकप्रियता अपने चरम पर थी। नाटक और सिनेमा दोनों जगह ऑर्केस्ट्रा ग्रुप काम कर रहा था। बोलती फ़िल्में आने के बाद फ़िल्म स्टूडियो और कई फ़िल्म कम्पनियाँ खुल गयीं। हर फ़िल्म कम्पनी को संगीतकार के साथ उसके ऑर्केस्ट्रा ग्रुप की ज़रूरत आन पड़ी। फ़िल्मों के प्रोडक्शन में अचानक से तेज़ी आ गयी। गीत लिखे जाने लगे और म्यूजिक कम्पोज होने लगे। जे बी एच वाडिया जिस फ़िरोज़ शाह मिस्त्री को मुम्बई के किसी सिनेमा हॉल के ऑर्केस्ट्रा में पियानो बजाते देखे थे वह मिस्त्री पहली बोलती फ़िल्म 'आलम आरा' के म्यूजिक डायरेक्टर बन गये।

फ़िल्म इतिहासकार अनुपमा कापसे कहती हैं 'छोटे शहरों और कस्बों में रहनेवाले संगीतकार मुम्बई, कलकत्ता, लाहौर, चेन्नई और पुणे पहुँचने लगे। महाराष्ट्र की संगीत नाटक कम्पनी में काम करनेवाले गोविन्दराव ताम्बे को पुणे की प्रभात फ़िल्म कम्पनी ने अपना म्यूजिक डायरेक्टर रख लिया। उसी तरह कानपुर से नौटंकी वाले और लखनऊ, आगरा से गीत लिखनेवाले लोग सिनेमा कम्पनियों की तरफ़ रुख़ करने लगे।'

हिन्दुस्तान में मूक सिनेमा सिर्फ़ गतिशील चित्रों का एक्शन और किस्सागोई नहीं था बल्कि संगीत का एक सजीव प्रदर्शन भी था। संगीत मूक सिनेमा की खोयी हुई सुन्दरता की एक विशेषता थी। इसलिए बोलती फ़िल्मों का जब दौर शुरू हुआ तो गीत और संगीत हिन्दुस्तानी फ़िल्मों के मुख्य अंग बन गये।

मुम्बई के शुरुआती सिनेमा थिएटर

7 जुलाई 1896 को लुमियर बन्धुओं की फ़िल्मों के ज़रिये हिन्दुस्तान जब सिनेमा से रूबरू हुआ तो फ़िल्मों के प्रदर्शन के लिए मुम्बई का कोई ऑपेरा या नाटक थिएटर नहीं चुना गया था। लुमियर बन्धुओं की फ़िल्मों को वाटसन होटल के एक हॉल में प्रदर्शित किया गया था। 14 जुलाई से फ़िल्मों का प्रदर्शन वाटसन होटल से हटाके नॉवेल्टी नाट्य थिएटर में किया जाने लगा था। चूँकि दुनिया के लिए सिनेमा बिल्कुल नया था इसलिए हिन्दुस्तान के किसी शहर में कोई सिनेमा थिएटर नहीं था।

लेकिन नाटक, नृत्य और संगीत के लिए मुम्बई में पहला थिएटर 1770 में खोला गया था जिसका नाम बॉम्बे थिएटर था जो एशियाटिक लाइब्रेरी के पास स्थित था। ग्रांट रोड में 10 फरवरी 1846 को दूसरा थिएटर ग्रांट रोड थिएटर जगन्नाथ शंकरसेठ ने खोला बाद में इसे शंकरसेठ थिएटर कहा जाने लगा उसके बाद रॉयल थिएटर नाम दिया गया और आज गुलशन टॉकीज के नाम से जाना जाता है।

सिनेमा आने से पहले मुम्बई में कई थिएटर बन चुके थे जिसमें बैले डांस, पश्चिमी ऑपेरा, गुजराती, मराठी नाटक और जादूगर के शो हुआ करते थे।
मुम्बई के शुरूआती सिनेमा थिएटरों में सी एस टी स्टेशन (तब वी टी स्टेशन) के सामने सिर्फ़ तीन थिएटर का नाम सबसे पहले आता है–गेयटी, नॉवेल्टी और एम्पायर थिएटर। सी एस टी स्टेशन के ठीक सामने विक्टोरियन वास्तुकला की इमारत खड़ी है जिसका नाम है कैपिटल सिनेमा। 1879 में इसे पारसी व्यवसायी नाज़िर ने बनाया था। इस थिएटर का पहला नाम गेयटी थिएटर था जिसमें अंग्रेज़ी, मराठी और गुजराती नाटक हुआ करते थे। 1929 में कलकत्ता के ग्लोब थिएटर के मालिक मिस्टर सिधवा ने इसे खरीद लिया और इसका नाम बदलकर कैपिटल थिएटर कर दिया गया। जनवरी 1897 के बाद मुम्बई में फ्रांस, जर्मनी, इंग्लैंड, इटली, डेनमार्क और अमेरिका से बड़ी संख्या में मूक फ़िल्में आने लगी थीं।

ग्रांट थिएटर, मुम्बई 10 फरवरी 1846

कैपिटल थिएटर को सिनेमा थिएटर में तब्दील कर दिया गया और उसमें विदेशी फ़िल्मों का प्रदर्शन किया जाने लगा।

22 जनवरी 1901 को महारानी विक्टोरिया की मृत्यु हुई। महारानी की आख़िरी यात्रा और उनकी अंत्येष्टि को ब्रिटिश फ़िल्मकारों ने शूट किया और 'महारानी विक्टोरिया की अंत्येष्टि' नाम की फ़िल्म अगस्त 1901 में गेयटी (कैपिटल) थिएटर में रिलीज़ हुई जिसे देखने के लिए अपार भीड़ उमड़ पड़ी थी।

कैपिटल थिएटर के साथ एक बड़ी लेन है उस लेन के आख़िरी छोर पर था नॉवेल्टी थिएटर। 1887 में नॉवेल्टी थिएटर नाट्यगृह के रूप में खोला गया था। इसमें पश्चिमी संगीत, नाटक और बैले डांस का प्रदर्शन होता था। जब सिनेमा की शुरुआत हुई तो वाटसन होटल के बाद 14 जुलाई 1896 को इसी में लुमियर बन्धुओं की फ़िल्मों का प्रदर्शन लगभग एक महीना चला था। नॉवेल्टी एक नाटक थिएटर हॉल था अब उसी तर्ज़ पर फ़िल्मों के टिकट भी कटने लगे। मिसाल के तौर पर सबसे पीछे आठ आना (50 पैसे), बीच में कुर्सियों के लिए एक रुपया और सबसे आगे बैठनेवालों के लिए दो रुपये। बाद में इस थिएटर को पूरी तरह सिनेमा हॉल में तब्दील कर दिया गया। विदेशी फ़िल्मों का प्रदर्शन इसमें होने लगा। 1909

कैफे एक्सेलसियर

में नॉवेल्टी थिएटर को तोड़कर उसका नवीनीकरण करके तैयार किया गया और उसका नाम रखा गया एक्सेलसियर थिएटर। 21 फरवरी 1928 को इसी सिनेमा थिएटर में पहली बार अमेरिकी बोलती फ़िल्म मेलोडी ऑफ़ लव दिखायी गयी थी। फ़िल्म जॉज सिंगर का प्रदर्शन 15 जून 1929 को हुआ था। आज इस थिएटर को मुक्ता न्यू एक्सेलसियर के नाम से जाना जाता है।

21 फरवरी 1908 को एम्पायर थिएटर खुला। यह ख़ूबसूरत बालकनी वाला थिएटर था। इसमें लाइव नाटक और ऑपेरा हुआ करता था। एक हज़ार लोगों के बैठने की व्यवस्था थी। बाद में इसे फ़िल्म थिएटर बना दिया गया। इसमें विदेशी फ़िल्मों का ही प्रदर्शन होता था।

एम्पायर थिएटर में यूरोपीयन और इंडियन समूह का एक बेहतर ऑरकेस्ट्रा ग्रुप था। गोवा के संगीतज्ञ जे पी डी कोस्टा इसमें ऑर्केस्ट्रा का संचालन करते थे।

1933 से इसका नाम न्यू एम्पायर थिएटर कर दिया गया। 2014 से यह ऐतिहासिक थिएटर बन्द पड़ा है।

फ़िल्मों का प्रदर्शन थिएटर के अलावे टेंट या शामियाना में भी होने लगा। मुम्बई के मैदान (अब आज़ाद मैदान) में पारसी व्यवसायी पेरिस सिनेमैटोग्राफ़, द

ऑपेरा हाउस, चर्नी रोड

एक्सेलसियर सिनेमैटोग्राफ़ और अमेरिका इंडिया सिनेमैटोग्राफ़ फ़िल्मों का प्रदर्शन ख़ूबसूरत शामियाने में किया करते थे। इनके विशाल शामियाने में अच्छी कुर्सियाँ, बिजली से चलनेवाले पंखे और लाइटें लगी होती थीं। इनके लाइसेंस हर साल बढ़ा दिये जाते थे। 1909 में बम्बई सरकार ने आज़ाद मैदान में चल रहे टेंट शो बन्द करा दिया।

मुम्बई के गिरगाँव चौपाटी से सीधी सड़क ऑपेरा हाउस से होते हुए डोंगरी तक जाती है उस सड़क को पहले गिरगाँव रोड और उसके आगे की सड़क को सैंडहर्स्ट रोड कहा जाता था। उस सड़क का निर्माण 1909 में हुआ था। उस वक़्त सैंडहर्स्ट रोड खुला, चौड़ा और मॉडर्न सड़क में शुमार होता था। इसी सैंडहर्स्ट रोड पर कई सिनेमा थिएटर और टेंट थिएटर खुल रहे थे। सबसे पहला नाम आता है कोरोनेशन सिनेमैटोग्राफ़ का...शुरू के दिनों में सिनेमा हॉल को सिनेमैटोग्राफ़ ही बोला जाता था। 1912 में कोरोनेशन थिएटर का निर्माण हुआ। थिएटर के अगल बगल खुली-खुली जगह थी। इसी कोरोनेशन में 3 मई 1913 को दादा साहेब फाल्के की राजा हरिश्चन्द्र रिलीज़ हुई। 1920 के बाद यह थिएटर बन्द हो गया। आज प्रार्थना समाज के करीब कॉस्मोपॉलिटन रेस्टोरेंट के सामने वाली जगह पर कोरोनेशन थिएटर खड़ा था जहाँ कभी लोग फ़िल्में देखने के लिए लाइन लगाया करते थे।

एम्पायर थिएटर

कोरोनेशन के पास गन्धर्व महाविद्यालय के करीब ओलिम्पिया थिएटर था जहाँ विदेशी फ़िल्में दिखाई जाती थीं। ओलिम्पिया में दादा साहेब फाल्के ने 21 अप्रैल 1913 को अपने दोस्तों, परिवार के लोगों तथा फ़िल्म व्यवसायियों के लिए अपनी फ़िल्म 'राजा हरिश्चन्द्र' का प्रीमियर शो रखा था। इसी ओलिम्पिया में दादा साहेब की दूसरी फ़िल्म 'मोहिनी भस्मासुर' दिसम्बर 1913 में रिलीज़ हुई थी। ओलिम्पिया थिएटर भी बहुत पहले बन्द हो गया। आज उस थिएटर की जगह पे दुबाशवाड़ी है।

1911 में पी बी मेहता का अमेरिका इंडिया सिनेमैटोग्राफ़ टेंट सिनेमैटोग्राफ़ आज़ाद मैदान से शिफ्ट होकर सैंडहर्स्ट रोड और चर्नी रोड की क्रॉसिंग पर लगाया गया। यह थिएटर मॉडर्न और बिजली के पंखे वाला पहला सिनेमा थिएटर था। जहाँ 14 अप्रैल 1911 को दादा साहेब फाल्के ने फ्रेंच फ़िल्म द लाइफ ऑफ़ क्राइस्ट देखी और यहीं पे उन्होंने स्वदेशी फ़िल्म बनाने का संकल्प लिया। आज उस जगह पर गिरगाँव चर्च (सेंट थेरेसा) है।

इसी चर्च के पास आर्देशिर ईरानी का सिनेमा हॉल मैजेस्टिक थिएटर हुआ करता था जो 1918 में खुला। इसी मैजेस्टिक में 14 मार्च 1931 को 'आलम आरा' रिलीज़ हुई थी। आज वहाँ शॉपिंग कॉम्प्लेक्स बना हुआ है। डोंगरी में एक सिनेमा थिएटर हुआ करता था न्यू अल्हाम्ब्रा जो बहुत पहले बन्द हो चुका है।

उसी वक़्त धोबी तालाब एरिया में 1914 में 509 सीट वाले एडवर्ड थिएटर का निर्माण हुआ। 1911 में ब्रिटेन के किंग एडवर्ड VI मुम्बई आये थे उनके नाम पर इस थिएटर का नाम एडवर्ड रखा गया था। इसमें पश्चिमी बैले, पाश्चात्य संगीत और विदेशी नाटक के शो होते थे। बाद में फ़िल्में दिखाई जाने लगीं। 1975 में आयी फ़िल्म जय सन्तोषी माँ का प्रदर्शन इस हॉल में कई महीनों तक चला था। एडवर्ड हॉल में आज भी फ़िल्में दिखायी जाती हैं।

सैंडहर्स्ट रोड सिनेमा दर्शकों के लिए मार्गदर्शक बन गया था। मुम्बई सिटी के जानकार रफ़ीक़ बगदादी के अनुसार–'कोरोनेशन थिएटर और वैरायटी हॉल दोनों गाले (गोदाम) थे। उसमें बेंच और कुर्सी लगाके सिनेमा का प्रदर्शन होता है।' बम्बई के लोगों में सिनेमा की आदत डालने में सैंडहर्स्ट रोड की अहम भूमिका रही है। 13 अप्रैल 1913 को मुम्बई के एक दैनिक अख़बार 'रास्ट गोफ़ार' में छपा–'सिनेमा थिएटर में हर रोज़ हज़ारों की भीड़ लग रही है। यह सिनेमा का खेल दिन ब दिन लोकप्रिय होता जा रहा है।'

1917 में सिनेमा थिएटर का निर्माण सैंडहर्स्ट रोड से हटकर ग्रांट रोड के लैमिंगटन रोड पर शुरू हो गया। 5 अप्रैल 1917 को इम्पीरियल सिनेमा थिएटर खुला और उसी साल एल डोराडो सिनेमा थिएटर भी लैमिंगटन रोड पर खोला गया। यह रेसिडेंशियल और कमर्शियल एरिया था। बिलियर्ड रूम, बेकरी, रेस्टोरेंट, स्कूल के होने से लैमिंगटन रोड पर ख़ूब चहल पहल थी।

बड़े-बड़े बंगले को नये सिनेमा थिएटर में तब्दील किया गया उसमें इम्पीरियल, मैजेस्टिक और रॉयल सिनेमा बंगले की दीवार पे खड़े किये गये थे। लेमिंगटन रोड पर स्थित मंगलदास बंगला को इम्पीरियल सिनेमा थिएटर में तब्दील किया गया। बम्बई हाईकोर्ट के जज सर नारायण चंद्रावकर ने इसका विरोध किया था क्योंकि वहाँ YMCA और छात्रों के हॉस्टल हुआ करते थे। सिंडम कॉलेज का हॉस्टल भी इसी एरिया में था। एल डोराडो सिनेमा पहले आज़ाद मैदान में टेंट में सिनेमा दिखाता था। बाद में लेमिंगटन रोड पर बालकनी वाला थिएटर खोला। इम्पीरियल ने वास्तु कला के हिसाब से अपने गेट पर दो हाथियों की मूर्तियाँ लगायीं। 1920 के बाद सैंडहर्स्ट रोड से सिनेमा के दर्शक लेमिंगटन रोड पर शिफ्ट हो गये। यहाँ के थिएटर में ज़्यादा भीड़ होने लगी। सिनेमा मालिक नये डिज़ाइन और साज-सज्जा के साथ थिएटर खोलने लगे। मैजेस्टिक सिनेमा तो अख़बारों में फ़िल्म प्रदर्शन के विज्ञापन में अपने हॉल का लिथो प्रिंट भी छापता था ताकि सुन्दर हॉल देखके ज़्यादा लोग देखने

आयें। 1921 में अब्दुल अली युसुफअली ने कमाटीपुरा में अलेक्सण्डर थिएटर का निर्माण किया बाद में आर्देशिर ईरानी भी इसके पार्टनर बन गये। इसमें विदेशी फ़िल्मों का प्रदर्शन होता था। बाद में हिन्दुस्तानी फ़िल्में रिलीज़ होने लगीं। अब इस थिएटर को इस्लामिक सेंटर में बदल दिया गया है।

1915 में रॉयल ओपेरा हाउस खुला जिसके निवेशक थे पारसी व्यवसायी जे एफ कराका और मौरिस बैंडमान।

इस ऑपेरा हाऊस में यूरोपियन, अमीर और शिक्षित भारतीय लोग ही मुख्यत: दर्शक थे। ऑपेरा में अक्सर तुर्किश और जिप्सी डांस, बैंड प्रदर्शन, बैले, पश्चिमी संगीत का प्रदर्शन होता था। 1935 से इसमें फ़िल्मों का प्रदर्शन होने लगा।

टाउन से हटके सिनेमा मालिकों का ध्यान परेल, शिवड़ी, दादर, चिंचपोकली की तरफ गया। इस इलाके में कपड़ा मिलों की भरमार थी। मिल में काम करनेवाले कामगारों को ध्यान में रखकर उधर सिनेमा हॉल खुलने लगे। उधर सबसे पहले 1922 में बांद्रा में डीलक्स सिनेमा खुला था। 1924 में परेल के चॉल रोड पर वीनस सिनेमा हॉल और जैकब ससून मिल में लक्ष्मी सिनेमा हॉल खुला। कामगारों के लिए ये बहुत बड़ी सौगात थी।

1927 में ग्लोब मिल के पास डे लिसेल रोड पर दीपक सिनेमा खुला जिसे बाद में सरस्वती सिनेमा हॉल के नाम से जाना गया। चिंचपोकली के गिरनी कामगार थिएटर जहाँ नाटक हुआ करता था उसे रघुबीर सिनेमा थिएटर में तब्दील कर दिया गया। दादर और माहिम के बीच नौकरीपेशा वाले लोगों की भरमार थी। ये लोग सिनेमा देखने टाउन एरिया में नहीं जाते थे। क्योंकि मैजेस्टिक और इम्पीरियल में सिनेमा टिकट चार आना से दो रुपये तक था। वहीं परेल के लक्ष्मी और दादर के कोहिनूर सिनेमा हॉल में टिकट 2 आना से 8 आना तक था।

सन्दर्भ ग्रन्थ सूची

लाइवहिस्ट्रीइंडिया डॉट कॉम
'बॉम्बे द सिटीज विदिन'; लेखक शारदा द्विवेदी, पृष्ठ - 116
सिटी ऑफ़ गोल्ड, लेखक गिलियन टिंडल

फर्स्ट पोस्ट : एस्पेलेनेड मैन्शन 155 ईयर ओल्ड
सूर्यसारथी भट्टाचार्य (वाटसन होटल)
वाटसन होटल विकिपीडिया
टाइम्स ऑफ़ इंडिया ऑनलाइन पोर्टल जून 23 2005 (वाटसन होटल)

मार्वल ऑफ़ द सेंचुरी : पृष्ठ 10,13, 15, 18-21
किताब सो मेनी सिनेमाज ; लेखक बी डी गर्ग

हीरालाल सेन, पायनियर ऑफ़ इंडिया सिनेमा फ्रॉम कलकत्ता–प्रभात मुखर्जी
(70 ईयर्स ऑफ़ इंडियन सिनेमा–जे बी एच वाडिया)

धुन्डी राज गोविन्द फाल्के
हिन्दी सिनेमा का इतिहास : मनमोहन चड्ढा

दादा साहेब फाल्के : द फादर ऑफ़ इंडियन सिनेमा
लेखक बापू वाटवे, अंग्रेज़ी अनुवाद एस ए विरकर
दादा साहेब विकिपीडिया

मराठी सिनेमा इन रेट्रोस्पेक्ट पृष्ठ 6-7
मराठी सिनेमा इन रेट्रोस्पेक्ट : संजीत नार्वेकर
पृष्ठ 8 (द मेकिंग ऑफ़ फर्स्ट फ़िल्म)

विदेशी फ़िल्में और फ़िल्मकार
विकिपीडिया और पोर्टल पे छपे आलेख

बाबूराव पेंटर पृष्ठ 96,97
(हिन्दी सिनेमा का इतिहास : मनमोहन चड्ढा)

चैप्टर द इंडियन साइलेंट फ़िल्म
दादा साहेब फाल्के पृष्ठ 19-25
(70 इयर्स ऑफ़ इंडियन सिनेमा–जे बी एच वाडिया)

वहीं, बाबूराव पेंटर (वहीं पृष्ठ 26-29)
चैप्टर 2 लेट्स प्रेज दिज मेन
सो मेनी सिनेमाज : बी डी गर्ग

लाइट ऑफ़ एसिया : सम्पादक सुरेश छाबरिया

एन एरा ऑफ़ इनोसेंस
किताब सो मेनी सिनेमाज : बी डी गर्ग

ए नेम विद आइडेंटिटी चैप्टर 4
(वी शान्ताराम : द मैन हू चेंन्ड इंडियन सिनेमा
मधुरा जसराज)

वहीं, व्हेन ऑपर्चुनिटी नॉक्ड चैप्टर 5
वहीं, प्रभात फर्स्ट बेबी चैप्टर 7

70 ईयर्स ऑफ़ इंडियन सिनेमा, पृष्ठ 270
रंगाचारियर समिति रिपोर्ट
हिन्दी सिनेमा का इतिहास–मनमोहन चड्ढा

एनसाइक्लोपीडिया ऑफ़ इंडियन सिनेमा
सम्पादक : आशीष राजाध्यक्षे और पॉल विलेमेन

एम्पायर दैट वाज मादन सिनेमा एंड सोसाइटी इन डायलॉग इन द अर्ली ट्वेंटिथ सेंचुरी इंडिया
रिसर्च प्रोजेक्ट, डॉ स्मारणी मुखर्जी

द एमर्जेन्स ऑफ़ द बॉम्बे फ़िल्म इंडस्ट्री
1913-1936, पृष्ठ 20 व 23
लेखक कौशिक भौमिक
फिरोज़ रंगूनवाला, 75 ईयर्स ऑफ़ इंडियन सिनेमा
नयी दिल्ली, 1975

द ग्रामोफोन कम्पनीज, फर्स्ट इंडियन रिकॉर्डिंग्स, 1899-1908, माइकल एस किनियर
द लोकल एंटरप्रेन्योर इन इंडिया, जमशेद फारम जी मदान, पृष्ठ 18-19, बॉम्बे पॉपुलर प्रकाशन
पुस्तक जमशेदजी मादन, होमाई एन मोदी, पृष्ठ 209

पुस्तक निजेर हराये खुनजी (खुद को खोकर ढूँढ़ना) लेखक अहिन्द्र चौधरी पृष्ठ 216
कलकत्ता द लिविंग सिटी भाग 2, सम्पादक सुकांता चौधरी पृष्ठ 203-301)
- द अर्ली ईयर्स ऑफ़ कलकत्ता सिनेमा, सामिक बनर्जी
मधु बोस, अमार जीबन, (कोलकाता, बक साहित्य 1967, पृष्ठ 159-60)
आलेख हाउसफुल : दक्षिण भारत में मूक फ़िल्म शैली, प्रदर्शनी और दर्शक
- स्टीफन ह्यूजेस

स्कूल ऑफ़ ओरिएंटल एंड अफ्रीकन स्टडीज
लन्दन विश्वविद्यालय
ईआयीसी पृष्ठ 217 सुचेत सिंह (भारतीय सिनेमा का विश्वकोश)

16 अप्रैल 1919 - सुचेत सिंह (बॉम्बे क्रॉनिकल)
बीजीजी, पीटी II 1925, पृष्ठ 210
बॉम्बे क्रॉनिकल, 28 अगस्त 1926, मणिलाल जोशी द्वारा निर्देशित दुलारी

पृष्ठ 95– फ़ातिमा बेगम (भारतीय सिनेमा का विश्वकोश)

अध्याय– बॉम्बे सिनेमा : द साइलेंट फ़िल्म एरा, 1913-1928 पृष्ठ संख्या 19 (द एमर्जेन्स ऑफ़ ऑफ़ द बॉम्बे फ़िल्म इंडस्ट्री–कौशिक भौमिक)

वहीं, सिनेमैटोग्राफ़ से सिनेमा तक, 1900-1918, पृष्ठ संख्या 20 से 22

वहीं, सिनेमा हॉल और इलाके, 1913-1928, पृष्ठ संख्या 23 से 27

वहीं, प्रदर्शनी बंबई के प्रारम्भिक चरण में फ़िल्म शैलियाँ, पृष्ठ संख्या 28

इज़रा मीर : लेखक एन जे कामत
प्रकाशक : प्रकाशन विभाग, नयी दिल्ली

मेकिंग मीनिंग इन इंडियन सिनेमा–रवि एस वासुदेवन
(किताब : सिनेमा ऑफ़ साउथ इंडिया)

मूवीज कम टु तमिलनाडु (हिस्ट्री ऑफ़ तमिल सिनेमा)
प्रकाशक प्रसाद प्रोसेस प्राइवेट
द अर्ली डेज साइलेंट मूवीज (साउथ इंडियन सिनेमा)
द आयी ऑफ़ द सरपेंट–एस थियोडोर और भास्करन

इंडियन फिल्म्स - एरिक ब्रानोव एवं एस कुमारस्वामी
धीरेन गांगुली, पृष्ठ 24-28
इंडियन फिल्म्स - एरिक ब्रानोव एवं एस कुमारस्वामी
चन्दूलाल शाह, पृष्ठ 29-34

इंडियन फिल्म्स–एरिक ब्रानोव एवं एस कुमारस्वामी
सिनेमैटोग्राफ़ एक्ट पृष्ठ 40-55

भाटी गेट ऑफ़ लाहौर : डेली टाइम्स 24 दिसम्बर 2006, ए हामिद आलेख

रीमेम्बरिंग द पायनियर ए आर कारदार
साक्षात्कार यास्मीन कारदार, इंडियन सिनेमा हेरिटेज फाउंडेशन 31 मार्च 2021

जगताप ब्रदर्स : जगताप बन्धुची चित्रपट सेवा बुकलेट

निरंजन पाल : ए फॉरगोटन लीजेंड एंड सच इज लाइफ : सम्पादन ललित मोहन जोशी

फ्रांज़ ऑस्टीन एंड द बॉम्बे टॉकीज : अमृत गंगर
प्रकाशक : मैक्समूलर भवन, बम्बई

मूक सिनेमा के अभिनेता और अभिनेत्रियाँ, एनसाइक्लोपीडिया ऑफ़ इंडियन सिनेमा
सम्पादक : आशीष राजाध्यक्षे और पॉल विलेमेन

मास्टर विट्ठल, स्क्रीन मैगज़ीन, 30 दिसम्बर 1988

सिनेमा विज़न इंडियन मैगजीन : पायनियर्स ऑफ़ इंडियन सिनेमा : द साइलेंट एरा : जनवरी 1980

भालजी पेंढारकर, पृष्ठ 48, 1993
वहीं, ग्लोरियस गौहर, पृष्ठ 74
वहीं, इंडियन काऊबॉय बिलिमोरिया, आलेख शमा ज़ैदी, पृष्ठ 79-80
वहीं, म्यूजिक ऑफ़ साइलेंट सिनेमा - बी वी धारप, पृष्ठ 90
गुजरात चलचित्र परम्परा–उषाकान्त मेहता, राजेश प्रकाशन
किताब : पी. जयराज लाइफ, टाइम्स एंड फिल्म्स
लेखक : टी. श्रीकांत, प्रकाशक–क्रिएटिव लिंक्स, तेलंगाना
पृष्ठ 21, जयराज, उनके प्रारम्भिक वर्ष
पेज 24, 25 डेस्टिनेशन बॉम्बे
पेज 27, 29, 31 फ़िल्मों में एंट्री
फिल्मोग्राफ़ी–लाइट ऑफ़ एसिया : इंडियन साइलेंट सिनेमा संस्करण 2013, सम्पादक सुरेश छाबरिया
सिनेमा हॉल एंड लोकैलिटीज 1913-1928, (द एमर्जेन्स ऑफ़ ऑफ़ द बॉम्बे फ़िल्म इंडस्ट्री, कौशिक भौमिक)

❑❑